Michael Grant:
Roms Cäsaren

Aus dem Englischen
von Karl-Eberhardt und Grete Felten

Deutscher
Taschenbuch
Verlag

dtv

Von Michael Grant
sind im Deutschen Taschenbuch Verlag erschienen:
Mittelmeerkulturen in der Antike (1639)
Klassiker der antiken Geschichtsschreibung (4374)
Von Michael Grant und John Hazel:
Lexikon der antiken Mythen und Gestalten (3181)

Im Text ungekürzte Ausgabe
Januar 1983
Deutscher Taschenbuch Verlag GmbH & Co. KG,
München

ISBN 3-406-04501-4
Titel der englischen Originalausgabe:
‚The Twelve Caesars', Weidenfeld & Nicolson,
London 1975
Umschlaggestaltung: Celestino Piatti
Umschlagabbildung: Kameo mit den Bildnissen
des Claudius und seiner Familie
(Kunsthistorisches Museum, Wien)
Gesamtherstellung: C. H. Beck'sche Buchdruckerei,
Nördlingen
Printed in Germany · ISBN 3-423-01762-7

Das Buch

Bewußt folgt Grant in der Wahl seines Themas und in seiner zeitlichen Abgrenzung einem berühmten Vorbild, nämlich Suetons ‚Leben der Cäsaren'. Er zeigt, daß die Helden Suetons nach so vielen Jahrhunderten uns heute in einem anderen Licht erscheinen. Um die Gestalten der zwölf Cäsaren ranken sich zahllose Legenden. Zudem bilden sie eine gewisse Einheit, indem sie eine exemplarische Vollständigkeit an möglichen Eigenheiten, Fähigkeiten und Gaben repräsentieren. Der Autor berichtet über die ehrgeizigen Pläne und die politischen Leistungen oder Fehlschläge der Herrscher, er zeigt sie aber auch als Menschen mit großen Talenten und verhängnisvollen Schwächen. Jeder von ihnen hat auf die eine oder andere Weise feststellen müssen, daß das immense Ausmaß seiner Amtspflichten seine Kräfte überstieg. Trotzdem ist die Gier nach der unermeßlichen Macht nahezu für alle das Motiv gewesen, sich die Kaiserwürde zu verschaffen. Wie sie ihr Amt ausfüllten und wie diese Machtfülle die meisten von ihnen verdarb, wie sie unter zermürbenden Bedingungen litten und trotzdem die fast übermenschliche Leistung vollbrachten, ein Weltreich von den Ausmaßen Amerikas oder Rußlands im großen und ganzen gut zu regieren, welche erkennbaren Spuren jeder von ihnen, von Julius Caesar bis Domitian, in jener Kultur hinterlassen hat, von der sich die unsere weitgehend herleitet, all das ist Inhalt dieses fesselnden und lebendigen Buches.

Der Autor

Michael Grant, geboren 1914, ist einer der bedeutendsten Althistoriker der englischsprachigen Welt. Auch bei uns wurde er einem größeren Leserkreis durch die Übersetzungen seiner Werke ins Deutsche bekannt: ‚Das Römische Reich am Wendepunkt' (1972), ‚Klassiker der antiken Geschichtsschreibung' (1973), ‚Mittelmeerkulturen in der Antike' (1974), ‚Lexikon der antiken Mythen und Gestalten' (1976; zusammen mit John Hazel).

Inhalt

Vorbemerkung

Besonderen Dank schulde ich Mr. Stewart Perowne und dem Verlag Hodder and Stoughton Ltd wie auch Mr. P. L. K. Wait vom Verlag Methuen and Co. Ltd, die mir einige Veröffentlichungen vor Erscheinen zugänglich machten. Mrs. Susan Loden und Miss Olivia Browne vom Verlag Weidenfeld and Nicolson Ltd haben mein Buch redaktionell hervorragend betreut. Weiter danke ich Mrs. Bezi Hammelmann, Mr. D. E. L. Haynes und Mrs. Hilary Walford für ihre Unterstützung und meiner Frau für ihre vielfältige unschätzbare und unentbehrliche Hilfe. Dem Ehepaar Dr. Felten sage ich Dank für die sorgfältige und gewandte Übersetzung, Frau Dr. Ursula Pietsch für ihre gründliche Redaktion.

Beim Zitieren von Übersetzungen habe ich – meist um des Zusammenhangs und des besseren Verständnisses willen – bisweilen geringfügige Änderungen vorgenommen.

Michael Grant

Einleitung

Die Bedeutung und die Besonderheit der Cäsaren

Dieses Buch bringt Kurzbiographien der Zwölf Cäsaren: Julius Caesars und der ersten elf römischen Kaiser, die auf ihn folgten. Es behandelt also den gleichen Zeitabschnitt wie Suetons ‚Leben der Cäsaren' (De Vita Caesarum). Wenn ich es wage, das Thema des römischen Biographen wieder aufzunehmen, dann nicht in der kühnen Hoffnung, mich als ihm ebenbürtig zu erweisen. Wer könnte sich schon mit einem Schriftsteller messen wollen, der nach mehr als achtzehn Jahrhunderten noch immer seine Leser in Bann schlägt? Vielmehr möchte ich, wenn ich bei der Wahl meines Themas und seiner zeitlichen Abgrenzung Sueton folge, dessen Werk die gebührende Achtung bezeugen. Darüber hinaus will ich allerdings etwas versuchen, was hoffentlich niemand als anmaßend empfindet: ich möchte zeigen, daß die Helden der fesselnden Lebensläufe Suetons nach so vielen Jahrhunderten uns heute doch in einem neuen Licht erscheinen.

Um die Gestalten dieser zwölf Männer rankten sich zahllose Legenden. Staunenswerte Taten und bizarre Einfälle sind mit ihren Namen verknüpft. Zudem bilden diese Zwölf eine gewisse Einheit, obwohl die lange Reihe der Kaiser sich nach ihnen noch geraume Zeit fortsetzte. Schon Sueton empfand das, sonst hätte er ja seinen Bericht um drei weitere Kaiser, die er kannte, erweitern können – oder doch wenigstens um einen oder zwei von ihnen, da die Einbeziehung des noch lebenden Herrschers begreiflicherweise mit Schwierigkeiten verbunden gewesen wäre. Im Schlußkapitel seiner letzten Vita verzichtet er jedoch auf dieses Unterfangen auf elegante Weise, indem er erklärt, Domitian, der letzte der Zwölf, habe kurz vor seinem Tod geträumt, ihm sei im Nacken ein goldener Höcker herausgewachsen, was bedeutete, daß die Herrschaft der Kaiser, die ihm bald folgen sollten, uneigennützig und maßvoll sein werde. Auch hatte sich ein Rabe auf dem Kapitol niedergelassen, der krächzte „Es wird alles gut gehen“.

In Wirklichkeit wollte Sueton damit sagen, daß die folgenden Herrscher zu gut und deshalb zu langweilig waren, als daß es sich gelohnt hätte, die Lebensbeschreibungen fortzusetzen. Außerdem hatte Sueton, obwohl es in den folgenden Jahrhunderten noch einige recht merkwürdige Herrscherfiguren gab, doch mit den von ihm behandelten Zwölfen nahezu den gesamten Katalog möglicher Eigenheiten, Fähigkeiten und Gaben erschöpft. Diese Zwölf bieten insofern unbestreitbar eine gewisse exemplarische, reich differenzierte Vollständigkeit, und der spätere römische Dichter Ausonius wußte das zu schätzen, als er zur Belehrung seines Sohnes Hesperius über eben diese zwölf Kaiser Merksprüche verfaßte.

Sueton war 69 n. Chr. geboren und stammte wohl aus Hippo Regius nahe dem heutigen Annaba in Algerien. Der jüngere Plinius, ebenfalls ein Schriftsteller, der ihm sehr zugetan war, legte bei seinem Freund Baebius Hispanus ein gutes Wort für ihn ein, um ihm einen kleinen Besitz in Italien zukommen zu lassen: „Mein Freund Tranquillus möchte ein Stück Land erwerben, das angeblich einer deiner Freunde verkaufen will. Bitte sorge doch dafür, daß dieser Kauf zu einem angemessenen Preis zustandekommt, damit er sich auch wirklich freuen kann, es erworben zu haben . . . Bei diesem Stück Land nun – falls nur auch der Preis entspricht – reizen viele Dinge den Appetit meines lieben Tranquillus: die Nähe der Stadt, die günstigen Zufahrtsmöglichkeiten, die mäßige Größe des Hauses, das nicht zu große Areal, das eher Ablenkung als Arbeit schafft. Für gelehrte Herren seines Schlags ist es ja mehr als genug, wenn sie soviel Land besitzen, daß sie den Kopf auslüften, die Augen erfrischen, sich auf ihrem Besitz ergehen können, immer auf dem gleichen Weg, daß sie alle ihre Rebstöckchen kennen und ihre Bäumchen zählen . . .“[1]

Später jedoch verließ Sueton dieses irdische Paradies und übernahm eine Reihe von Ämtern am kaiserlichen Hof, deren Höhepunkt drei wichtige Sekretärsposten waren. Interessanterweise wird – allerdings mit dem Zusatz, daß der Erzähler sich für diese Geschichte nicht verbürgen könne – berichtet, daß Sueton von Kaiser Hadrian aus der letzten dieser Stellungen entlassen worden sei und daß gleichzeitig auch sein Gönner, der Kommandeur der Prätorianergarde, seinen Posten verloren habe, weil sie sich der Kaiserin Sabina gegenüber respektlos oder allzu vertraulich benommen hätten. Der säuerliche Gesichtsausdruck und die hochaufgetürmte Frisur dieser Kaiserin, wie sie uns auf Münzen überliefert sind, wecken unser Mitgefühl für Sueton, zumal Hadrian geäußert haben soll, er würde sich von dieser reizbaren Gattin gern befreien, doch seine Stellung lasse das nicht zu. Sueton kehrte zweifellos in sein ländliches italisches Refugium zurück, aber seine Entlassung hatte unerfreuliche Folgen: die späteren Viten, an denen er damals noch arbeitete, leiden darunter, daß ihm die kaiserlichen Archive nicht mehr zugänglich waren, die ihm für seine älteren Biographien wertvolles Material geliefert hatten.

Die Nachwelt erachtete das ‚Leben der Cäsaren‘ mit Recht in hohem Maße als erhaltenswert, während man die weit detaillierteren Arbeiten, auf die Sueton sich stützte, verloren gehen ließ. Dennoch wäre das Werk um ein Haar trotz allem verloren gegangen. Obwohl man nämlich Sueton in Konstantinopel lange Zeit hindurch kannte, hatte sich im westlichen Europa offenbar nur ein einziges Exemplar seines Werks erhalten. Auf dieses eine Exemplar, das heute auch verschwunden ist, das jedoch im neunten Jahrhundert im Kloster zu Fulda von dem fränkischen Gelehrten Einhard benutzt wurde, gehen alle uns erhaltenen Handschriften mittelbar oder unmittelbar zurück.

Drei Ausgaben der Viten erschienen 1470/71 in Italien – zwei in Rom und eine in Venedig. In den dreißiger und vierziger Jahren des sechzehnten Jahrhunderts kam es dann zu vielen Übersetzungen in westeuropäische Sprachen. Montaigne zitierte Sueton mehr als vierzigmal und erklärte bescheiden (was jeder moderne Gelehrte, der sich mit Sueton befaßt, mit weit begründeterem Zweifel am eigenen Können wiederholen muß): „Ich lasse andere für mich sagen, was ich – weil mich Sprache oder Verstand im Stich lassen – selbst nicht so gut ausdrücken kann.“

Laut Virginia Woolf sollte sich jede Biographie auf Tatsachen stützen[2] – Tatsachen, die für den Leser nachprüfbar sind. Das ist jedoch eine unerfüllbare Forderung für die Biographie eines Menschen, der schon seit fast zweitausend Jahren tot ist. Voltaire war sogar der Meinung, nur ein Scharlatan könne sich anmaßen, einen Menschen zu schildern, mit dem er nicht zusammengelebt hat. Was die römischen Kaiser betrifft, so halten manche modernen Forscher den Versuch einer Biographie für nahezu unmöglich; sie lehnen ihn für sich ganz bewußt ab. Das ist eine Mahnung zur Bescheidenheit an alle, die unklug genug sind, die damit verbundene Warnung in den Wind zu schlagen. Sie können sich nur damit entschuldigen, daß auch Sueton zu seinen Ergebnissen kam, ohne die Kaiser persönlich gekannt zu haben. Als der letzte von ihnen den Thron bestieg, war Sueton erst zwölf Jahre alt, die Vorgänge können ihm also alle nur mittelbar bekannt gewesen sein. Dennoch wird niemand behaupten, er habe es nicht fertiggebracht, sie höchst lebendig darzustellen.

Plinius schrieb an den Kaiser Trajan, Sueton sei nicht nur ein durchaus integrer Mensch, sondern auch ein ausgezeichneter Gelehrter. Ein späterer antiker Schriftsteller rühmt ganz besonders seine Zuverlässigkeit. Tatsächlich wird allgemein anerkannt, daß ihm in erster Linie daran lag, die Wahrheit zu ergründen – und die Bemerkungen seines großen Zeitgenossen, des Geschichtsschreibers Tacitus, über andere Schriftsteller, die die gleichen Themen behandelten, zeigen, welch durchaus ungewöhnliches Verdienst das war. Damit ist gesagt, daß Sueton für die Klasse der Senatoren nicht jene Voreingenommenheit spüren läßt, die bei den antiken Schriftstellern die Regel war. Er lehnt es ab, der alten Tradition zu folgen, nach der die Viten der Herrscher entweder Lobreden oder giftige Angriffe sein mußten, und er unterscheidet sich von den meisten Schriftstellern seiner Zeit dadurch, daß er seine Biographien nicht von vornherein darauf anlegt, den Helden als durchaus gut oder abgründig schlecht erscheinen zu lassen. Weiter enthält er sich erfreulicherweise jener moralischen rhetorischen Verbrämung, welche die Glaubhaftigkeit so vieler antiker Biographien – darunter auch der Werke seines griechischen Zeitgenossen Plutarch – beeinträchtigt. Sueton verzichtet auf Kritik und scheint ganz unparteiisch – er gehört zu den antiken Autoren, die einer objektiven Darstellung am nächsten kommen. Wie sich gelegentlich zeigt, kann er einem Problem sehr erfolgreich zu Leibe gehen, zeigt das aber nur selten und ohne aufzutrumpfen, da er im großen und ganzen seine Aufgabe darin sieht, uns das Beweismaterial für und wider vorzulegen und dabei jeder Partei ohne eigenes Urteil oder Vorurteil gerecht zu werden. G. B. Townend bemerkt deshalb mit Recht: „Seine Kaiser wirken irgendwie gediegen und authentisch, selbst wenn die einzelnen Geschichten nicht belegbar sind. Er gibt uns die Möglichkeit, aus seinem Material selbst unsere Gestalten zu bilden, und wir haben den Eindruck, daß die Ergebnisse lebenswahr sind."[3]

Trotzdem läßt sich nicht leugnen, daß die Glaubwürdigkeit Suetons ihre Grenzen hat.

Vor allem ist er überaus abergläubisch. Plinius bezeugt, daß er fest an prophetische Träume glaubte. Auch Vorzeichen nahm er tief beeindruckt und gläubig hin, wie seine Viten an vielen Stellen zeigen. So berichtet er mit Anteilnahme von der unheimlichen Atmosphäre im Kinderzimmer des Augustus in Velitrae (Velletri), wo der Kaiser einer örtlichen Überlieferung zufolge geboren sein soll. Laut Sueton hatten die Leute Angst, dieses Zimmer zu betreten, weil denen, die das früher versucht hatten, seltsame Dinge zugestoßen waren.

„Das bestätigte sich auch bald, als ein neuer Besitzer des Hauses, sei es aus Zufall oder aus Wagemut, sich dorthin zum Schlafen begeben hatte. Da geschah es, daß er nach wenigen Stunden, mitten in der Nacht, plötzlich durch eine unbekannte Macht hinausgeworfen und halbtot samt seinem Bett vor der Tür gefunden wurde."[4]

Auch andere Schriftsteller schilderten gern Wunder überirdischen Ursprungs. Die Tradition der antiken Geschichtsschreibung verlangte sogar, daß man über solche Ereignisse nicht einfach hinwegging, und auch die Dichter waren für die Dramatik solcher Vorfälle nicht unempfänglich.

Die Sonne selbst bejammerte einst Rom,
als Caesar fiel, ihr Strahlenhaupt verhüllt
in stählern Grau, daß diese schlimme Welt
schon Nacht für alle Zeiten fürchtete.
Doch auch die Erde und das weite Meer,
scheußliche Hunde, unheildräuende Vögel,
sie gaben Zeichen da. Oft sahen wir,
wie aus dem Ätna, wenn die Schlünde barsten,

ein Glutstrom rann auf die Kyklopenfelder
mit Feuerkugeln und geschmolznen Steinen.
Germaniens ganzer Himmel hallte wider
von Waffenlärm, und ungewohntes Beben
ließ gar die Alpen zittern. Nie zuvor
gehört vom Volk ließ eine Riesenstimme
aus stillen Hainen weithin sich vernehmen.
Trugbilder, seltsam bleich, erblickte man
in finstrer Nacht ...[5]

Sehr oft glaubten die Dichter und Geschichtsschreiber an die Geschichten, die sie erzählten, oder doch an manche von ihnen. Tacitus bemerkte, er zögere, Ereignisse anzuzweifeln, die allgemein Glauben fänden und weitergegeben würden. Doch diese Worte deuten schon eine gewisse Vorsicht an, und die Erörterung des Für und Wider einer solchen Leichtgläubigkeit durchzieht sein gesamtes Werk. Fast alle anderen waren offensichtlich viel weniger von Zweifeln geplagt. So auch Sueton. Berufsmäßige Astrologen gab es wie Sand am Meer. In der Erkenntnis, daß ein Horoskop unzählige Anregungen zum Umsturz barg, versuchte die Regierung Roms immer wieder, diese Leute loszuwerden: man vertrieb sie in den Jahren 139 und 33 v. Chr. und dann wieder 16, 52, 69 und 70 n. Chr. Doch der Umfang und die Häufigkeit solcher Austreibungen zeigt schon, daß sie offenbar vergeblich waren.

Von den zwölf Cäsaren war der erste, Julius Caesar, wohl der einzige, der auf Vorzeichen gar nichts gab; möglicherweise neigte allerdings auch Galba zu dieser Einstellung. Augustus mißtraute manchen Berichten, war aber nicht immer bereit, das auch zuzugeben. An andere jedoch glaubte er fest. Tiberius stand in enger Beziehung zu dem Astrologen Thrasyllos, und es war auf astrologische Prophezeiungen, Zauberriten und Traumdeutungen zurückzuführen, daß das erste Opfer in den Hochverratsprozessen seiner Regierung, Libo, ein schlimmes Ende fand. Selbst Agrippina die Jüngere, die sich gewiß nicht leicht erschüttern ließ, erschrak, als halbtierische Kinder und ein Schwein mit Habichtskrallen geboren wurden; und als Claudius (wahrscheinlich durch ihre Hand) starb, weigerte sie sich, ihren Sohn Nero als Nachfolger ausrufen zu lassen, ehe der von den Astrologen als günstig prophezeite Augenblick gekommen war. Vespasian ließ es sich angelegen sein, alle Vorzeichen öffentlich bekanntzumachen, die auf seine Erhebung zum Kaiser hingewiesen hatten. Vitellius spottete wie Augustus gelegentlich über solche Vorzeichen, glaubte aber, daß viele andere zuverlässig seien. Otho nahm einen Astrologen mit nach Lusitanien, und Domitian erforschte eifrig die Horoskope potentieller Rivalen.

Vorzeichen und Wunder spielten also in der römischen Geschichte eine bedeutsame Rolle. Vielleicht lächeln wir darüber, daß Sueton so viele von diesen Geschichten glaubte (aber wer von uns ist völlig frei von jedem Aberglauben?). Immerhin war es verständlich und sogar sinnvoll, daß er sie in seinen Bericht aufnahm, denn sie übten ihren Einfluß auf Ereignisse aus, steuerten sie und riefen sie sogar hervor.

Einen weiteren Aspekt der Viten Suetons, den wir vielleicht mit gewissen Vorbehalten aufnehmen müssen, ist der Nachdruck, den er auf sexuelle Verirrungen legt. Waren die Kaiser tatsächlich so abartig? Einige von seinen Schilderungen – vor allem all das, was er über die Wasservergnügungen des Kaisers Tiberius berichtet – sind so pornographisch, daß manche Übersetzungen den lateinischen Wortlaut beibehalten. Bei Gibbon heißt es, Claudius sei der einzige gewesen, der in der Liebe einen normalen Geschmack gehabt habe – er scheint also eindeutig heterosexuell gewesen zu sein, und das war ungewöhnlich.

Wenn Sueton über derartige Dinge schreibt, zeigt er weder die flammende Entrüstung eines Tacitus, noch ergeht er sich in beißendem Spott und in Schmähungen wie Juvenal. Er trug einfach Details zusammen – entweder, weil es seine Gewohnheit war, Positives und Negatives ohne Parteinahme vorzutragen, oder – was wahrscheinlicher ist – weil ihm so etwas Vergnügen machte, was ja gut zu dem Autor paßte, der auch ein Buch über berühmte Huren geschrieben hat. J. Wight Duff war entsetzt über diese „chronique scandaleuse, die sich auf Klatsch über die Kaiser gründete und von einem Literaten mit der Mistgabel zusammengetragen worden war".[6] G. W. Mooney kritisierte das Verfahren Suetons, weil „unser Geschmack uns heute vorschreibt, alles Anstößige auszulassen".[7] Die Zitate von Duff und Mooney stammen aus den Jahren 1927 und 1930; heutzutage, in den siebziger Jahren, übt man bei der Erwähnung solcher Dinge wesentlich weniger Zurückhaltung.

Wenn die Geschichten auf Wahrheit beruhen, brauchen wir nicht erst Freud zu bemühen, um uns darüber klar zu werden, daß sie wichtig sind; so mancher Politiker unserer Zeit hat erfahren, daß seine Stellung im öffentlichen Leben nicht unberührt bleibt von seinem Verhalten im Privatleben. Galba hatte nicht ganz recht, wenn er sagte, es gehe niemanden etwas an, was er in seiner freien Zeit tue. Der jüngere Plinius betont bei Gelegenheit einer Lobpreisung Trajans, daß die Vergnügungen eines Menschen am meisten über seinen wahren Wert, seine sittliche Vortrefflichkeit und seine Selbstbeherrschung aussagen und daß gerade die Augenblicke der Entspannung aufschlußreich seien. Freilich befand er sich dabei angesichts der Neigung zur Päderastie, die man Trajan nachsagte, auf recht dünnem Eis.

Doch sind diese Geschichten von Abartigkeit wirklich wahr? Nicht unbedingt. Nicht, daß solche Ungeheuer etwa unfähig gewesen wären, das Reich zu regieren – das wäre eine naive Vorstellung, denn gerade ihre Absonderlichkeiten könnten ihnen geholfen haben, in ihrem Amt durchzuhalten. Dennoch darf man diese Geschichten aus einem anderen Grund anzweifeln: deshalb nämlich, weil der kaiserliche Palast, den stets eine Aura des Geheimnisvollen umgab, eine Quelle unablässigen Geflüsters war. Diese Gerüchte aber sind, auch wenn sie nicht zutreffen, für den Historiker genau so wichtig wie die Vorzeichen, da sie ihm verraten, was die Leute redeten.

Immerhin ist es auch möglich, daß Suetons Berichte über diese amourösen Abenteuer mehr Tatsachen enthalten, als oft angenommen wird. Zugegeben – wo Klatsch im Spiel ist, gibt es manchmal tatsächlich Rauch ohne Feuer. Dennoch hat E. A. Freeman, ein englischer Historiker des neunzehnten Jahrhunderts, recht, wenn er behauptet, daß die besonderen Eigenschaften, die sich die Leute für ihre Übertreibungen auswählen, mit ziemlicher Sicherheit anzeigen, wie es wirklich um den Charakter eines Menschen bestellt ist.

Hinzu kommt, daß zumindest seit der Zeit der späteren römischen Republik ein hohes Maß an sexueller Freiheit das Vorrecht des römischen – männlichen und auch weiblichen – Adels gewesen war; sobald Heirat und Scheidung mit kalter Berechnung als Mittel der hohen Politik eingesetzt werden, ist das die Folge. Als Nero die Überzeugung aussprach, daß es Keuschheit und Reinheit einfach nicht gebe, mochte diese Ansicht bis zu einem gewissen Grade seinem Wunschdenken entsprungen sein, aber sie traf auch genau auf eine Oberklassengesellschaft zu, in der die Schranken gegen eine weitreichende Sittenlosigkeit niedriger waren als bei uns.

Wurde ein Mitglied dieser Gesellschaft Kaiser, so fielen alle die schwachen Widerstände, die etwa vorhanden waren. Der jüngere Plinius, der für sich selbst in seiner persönlichen Lebensführung auf Anstand hielt, bemerkte, bei einem Herrscher sei es selten, ja fast unbekannt, daß er sich zu irgendwelchen Rücksichten verpflichtet fühle – oder daß er, wenn es doch der Fall sei, diesen Zustand als angenehm empfinde. Weiß ein Kaiser, daß seine Möglichkeiten buchstäblich unbegrenzt sind, so muß das zwangsläufig einen Einfluß auf sein Verhalten haben, sofern er nicht eine außergewöhnliche Selbstbeherrschung besitzt. In unserer Zeit erlegen Sitte und Gesetz beträchtliche sexuelle Beschränkungen auf, und wenn Außenseiter der Gesellschaft sich bewußt darüber hinwegsetzen, ist es wahrscheinlich, daß sie damit eine neue Einengung durch finanzielle Zwänge auf sich nehmen. Ein römischer Kaiser war in jedem denkbaren Grade frei; ihn hinderten weder Sitte noch Gesetz noch Geldknappheit. Verfügte heute jemand über die gleiche Freiheit – was kaum vorkommen wird –, so darf man sich fragen, ob er oder sie nicht ebenfalls zahlreiche Hemmungen über Bord werfen würde. Das haben viele von den Cäsaren zweifellos getan, und so mögen Suetons laszive Schilderungen zwar phantasievoll ausgeschmückt, in den Hauptlinien aber trotzdem von der Wahrheit nicht allzu weit entfernt sein.

J. W. Mackail hat festgestellt, daß vielleicht nie eine Sammlung von Biographien so reich an Anekdoten gewesen sei.[8] Einige von diesen Anekdoten, die ein besonders helles Licht auf die handelnden Personen und deren Einschätzung durch die Allgemeinheit werfen, sind hier aufgenommen, da sie das Rom der Cäsaren lebendig werden lassen. Außerdem ist Sueton, wenn es ihm darauf ankommt, auch ein Erzähler von hohen Graden. Wie wir wissen, war er ein langsamer Schreiber, aber seine Geschichten haben Tempo und Temperament. Sein Bericht über den Tod Neros zum Beispiel ist ein eindrucksvolles Meisterstück dramatischer Darstellung. Er war auch Anhänger einer Pseudowissenschaft, die damals gerade in Mode war: der Physiognomik, als deren berühmtester Vertreter sein jüngerer Zeitgenosse, der Sophist Antonius Polemon von Laodikeia (bei Denizli in der Türkei) galt. Wenn der Philosoph Plotin später erklärte, das Gesicht gewähre einen Blick in die Seele, so sprach er damit aus, was Polemon und Sueton gedacht hatten; und Suetons Beschreibungen vom persönlichen Erscheinungsbild der Cäsaren vergißt man nicht so leicht.

Im Gegensatz zu Plutarch, der sich im allgemeinen an die zeitliche Abfolge hält, unterbricht Sueton beim Aufbau seiner Biographien den chronologischen Bericht über das Leben der Cäsaren durch nach Themen angeordnetes Material, das nacheinander die verschiedenen Eigenheiten des Betreffenden behandelt. Dieses stark schematische Vorgehen verrät den Grammatiker und Altertumsforscher, Disziplinen, mit denen sich Sueton befaßte. Trotzdem birgt sein Buch eine Unzahl lebensvoller Charaktere. Freilich sind sie in ihrer Erscheinung allzu statisch, da gemäß der antiken Vorstellung, daß das Wesen eines Menschen von seiner Geburt bis zu seinem Tode unverändert bleibt, jeder Versuch entfällt, psychologische Entwicklungen oder Veränderungen wiederzugeben. Biographen Franklin D. Roosevelts haben oft erörtert, ob Krankheit ihn am Ende seines Lebens nicht zu einem ‚anderen Menschen‘ gemacht habe. Antike Biographen und Historiker hätten nicht zugegeben, daß ein solcher echter und grundlegender Wandel möglich sei. Gewiß schienen Menschen in ihren Handlungen manchmal inkonsequent zu sein: Sueton stattete seine Charaktere unbedenklich mit einer Menge von merkwürdig widersprüchlichen Zügen aus, die alle zur gleichen Zeit in Erscheinung traten. Das paßt zu seiner allgemeinen und ganz unleugbaren Scheu davor, widersprüchliche Darstellungen miteinander in Übereinstimmung zu bringen oder sich bei Gegensätzen für das eine oder das andere zu entscheiden. Er macht gar nicht den Versuch, aus all diesen verschiedenen Angaben und Einzelheiten einen konsequenten zusammenhängenden Bericht zu formen, und manchmal hat man den Verdacht, daß er sich selbst noch keineswegs darüber klar ist, wie diese Männer nun eigentlich waren. Das ist natürlich unbefriedigend für den Leser. Dennoch sind die in sich nicht stimmigen Personen, die bei ihm vorkommen, vielleicht gar nicht so falsch dargestellt. Viele Menschen sind ja wirklich so, und gerade die Cäsaren, die so vielfachem fast unerträglichem Druck widersprüchlicher Art ausgesetzt waren, könnten so gewesen sein.

Dieser Druck ist wahrscheinlich das, was uns an ihnen am meisten interessiert. Ein Biograph muß – um wieder Virginia Woolf zu zitieren – „uns die schöpferische Tatsache an die Hand geben; die fruchtbare Tatsache; die Tatsache, die anregt und erzeugt."[9] Was die Cäsaren betrifft, so steht die ‚fruchtbare Tatsache' in Beziehung zur Macht. Sie faszinieren uns nicht nur und nicht so sehr wegen der unheimlichen Geschichten, die sich um sie rankten, sondern weil sie Menschen waren, die über eine unerhörte Machtfülle verfügten. Es ist wichtig zu wissen, wie sie mit dieser Macht umgingen und welchen Einfluß die Macht auf sie ausübte.

Nun mögen die Antworten auf diese Fragen sich nicht unbedingt aus Sueton ergeben, aber eben das ist einer der Gründe für den Versuch, seine Biographien unter einem etwas anderen Gesichtspunkt neu zu schreiben. Im großen und ganzen stellen nämlich die Machtprobleme der römischen Herrscher für ihn kein vordringliches Anliegen dar – ebensowenig wie die Verhältnisse in den verschiedenen Phasen ihrer Herrschaft, das Wachstum, die Verwaltung und die Verteidigung des Reichs, die einen großen Teil ihrer Zeit und ihrer Energie in Anspruch nahmen. Heute würde man meinen, daß jemand, der das Leben von Volksführern beschreibt, weit mehr über die Bühne, auf der sie agierten, sagen und sich Gedanken machen müßte über die Wechselwirkungen zwischen ihrem Charakter und ihrem Wirken auf dieser öffentlichen Bühne. Doch Sueton schenkt diesem Teilbereich seiner Aufgabe wenig Beachtung. Wenn seine Leser sich für diese Dinge interessieren, zu denen auch genauere Kenntnis der römischen Institutionen und der Geschichte Roms gehören, dann sollen sie sich seiner Meinung nach anderen Quellen zuwenden – den Geschichtsschreibern.

Die antiken Biographen litten nämlich seit eh und je unter einem starken Minderwertigkeitskomplex, da sie der gängigen Überzeugung folgend annahmen, sie wären nicht nur grundverschieden von den Geschichtsschreibern, sondern auch weniger wert als jene. Der einzige lateinische Biograph vor Sueton, dessen Werke uns teilweise erhalten sind, Cornelius Nepos, entschuldigt sich deswegen immer wieder. Er wisse genau, schreibt er an Atticus, den Freund Ciceros, daß sehr viele Leser diese Art von Literatur für trivial und deshalb der Bedeutung großer Menschen nicht angemessen hielten. Nepos scheut sogar vor dem Versuch zurück, einen systematischen Bericht von den Leistungen einer bekannten Persönlichkeit zu geben, weil dadurch der Eindruck entstehen könne, daß er statt Biographie Geschichte schreiben wolle. Sueton wiederum wußte nur zu gut, daß er einen Zeitgenossen von höchstem Ansehen hatte, der Geschichte aufzeichnete: Tacitus. Er war deshalb klug genug, jedem Wettbewerb mit Tacitus zu entsagen und auf eine systematische Chronologie zu verzichten, um sich von der taciteischen Geschichtsschreibung weit genug zu entfernen; er sah sich selbst als Forscher und Gelehrten und nicht als einen schöpferischen Geschichtsschreiber.

Diese Scheidung zwischen Biographen und Historikern hatte Bestand. Es ist richtig, daß seit dem sechzehnten Jahrhundert führende Nachschlagewerke über Methoden der Geschichtsbetrachtung die Biographie im allgemeinen als eine legitime Form der Geschichtsschreibung ansahen. Es hat jedoch immer bedeutende Männer gegeben, die eine abweichende Meinung vertraten, so zum Beispiel Eduard Meyer und R. G. Collingwood. Und noch in unserer Zeit kann Richard Holmes eine Besprechung des kürzlich erschienenen Buches von A. O. J. Cockshut ‚Truth to Life' mit einer Reihe eindringlicher Fragen beginnen, die sich auf dieses Problem beziehen: „Ist die Biographie wirklich eine Kunst, ist sie wirklich eine Form phantasievoller Literatur? Oder ist sie nur etwas Zweitrangiges, etwas durchaus Ehrenwertes aber doch Parasitäres wie die Kritik oder die Dokumentation? Haben Biographen wirklich den gleichen Status wie zum Beispiel Romanciers oder Dramatiker? Oder sind sie vorwiegend Handwerker, Geschäftsleute – Journalisten oder ehemalige Politiker, Diplomaten im Ruhestand oder sittenlose große Herren? . . .

Die Biographie gehört eigentlich zu den Geheimkünsten. Sie bedient sich wissenschaftlicher Mittel – der Dokumentation, der Analyse und der Untersuchung – um ein magisches Ziel zu erreichen: die Verwandlung unedler Stoffe in Gold. Ihr Endziel ist jedoch das ehrgeizigste und blasphemischste aller Ziele – sie will einen Toten wieder zum Leben erwecken."[10]

An diesem Maßstab gemessen ist Sueton ein Geheimkünstler von listiger Geschicklichkeit.

Dennoch muß man zugeben, daß seine Zauberkünste nicht vollkommen sind. Es läßt sich nicht bestreiten, daß er die Cäsaren tatsächlich wieder zum Leben erweckt. Aber die neu belebten Gestalten, die er uns vorführt, können – ohne zusätzliche Erklärungen – ganz gewiß nicht jene Männer sein, die über eine so gewaltige Macht verfügten. Denn er zeigt sie uns niemals bei der Ausübung dieser Macht.

Trotzdem ist die Lage nicht hoffnungslos, denn wir haben ja auch Tacitus. Er befaßt sich vielfach mit denselben Menschen, verfährt dabei aber sehr oft grundsätzlich anders, indem er alles biographische Material beiseiteläßt und seine Objekte fast ausschließlich unter dem Gesichtspunkt ihrer Macht betrachtet. Er haßt die Macht; sie ist für ihn eine unerträgliche Verweigerung der Freiheit, eine Brutstätte der Grausamkeit und aller möglichen Übel. Doch die Alternative des Bürgerkriegs hält er für noch schlimmer. Die Macht der Kaiser muß also erduldet werden, und ihre Festigung – unter welchen Namen und in welchen Formen auch immer – ist das Hauptthema, das sein Bild von den Zwölf Cäsaren beherrscht.

Da Sueton die pittoresken Einzelheiten seiner Charaktere so viel stärker betont, während Tacitus eher über ihre Machtfülle Aufschluß gibt, könnte man annehmen, unser Problem, die Persönlichkeit der Cäsaren mit ihrer Machtausübung in Verbindung zu bringen, lasse sich weitgehend durch eine geschickte Kombination aus dem Werk der beiden Schriftsteller lösen (der man noch einiges aus einem dritten, späteren uns erhaltenen Geschichtsschreiber, nämlich aus Dio Cassius, beimischen könne, der sich – allerdings mit beträchtlichen Anachronismen – aus wertvoller unmittelbarer Erfahrung schöpfend auf Politik konzentriert).

Dafür haben sich denn auch zahllose moderne Geschichtsschreiber und Verfasser historischer Romane gern entschieden. Aber ihre Entscheidung war voreilig, denn eine Kombination aus Tacitus, Sueton und Dio kann noch nicht zu einem befriedigenden Ergebnis führen.

Vielmehr ist Tacitus in seiner ganz anderen Art genau so unzulänglich wie Sueton. Unbestreitbar ist er als genialer Schriftsteller und Denker anspruchsvoll und faszinierend. Seine so überaus eindrucksvolle und unerreichte künstlerische Leistung hat zur Folge, daß sich niemand ohne seine Hilfe und Anregung mit den Kaisern beschäftigen wird. Lytton Strachey könnte an Tacitus gedacht haben, als er erklärte, es sei die erste Pflicht eines großen Geschichtsschreibers, ein Künstler zu sein; ungedeutete Wahrheit sei so nutzlos wie ungefördertes Gold, und die Kunst sei die große Deuterin. Dennoch führen die Charakterschilderungen bei Tacitus in die Irre. Thomas Hunter (1752) meinte, Tacitus sei kein gerechter Schriftsteller, obwohl ihm viel Geist zugestanden werden müsse; er sei ohne Aufrichtigkeit, es fehle ihm an Urteilskraft, er gehe über die Natur hinaus und vergewaltige die Wahrheit.

Vornehmlich der spannende erste Teil der ‚Annalen', der von Tiberius handelt, steht unter den ernstzunehmenden historischen Schriften einzig da in seiner dramatischen Technik, den parteiischen Deutungen und ungerechtfertigten Andeutungen, die die Wahrheit entstellen. An Tiberius läßt Tacitus kein gutes Haar. Um ein einziges kleines Beispiel anzuführen: selbst als Tiberius es ablehnte, in Spanien als Gott verehrt zu werden, kann sich Tacitus nicht mit der naheliegenden Erklärung zufrieden geben, daß der Kaiser bescheiden genug war, eine derartige Anmaßung zu mißbilligen; er berichtet vielmehr, die meisten Leute hätten Unsicherheit hinter dieser Entscheidung vermutet. Man habe sie auch auf Entartung zurückgeführt, da ja die besten Menschen ihre Ziele am höchsten steckten, und wer den Ruhm verachte, der verachte auch die Tugend.

Das alles ist gänzlich unbegründet. Und tatsächlich hatte auch Tacitus selbst unmittelbar vor diesen Äußerungen böswilliger Herabsetzung die Ansprache zitiert, in der Tiberius seine Meinung darlegt, eine Ansprache, aus der für jeden Unparteiischen echte Bescheidenheit spricht. Tacitus war schließlich ein viel zu guter Historiker, als daß er Tatsachen verheimlicht hätte, selbst wenn sie seiner eigenen Auslegung eindeutig widersprachen. Infolgedessen traktiert er uns unablässig mit offenkundigen Widersprüchen zwischen diesen gewissenhaft dargebotenen Tatsachen und dem ganz ungerechtfertigten Eindruck, den er uns von ihnen zu vermitteln bestrebt ist. Man hat gesagt, die größte menschliche Tragödie sei es, wenn eine Theorie durch eine Tatsache umgebracht werde. Doch Tacitus bringt seine eigenen Theorien mit denselben Tatsachen um, die er uns pflichteifrig vorlegt.

Seine Charakterskizzen sind deshalb bei all ihrer Schärfe oft bestürzend. Bisweilen zeigen sie lediglich die Brillanz farbenprächtiger Gliederpuppen, die oft auf von älteren Historikern, etwa von Sallust, geschaffene Charaktertypen zurückgehen. Der kaiserliche Günstling Sejan ist ein Schuft, wie er im Buche steht, Kaiserinnen sind Standardschurkinnen, Tiberius ist der Tyrann, wie man ihn aus Rednerklischees und vom Theater kennt, ein Ungeheuer, unglaubwürdig in seiner Grausamkeit und Ungerechtigkeit, seinem Argwohn, seiner Verschlagenheit und Sinnlichkeit.

Trotz all seiner Reize ist Tacitus also nicht ausreichend. Ja sogar Tacitus, Sueton und Dio Cassius zusammen reichen nicht aus – bei weitem nicht. Nachdem sie alle zu Wort gekommen sind, müssen wir uns immer noch weiter bemühen herauszufinden, was für Menschen die Cäsaren wirklich gewesen sind.

Es kommt hinzu, daß die starke Betonung des ‚Mannes an der Spitze' heute als einigermaßen veraltet gilt. Noch immer dürfen wir zwar versuchen, wie William Roscoe Thayer es ausdrückt, „herauszufinden, wie des Menschen Wille – jene Kraft, die geheimnisvoller ist als die Elektrizität – die Taten der Menschen formt und leitet".[11] Aber Tacitus zum Beispiel scheint auf diesem Wege zu weit gegangen zu sein, wenn er die Geschichte Roms und der römischen Macht als die Geschichte einer Reihe von Menschen sah. Allerdings war er bereit, gelegentlich zuzugeben, daß zwar die Herrscher wechselten, nicht aber das System – und daß dieses die Dinge in Gang hielt. Dennoch vertrat er mit dem typisch römischen Interesse am Einzelmenschen die von ihm sogar bis zu einem gewissen Grade mitgeschaffene humanistische Überzeugung, daß der Wille des Einzelnen der beherrschende Faktor in der Geschichte sei. Für ihn formen die Charaktere die Ereignisse und nicht umgekehrt. Er sah die Cäsaren, wie Marvell 1650 Cromwell sah, der „durch unverdrossenen Mut so hoch zu steigen vermochte, daß er das mächtige Werk der Zeit zerstörte und die alten Königreiche in eine neue Form goß".[12]

Hundert Jahre nach Marvell lehnte Montesquieu eine solche Geschichtsdarstellung ab; er erklärte, wenn Julius Caesar und Pompeius nicht gelebt hätten, wäre der römische Staat von anderen ehrgeizigen Männern dennoch zerstört worden. Auch für Goethe ist jeder Mensch notwendigerweise ein Spiegel seiner Zeit: „ein jeder, nur zehn Jahre früher oder später geboren, dürfte, was seine eigene Bildung und die Wirkung nach außen betrifft, ein ganz anderer geworden sein."[13]

Im neunzehnten Jahrhundert wurden beide Extreme in dieser Streitfrage nachdrücklich vertreten. 1841 unterstrich Thomas Carlyle in seinem Buch ‚On Heroes, Hero-Worship and the Heroic in History' erneut die Bedeutung des Individuums. Seiner Meinung nach ist die Universalgeschichte, die Geschichte dessen, was der Mensch in dieser Welt erreicht hat, im Grunde die Geschichte der großen Männer, die hier gewirkt haben. Friedrich Engels andererseits griff auf die Ansicht Montesquieus zurück, wenn er erklärte, daß zum Beispiel Napoleon nicht zufällig gekommen sei, und daß, wenn er nicht gekommen wäre, ein anderer seinen Platz eingenommen hätte.

Die Historiker von heute bringen, empört über Hitler und andere Diktatoren unseres Jahrhunderts, mehr Sympathie für den Standpunkt Engels' als für den Carlyles auf. Viele der bedeutendsten Forscher glauben heute, daß man den Kaisern als Individuen und den unbelegten Widersprüchen zwischen ihren Wesenszügen zuviel Aufmerksamkeit schenkt.[14] Sicherlich waren die antiken Schriftsteller zu sehr darauf bedacht, alles unter dem Gesichtspunkt der Persönlichkeit zu sehen; sie konzentrierten sich im Übermaß auf die melodramatischen rhetorischen Gestalten, die sie selbst aus den bisweilen widerspenstigen Tatsachen hervorgezaubert hatten. Diese überstarke Akzentuierung bedarf dringend einer Revision. Die Kontinuität der römischen Politik beruhte nicht auf einem Einzelnen, sondern auf dem fast unbewußten Konsens der gesamten herrschenden Klasse. In jedem Falle wirkte sich die persönliche Böswilligkeit grausamer Kaiser nur auf einen begrenzten Kreis, nämlich die verhältnismäßig kleine Zahl derer aus, mit denen sie persönlich umgingen. Das gibt selbst Tacitus zu. Doch gleichzeitig legt er Cerialis, einem römischen General, in einer Ansprache an aufständischen Gallier einschränkende Worte in den Mund, wenn er ihn darauf hinweisen läßt, daß zwar Tyrannen ihre Bosheit an Menschen ihrer nächsten Umgebung ausließen, Kaiser mit einem guten Ruf aber auch weit entfernt lebenden Völkern Wohltaten erwiesen. Tatsächlich konnten sich die Herrscher über das ganze unermeßliche Gebiet des Reiches hin Geltung verschaffen. Auch wer wie Ronald Syme bezweifelt, daß es ihnen oft gelang, soziale Bewegungen in die Gegenrichtung zu lenken, wird zugeben, daß sie sie beschleunigt oder verlangsamt haben könnten.

Aber auch das war noch eine ungeheure Leistung, die sich auf das Leben von Tausenden und Millionen auswirkte. Indessen haben manche von den Cäsaren ganz sicher noch sehr viel mehr als das getan. Obwohl die Republik einem anderen zugefallen wäre, wenn es Julius Caesar und Pompeius nicht gegeben hätte, trug doch die Art und Weise, in der sie unterging, die Handschrift Caesars, und die Wahl seiner Methode hatte gewaltige Folgen für die Zukunft. Was Augustus betraf, so war die Wirkung, die er auf die römische Welt und die spätere Zivilisation ausübte, ungeheuer. Mit Recht betonte Tiberius beim Begräbnis seines Vorgängers, daß die Taten, die im eigentlichen Sinne Augustus selbst zuzurechnen sind, Taten seien, wie sie kein anderer jemals vollbracht habe. War doch die Persönlichkeit des Augustus unter jedem Aspekt der stärkste Antrieb und bestimmende Faktor seines Zeitalters. Ebenso übte Claudius einen höchst individuellen Einfluß aus. Und Domitian und Vespasian stifteten zwei grundverschiedene kaiserliche Herrschaftssysteme, von denen ihre Nachfolger noch jahrhundertelang jeweils das eine oder das andere übernahmen.

Das alles waren bedeutende persönliche Einwirkungen auf die Geschichte, und es gab deren noch mehr. Wenn wir uns nach modernen Analogien umsehen, so stehen die Regierungen nahöstlicher Länder in mancher Hinsicht der Regierung des antiken Rom näher als irgendein westeuropäisches Regierungssystem von heute. Aber wahrscheinlich neigen auch Kenner des Präsidentenamtes der Vereinigten Staaten dazu, den Einfluß des Individuums auf den Verlauf der Ereignisse eher gering einzuschätzen.

So besteht möglicherweise die Gefahr, daß die heutige Tendenz, Entwicklungen eher auf allgemeine Strömungen als auf die Charaktere und Fähigkeiten der Cäsaren zurückzuführen, ein wenig zu stark wird. Herauszufinden, was für Menschen die führenden Persönlichkeiten waren, ist nach wie vor eine außerordentlich wichtige Aufgabe, und das vorliegende Buch entstand in der Hoffnung, hierzu ein Geringes beitragen zu können.

Allerdings erschweren die vielfältigen Schwächen der antiken Autoren diese Aufgabe ganz ungewöhnlich. Natürlich stützten sich Tacitus, Sueton und Dio Cassius bei ihrer Schilderung der Ereignisse alle auf zeitgenössische oder doch annähernd zeitgenössische Quellen. Doch die Schriften dieser gleichaltrigen oder wenig älteren Autoren sind nicht erhalten, und wir können uns deshalb selbst kein Urteil über sie bilden. Indessen dürfen wir mit Sicherheit annehmen, daß sie genau wie die erhaltenen Schriften ihrer Nachfolger starke Qualitätsunterschiede aufwiesen und starken politischen Vorurteilen und Verfälschungen unterlagen, wie Tacitus sarkastisch bemerkt.

Außerdem war damit, daß diese Autoren in nächster Nähe des Kaisers lebten, noch nicht gesagt, daß sie auch in der Lage waren zu erfahren, was wirklich im Palast vorging. Wie wir bereits sahen, sickerten unentwegt Gerüchte durch, die sich nicht bestätigen ließen, und sehr oft war dies das einzige Material, auf das die Schriftsteller sich stützen konnten. Dio Cassius, der dem Hof der severischen Kaiser (193–235 n. Chr.) persönlich nahestand, schildert diese Situation sehr eindringlich.

„Der Staat wurde damals (beim Regierungsantritt des Oktavian-Augustus) zum Besseren und Heilsameren hin umgestaltet; denn es war wohl völlig unmöglich, daß er als Demokratie heil geblieben wäre. Die folgenden Ereignisse können nun nicht mehr in gleicher Weise wie die früheren erzählt werden.

Denn früher wurde alles an den Senat und an das Volk berichtet, auch wenn etwas weit weg geschah; und daher erfuhren es alle, und viele schrieben es auf, und infolgedessen wurde der wahre Sachverhalt, wenn er auch bei einigen zum Teil durch Furcht oder Gunst, durch Freundschaft oder Feindschaft beeinflußt war, doch bei den anderen Darstellern des gleichen Stoffes und in den öffentlichen Dokumenten gefunden.

Aber von jener Zeit an begann das meiste versteckt und auf geheimen Wegen zu geschehen; wenn aber doch etwas an die Öffentlichkeit kam, wurde es als nicht nachprüfbar nicht geglaubt, denn man vermutet nun, daß alles nur nach dem Willen der jeweiligen Herrscher und ihrer Mitregenten gesagt und getan wird.

Dementsprechend verlautet gerüchtweise vieles, was gar nicht geschieht, vieles aber, was gewiß vor sich geht, wird nicht gewußt, und alles wird sozusagen irgendwie anders, als es geschieht, erzählt. Dazu macht die weite Ausdehnung des Reiches und die Fülle der Begebenheiten die genaue Berichterstattung sehr schwierig.

Denn in Rom und in den Provinzen geschieht ständig vieles, und Kriegshandlungen gibt es sozusagen täglich, von denen nicht leicht jemand außer den Handelnden selbst den genauen Verlauf kennt, ja wovon die meisten nicht einmal erfahren, daß sich überhaupt etwas zutrug.

Daher werde ich alles der Reihe nach, soweit ein Bericht überhaupt nötig ist, erzählen, so, wie es an die Öffentlichkeit gedrungen ist, sei es, daß es sich tatsächlich so, sei es, daß es sich anders verhält. Freilich wird dazu noch meine Mutmaßung kommen, soweit sie mir möglich ist, da nämlich, wo ich mehr als das allgemein Überlieferte auf Grund des Vielen, was ich las, hörte oder sah, bezeugen kann."[15]

Und Neros Freund Petronius, der mit dem Palastleben zur Zeit der Zwölf Cäsaren innig vertraut war, schilderte dieses üppige Wuchern wilder Gerüchte noch lebendiger:

> Eher behielte der Mensch ja glühende Kohlen im Munde
> als in der Brust ein Geheimnis. Entfällt dir ein Wörtchen bei Hofe,
> rauscht es dahin, und plötzlich ertönt die Stadt von Gerüchten.
> Nicht nur Verbürgtes wird kund: die weitergegebene Rede
> bauscht sich geschäftig und trachtet mit Fleiß, das Gehörte zu steigern.[16]

Wie können wir uns nun aber vor all diesen zweifelhaften Nachrichten schützen und die Körnchen Wahrheit heraussieben, die in ihnen zu finden sind?

Zunächst einmal können wir die Aussagen der Historiker und Biographen mit Hunderten von mehr oder weniger beiläufigen Erwähnungen bei antiken Autoren vergleichen, die gar keine systematischen Geschichtsberichte zusammenstellten. Robert Graves verteidigt sich gegen den Vorwurf, er habe sich in seinen historischen Romanen ‚I Claudius‘ und ‚Claudius the God and his Wife Messalina‘ (deutsche Ausgabe: Ich, Claudius, Kaiser und Gott) ausschließlich auf Tacitus, Sueton und seine eigene lebhafte Phantasie gestützt, mit dem entschiedenen Hinweis darauf, daß er eine ganze Liste dieser zusätzlichen Autoren[17] zu Rate gezogen habe; und er hat gut daran getan.

Aber er hätte noch mehr tun können. Wir Autoren von heute haben nämlich, wenn wir uns mit solchen Stoffen beschäftigen, einen großen Vorteil gegenüber den antiken Schriftstellern, deren Interesse an diesen Dingen nicht allzu tief ging. Arbeiten auf vielen Spezialgebieten ermöglichen es uns, selbst eine große Zahl von Originaldokumenten heranzuziehen – Inschriften, Papyri, Bauten, Kunstwerke und Münzen. Die Inschriften vermitteln uns die Worte der Kaiser unverfälscht, so etwa die sehr individuellen und bezeichnenden Äußerungen des Claudius. Die Papyri werfen Licht auf viele nicht identifizierte Stätten und unklare Textstellen. Großartige Gebäudekomplexe zeigen uns, welches Vermächtnis die Kaiser der Nachwelt zugedacht hatten. Unter den Skulpturen befinden sich außerordentlich viele Kaiserporträts. Dazu kommen die Münzen, die gleichzeitig zu einem ganz erheblichen Teil Mittel der Staatspropaganda sind, welche ihrerseits nachweisbar weitgehend durch die persönlichen Ziele des Kaisers bestimmt war.

Wo liegt nun die Schwierigkeit bei all diesem Beweismaterial? Es muß unbedingt mit größter Vorsicht behandelt werden, denn es ist durchwegs oder doch fast gänzlich kaiserliche Propaganda. Doch gerade dadurch wird es auch wieder unendlich wertvoll – weil es sich bei einem so großen Teil unserer literarischen Quellen um *anti*kaiserliche Propaganda handelt. Es ist nur recht und billig, wenn man die eine Gruppe gegen die andere abwägt. Keine muß wahrhaft sein – aber wenn wir beide kritisch kombinieren, können wir in der Tat beginnen, ein Bild vom Wesen der Cäsaren zusammenzusetzen.

In zweifacher Hinsicht haben die Münzen und sonstigen Dokumente für den Biographen mehr Wert als die erhaltenen literarischen Quellen. Erstens stammen sie wirklich aus der Zeit, und zweitens zeigen sie uns, da sie größtenteils direkte Zeugnisse der Palastpolitik sind, genau die Mittel, deren sich die Regierung ganz bewußt bediente, um die Persönlichkeit und die politische Linie der Cäsaren sowie deren Auffassung von der kaiserlichen Autorität deutlich herauszustellen.

Die Aufgabe, über diese Herrscher zu schreiben, ist deshalb eine faszinierende Herausforderung. Gewiß, es ist unmöglich, ein auch nur annähernd vollständiges Ergebnis zu erzielen. Dennoch haben wir trotz dem großen zeitlichen Abstand eine Chance, zu bestimmten Schlußfolgerungen hinsichtlich dieser außergewöhnlichen und unendlich mächtigen Männer zu gelangen. Gerade das habe ich versucht, und es würde mich freuen, wenn die folgenden Seiten andere dazu anregen könnten, Besseres zu erreichen.

Die Lebensumstände der Cäsaren wiesen durchgehend bestimmte gleichbleibende Charakteristika auf, die fast stets das Verhalten der Kaiser beeinflußten.

Jeder von ihnen war, was Thron und persönliche Sicherheit betraf, vom Heer abhängig. Natürlich hatte das Heer, da es ja zum Schutz des Reiches unentbehrlich war und auch zur Erweiterung des Reichsgebiets eingesetzt wurde, auch andere Funktionen, die sich jeder Kaiser angelegen sein ließ. Die Notwendigkeit jedoch, Streitkräfte zu unterhalten, die ausreichten, um diese Funktionen auszuüben, bedeutete gleichzeitig, daß sie groß und ihre Befehlshaber mächtig genug waren, um eine ständige Bedrohung der Sicherheit der Herrscher darzustellen.

Abgesehen von einigen wenigen Ausnahmemenschen, die diese Drohung erstaunlich leicht nahmen – Julius Caesar und Vespasian sind herausragende Beispiele –, konnten die Kaiser diese Tatsache nie lange außer acht lassen. Und tatsächlich bildete das unablässige Bewußtsein der Gefährdung sehr oft die Grundlinie ihrer gesamten Politik. Wenn es zu Kriegen gegen äußere Feinde kam, war die Entscheidung, wer das aktive militärische Kommando übernehmen sollte, überaus schwierig. Die Cäsaren konnten es sich nicht leisten, Rom und das übrige Reich aus dem Auge zu verlieren, wenn sie selbst das Kommando übernahmen. Und doch war das Risiko genau so groß, wenn sie ein umfangreiches Expeditionsheer dem Kommando eines anderen unterstellten.

Eine weitere stets gegenwärtige Gefahr drohte ihnen vom Senat. Jahrhunderte hindurch war diese Körperschaft, obwohl sie im Grunde nur eine beratende Funktion hatte, das eigentliche Haupt der republikanischen Regierung gewesen, hatte die Staatsbeamten in der Innen- und Außenpolitik, in Fragen der Finanzen und der Religion beraten, war bei Gesetzesvorschlägen führend und das Hauptelement einer kollektiven Kontinuität in römischen Angelegenheiten gewesen. Der Senat als Ganzes machte zwar normalerweise nicht selbständig Politik; sie wurde in privaten Beratungen einiger seiner führenden Mitglieder beschlossen, vornehmlich von Männern, die bei den jährlichen Wahlen zu dem doppelt besetzten Konsulamt, der höchsten Staatsstellung, mindestens einmal erfolgreich gewesen waren. Aber auch viele andere Senatoren befanden sich unter der politischen und gesellschaftlichen Elite des alten Rom. Sie waren gleichzeitig die plutokratische Elite, da die Mitgliedschaft ein Mindestvermögen voraussetzte (die nächstreiche Klasse waren die Ritter). Von der Zeit Sullas an, der 82/81 v. Chr. Diktator war, erlangte man den Zugang zum Senat dadurch, daß man ein untergeordnetes Staatsamt, die Quästur, innehatte; daraus folgte, daß der Senat eine Körperschaft ehemaliger Beamter wurde. Die Senatoren unterschieden sich von den übrigen Bürgern durch Tuniken mit einem breiten Purpurstreifen und rote Lederschuhe; sie genossen größtes Ansehen beim römischen Volk und beim Heer, dessen aktive und verabschiedete Befehlshaber ebenfalls dem Senat angehörten.

Immerhin hatte es eine Zeit gegeben, in der die Autorität des Senats in Frage gestellt wurde. Die erste ernste Gefahr tauchte im zweiten Jahrhundert v. Chr. auf, als adelige Politiker wie Tiberius und Gaius Sempronius Gracchus drohten, sich über die Köpfe der Senatoren hinweg an die Volksversammlung zu wenden. Ganz ernst jedoch wurde es, als danach Generäle auftraten, die sich auf ihr Heer stützen konnten und immer entschiedener die Dinge selbst in die Hand nahmen. Dann hatte sich der Senat unter Julius Caesar und den Kaisern für immer mit einem untergeordneten Status begnügen müssen. Die großen Familien jedoch, die bis dahin das Schicksal Roms bestimmt hatten, waren nicht bereit, diese Entwicklung hinzunehmen, die zu ihren ererbten maßlosen Ansprüchen im Widerspruch stand. Ein Kaiser nach dem anderen versuchte zwar diese überheblichen Männer durch verlockende Heiratsverbindungen zu gewinnen, aber nicht einem gelang es, sich ihrer uneingeschränkten Loyalität zu versichern. Sie stellten infolgedessen ständig ein schweres Risiko dar. Einer wie der andere litten die Kaiser unter der immer wiederkehrenden und oft durchaus nicht unbegründeten

Zwangsvorstellung, daß ein unheilvolles Bündnis zwischen einem im Feld stehenden General und einer Gruppe seiner Senatskollegen in der Heimat ihn stürzen könne.

Die Herrscher fürchteten auch die Stadtbevölkerung von Rom – im großen und ganzen allerdings mit weniger Grund. Rom war zu keiner Zeit eine Demokratie gewesen, da die Volksversammlung zwar eigentlich die höchste Instanz der Republik war, aber stets von den Mächtigen und Reichen beherrscht wurde, die die Wahlen beeinflußten. Unter den Cäsaren verlor die Volksversammlung, obwohl Augustus und andere die äußeren Formen peinlich genau beobachteten, noch vollends jede Bedeutung und entwickelte keinerlei politische Initiative mehr. Das Volk, heißt es bei Juvenal, stand den Staatsgeschäften völlig gleichgültig gegenüber. Dennoch mußte es ständig sorgfältig überwacht werden, da bei öffentlichen Zeremonien und Aufzügen oder auch bei jeder anderen Gelegenheit, bei der die Bürger Zugang zum Kaiser hatten, jederzeit Aufstände und Demonstrationen möglich waren. So wurde etwa Claudius während einer Lebensmittelknappheit mit frechen Zurufen bestürmt und mit Brot beworfen.

‚Mehr Brot' hieß für die Regierung eine der Lösungen des Sicherheitsproblems, das ihr das römische Volk bereitete. Dazu kamen dann noch die Spiele – ‚Brot und Spiele' waren das berühmte Mittel, das für Ruhe und Zufriedenheit sorgen sollte. ‚Brot' bedeutete kostenlose Verpflegung oder Geld für Nahrungsmittel, wie Nero es prahlerisch auf seinen Münzen verkündete. ‚Spiele' hieß umfangreichere und bessere öffentliche Vergnügungen. Alle Kaiser wetteiferten miteinander darin, die Spiele auszudehnen und zu erweitern; eine Ausnahme machte nur Tiberius, unter dem sich selbst die Gladiatoren darüber beklagten, daß sie bei ihm zu kurz kämen.

Es sei doch in des Kaisers eigenem Interesse, sagte der Tänzer Pylades zu Augustus, wenn das Volk seine freie Zeit für die Unterhaltung verwende, die er und seinesgleichen ihm böten, da die Leute sich dann nicht mit Umsturzgedanken beschäftigten. Der Redner Fronto berichtet, Trajan habe es nie unterlassen, sich gewissenhaft um die Stars von Theater, Zirkus und Arena zu kümmern, da er wußte, daß ihre Darbietungen für die Zufriedenheit der Massen unerläßlich waren. Laut Fronto glaubte er sogar, daß sich die Qualität einer Regierung an ihren Vergnügungen messen lasse oder daß diese zumindest dazu beitrügen, deren Sicherheit zu gewährleisten.

Diese Behandlung der römischen Plebs trug ihre Früchte. Es zeigte sich, daß die Regierung im großen und ganzen keinen Grund hatte, sich Sorgen wegen der Loyalität der Bevölkerung zu machen. Freilich zeigte der Hauptstadtpöbel von Zeit zu Zeit aufrührerische Neigungen. Doch letzten Endes ließ er sich immer noch zügeln. Beweis dafür ist, daß trotz periodisch auftretender Befürchtungen von Regierungsseite keiner der zwölf Cäsaren durch die Massen gestürzt wurde – und übrigens auch kaum einer der späteren Kaiser, die aus ganz anderen Gründen gewaltsam zu Tode kamen. Also stellten die Bewohner der Hauptstadt, obwohl sie dem Palast so gefährlich nahe waren, die geringste Gefahr für die Sicherheit der Kaiser dar.

Weit bedrohlicher waren dagegen die Gefahren von Seiten des Heeres und des Senats. Verschwörungen auszuhecken sei eine Lieblingsbeschäftigung von Untertanen, bemerkte Tiberius; als ihr Herrscher halte er einen Wolf an den Ohren fest. Mit Ausnahme der ganz wenigen, die solche Furchtsamkeit verachteten, waren alle Herrscher unentwegt mit ihrer Sicherheit beschäftigt. Die Historiker und Biographen berichten von unzähligen Maßnahmen, die man traf, um sich gegen die vielfältigen Gefahren zu schützen. Der Prätorianerpräfekt Macro ließ nicht einmal zu, daß Caligula während eines Mahles einschlief, sondern weckte ihn im Interesse nicht nur der Schicklichkeit, sondern auch seiner Sicherheit, da ein Schlafender leichte Beute für Verschwörer ist. Alle Kaiser nahmen auch Gegenmittel zum Schutz vor Vergiftungen.

Verschwörungen gab es nämlich jederzeit. Ob ein Kaiser von der Nachwelt als ‚gut‘ oder ‚schlecht‘ eingestuft wird – er war in jedem Fall Ziel solcher Ansätze zur Rebellion. Oder handelte es sich um Verschwörungen, die man nur vermutete und die es in Wirklichkeit gar nicht gab? Das ist nicht ohne weiteres festzustellen, und Dio Cassius war sich dessen wohl bewußt: „Derartige Vorgänge genau zu wissen ist für Außenstehende nicht möglich; denn viele von den Maßnahmen, die ein Herrscher zwecks Bestrafung eines Attentats trifft, sei es von sich aus, sei es durch den Senat, werden beargwöhnt, als wären sie aus boshafter Willkür getroffen worden, mögen sie auch noch so berechtigt sein.“[18]

Domitian, der letzte der zwölf Cäsaren, hatte sich ähnlich ausgedrückt. Das Los eines Herrschers sei ganz besonders schlimm, meinte er, denn wenn er eine Verschwörung aufdecke, glaube solange niemand daran, bis er umgebracht sei.

Es war sehr schwer für einen Herrscher, sich jemals der Gedanken an die ständige Gefahr zu entschlagen. Augustus klagte noch auf seinem Totenbett, vierzig junge Männer wollten ihn fortschleppen.

Das Amt des Cäsars war überdies eine aufreibende Aufgabe. Das ist eine nüchterne Tatsache, die von den – antiken oder modernen – Biographen nicht immer ausreichend betont wird. Allerdings gibt es antike Schriftsteller, die diesen Aspekt unterstreichen. Horaz bedauerte Augustus wegen seiner erdrückenden Verpflichtungen. Und über Tiberius auf Capri brachen, wie Plutarch berichtet, die Regierungssorgen des Reiches aus allen Teilen der Welt herein. Tiberius hatte vorhergesagt, daß sein Amt eine elende und mühselige Knechtschaft sein werde, und später fand er, daß seine Prophezeiung sich ganz und gar erfüllt habe.

Claudius wählte, um auf den Münzen für sich zu werben, als seine besondere Tugend Constantia, die stets bemühte Ausdauer. Vespasian verzieh Verschwörern mit den Worten, Bewerber um sein Amt seien Dummköpfe, weil sie nicht einsähen, was für eine ungeheure Bürde es bedeute. Der jüngere Plinius rühmt Trajan, weil er so wenig Schlaf brauche, und Mark Aurel sagt von seinem Vorgänger Antoninus Pius, er habe dank seiner einfachen Kost vom Morgen bis zum Abend an der Arbeit bleiben können, ohne auch nur den Forderungen der Natur vor der gewohnten Stunde nachzugeben.

Es mag lächerlich klingen, wenn Samuel Smiles, ein Moralist aus dem neunzehnten Jahrhundert, Shakespeare als gründlichen Gelehrten und fleißigen Arbeiter rühmt[19] und auch an Napoleon und Wellington den unermüdlichen Fleiß hervorhebt. Was jedoch die Cäsaren betrifft, so hat eine solche Betrachtungsweise durchaus ihre Berechtigung. Die Staatsgeschäfte hatten nämlich, wie Dio uns berichtet, ein solches Ausmaß angenommen, daß sie sich nur noch unter den größten Schwierigkeiten bewältigen ließen. Die Herrscher Roms mußten unablässig arbeiten, um zu überleben.

Dennoch stellte der Staat den Cäsaren bei der Verwaltungsarbeit keine Hilfskräfte zur Verfügung. Es ergab sich eine Lage, die das moderne System vorwegnahm, in dem nach Präsident Wilsons Worten „kein Mensch mit normaler Konstitution und Begabung als Präsident am Leben bleiben kann, wenn der Druck nicht irgendwie vermindert wird". Er wird durch Hilfskräfte erleichtert, und wenn auch, wie sich in jüngster Zeit gezeigt hat, ein solches System höchst unerfreuliche Ergebnisse zeitigen kann, so geben diese Hilfskräfte dem Amtsinhaber doch wenigstens eine Chance, die Anspannung auszuhalten.

Auch die römischen Kaiser waren gezwungen, sich ihre Bürde dadurch zu erleichtern, daß sie Freunde, Ratgeber oder Sekretäre heranzogen. Corneille schildert das Elend des Augustus, als einer dieser Freunde ihn im Stich ließ:

> Ach Gott im Himmel, wem soll nun ich anvertraun
> Was ich im Innern denk, was ich zu tragen hab?
> O, nimm die Macht zurück, die mir gegeben ward,
> Wenn mir mein Herrscheramt die besten Freunde raubt!

Die Schwierigkeit lag darin, den richtigen Mann zu finden. Was der Monarch vor allem brauche, sei ein *ehrlicher* Ratgeber, sagt Seneca. Aber diese Bedingung war nicht leicht zu erfüllen, und allzu oft kam es zur Katastrophe. Die Dinge lagen hier genau wie beim Heer. Die Kaiser brauchten ihre Helfer, aber wenn diese mächtig genug waren, um ihr Amt zu versehen, waren sie auch mächtig genug, um höchst gefährlich zu werden. Man könnte die ganze Geschichte der Cäsaren als eine Geschichte der Männer schreiben, denen sie – klug oder unklug – ihr Vertrauen schenkten.

In jedem Falle jedoch übernahmen die kaiserlichen Sekretäre und sonstigen Berater nicht soviel Arbeit, wie man heute erwarten möchte. Der jüdische Philosoph Philo legt dem römischen Volk die Worte in den Mund, daß Souveränität nicht teilbar sei und daß man in diesem Punkte die natürliche Ordnung nicht ändern könne. Und der jüngere Plinius sagt zu Trajan, einen Partner müsse nur der dulden, der ihn selbst wünsche. Diese beiden Schriftsteller hatten dabei wirkliche Mitregenten im Auge, aber für kaiserliche Ratgeber und Freunde galt dasselbe. Da es nur einen einzigen Herrscher gab, wies man ihnen eine im wesentlichen untergeordnete Rolle zu.

In der antiken Tradition waren differenzierte Maßnahmen für die

Delegierung von Arbeit nicht vorgesehen. Wenn zum Beispiel ein Brief für einen der Cäsaren eintraf, wurde er ihm persönlich zum Lesen überbracht, und wenn er ihn gelesen hatte, schrieb oder diktierte er eine Antwort. Die Methode des Präsidenten Herbert Hoover, der persönlich jedes Schreiben las und genehmigte, das vom Bundesrechnungshof an nachgeordnete Stellen geschickt wurde, wäre damals als durchaus angemessen erschienen.[20] Augustus setzte einen seiner Provinzgouverneure ab, weil er orthographische Fehler machte und *ixi* statt *ipsi* schrieb; diese Geschichte zeigt nicht nur, daß der Gouverneur die Nachricht selbst geschrieben, sondern auch, daß der Kaiser sie selbst gelesen hatte. Wir erfahren, daß Caligula zornrot wurde, als er einen Bericht seines Statthalters in Syrien durchsah.

In der Antike unterzeichnete man die Briefe nicht, aber die römischen Herrscher fügten den Entwürfen ihrer Sekretäre persönliche Bemerkungen oder Grüße hinzu. Sehr vieles schrieben sie auch eigenhändig nieder. Augustus schrieb einen Teil seines Testaments, und Tiberius fertigte eine der Abschriften des seinigen an. Nerva schrieb selbst an Trajan, um ihm mitzuteilen, daß er ihn als seinen Nachfolger adoptiere, und Trajan richtete ein Handschreiben an den Senat, als er den Thron bestieg. Man hielt es auch für richtig, daß die Herrscher ihre für die Öffentlichkeit bestimmten schriftlichen oder mündlichen Erklärungen selbst abfaßten. Nero war der erste, der auf die Beredsamkeit eines anderen angewiesen war: Seneca mußte angestellt werden, um die kaiserlichen Reden zu verfassen. Domitian konnte seine Verlautbarungen nicht korrekt formulieren, so daß andere für ihn einspringen mußten. Aber das war offensichtlich der Erwähnung wert – im allgemeinen erledigten die Cäsaren diese Arbeiten selbst.

Sie wurden unablässig persönlich mit Gesuchen und Anliegen belästigt, auf eine Art, wie sie in westlichen Ländern heute unbekannt ist. Manche dieser Gesuche waren schriftlich fixiert, und es wurde als höchst ungewöhnlich bezeichnet, daß Trajan es grundsätzlich ablehnte, diese Bitten zu beantworten. Der Philosoph Euphrates überreichte Vespasian ein Gesuch, in dem er um Geschenke bat; er erwartete, daß der Kaiser es lesen werde, wenn er allein sei. Vespasian las es jedoch an Ort und Stelle laut vor.

Die Herrscher mußten sich auch zahllose mündliche Bitten anhören. Wenn sie gewissenhaft waren, verlangten sie nach Annahme eines schriftlichen Bittgesuches sogar noch zusätzlich mündliche Erklärungen und ließen die Antragsteller zu diesem Zweck von weither kommen. Als Tiberius Augustus bat, einem griechischen Bittsteller das römische Bürgerrecht zu verleihen, erwiderte der Kaiser, er werde diese Bitte nur dann erfüllen, wenn der Mann persönlich vorspreche und ihn davon überzeuge, daß sein Antrag begründet sei.

Ganz allgemein galt die Meinung, daß der Herrscher zu solchen Unterredungen verpflichtet sei. Eine Frau richtete einst eine Bitte an Hadrian, während er sich auf einer Reise befand. Als er erklärte, er habe keine Zeit, rief sie hinter ihm her, wenn das so sei, solle er sein Amt als Kaiser niederlegen. Da kehrte er unverzüglich um und hörte sie an.

Das alles ergab sich aus dem strapaziösen Brauch, daß der Kaiser für jedermann sehr viel leichter zu sprechen war, als das heute Persönlichkeiten in entsprechenden Stellungen zugemutet wird. Männer wie Vespasian und Trajan, zu denen man besonders leicht Zugang fand, werden eigens erwähnt und gerühmt. Über Trajan sagt der jüngere Plinius, es sei nun endlich vorbei mit den geschlossenen Türen und den Mengen von Abgesandten, die auf den Palaststufen warteten. Entsprechend wurde getadelt, wer sich wie Tiberius in die Einsamkeit zurückzog; boshafte Gerüchte blieben in solchen Fällen nicht aus.

Es war Pflicht der Kaiser, Empfänge zu geben, Höflichkeitsbesuche zu machen, bei Jubiläen zugegen zu sein, auswärts zu essen, ihre Freunde zu beraten und Rezitationen anzuhören. Augustus unterrichtete seine Enkel persönlich und aß auch mit ihnen. Noch kurz vor seinem Tode brachte er es fertig, einer Gruppe junger Männer zuzusehen, die auf Capri Wettkämpfe abhielt, und versprach, an einem Fest teilzunehmen, das ihnen zu Ehren veranstaltet wurde.

Ein Cäsar mußte auch einen großen Teil seiner Zeit darauf verwenden, sich bei den Spielen oder anderen Schaustellungen in der Öffentlichkeit zu zeigen. Was das bedeutete, drückte Jérome Carcopino folgendermaßen aus: „Zwischen der Volksmenge und dem Herrscher entstand so eine heilsame Verbindung. Er wurde davor bewahrt, sich in gefährlicher Absonderung zu halten, und die Menge erkannte, wie bedeutungsvoll die erhabene Gegenwart des Kaisers war. Sobald er den Zirkus, das Theater oder das Amphitheater betrat, erhoben sich alle wie ein Mann. Sie schwenkten die Tücher und grüßten ihn, wie es heute die Gläubigen vor dem Heiligen Vater im Vatikan tun. Der Gruß war feierlich wie eine Hymne und inbrünstig wie ein Gebet. ... In einer Zeit, in der die Volksversammlungen ruhten und der Senat lediglich nachplapperte, was ihm aufgetragen war, konnte sich die Volksmeinung nur in den *munera* und *ludi* äußern. So forderten vieltausend Stimmen von Tiberius den Apoxyomenos des Lysipp – er hatte diese und eine andere berühmte Statue zur Ausschmückung seines Schlafzimmers an sich genommen – und erlangten von Galba die Bestrafung des Ofonius Tigellinus.

Die Kaiser waren auf diese Weise vom Volkswillen unterrichtet. Ihrer Geschicklichkeit gelang es, der Menge die Verantwortung für Strafen zuzuschieben, die zwar in ihren Plan paßten, bei denen sie jedoch lieber den Anschein erwecken wollten, als seien sie ihnen mit Gewalt abverlangt worden.“[21]

Und die Kaiser mußten nicht nur auf Kosten ihrer sonstigen Aufgaben die Spiele besuchen, sondern sie mußten sich auch den Anschein geben, als ob ihnen diese Darbietungen Vergnügen machten. Tiberius ließ deutlich erkennen, daß er sich überhaupt nichts daraus machte, und seine regelmäßige Anwesenheit nützte ihm deshalb nur wenig. Julius Caesar wurde bei solchen Gelegenheiten heftig getadelt, weil er während der Darbietungen Briefe und Bittschriften las oder beantwortete. Augustus gab deutlicher – und ohne heucheln zu müssen – zu erkennen, daß er derartige Aufführungen schätzte; seine Aufmerksamkeit ließ bis zum Schluß nicht nach. Mußte er eher weggehen, so entschuldigte er sich und bestimmte einen Vertreter, der an seiner Stelle den Vorsitz übernahm. Selbst als er an heftigen Leibschmerzen litt, raffte er sich zum Besuch der alle fünf Jahre stattfindenden Festlichkeiten in Neapel auf. Caligula kam manchmal schon vor Tagesanbruch ins Theater. Wenn er die Spiele besuchte, ging er gewöhnlich zu einem Bad und Mittagessen weg, um dann wieder zurückzukommen. Das war kein Opfer für ihn, denn er war ein leidenschaftlicher Liebhaber der Spiele, und selbst im gegenteiligen Fall wäre die Zeit, die er daran verschwendete, immer noch politisch gut angewandt gewesen. Trajan machte dadurch einen hervorragenden Eindruck bei seinen Untertanen, daß er im Zirkus nicht in einer erhöhten Loge, sondern mit ihnen auf gleicher Höhe saß.

Man erwartete von den Cäsaren auch, daß sie ihren Freunden persönlich in Prozessen beistanden. Am merkwürdigsten jedoch erscheint uns von heute aus gesehen die maßgebliche und aufreibende Rolle, die sie als Richter spielten. Der jüngere Plinius hält gerade das für die echte Aufgabe eines Fürsten – für die wesentlichste aller seiner Funktionen. Jeder Herrscher war verpflichtet, enorm viel Zeit damit zu verbringen, daß er persönlich die Entscheidung in den mannigfaltigen Streitfragen der Prozeßführenden und Widerkläger fällte. Als Augustus, wiederum kurz vor seinem Tode, Tiberius nach Benevent begleiten wollte, wurde er von streitenden Parteien, die einen Fall nach dem anderen vorbrachten, auf dem Richtersitz festgehalten. Bei einer früheren Gelegenheit mußte sich Maecenas den Weg durch die Menge bahnen, die den Kaiser umgab, während er Urteilssprüche fällte. Nach Carcopino erinnert uns „sein Tribunal und der Wirrwarr der kleinlichen, lauten und langen Prozesse an die würdelosen, pöbelhaften Tumulte der Rechtshändel eines Paschas im Patio seines Serails ... Unverständlich aber bleibt uns, wie die Römer dieses beschwerliche System dulden konnten, ohne es zu reformieren oder zu vereinfachen.

Ist anzunehmen, daß sie mehr Ausdauer und stärkere Nerven hatten als wir?“[22]

Es ist schon möglich, daß das der Fall war. Trotzdem reichte ihre Widerstandsfähigkeit nicht aus, wie sich im folgenden zeigen wird; vielleicht hätte kein Mensch genügend Ausdauer und so gute Nerven gehabt um all das ertragen zu können, was ihnen auferlegt war.

Erster Teil

Von der Republik zum Kaiserreich

I

Julius Caesar

Gaius Julius Caesar war im Jahre 100 v. Chr. als Sohn eines angesehenen Mitglieds einer alten, aber nicht sehr reichen Patrizierfamilie zur Welt gekommen. Die Schwester seines Vaters war die Frau des großen Feldherrn Marius, und Caesar selbst heiratete die Tochter Cinnas, der Marius nachfolgte. Um das Jahr 76 schenkte sie ihm eine Tochter, Julia, und etwa acht Jahre später starb sie. In der Zwischenzeit war Sulla, der konservative Gegner der Radikalen Marius und Cinna, Diktator gewesen (82/81), und Caesar machte sich, nachdem er eine Reihe kleinerer Ämter innegehabt hatte, als Gegner des prosenatorischen Systems Sullas einen Namen. Als solcher unterstützte er den erfolgreichen Feldherrn Pompeius und den Millionär Crassus und trug den ersten großen Erfolg in seiner Laufbahn davon, als er 63 zum Pontifex Maximus gewählt wurde.

Als er drei Jahre später nach seiner Statthalterschaft in Spanien vom Senat einen Verweis bekam, schloß er mit Pompeius und Crassus eine formale Übereinkunft, das Erste Triumvirat, das praktisch die Alleinherrschaft der drei Männer zum Ziel hatte. Hierdurch abgesichert, verschaffte er sich 59 sein erstes Konsulat, in dem er sich rücksichtslos über die Opposition hinwegsetzte und das mehrfache Veto seines prosenatorisch gesinnten Kollegen nicht beachtete. Zwischen 58 und 51 eroberte er dann das gesamte mittlere und nördliche Gallien bis an den Rhein, den er für kurze Zeit überschritt. In den Jahren 55 und 54 führte er zwei bewaffnete, aber unergiebige Erkundungszüge in Britannien durch.

Infolge wechselseitiger Eifersüchteleien brach jedoch in dieser Zeit das Triumvirat allmählich auseinander, obwohl es 56 bei der Zusammenkunft in Luca (Lucca) erneuert worden war. Im Jahre 54 löste der Tod von Caesars Tochter Julia, die mit Pompeius verheiratet war, das Band zwischen beiden Männern, und ihre Gegnerschaft verstärkte sich noch, als im folgenden Jahr Crassus ausschied, der von den Parthern, Roms Feinden im Osten, besiegt wurde.

Im Jahre 49 brach nach längeren Vorbereitungen der Bürgerkrieg zwischen Caesar und Pompeius aus, und das Ende der Republik stand bevor.

Caesar, der am 10. Januar aus seiner Provinz Gallien kommend den Rubikon überschritt, zog im Eilmarsch durch Italien, konnte aber nicht verhindern, daß Pompeius seine Truppen nach Griechenland übersetzte. Ehe Caesar die Verfolgung aufnahm, wandte er sich nach Spanien, wo er bei Ilerda (Lerida) die pompeianischen Truppen besiegte. Nachdem er für kurze Zeit nach Italien zurückgekehrt war, brach er nach dem Balkan auf und schlug Pompeius am 9. August bei Pharsalos in Thessalien, woraufhin der besiegte Feldherr nach Ägypten floh und von der Regierung des Knabenkönigs Ptolemaios XIII. ermordet wurde. Caesar folgte ihm nach Ägypten und führte dort, nachdem er Kleopatra, die Halbschwester des Ptolemaios, zu seiner Geliebten und zur Königin gemacht hatte, den alexandrinischen Feldzug gegen die Streitkräfte des jungen Monarchen, der besiegt und ermordet wurde (47). Danach schlug Caesar den König Pharnakes in Kleinasien; es war die Schlacht, nach der er stolz verkündete: „Ich kam, ich sah, ich siegte."

Im gleichen Jahr zog er noch nach Nordafrika, wo er nach vier Monaten Kriegführung Pompeius' Söhne Cnaeus und Sextus und deren Generäle bei Thapsus (Ras Dimas) besiegte. Er kehrte zur Feier seines Triumphs nach Rom zurück, und kurz danach kam Kleopatra aus Ägypten zu ihm. Doch Caesar hielt sich nicht lange in der Hauptstadt auf, sondern begab sich nach Südspanien, wo er im März 45 in einer letzten Schlacht die restlichen Streitkräfte des Pompeius bei Munda (östlich von Sevilla) schlug. Pompeius' älterer Sohn Cnaeus fiel, während der jüngere Sohn Sextus entkam.

Die Zeit, die Caesar während all dieser Kämpfe erübrigen konnte, verwendete er für eine Menge wichtiger Verwaltungsreformen. In den letzten Monaten seines Lebens jedoch beunruhigte der Absolutismus seiner Herrschaft, der sich rapid verstärkte und nicht mehr zu übersehen war, den konservativen Adel, der vergeblich auf eine Rückkehr zu oligarchischen republikanischen Verhältnissen gehofft hatte. Im Februar 44, als Caesar zum Ständigen Diktator ernannt wurde, war der Höhepunkt erreicht.

Er hatte vor, am 18. März in den Osten aufzubrechen und massive Schläge gegen die Parther zu führen, um Crassus, seinen Kollegen im Triumvirat, zu rächen. Drei Tage vorher jedoch wurde er von sechzig Verschwörern ermordet, einer Gruppe, der auch Marcus Brutus, Gaius Cassius und Decimus Brutus Albinus angehörten.

Den siegreichen General sah man Caesar nicht ohne weiteres an: „Er soll von stattlicher Figur gewesen sein, weiße Haut, schlanke Gliedmaßen, ein etwas volles Gesicht und schwarze, lebhafte Augen gehabt haben ... Um sein Aussehen war er recht besorgt; so ließ er sich nicht nur sorgfältig die Haare schneiden und rasieren, sondern auch am Körper entfernen, was ihm von gewissen Leuten vorgehalten wurde. Über seine Glatze war er sehr ärgerlich, da sie seinen Gegnern oft Anlaß zu Witzen bot. Deshalb pflegte er seine Haare vom Scheitel nach vorn zu bürsten, und von allen Ehren, die ihm von Senat und Volk zuerkannt wurden, nahm er keine lieber an und machte von keiner häufiger Gebrauch als von dem Vorrecht, immer einen Lorbeerkranz tragen zu dürfen.

Auch seine Kleidung soll bemerkenswert gewesen sein: seine mit dem breiten Purpurstreifen versehene Tunika hatte nämlich Fransen, und den Gürtel trug er ziemlich locker. Auf diese Gewohnheit nimmt der Ausspruch Sullas Bezug, der die Adelspartei oft ermahnte, sie sollte sich vor dem schlecht gegürteten Jungen hüten.“[1]

Ebenso unerfreulich, ja ärgerlich, fanden diese Kreise die außerordentliche Liebenswürdigkeit Caesars. Wo immer er seinen Charme wirken ließ, waren die Leute, in deren Gesellschaft er sich befand, hingerissen von dem einnehmenden Wesen, der amüsanten Konversation und der heiteren Laune dieses überaus höflichen, kultivierten und gebildeten Mannes.

Die Gabe jedoch, die am stärksten zu seinem Erfolg beitrug, war eine ganz außergewöhnliche Kraft und Fähigkeit, Vorhaben in die Tat umzusetzen. Ganz besonders deutlich trat das bei seiner Tätigkeit als Feldherr zutage, wo er alle seine Rivalen übertraf: „Caesar führte die Waffen mit großem Geschick, war ein ausgezeichneter Reiter und erstaunlich ausdauernd. Bei Märschen zog er manchmal zu Pferd, öfter zu Fuß voran, barhaupt bei Sonnenschein oder Regen ... Flußläufe hielten ihn nicht auf, er durchquerte sie schwimmend oder von aufgeblasenen Schläuchen getragen, so daß er sehr oft schneller ankam als die Nachrichten über seine Bewegungen."[2]

In leichten vierrädrigen Wagen, die über höchst unvollkommene Wege und Straßen dahinholperten und -rumpelten, konnte Caesar am Tag hundert Meilen zurücklegen, das Doppelte der Strecke, die ein gewöhnlicher Reisender bewältigte. Und unterwegs sah er sich nicht einfach die Landschaft an: während einer Alpenüberquerung verfaßte er vielmehr ein zweibändiges Werk ‚De Analogia', und auf einer anstrengenden siebenundzwanzigtägigen Landreise von Rom nach Südspanien entstand das Reisegedicht ‚Iter'. Diese Werke mußten, falls er sie persönlich niederschrieb, tagsüber verfaßt werden, da das Licht nach Einbruch der Dunkelheit zum Schreiben nicht ausgereicht haben kann. Aber vielleicht diktierte er sie, denn er verbrachte die Nächte oft in seinem Wagen oder seiner Sänfte, um in seiner Arbeit fortfahren zu können. Der ältere Plinius berichtet, er habe gehört, Caesar sei es gewohnt gewesen, zu schreiben oder zu lesen und nebenher noch zu diktieren und zuzuhören, seinen Sekretären zu gleicher Zeit vier oder, wenn er nicht noch etwas anderes zu tun hatte, sogar sieben Briefe in hochwichtigen Angelegenheiten zu diktieren.[3] Einen großen Teil seiner Zeit verbrachte er auch über seinen Verpflichtungen als Richter, wobei er seine Entscheidungen mit äußerster Gewissenhaftigkeit und Genauigkeit traf.

Der springende Punkt war, daß er alles außerordentlich rasch tun konnte. Der Redner Cicero, dem er von Grund auf zuwider war, schilderte seine Fixigkeit zu Beginn des Bürgerkriegs als etwas Erschreckendes und Unheimliches. Caesar lebte in schnellerem Tempo als die Menschen, die sich mit ihm messen mußten, und das verschaffte ihm einen ungeheuren Vorteil, da es jener Fähigkeit des unerwarteten, unvorhersehbaren Handelns weitesten Spielraum bot, die in den Augen seiner Freunde einen unwiderstehlich reizvollen Aspekt seiner reichen Gaben darstellte.

Das waren die Eigenschaften, die es ihm ermöglichten, mit soviel Selbstvertrauen, ja Selbstzufriedenheit auf sein Glück (fortuna) zu pochen. „So sei denn der Würfel geworfen!" soll er bei seiner schicksalhaften Rubikonüberquerung ausgerufen haben, und das war ein Ausspruch, der ganz und gar seinem Wesen entsprach. Erstaunlich viele von den Kaisern, die nach ihm kamen, liebten das Spiel als Entspannung, aber in der Antike galt vor allem Julius Caesar als der Mann, der sogar mit dem Schicksal spielte und um die Herrschaft über die Welt würfelte.

Auf den ersten Blick wirkt es wie Bescheidenheit, wenn Caesar seine Erfolge dem Glück zuschreibt. Das war es aber nicht. Gleich seinen Zeitgenossen sah er im Glück das unfaßbare Etwas, das echte Größe verlieh und menschliche Leistungen mit einer Aura des Übernatürlichen umgab. Und ganz wie die frühen Benediktiner, für die der Spruch ‚Bete und arbeite' zur Voraussetzung hatte, daß dem Gebet heißes Bemühen folgen müsse, unterließ es auch Caesar nie, darauf hinzuweisen, daß das Glück einem nicht in den Schoß falle, sondern herbeigezwungen werden müsse, indem man dessen Gaben im rechten Augenblick ergriff. „Wenn die Dinge nicht laufen, wie sie sollen", sagte er im Jahre 48 zu seinen Soldaten, „müssen wir dem Glück mit eigenen Kräften nachhelfen."[4]

In den meisten seiner Unternehmungen – wenn auch, wie wir sehen werden, nicht in allen – war dieser klare Blick Caesars herausragender Charakterzug: das Ergebnis einer von stählernem Willen geleiteten außergewöhnlichen Geisteskraft. Selbst Cicero wußte, als er sah, wie Antonius in die Fußstapfen des toten Diktators zu treten versuchte, daß der Abstieg ungeheuer war. „Dein ehrgeiziges Streben, Antonius, zur Regierung zu kommen, kann man freilich mit dem Caesars vergleichen. Aber sonst hast du in keiner Hinsicht Anspruch auf diesen Vergleich . . . Sein Charakter war eine Mischung aus Genie, Methode, Gedächtnis, Bildung, Gründlichkeit, Intelligenz und Fleiß."[5]

Cicero gibt dann zu, daß er Caesars militärische Erfolge zwar als ein Unglück für Rom ansehe, daß sie aber zumindest höchst eindrucksvoll gewesen seien. Seine Eroberung Galliens war ein entscheidendes Kapitel in der Weltgeschichte, durch das Mitteleuropa der Kultur des Mittelmeerraums erschlossen wurde. Trotz der für die Römer bezeichnenden Angriffslust waren sich manche Zeitgenossen Caesars durchaus darüber im Klaren, daß er ganz bewußt, grundlos und unrechtmäßig einen auswärtigen Krieg begonnen hatte, um seinen persönlichen Ehrgeiz zu befriedigen, und daß er ihn mit nie dagewesener Grausamkeit und Hinterlist geführt und dabei nach seinen eigenen Angaben an einem einzigen Tag 430000 Germanen hingeschlachtet hatte – eine Übertreibung, die nicht ohne jede Grundlage war. Eines jedoch ließ sich nicht bestreiten: die Eroberung Galliens war eine glänzende militärische Leistung. Freilich hatte es Krisen und Rückschläge gegeben, aber sie waren nur vorübergehend und wurden überwunden. Er begann den Krieg mit einem Veteranenheer von weniger als vierzigtausend Mann und errang damit schließlich einen Sieg von größter Bedeutung. Auch im späteren Bürgerkrieg kam es zu gefährlichen Situationen – in Epirus, Alexandria und Südspanien. Aber auch hier blieb er Sieger. Angesichts dieser Erfolge hat es wohl wenig Sinn, unter modernen Gesichtspunkten an Caesars Strategie und Taktik Kritik zu üben.

Sein Heer war das stärkste, erfolgreichste und elastischste Kriegsinstrument, das die Welt jemals gesehen hatte. Die traditionelle Tüchtigkeit der Truppe wurde durch ihren Führer zu einer neuen, wilden Kampfkraft gesteigert. Die Waffen, die ihm seine Ahnen in die Hand gegeben hatten, nutzte er mit unvergleichlichem Geschick, und eine ganze Reihe anderer Spezialgebiete – Lagerbau, Ausrüstung, Taktik, Ausbildung für Nachrichtenübermittlung, Kommandostruktur – bereicherte er durch zahlreiche eigene Neuerungen. Als General war er ebenso wendig wie er gefährlich unberechenbar war: nicht nur ein furchteinflößender militärischer Intellektueller, dessen Wandlungsfähigkeit dem Gegner unentwegt Rätsel aufgab, sondern auch ein Mann, der sich seiner Sache bis zum Letzten hingab, der eisern entschlossen und unermüdlich war und dessen Mut keine Grenzen kannte. Bei Lukan heißt es:

> Er glaubte nichts getan, wo etwas noch
> zu tun ihm blieb . . .
> Nicht wollte seine Tatkraft
> auf einer Stelle stehen bleiben, einzig
> kampfloser Sieg verursachte ihm Skrupel.
> Heftig und von unbändigem Verlangen,
> dort zuzupacken, wohin ihn Erwartung
> oder Entrüstung rief, und niemals auf
> die Schändung seines Schwertes zu verzichten . . .
> Voll Lust, mit Trümmern selbst sich Bahn zu schaffen.[6]

Caesars Erfolge waren weitgehend seinem persönlichen Verhältnis zu seinen Soldaten zuzuschreiben. Die beiden Meutereien in Placentia (Piacenza) im Jahre 49 und in Kampanien im Jahre 47 – Zwischenfälle, die Caesar Gelegenheit gaben, jenes Geschick in militärischer Rhetorik zu beweisen, die im Leben eines Truppenführers der Antike eine so große Rolle spielte – waren nur unbedeutende Ereignisse im Lauf seiner langen und engen Verbundenheit mit der Truppe, die in ihrer wechselseitigen Intensität fast einer Liebesbeziehung glich. Er wußte genau, wie er seine Leute behandeln mußte, wann er die Zügel lockern durfte und wann er sie anziehen mußte, und sie hielten ihm Jahr um Jahr die Treue, nicht nur, weil sie seine strahlende Persönlichkeit bewunderten, sondern auch, weil sie Hochachtung vor seiner militärischen Tüchtigkeit hatten.

Außerdem brauchten sie ihn, denn wenn es schließlich zur Demobilisierung kam, war er und nur er der Mann, der ihnen ihren Lohn sichern konnte. Er wiederum brauchte sie, weil er sich nur mit ihrer Hilfe vor dem Sturz bewahren konnte. Denn schon seit jenem ersten Konsulat im Jahre 59, bei dem er sich viele Ungesetzlichkeiten hatte zuschulden kommen lassen, lagen seine politischen Feinde auf der Lauer. Solange er als Feldherr oder Staatsbeamter im Amt war, vermochten sie ihm nichts anzuhaben. Sobald er aber ins Privatleben zurückkehrte, konnten sie ihn vor Gericht bringen und gänzlich vernichten. Und dazu waren sie fest entschlossen.

Während des Bürgerkriegs gab er ganz offen zu, daß er kämpfte, um diesem Schicksal zu entgehen. Oder vielmehr, er gab es zeitweise zu, denn sein ausgezeichneter Propagandaapparat ersann auch viele erhabene Gründe, warum Staat und Moral seinen Widerstand forderten – die Unverletzlichkeit der Tribunen, die Freiheit des Volkes und anderes –, genau so, wie Pompeius fromm versicherte, er für seinen Teil verteidige die Autorität des Senats. Dennoch ging Caesar auch so weit zuzugeben, daß er den Bürgerkrieg um seines Ansehens willen führe; hierzu sagte er erklärend, nachdem er sich in Gallien so ausgezeichnet habe, sei er es sich schuldig, die Schande von sich abzuwenden, die seine politischen Gegner ihm zudächten. Schon bald nach der Überquerung des Rubikon gestand und betonte er dieses persönliche Anliegen einer Abordnung des Pompeius gegenüber. „Mein Ansehen ist mir stets das Allerwichtigste gewesen", erklärte er, „wichtiger noch als mein Leben. Es schmerzte mich zu sehen, wie mir die Vergünstigung, die mir das römische Volk übertragen hatte, von meinen Gegnern frech entrissen werden sollte.“[7] Für ihn war es also eine Ehrensache, und die Ehre spielte in der republikanischen Adelstradition, in der er aufgewachsen war, eine entscheidende Rolle. Doch als er nach dem Sieg das leichenübersäte Schlachtfeld von Pharsalos vor Augen hatte, sah er die Dinge anders und dachte weniger an die Ehre als an seine Rettung. „Trotz all meiner stolzen Taten hätte man mich verurteilt, wenn ich mich nicht um Hilfe an mein Heer gewendet hätte“, rief er seinen Freunden zu.

Das war durchaus richtig. Doch ist es, wie spätere Herrscher erfahren mußten, auf lange Sicht nicht immer zweckmäßig zuzugeben, daß man aus rein egoistischen Beweggründen handelt. Außerdem ging Caesar nun dazu über, die alten Ungesetzlichkeiten durch neue zu vermehren. Es war gegen das Gesetz, daß er den Rubikon überquerte, denn als dem Statthalter der Provinz Gallien, die das diesseits der Alpen gelegene Gallien (das heutige Norditalien) einschloß, war es ihm von der Verfassung nicht gestattet, den Grenzfluß Rubikon nach Italien hinein zu überschreiten. Er vollzog deshalb vor der Überschreitung des Flüßchens besondere religiöse Riten, um die Angst vor einem Sakrileg zu zerstreuen, da ja sein verfassungswidriges Vorgehen eine Gotteslästerung bedeutete.

Weit größeres Entsetzen jedoch erregte das brudermörderische Blutvergießen des Bürgerkriegs, zu dem es auf diese Weise kam. Hierfür ließ sich keine ausreichende Entschuldigung finden. Hundert Jahre später gibt der Dichter Lukan Caesar die Schuld an dem Blutbad von Pharsalos:

Das eine Heer
litt Bürgerkrieg, das andre führte ihn;
Pompeius' Schwert blieb kalt und regungslos,
doch heiß und schuldig wurde aller Stahl
auf Caesars Seite.[8]

Und doch wies die Sache der Republikaner, seiner Gegner, nicht weniger oder sogar noch schlimmere Mängel auf. Der Dichter Lukrez, der um 50 v. Chr. schrieb, lebte inmitten einer Gesellschaft, die der Streitereien müde und der Gewalttätigkeit höchst überdrüssig war. Die römischen Adeligen dieser Zeit schienen ihr früheres Geschick, den Staat zu lenken, gänzlich eingebüßt zu haben. Die Verfassung, für die sie eintraten, versagte völlig gegenüber den ehrgeizigen Bestrebungen jener Männer, denen sie Heere anvertrauen mußten, und die Aristokratie selbst bestand zum größten Teil aus zweifelhaften Gestalten.

Aus diesen Gründen hatte der Senat vor dem Bürgerkrieg schon mehrere Jahrzehnte hindurch keine konstruktiven Leistungen mehr aufzuweisen. Kein Wunder, daß allmählich in Rom die Vorstellung entstand, die Republik brauche einen ‚Führer' (rector). Allerdings ging man nicht so weit, sich einen Monarchen zu wünschen. Doch die Vorstellung, daß man irgendeine Führung finden müsse, spielt zum Beispiel in Ciceros Schrift ‚Über den Staat' eine bedeutsame Rolle. Nach den Iden des März beschuldigte Brutus Cicero und Leute seines Schlages sogar, sie hätten, weil sie selbst an der Republik verzweifelten, Caesar geradezu ermutigt und in Versuchung geführt, für sich selbst nach der höchsten Macht zu greifen.

Obwohl der Rubikon nur ein unbedeutender Bach ist, war seine Überquerung durch Caesar von entscheidender Bedeutung, weil damit die Illusion einer aristokratischen Senatsrepublik auf ziviler Grundlage für immer dahin war. Von jetzt an war Caesar Alleinherrscher in all den Gebieten, die sich in seiner Gewalt befanden, und im Laufe der folgenden vier Jahre brachte er nach und nach das gesamte Reich unter seine Herrschaft. Mit Hilfe des Heeres des römischen Volkes habe er das römische Volk unterdrückt und versklavt, heißt es bei Cicero.

Die konstitutionellen Methoden, deren sich Caesar bediente, um seine Herrschaft auszuüben, waren verschiedenartig. Er nahm eine Unmenge von Titeln und Ämtern an. Die weise Voraussicht, die Augustus später zeigte, wenn er nach außen hin Manifestationen seiner Macht möglichst vermied, lag ihm ganz und gar nicht.

Unter anderen nahm er den ominösen Titel ‚imperator' an, der bis dahin ‚General' bedeutet hatte, von ihm aber in der Bedeutung ‚*der* General' verwendet wurde. Außerdem ließ er sich im Anschluß an sein berüchtigtes Konsulat vom Jahre 59 v. Chr. als absoluter Herrscher in den Jahren 48, 46, 45 und 44 wiederum zum Konsul wählen. Für die Verwaltung hatte das seine Vorteile, da die Konsuln über alle Möglichkeiten verfügten, das Notwendige zu veranlassen, aber die vielfache Wiederwahl entsprach nicht den überlieferten Gepflogenheiten. Besonders auffällig wurde der Druck im Jahre 46, als der Senat verordnete, daß Caesar, nachdem er im Laufe des Jahres vom Konsulat zurückgetreten war, den Ehrenplatz zwischen den beiden Konsuln einnehmen und, falls er es wünschte, in jeder Senatsdebatte als erster sprechen sollte. Ferner verlieh ihm die Übernahme des nicht genau umrissenen Amtes eines ‚Präfekten der Sitten' – oder vielmehr der Bräuche, Überlieferungen und Institutionen – eine Macht, welche die der alten republikanischen Zensoren noch übertraf. Diese Beamten wurden alle fünf Jahre gewählt und hatten das Recht, während ihrer achtzehnmonatigen Amtszeit die Senatorenliste zu überwachen.

Doch diese Befugnisse waren zweitrangig und überflüssig – und deshalb überbetont –, denn die Grundlage für Caesars Herrschaft war die Diktatur, und das war eine Basis, von der aus er in jeder Richtung tun konnte, was ihm beliebte.

Wie das Amt des Zensors war auch die Diktatur ein altes Element der römischen Verfassung. Doch die Männer, die überlieferungsgemäß zum Diktator ernannt wurden, um ‚die Staatsgeschäfte zu führen', die über allen anderen Staatsbeamten standen und sich keinem Veto oder keiner Appellation zu fügen brauchten, wurden von den Konsuln ernannt (nach Vorschlag durch den Senat). Das geschah nur in Notlagen und nie für länger als für den Zeitraum von sechs Monaten. Im dritten Jahrhundert v. Chr. war die Bedeutung der Diktatur zurückgegangen, und man bediente sich ihrer in zunehmendem Maße nur noch für verhältnismäßig geringfügige Zwecke, wie etwa für die Durchführung von Wahlen oder die Veranstaltung von Festlichkeiten. Vorübergehend gewann das Amt neue Bedeutung für den Staat, als der Karthager Hannibal im Zweiten Punischen Krieg in Italien einfiel. Nach 216 v. Chr., dem dritten Kriegsjahr, machte man jedoch nie wieder von der Diktatur im eigentlichen Sinn Gebrauch, weil den Senatoren die ausgedehnten Befugnisse dieses Amtes nicht behagten. Seit 202 waren auch keine Diktatoren mit begrenzteren Funktionen mehr ernannt worden.

Im frühen ersten Jahrhundert v. Chr. jedoch griff man wieder auf die Diktatur zurück. Nachdem Sulla in einem furchtbaren Bürgerkrieg gegen die Anhänger des Marius Sieger geblieben war, richtete er es im Jahre 82 so ein, daß die Volksversammlung ein Gesetz verabschiedete, das ihn in dieses Amt einsetzte, so daß er behaupten konnte, es mit Einwilligung des Volkes innezuhaben. Es gab auch noch andere Neuerungen: Sullas Ernennung erfolgte ‚zu dem Zweck, Gesetze zu geben und den Staat in Ordnung zu bringen', und es war zeitlich nicht befristet. Am Ende des Jahres 81 jedoch legte Sulla nach wirksamer gesetzgeberischer Tätigkeit sein Amt als Diktator nieder und zog sich nach einem weiteren Konsulatsjahr ins Privatleben zurück. Bald darauf starb er.

Seine Maßnahmen waren nicht dazu bestimmt gewesen, den Senat zu unterdrücken; sie zielten vielmehr auf Zeitgewinn ab, damit dessen Autorität wiederhergestellt werden könne. Doch in den dreißig Jahren, die dann folgten, kam das sullanische Regime allmählich zum Erliegen, und als Männer wie Cicero anfingen, davon zu sprechen, daß die Republik notwendig einen Führer brauche, spielten sie gelegentlich auch mit dem Gedanken an eine vorübergehende Rückkehr zur Diktatur im alten Sinne. Und das war eine der verfassungsgemäßen Lösungen, die Julius Caesar als erster ins Auge faßte – wenn er sie auch auf eine ungewöhnliche Weise herbeiführen mußte. Nach seinem spanischen Feldzug im Jahre 49 wollte er sichergehen, daß man ihn für das nächste Jahr zum Konsul wählte. Das war seit langem sein Ziel, und gerade daran hatten seine Gegner ihn hindern wollen. Doch die Konsulatswahlen für das Jahr 48 konnten nicht stattfinden, weil die Konsuln, die zur Durchführung ermächtigt waren, sich zu Pompeius abgesetzt hatten. Caesar veranlaßte daher in ihrer Abwesenheit Marcus Aemilius Lepidus – der als Prätor dem Konsulamt am nächsten stand –, dafür zu sorgen, daß die Volksversammlung ihn als Diktator vorschlug.

Wie die Machtbefugnisse seines Amtes bei dieser Gelegenheit festgelegt wurden, weiß man nicht genau; er benutzte es jedenfalls dazu, die Konsulatswahlen für das nächste Jahr durchzuführen – bei denen er sowohl Wahlleiter wie auch erfolgreicher Kandidat war. Als er dann am Ende des Jahres Konsul wurde, legte er sein Amt als Diktator pflichtgemäß nieder.

Zum zweitenmal wurde er im Oktober 48 Diktator, nachdem er Pompeius bei Pharsalos besiegt hatte, und zum drittenmal – wahrscheinlich durch Volkswahl – im Jahre 46 nach seiner Rückkehr aus Nordafrika. Diesmal hatte er sicher umfassende Machtbefugnisse, die denen Sullas glichen; eine unheilvolle Neuerung war, daß sie ihm für nicht weniger als zehn Jahre übertragen wurden. Allerdings ließ er sie sich, offenbar um der öffentlichen Meinung ein Zugeständnis zu machen, jedes Jahr formell erneuern, denn zu Beginn des schicksalhaften Jahres 44 bezeichnete Caesar sich selbst als Diktator ‚zum vierten Mal', wie seine Münzen ausdrücklich vermerken.

Irgendwann zwischen dem 20. Januar und dem 15. Februar des Jahres 44 übernahm er dann das Amt des ‚Ständigen Diktators' (dictator perpetuus). Das war etwas durchaus anderes als die Diktatur Sullas, der zwar auf unbestimmte Zeit ernannt worden, in Wirklichkeit aber sehr schnell zurückgetreten war. Caesars neuer Titel ließ keinen Zweifel daran aufkommen, daß er weit davon entfernt war, sich ebenso zu verhalten. Vielmehr erklärte er, Sulla habe durch seinen Rücktritt gezeigt, daß er das ABC der Regierungskunst nicht beherrschte.

Die Neuerung war unerhört. Keiner der früheren dreiundachtzig Diktatoren hatte sein Amt anders als vorübergehend innegehabt, und wer sich anders verhielt, verneinte und verletzte ganz unmittelbar den traditionellen Charakter des Amtes. Was dachte sich Caesar dabei, als er sich zum Ständigen Diktator machte? Unmöglich kann ihm entgangen sein, daß sein Verhalten die Traditionalisten schokkieren mußte. Offenbar war er entweder der Meinung, daß es darauf nicht ankomme, da der Versuch, seine unverhüllte Autokratie zu bemänteln oder zu verheimlichen, sinnlos sei, oder er nahm an, daß die Ständige Diktatur sich zwar nicht ohne Zwang in die Verfassung einfüge, aber mit ihr nicht gänzlich unvereinbar sei.

Doch alle diese Überlegungen waren Fehlschlüsse. Caesar hatte den Widerwillen der Aristokratie gegen eine absolute Herrschaft unterschätzt. Er hatte sich auch nicht klargemacht, daß ein Vorgehen, von dem er meinte, man könne es vor der Verfassung gerade eben noch verantworten, von anderen zweifellos als deren Zerstörung angesehen werden würde. Eine Ständige Diktatur war undenkbar – von der Verfassung her, weil sie die souveränen Rechte des römischen Volkes für immer aufhob, und in diesem besonderen Fall, weil sie bedeutete, daß – zumindest solange Caesar lebte – die Aristokraten niemals wieder mit dem Diktator oder auch untereinander um die wirkliche Macht im Staat und die mit ihr verbundenen Einkünfte wetteifern konnten. Wie Cicero später erklärte, war das eine Diktatur, die sich bereits die Vollmachten eines Tyrannen anmaßte.

In der letzten Zeit hatte sich freilich gezeigt, daß die alten republikanischen Einrichtungen in keiner Weise ausreichten, um Roms riesiges und reiches Imperium zu lenken. Es mußte etwas geschehen. Aber was Caesar unternahm, um Abhilfe zu schaffen, war für die anderen führenden Männer im Staat völlig unannehmbar. Trotz seiner überragenden Intelligenz zeigte er in diesem kritischen Augenblick einen erstaunlichen und verhängnisvollen Mangel an Voraussicht. Offenbar übersah oder unterschätzte er die Tatsache, daß diese schroffe Formulierung der diktatorischen Machtbefugnisse, die jede zeitliche Begrenzung beseitigte, nicht spitzfindig oder ausgeklügelt oder nach außen hin bescheiden genug war, um für eine Oberklasse mit alter Tradition der politischen Selbstverwirklichung tragbar zu sein. Dio Cassius betont mit Recht, daß Caesar dadurch, daß er es unterließ, das Amt des Ständigen Diktators zurückzuweisen, Unheil über sich brachte. Er mußte diesen Fehler mit dem Leben bezahlen. Die Ständige Diktatur war eine zwingende Ursache der Verschwörung der Senatoren, die zu seiner Ermordung führte.

Doch sie war keineswegs die einzige Ursache. Die zahllosen Auszeichnungen, die der Senat ihm zuerkannte, schmückten ihn, ob er sie nun annahm oder nicht, mit Kränzen für die Opferung, wie der Historiker Florus es bildhaft ausdrückt. Nicht wenige Senatoren mögen sogar heimtückisch für diese Überhäufung mit Ehren gestimmt haben, weil sie damit zu bewirken hofften, daß seine Stellung als Anmaßung empfunden und schließlich seinen Tod zur Folge haben werde.

Zu diesem Ausgang trugen auch noch andere Dinge bei, die auf Caesars eigenes Konto gingen. Da war vor allem das schwierige und heikle Thema seiner Gehilfen.

Der einzige Helfer, den der Staat einem Diktator genehmigte, war ein offizieller Vertreter, der den altertümlichen und beziehungslosen Titel ‚magister equitum' (Befehlshaber der Reiterei) führte. Dieser Stellvertreter, der ranggleich mit den Prätoren war, erhielt seine Machtbefugnis vom Diktator, und die Amtsperioden beider Männer endeten zur gleichen Zeit. Caesars ‚magister equitum' war Antonius (48/47) und nach ihm Lepidus (46–44).

Antonius handelte während seiner Amtszeit mehrfach unklug, und Lepidus war nur Mittelmaß. Doch selbst wenn beide keinen Anlaß zu Tadel gegeben hätten, wäre die Hilfe, die ein einziger Stellvertreter leisten konnte, angesichts der Unmenge von Vorgängen, die sich auf dem Tisch des Diktators häuften, praktisch belanglos gewesen. Zeitweilige Hilfen von den Konsuln und Prätoren, die es auch während einer Diktatur noch gab, war nicht zu erwarten, da sie wohl untergeordnete, aber genau abgegrenzte eigene Aufgaben in der Staatsverwaltung hatten. Tatsächlich wurde ein Versuch unternommen, dieses Problem durch eine verfassungsgemäße Neuerung zu lösen, als Caesar vor seinem Aufbruch nach Spanien im Jahre 45 für die Ernennung von acht Präfekten mit bewaffneten Kohorten sorgte, die Lepidus dabei helfen sollten, in Rom während seiner Abwesenheit die Geschäfte zu führen – eine Einrichtung, die der traditionellen herrschenden Klasse mißfiel, weil sie sich übergangen fühlte. Meistens jedoch mußten Caesar und in seiner Abwesenheit der ‚magister equitum' sich auf die Dienstleistungen ausschließlich von ihnen selbst angestellter Hilfskräfte verlassen, die ihnen bei der Erfüllung der Pflichten des Diktatoramts zur Hand gingen.

In geringerem Umfang gab es hierfür Präzedenzfälle, da die republikanischen Amtsträger sich gewöhnlich ihrer persönlichen Ratgeber bedient hatten; erst kurz zuvor hatte Pompeius eine kleine Gruppe solcher Leute beschäftigt. Außerdem hatte Caesar selbst, während er in Gallien war, etwa ein halbes Dutzend privater Hilfskräfte eingesetzt, die nach Ansicht erbitterter Republikaner eine Art illegalen inneren Rat oder sogar zwei beratende Gruppen bildeten, von denen die eine ihn in sein Hauptquartier begleitete, während die andere seine Interessen in Rom vertrat. Und nach dem Gallischen Krieg behielt er diese Männer, die er in seinem Haus zusammenkommen oder in ihrer eigenen Wohnung arbeiten ließ. Der persönliche Stab des Prokonsuls von Gallien hatte sich in eine Art inoffizielles Kabinett verwandelt, das dem Diktator zur Seite stand.

Innerhalb dieser Gruppe hatten zwei Caesar sehr ergebene Männer, die beide nicht dem Senat angehörten, einen besonders starken Einfluß gewonnen. Das waren Oppius und Balbus, beide Mitglieder des Ritterstands, der nach den Senatoren rangierte. Gaius Oppius kam wahrscheinlich aus einer Familie wohlhabender römischer Bankiers; Caesar hatte ihm in einer unwirtlichen Gegend (Suet. 72) einst das Leben gerettet. Wie sein Gönner, war Oppius Schriftsteller, Autor der Viten Scipios und wahrscheinlich auch Caesars, denen er später weitere Biographien folgen ließ. Den größten Teil seiner Zeit jedoch widmete er der politischen Arbeit für Caesar, in dessen Namen er zum Beispiel auch mit Cicero korrespondierte.

Lucius Cornelius Balbus war eine Gestalt, die aus dem üblichen Rahmen fiel. Um 100 v. Chr. geboren, stammte er aus Gades (Cadiz) in Südspanien und führte dort praktisch das Regiment. Obwohl er wahrscheinlich semitischer – phönizischer oder karthagischer – Herkunft war, verlieh im Pompeius, unter dem er in einem Spanischen Krieg gedient hatte, im Jahre 72 das Bürgerrecht. Im Jahre 60 wirkte er höchst erfolgreich als Mittelsmann in den Verhandlungen zwischen Pompeius, Crassus und Caesar, die zur Bildung des Ersten Triumvirats führten. Etwa ein Jahr später wurde er von Theophanes, dem farblosen Historiker des Pompeius, adoptiert und erbte ein riesiges Vermögen, das es ihm schließlich ermöglichte, Grundbesitz in Tusculum und in Rom zu kaufen. Doch während dieser Jahre wandte sich Balbus allmählich von Pompeius ab und wurde zu einem treuen Gefolgsmann Caesars, dessen Adjutant er in Spanien und dann wieder im Gallischen Krieg war. Später nahm er in Gallien, vor allem aber in Rom, Caesars wichtigste Interessen wahr, überwachte seinen Briefwechsel und den Zugang zu ihm; es gab keine Verhandlung und keine Intrige, die nicht den Stempel seiner Persönlichkeit getragen hätte. Im Bürgerkrieg blieb er nach außen hin neutral, stand aber in Wirklichkeit auf seiten Caesars, und nach Pharsalos wurden er und Oppius die maßgeblichen Bevollmächtigten Caesars in der Verwaltung der öffentlichen Angelegenheiten. Wir gewinnen eine flüchtige Vorstellung von ihm aus einem Brief, den Cicero im Jahre 45 schrieb; hier sehen wir Caesar, der sich mit Balbus zurückgezogen hat, niemanden empfängt und den ganzen Vormittag hindurch über seinen Rechnungen sitzt.

Unermüdlich und unzertrennlich, waren Oppius und Balbus pausenlos tätig. Im Jahre 49 zum Beispiel, als Caesar einer politischen Verlautbarung möglichst weite Verbreitung verschaffen wollte, verfaßte er sie in Form eines an diese beiden Männer gerichteten Briefes. Und als Cicero vier Jahre später einen Brief entwarf, in dem er Caesar Ratschläge für die Wiederherstellung der Republik gab, empfahlen Oppius und Balbus ihm, das Schreiben noch einmal gründlich zu revidieren, da seine Ansichten in dieser Form keine Chance hätten, vom Diktator wohlwollend aufgenommen zu werden. Tacitus hielt mit Recht diese beiden Männer für die ersten Ritter, das heißt, für die ersten Männer nicht senatorischen Ranges in der Geschichte Roms, die bedeutend genug waren, um Fragen zu entscheiden, in denen es um Krieg und Frieden ging, also für Vorläufer jener mächtigen Sekretäre, die unter den Kaisern späterer Epochen tätig waren.

Ihre einflußreiche Stellung machte Oppius und Balbus bei den Senatoren überaus unbeliebt. Die Freude der Konservativen muß übergroß gewesen sein, als Balbus 56 nicht ohne ihr Zutun angeklagt wurde, sich das römische Bürgerrecht angemaßt zu haben. Doch da Pompeius, Crassus und der willfährige Cicero ihn verteidigten, stand sein Freispruch von vornherein fest.

Nachdem Caesar während des Bürgerkriegs Rom verlassen hatte, um in Nordafrika und Spanien zu kämpfen, lag die höchste Macht in Rom nicht in den Händen seiner ‚magistri equitum' oder der eigens zu seiner Unterstützung bestellten Präfekten, sondern bei seinen persönlichen Vertretern Oppius und Balbus. Die Adligen jedoch, die sich, wenn auch widerstrebend, allenfalls dazu bequemten, Schlange zu stehen, wenn sie ein Gespräch mit dem Diktator wünschten, sahen es als eine schwere Demütigung an, in den Vorzimmern hochgekommener Ritter warten zu müssen. Im Jahre 46 hieß es in einem Brief Ciceros an einen Freund hoffnungsvoll, Caesar treffe seine Entscheidungen selbst und verlasse sich dabei nicht auf andere. Doch für die Zeit seiner Abwesenheit stimmte das offenbar nicht mehr. Als deshalb Anfang des Jahres 44 feststand, daß Caesar aufbrechen werde, um mindestens drei Jahre lang im Osten Krieg zu führen, erschrak man vor der Aussicht, diese ganze Zeit hindurch Oppius und Balbus gewissermaßen ausgeliefert zu sein. Das war ein weiterer schwerwiegender Grund für die Verschwörung, die zu Caesars Ermordung führte.

Inzwischen hatte der Diktator mit der Unterstützung dieser Mitarbeiter ein gewaltiges Programm von Verwaltungsreformen durchgepeitscht, die vielfach sein intensives Bemühen um soziale Gerechtigkeit beweisen.

Eines der schwierigsten Probleme jener Zeit waren zum Beispiel die unendlich vielen in Schulden geratenen Menschen, deren Zahl sich durch die anhaltenden Bürgerkriege noch stark vermehrt hatte. Die in der Antike üblichen strengen Gesetze erlaubten es den Geldverleihern, diese Leute bis aufs Letzte auszuplündern. Über einen Zeitraum von mehreren Jahren hinweg brachte Caesar eine ganze Reihe gesetzlicher Maßnahmen durch, um die Lage dieser Schuldner zu erleichtern. In manchen Fällen verloren die Gläubiger etwa 25 Prozent der Beträge, auf die sie Anspruch hatten. Sie hatten noch Schlimmeres befürchtet, denn man hatte den Diktator im Verdacht gehabt, einen umfassenden und umwälzenden Angriff auf das Privatvermögen zu planen. Doch dazu kam es nie. Seine Gesetze zur Linderung der Schuldennot waren zwar weitreichend, aber politisch maßvoll. Den Vermögenden versicherte Caesar, er wolle sie keineswegs ihres Besitzes berauben, sondern vielmehr sein Bestes tun, um *mit* ihnen reich zu sein.

Weiter ließ er ein neuartiges Programm anlaufen, das in einer en bloc-Ansiedlung römischer Bürger in den Provinzen bestand, ein Unternehmen, vor dem die Traditionalisten stets zurückgeschreckt waren. Über dreißig solche ‚Kolonien' mit dem dazugehörigen Landbesitz wurden gebildet oder geplant. Die Zuweisung solcher Parzellen an entlassene Soldaten in Italien oder anderswo war ein vordringliches Bedürfnis; für Caesar hing davon geradezu seine Existenz ab. Aber er ermöglichte auch, indem er diese Siedlungen durch fast hunderttausend verarmte Bürger aus der Hauptstadt verstärkte, eine entsprechende Verringerung der Getreidemenge, die an Roms schmarotzende Einwohnerschaft verteilt wurde.

Bei der Durchführung dieses großangelegten Kolonisationsprogramms tat er sein Möglichstes, um die Enteignung der ansässigen Grundbesitzer zu vermeiden, von einigen wenigen abgesehen, die sich unter Sulla ungesetzlich Grund angeeignet hatten. Infolgedessen kostete dieses Vorhaben, wie viele andere Projekte Caesars, sehr viel Geld. Macchiavelli war sogar der Meinung, Caesar wäre, wenn er länger gelebt hätte, gezwungen gewesen, seine Ausgaben einzuschränken, um einer sonst unvermeidlichen Katastrophe zu entgehen. Doch diese Schlußfolgerung darf man bezweifeln, da Caesar zwar die längste Zeit seines Lebens fieberhaft darum bemüht gewesen war, Geld aufzutreiben, inzwischen aber in den Gallischen Kriegen so riesige Summen eingeheimst hatte, daß er ein steinreicher Mann war. Das zeigten ja auch seine Triumphe, die mit nie dagewesener verschwenderischer Freigebigkeit gefeiert wurden.

Inzwischen entsandte er nicht nur nach allen Richtungen römische Bürger als Siedler, sondern er vermehrte auch die Gesamtzahl der Bürger im ganzen Reich um ein Beträchtliches. Doch auch hier vermied er wieder jede revolutionäre Übertreibung – das heißt, er zerstörte nirgends den historischen Charakter der Bürgerschaft als einer verhältnismäßig kleinen Elite innerhalb der zahlreichen Bevölkerungsgruppen des Reichs.

Allerding kam es im Verlauf dieses Unternehmens hier und da zu Korruptionsfällen. So glaubte man etwa, daß Caesars persönlicher Sekretär Faberius, der sich einen Palast auf dem Aventin leisten konnte, nur einer von vielen sei, die riesige Gewinne aus dem Verkauf von Zuerkennungen des römischen Bürgerrechts gezogen hätten. Dennoch waren solche verhängnisvollen Zwischenfälle nur die fast unvermeidlichen Begleiterscheinungen eines vielseitigen Programms, das, wäre es nicht durch Caesars Tod unterbrochen worden, sich als einheitlicher, umfassender Versuch dargestellt hätte, in Italien und der römischen Welt ein gerechtes Regiment und die wirtschaftliche Entwicklung zu fördern.

Der Diktator war unablässig tätig und unternahm fast mehr, als die menschliche Natur zu leisten imstande ist.

Wie viele römische Herrscher nach ihm hoffte er auf die Mitwirkung des Senats bei seinen zahlreichen Verwaltungsaufgaben. Doch dieser Beistand ließ auf sich warten. Er erhöhte deshalb die Zahl der Senatsmitglieder auf neunhundert – unter Sulla waren es sechshundert gewesen –, um sicherzugehen, daß seine Partei eine deutliche Mehrheit hatte. Wie er selbst sagte, würde er auch Räubern und Halsabschneidern die Dankbarkeit erwiesen haben, die sie verdienten, wenn sie ihm geholfen hätten, seine Position im Staat zu verteidigen. Und wenn sich unter den neuen Senatoren möglicherweise auch ein gewisser Prozentsatz Banditen und Halsabschneider befand, so handelt es sich doch meist um Leute ganz anderer Art:

brave Beamte, Geschäftsleute und Politiker aus italischen Städten. Hinzu kamen auch einige wenige Standespersonen von außerhalb Italiens. Sie stammten aus Südgallien, das seiner Kultur nach eigentlich italisch war, und es ist sogar möglich, daß die neuen Senatoren gar keine Gallier waren, sondern aus Rom stammten. Immerhin erregte ihr Auftreten bei den Konservativen in der Hauptstadt die engstirnigsten Kastenvorurteile, und man machte Witze über Leute in ausgebeulten gallischen Hosen, die in Rom umherirrten und überall fragten, wo denn das Senatsgebäude sei.

Nachdem Caesar so den Senat seinen Plänen angepaßt hatte, trieb er ihn zur Verabschiedung zahlreicher Erlässe an, die seine Politik vollenden sollten. Da sich jedoch die Arbeit häufte, ging er nicht immer sehr taktvoll vor. So fand er zum Beispiel nicht immer Zeit, selbst im Senat anwesend zu sein und ließ deshalb kleine Gruppen älterer Senatoren zu sich kommen. Oder es konnte durchaus passieren, daß er zwar eine Vollsitzung des Senats einberief, der Versammlung aber nur seine Entscheidungen mitteilte, die dann ohne Debatte sogleich als Senatsbeschlüsse in die Akten eingetragen wurden. Manchmal stellten Senatoren fest, daß sie namentlich als Zeugen von Maßnahmen aufgeführt wurden, die ihnen völlig unbekannt waren; so beklagte sich zum Beispiel Cicero darüber, daß ihm ausländische Fürsten, die er gar nicht kannte, für Ehrungen dankten, von denen er keine Ahnung hatte. So soll er, als jemand bei einem zufälligen Blick zum Himmel feststellte, daß in der folgenden Nacht ein bestimmtes Sternbild aufgehen müsse, sarkastisch bemerkt haben: „Ohne Zweifel ist ihm das befohlen worden!"

Auch in Bezug auf die geheiligten Verfahrensregeln für die alljährliche Wahl der Staatsbeamten zeigte Caesar Nachlässigkeit und Willkür. Verschiedentlich wurden während seiner Diktatur die maßgebenden Beamten überhaupt erst im Sommer oder Herbst ihres Amtsjahres gewählt, also ein ganzes Jahr zu spät. Als ferner am letzten Tag des Jahres 45 einer der Konsuln starb, veranstaltete der Diktator die Wahl eines Nachfolgers noch für die letzten Stunden des Jahres (ohne sich die Mühe zu machen, das Verfahren vorschriftsmäßig durchzuführen). Seine Absicht war zweifellos, einem treuen Anhänger die Vorteile des konsularischen Ranges zukommen zu lassen. Cicero bemerkte dazu, das sei fürwahr eine merkwürdige Amtszeit, in der niemand zu Mittag speiste und der Konsul nicht zum Schlafen kam.

Außerdem wurde jetzt eine Verfügung erlassen, die Caesar dazu berechtigte, bei der Wahl aller Beamten die Hälfte der Kandidaten vorzuschlagen, allerdings mit Ausnahme der Konsuln; in einem späteren Gesetzesentwurf sollen dann auch sie einbezogen worden sein. Derartige Befugnisse waren ganz und gar unrepublikanisch – und auch unnötig, denn Caesar konnte die Wahlen genau so leicht inoffiziell durch seine Anhänger beeinflussen. Auf die eine oder andere Weise konnte er, wie Sueton bemerkt, jedes Amt und jede Ehrung ganz nach seinem Belieben verleihen. Im Jahre 44 nahmen dann die Dinge, vom Standpunkt der Republikaner aus gesehen, eine weitere Wendung zum Schlimmeren, als Caesar sich zum Aufbruch in den Osten rüstete und seine zukünftigen Handlungen schon jetzt als rechtskräftig erklärt wurden. Außerdem wurde er ermächtigt, Beamte für drei volle Jahre im voraus zu ernennen, und so wurden innerhalb von Wochen oder Tagen schleunigst die Konsuln für die Jahre 43 und 42 ernannt.

Es ereignete sich also vieles, was die Traditionalisten unerträglich fanden. Der Caesarhasser Cato, dem Alkohol verfallen, unversöhnlich und von untadeliger Redlichkeit, hatte sich in Utica das Leben genommen, nachdem seine Partei im Nordafrikanischen Feldzug von 46 unterlegen war. Doch Cato als Erzrepublikaner wurde sofort zum Volksmythos, und als Caesar in seinem Triumphzug schadenfroh ein Bild vom Tod seines alten Feindes mitführte, nahm die Öffentlichkeit das mit Unwillen auf. Cicero und Brutus schrieben Lobreden auf Cato, und die Legende – die noch bei Dante lebendig ist – schlug schnell Wurzeln und breitete sich aus. Caesar war sich dieses peinlichen Gespenstes bewußt, und die Lobreden stachelten ihn an, eine Schmähschrift ‚Anticatones‘ zu schreiben.

Im großen und ganzen jedoch ließ er sich von seinen politischen Gegnern nicht stören. Schon zu Beginn des Bürgerkriegs hatte er den ungewöhnlichen Entschluß gefaßt, seinen römischen Gegnern gegenüber Milde walten zu lassen – in krassem Gegensatz zu den Grausamkeiten, die er widerspenstigen Galliern und Germanen zugefügt hatte. Und diese Politik der Nachsicht verfolgte er so beharrlich, daß der Senat der Clementia Caesaris (der Milde Caesars) einen

Tempel weihte, der auch auf offiziellen Münzen abgebildet ist. In Verfolgung seines Plans bemühte sich der Diktator, Ciceros unterwürfigen Bitten um eine Amnestie für noch im Exil befindliche Adlige nachzukommen. Später allerdings, nach den Iden des März, war Cicero aufrichtiger, wenn er behauptete, Caesar habe durch eine Mischung aus Einschüchterung und Nachgiebigkeit einer Gemeinschaft von Freien das Verhalten von Knechten eingeimpft. Denn obwohl diese Milde sich als geschickter Einfall erwiesen hatte, gehörte sie doch nicht zu den traditionellen republikanischen Tugenden, sondern war der Wesenszug eines Tyrannen, den die Adligen als gönnerhafte Kränkung ihrer Würde empfunden haben müssen. Caesar wußte, daß er Feinde hatte, glaubte aber ihren Widerstand brechen zu können, wenn er ihnen immer wieder verzieh. Es war eine verachtungsvolle Haltung, die sich als eine weitere Fehlberechnung erwies und ebenfalls zu seinem Sturz beitrug. Mehr als zweihundert Jahre später wies Septimius Severus darauf hin, wie unklug Caesar sich in diesem Punkte verhalten habe, und der Senat, der das hörte, erzitterte.

Caesars Verachtung schien ihn in seinen letzten Monaten vollends von den übrigen Menschen abzusondern, zumal er zuließ, daß man ihm Ehrungen erwies, die über das sterblichen Menschen gesetzte Maß hinausgingen. Zu diesen Ehren gehörte sogar die Aufnahme in den Staatskult, wobei ein Priester – Antonius – für seinen Kult bestimmt wurde. Man konnte vorbringen, daß diese Maßnahme mehr seiner Ehrung als der Verehrung dienen sollte. Doch das war kein sehr wesentlicher Unterschied, und niemand konnte umhin, an die griechische Monarchien des Ostens zu denken, wo die Könige, allmächtige Wohltäter oder Vernichter, traditionsgemäß noch bei Lebzeiten zu Göttern erhoben wurden.

Wegen dieser Entwicklung in den entscheidenden letzten Monaten nahm Eduard Meyer an, Caesars Ziel sei die Schöpfung einer neuen monarchischen Staatsform nach hellenistischem Vorbild gewesen. Doch das vorhandene Beweismaterial kann diese Theorie nicht stützen. Es ist richtig, daß ihm im Jahre 46 Kleopatra, seine Geliebte, nach Rom folgte, die ihm wohl auch einen Sohn gebar und bis zu seinem Tode in der Stadt blieb – und Kleopatra war eine eindeutige Vertreterin der in den Götterstand erhobenen hellenistischen Monarchie. Zudem brachte sie offenbar ägyptische Fachleute mit, die Caesar bei einer Reihe seiner Regierungsreformen helfen sollten. Dennoch besteht kein Grund zu der Annahme, daß Kleopatra ihm Vorstellungen von einer Monarchie nach griechischem Muster nahegebracht hätte. Allenfalls könnte es ihrem Einfluß zuzuschreiben sein, daß er seine politischen Gegner mit größerer Verachtung behandelte als vorher, da das ihrer Einstellung zu ihren Gegnern in Ägypten entsprach.

Doch wenn griechische Herrschaftsvorstellungen nichts Verlockendes für Caesar hatten, so war damit noch nicht gesagt, daß er davor zurückschreckte, zum Autokraten zu werden. Schon 49 schrieb Cicero an seinen Freund Atticus, daß Caesar es nicht mehr ablehne, als Tyrann bezeichnet zu werden, ja, daß er förmlich danach verlange, und tatsächlich sei er ja auch nichts anderes als ein Tyrann. Drei Jahre später folgt dann die traurige Feststellung, daß alle Macht nunmehr in den Händen eines einzigen Mannes liege. Wirklich konnte man jetzt von Caesar Aussprüche hören, die seinem Urteil über Sulla entsprachen. Wenn er diesen als Dummkopf bezeichnet hatte, weil er sein Diktatoramt nicht lebenslang beibehalten habe, so erklärte er jetzt, die Republik sei gar nichts – ein bloßer Name ohne Form und Inhalt, und da sein Wort jetzt Gesetz sei, möge man sorgfältiger darauf achten, wie man mit ihm spreche. Gerüchtweise hieß es, er habe schon seit Jahren autokratische Ambitionen, und es sah so aus, als habe ihn sein Oberkommando in Gallien für alles andere verdorben. Als er einmal durch ein Alpendorf kam, soll er gesagt haben: „Lieber möchte ich unter diesen einfachen Gebirgsbewohnern der Erste sein als in Rom der Zweite."

Wie sich das auch verhalten mag – jetzt jedenfalls war er der erste Mann in Rom, und von den Rangnächsten trennte ihn eine unermeßliche Kluft. Er wünsche nichts mehr, erklärte er, als daß er selbst sich treu bleibe und daß andere sich ebenfalls treu blieben. Der Historiker Macaulay hielt das für den großartigsten Ausspruch, den jemals ein Mensch getan habe.[9] Immerhin verrät er ein offen zur Schau gestelltes Gefühl persönlicher Überlegenheit. Zu Beginn des Bürgerkriegs hatte er zunächst versucht, den Senat durch Überredung für seine Pläne zu gewinnen, doch sehr bald schon hörte man ihn sagen, er werde, wenn die Senatoren nicht zur Mitarbeit bereit seien, den Staat allein lenken. Gegen Ende seines Lebens machte er sich, als Konsuln und Senat mit ungezählten ehrenvollen, schmeichelnden und kriecherischen Erklärungen vor ihm erschienen, nicht einmal mehr die Mühe, zu ihrem Empfang aufzustehen.

Dieser unglückliche Zwischenfall, den seine Ratgeber nicht befriedigend zu erklären vermochten, ereignete sich vor dem Tempel, den er zu Ehren der Venus erbaute, jener Göttin, von der er abzustammen behauptete. Schon fünfundzwanzig Jahre zuvor hatte Caesar sich öffentlich gerühmt, daß das Blut von Göttern und Königen in seinen Adern fließe. In Rom hatte es keine Könige mehr gegeben, seit sie vor fast fünfhundert Jahren vertrieben worden waren, und man verachtete das Königtum als das genaue Gegenteil all dessen, was die freie Republik auf ihr Banner schrieb. Jetzt aber sah man Caesars Bildnis zwischen den Statuen jener alten, halb mystischen römischen Monarchen stehen. Man bewilligte ihm auch verschiedene Embleme und Prunkgewänder, die an jene alten Königszeiten erinnerten. Zudem erschien jetzt sein Porträt auf den römischen Münzen, was bis dahin noch keinem Römer zu Lebzeiten zugestanden worden war.

Unter diesen Umständen brauchte man sich nicht zu wundern, wenn das Gerücht aufkam, er beabsichtige, für sich die Königsherrschaft wieder einzuführen. Scherzlieder machten die Runde, die ihm diese königlichen Gelüste vorwarfen, und auf den Sockel einer Statue Caesars schrieb jemand ein Verschen, in dem es hieß, Caesar sei im Grunde der Nachfolger der alten römischen Könige geworden:

> Brutus, unser erster Konsul,
> hat die Könige vertrieben;
> Dieser, der die Konsuln scheuchte,
> ist als König uns geblieben.[10]

All das mag für die große Menge ein Anlaß zu Witzen gewesen sein. Für die Oberschicht jedoch war es eine todernste Angelegenheit. Laut Plutarch zog sich Caesar den offensten und tödlichsten Haß durch sein leidenschaftliches Streben nach der Königswürde zu. Zweifellos gaben solche Mutmaßungen dem Haß der Senatoren neue Nahrung. Aber die Behauptung, daß Caesar vorhabe, sich selbst zum König zu machen, war unrichtig. Er hatte es in keiner Hinsicht nötig, einen derart unpopulären Schritt zu unternehmen, da seine Ständige Diktatur ihm alle Machtbefugnisse sicherte, die er sich wünschte. Bei all seiner Gleichgültigkeit sah er doch, daß es ein großer Unterschied war, ob er alle möglichen Titel und Ehrungen annahm, oder ob er sich die Königsherrschaft anmaßte.

Also ging er energisch gegen die Gerüchte vor. Bei der Feier der Luperkalien am 15. Februar 44 war vorgesehen, daß Antonius ihm öffentlich die Königskrone überreichen sollte, damit er sie vor aller Augen zurückweisen und seine Ablehnung schriftlich festhalten lassen konnte.

Am 18. März sollte er zu seinem Feldzug gegen die Parther aufbrechen, und auf dem Rückweg hatte er vor, das Dakerreich zu erobern, das etwa den Raum des heutigen Rumänien einnahm. Wie wir sahen, rechnete er nicht mit einer Rückkehr vor dem Jahr 41.

Caesar hatte in der Gesetzgebung Roms bereits viel Nützliches bewirkt. Dennoch blieb noch ungeheuer viel zu tun, und es war merkwürdig, daß er sich entschloß, das alles aufzuschieben. Dieser Plan, die Hauptstadt zu verlassen und jahrelang fortzubleiben, läßt in aller Klarheit seine Mentalität und seinen Charakter erkennen. Plutarchs Diagnose lautete, er habe sich dringend neuen Ruhm gewünscht, gerade so, als habe er den bereits erworbenen erschöpft und stehe nun in Konkurrenz mit dem eigenen Ich. Und schließlich war der Kampf der erregendste Genuß, den er finden konnte. Er war das ihm gemäße Betätigungsfeld, auf dem er nicht von mäkelnden Republikanern geplagt, sondern vielmehr von dem berauschenden Ansporn eines bewundernden Kriegsvolks ermuntert wurde. Er war ein Mann von sechsundfünfzig Jahren, der die Kerze an beiden Enden angezündet hatte und nun Anzeichen von Abnutzung zeigte. Doch er wollte nur zu gern den Gallischen Krieg noch einmal erleben, um die erstickende Atmosphäre der Hauptstadt mit einer Welt der frischen Luft zu vertauschen, in der er seine Fähigkeit, Menschen und Ereignisse zu meistern, voll zum Ausdruck bringen durfte.

Es war jedoch im höchsten Grade verantwortungslos, Rom in einem so kritischen Augenblick zu verlassen und sich für so lange Zeit so weit zu entfernen. Es war die letzte Bestätigung dafür, daß bei aller Größe Caesars seine Staatskunst erschreckende Mängel aufwies.

Den römischen Adeligen wurde durch die bevorstehende Abreise brutal vor Augen geführt, daß sie einer Ständigen Diktatur unterworfen waren. Für sie war das der Tropfen, der den Krug zum Überlaufen brachte. Schon ein Jahr zuvor hatte der bedeutende Jurist Servius Sulpicius Rufus sich in einem Brief an Cicero darüber beklagt, wie unfreundlich sie das Schicksal bereits behandelt habe, als es ihnen Güter nahm, die dem Menschen nicht weniger teuer sein sollten als seine Kinder – Vaterland, Ruf, Stellung, ihre ganze Karriere. Und nun waren die letzten trügerischen Spuren der alten Adelsherrschaft rücksichtslos beseitigt worden. Die Tyrannei ließ sich nicht länger ertragen.

Caesar wußte, daß ihn die ehemals herrschende Klasse nicht liebte. Wie sollte das auch möglich sein, sagte er, wenn er sogar einen anständigen Mann wie Cicero auf eine Unterredung warten lassen mußte. Es bedurfte ganz gewiß nur eines Minimums an Voraussicht, um zu erkennen, daß Verschwörung in der Luft lag. Doch Caesar reagierte merkwürdig. Er hatte sich vorher eine persönliche Leibwache aus kräftigen Spaniern gehalten. Anstatt jedoch die Zahl dieser Wächter zu erhöhen, beschloß er trotz aller Einwände seiner Berater, sie ganz aus seinen Diensten zu entlassen. Es könne ja doch niemand Nutzen aus seiner Ermordung ziehen, erklärte er, da sie nur ein Chaos einleiten würde. War nicht er der Mann, der Rom und seiner Welt neue Gerechtigkeit und neue Leistungsfähigkeit schenkte? Zudem war er ganz ohne Furcht vor dem Tode und kannte nur aristokratische Verachtung für Maßnahmen, die ihn vor dem Verlust des Lebens schützen sollten. Hierin ähnelte er General de Gaulle, unterschied sich aber von fast allen anderen römischen Cäsaren, die meist in einer beständigen Furcht vor Meuchelmördern lebten. Als alle Senatoren schworen, sein Leben zu schützen, kann er diesen Eid kaum als einen ausreichenden Ersatz für seine Leibwache angesehen haben. Aber das bekümmerte ihn nicht.

Und so nahm das Komplott seinen Anfang. Schon vorher hatte es Angriffe auf sein Leben und viel Gerede über (angebliche) weitere gegeben. Einer seiner Generäle – Gaius Trebonius – hatte Antonius gegenüber angedeutet, daß eine gewaltsame Änderung notwendig werden könne, doch Antonius war darauf nicht eingegangen. Jetzt aber begann man, den entscheidenden Schritt ernsthaft zu erörtern.

Die erste Anregung kam von Gaius Cassius Longinus, einem strengen, stolzen Aristokraten, der nach Pharsalos zu Caesar übergetreten war. Sein idealistischer Schwager Marcus Brutus, der damals ebenfalls den Pompeianern die Gefolgschaft aufgesagt hatte, ließ sich überreden, am Komplott mitzuwirken – aus Loyalität gegenüber dem Andenken Catos und seines eigenen legendären Ahnen, der die Könige vertrieben hatte. Ein weiterer Verschwörer war Decimus Brutus Albinus, ein entfernter Verwandter von Marcus Brutus und einer der bekanntesten Offiziere Caesars, dessen Günstling er war. Es ist bezeichnend, daß es dem Diktator nicht gelungen war, sich die Treue seiner besten militärischen Gehilfen zu erhalten, zu denen neben Decimus auch Trebonius gehörte, der sich ebenfalls den künftigen Meuchelmördern zugesellte.

Im Verlaufe mehrerer heimlicher Beratungen stießen zu diesen Männern noch verschiedene kleine Cliquen Mißvergnügter, so daß sich schließlich eine Gruppe von sechzig Verschwörern zusammenfand. Zwanzig von ihnen kennen wir namentlich. Neun hatten im Bürgerkrieg für Pompeius und sieben in Gallien für Caesar gekämpft. Ihre individuellen, persönlichen Beweggründe waren verschieden. Doch Marcus Brutus sprach für alle, wenn er erklärte, daß Versklavung und das Erdulden unwürdiger Behandlung ihn mit tieferem Abscheu erfüllten als jedes andere Mißgeschick.

So kamen die Iden und mit ihnen die verhängnisvollen Dolchstöße. Als die Mörder mit gezückten Dolchen den Kreis um ihr aufschreiendes Opfer schlossen, versuchten nur zwei von den Senatoren, den Mord zu verhindern, obwohl alle erst kurz zuvor geschworen hatten, daß sie Caesar schützen wollten. Der Versuch war vergeblich.

Caesars Prophezeiung erfüllte sich. Dem Meuchelmord folgten auf lange Zeit hinaus Chaos und Anarchie. Man hat seit jenem schicksalhaften Tag immer wieder über Recht und Unrecht der vollbrachten Tat gestritten. War sie ein gutes Werk, die Beseitigung eines Tyrannen oder grausamer Mord? Hatte der Tote in der kurzen Periode seiner Herrschaft nur die alte Ordnung zerstört, oder war er der Schöpfer einer neuen geworden?

Auf die erste Frage gibt es keine einfache Antwort; wenn die Adligen Caesars Alleinherrschaft als unerträglich empfanden, so hatten sie doch selbst zuvor das Reich sehr viel schlechter regiert. Auf die zweite Frage ist zu antworten, daß Caesar zwar tatsächlich die Republik zerstört hatte, daß aber sein Rezept für einen Ersatz gerade den Männern, auf deren Mitarbeit oder zumindest Duldung er nicht verzichten konnte, so völlig unannehmbar erscheinen mußte, daß sich eine neue Ordnung noch nicht einmal von ferne abzeichnete. Deshalb war der Mord als Warnung für alle, die nach Caesar kamen, von unschätzbarem Wert, denn als die ersten Nachfolger auftauchten, zeigte ihnen der unheilvolle Ausgang des Experiments, was sie *nicht* tun durften, wenn sie am Leben bleiben wollten.

Daß Caesar sich auf seine Stellung als Ständiger Diktator verließ und sich schließlich entschloß, die Hauptstadt für eine lange Zeitspanne zu verlassen, beweist, daß er – ein Mann von so vielen einzigartigen Gaben – sich einfach nicht klarmachte, was in der römischen Politik möglich war und was nicht, oder daß es ihm nicht der Mühe wert schien, diese Erkenntnis auf seine eigene Lage anzuwenden. Außerdem hatte er sich schon zwei Jahre vor seinem Tode in dem Sinne geäußert, daß sein Leben lange genug gewährt habe, gleichviel, ob man es nach Jahren oder nach seinem Ruhme messe. Er hatte den Eindruck, am Ende seines Weges angekommen zu sein, und der Partherfeldzug war nur ein verzweifeltes Mittel, sich neue Ziele zu erschließen.

In seiner letzten Lebensphase war er oft Ausbrüchen heftiger Ungeduld und Gereiztheit unterworfen. Nach seinem Triumph im Jahre 46 schleppte er einen murrenden Soldaten eigenhändig am Genick zur Hinrichtung und brachte zwei andere als Menschenopfer dar. Auch ließ er sich trotz der olympischen Ruhe, die er der republikanischen Opposition gegenüber bewahrte, vom Gekläff junger Volkstribunen (der traditionellen Hüter der Rechte des Volkes) einmal im Jahre 46 und dann wieder im Januar 44 zu heftigem Zorn reizen; damals zeugte die strenge – wenn auch nachträglich noch gemilderte – Behandlung zweier solcher Tribunen, daß es mit seinen Nerven nicht zum Besten stand.

Diese Gemütsverfassung wurde nicht durch die Ängste verursacht, die spätere Herrscher quälten, sondern durch ein anderes Leiden, das ihnen allen gemeinsam war: durch fortgesetzte und unablässige Überarbeitung. Zudem war Caesar keineswegs in guter körperlicher Verfassung. Mit seinen angeblichen Alpträumen brauchen wir uns nicht weiter zu befassen, denn es war üblich, allen Tyrannen derartiges anzudichten. Doch seit 49 hatte Caesar in Abständen immer wieder an Schwindelanfällen gelitten, die zu Krämpfen und Bewußtlosigkeit führten, und die antiken Quellen haben wohl recht, wenn sie dieses Leiden als Epilepsie bezeichnen. Schlechte Gesundheit war die Ausrede, die seine Gehilfen vorbrachten, als er sich vor jener Abordnung des Senats nicht erhob, und auch an den verhängnisvollen Iden fühlte er sich nicht wohl. Wenn ihn in seinen letzten Jahren Urteil und Temperament gelegentlich im Stich ließen, so sind solche Entgleisungen im wesentlichen auf seine schlechte körperliche Verfassung zurückzuführen.

Im Herbst vor seinem Tode hatte er es für ratsam gehalten, sein Testament zu machen. Die Bilder auf seinen Münzen zeigen einen Mann, der viel älter aussieht als ein Mittfünfziger, und manche von Sorge gezeichneten Porträtbüsten bestätigen diesen Eindruck. Als Friedrich der Große aus dem Siebenjährigen Krieg heimkehrte, war er erst einundfünfzig Jahre alt, wirkte aber so gealtert, daß man ihm den Beinamen ‚Alter Fritz‘ gab. Auch Caesar hatte seine Gesundheit über Gebühr beansprucht, so daß seine geistigen und körperlichen Kräfte vor der Zeit nachließen.

Als Caesar tot war, schrieb Cicero an Atticus, daß der Diktator von dem geplanten Partherfeldzug nie zurückgekehrt wäre. Das könnte richtig sein, aber nicht, weil Caesar besiegt worden wäre, denn das ist eine Möglichkeit, über die man nur Mutmaßungen aufstellen kann, sondern weil seine Kräfte zu sehr und zu schnell nachließen, als daß dieser Prozeß hätte aufgehalten werden können. Als die Meuchelmörder zuschlugen, trafen sie einen Mann, den die furchtbare Bürde der Herrschaft über das römische Reich bereits zu zerstören begann.

II

Augustus

Gaius Octavius, der spätere Augustus, kam 63 v. Chr. als Sohn eines Ritters in Velitrae (Velletri bei Rom) zur Welt. Sein Vater, den Julius Caesar gefördert hatte, stieg zum Senator und Prätor auf. Nach dessen Tod wurde der junge Octavius von seiner Mutter Atia erzogen. Caesar, der ihr Onkel war, führte den jungen Mann in das öffentliche Leben ein und machte ihn durch Adoption im Testament zu seinem persönlichen Erben.

Als diese Tatsache nach der Ermordung Caesars bekannt gegeben wurde, nahm Octavius – oder Octavianus, wie er in diesen Jahren seines Aufstiegs zur Macht allgemein genannt wird – die Namen seines Adoptivvaters – Gaius Julius Caesar – an und begann seinen vierzehnjährigen Kampf um die Herrschaft im Staat. Nachdem er sich zunächst zusammen mit dem Senat gegen seinen Hauptrivalen Antonius gewendet hatte, den er im Jahre 43 bei Mutina (Modena in Norditalien) besiegen half, gab ihm eine Zurücksetzung durch den Senat Anlaß, sich mit Antonius und Lepidus in dem formellen, autokratischen Zweiten Triumvirat zusammenzuschließen, das die Proskription und Exekution vieler politischer Gegner, unter ihnen auch Ciceros, zur Folge hatte. Im Oktober 42 besiegten er und Antonius in zwei Schlachten bei Philippi in Makedonien Caesars Mörder Brutus und Cassius, die dort den Tod fanden; allerdings hatten Kränklichkeit und vielleicht auch mangelnder physischer Mut Oktavian daran gehindert, in den Schlachten eine hervorragende Rolle zu spielen.

In den folgenden elf Jahren wurde die römische Welt zwischen Oktavian im Westen und Antonius im Osten aufgeteilt; Oktavian fand die Unterstützung des hervorragenden Admirals Agrippa und des ebenso begabten Diplomaten Maecenas, während Antonius sich mit Kleopatra zusammenschloß. Im Jahre 36 schlug Agrippa die piratenhaften Seestreitkräfte des Pompeiussohnes Sextus Pompeius vor Naulochus (Venetico) in Sizilien, und dann führte Oktavian, nachdem er Lepidus gezwungen hatte, sich ins Privatleben zurückzuziehen, in den Jahren 35 bis 33 Feldzüge in Illyricum und Dalmatia, dem heutigen Jugoslawien.

Bald jedoch kam es zu dem unvermeidlichen Zusammenstoß mit Antonius, der sich dadurch ankündigte, daß Italien und die westlichen Provinzen Oktavian ohne gesetzliche Grundlage den Treueid leisteten, und der schließlich in der Schlacht bei Actium (vor der Nordwestküste Griechenlands) gipfelte, wo Agrippa Sieger blieb (31). Als im folgenden Jahr Antonius und Kleopatra Selbstmord begingen, war Oktavian Alleinherrscher über die gesamte römische Welt.

Obwohl er dank seiner Gewalt über das römische Heer diese überlegene Stellung sein ganzes Leben hindurch behielt, begann er nach Actium die scheinbare Wiederherstellung der althergebrachten republikanischen Regierungsform vorzubereiten. Im Januar 27 v. Chr., drei Tage bevor er den ehrwürdigen Namen Augustus annahm, übertrug er, wie er selbst es formulierte, den Staat dem Senat und dem Volke zur freien Verfügung. Gleichzeitig behielt er jedoch das alljährliche Konsulat, das er schon seit vier Jahren innegehabt hatte, und erklärte sich bereit, für zunächst zehn Jahre (eine Frist, die dann stets verlängert wurde) Spanien, Gallien und Syrien als seine Provinzen anzunehmen, zusätzlich zu Ägypten, das er nach seinem Sieg bei Actium für sich in Anspruch genommen hatte.

In diesen Gebieten stand der größte Teil des Heeres, und in Rom verfügte er außerdem noch über die Prätorianergarde als seine Leibwache. Daß letztere notwendig war, bewiesen mehrere echte Komplotte, Gerüchte von Verschwörungen und schwierige Situationen, die deutlich erkennen ließen, daß die Loyalität der Schriftsteller, die sich von den Zielen des Augustus begeistert zeigten, keineswegs allgemein verbreitet war. Diese frühen Jahre nach Actium waren außerdem gekennzeichnet durch echte oder eingebildete Bedrohungen seitens ehrgeiziger Heerführer. Der schlechte Gesundheitszustand, der Augustus sein Leben lang zu schaffen machte, führte in den Jahren 25 und 23 v. Chr. zu schweren Erkrankungen.

Im Jahre 23 trat er als Konsul zurück, behielt aber seine vielen

Provinzen und erlangte offenbar gewisse gesetzliche Befugnisse, die es ihm ermöglichten, auch in anderen (‚senatorischen') Provinzen einzugreifen, wenn es wünschenswert erschien. Er verfügte jetzt auch über die ‚tribunizische Gewalt', ein schwaches aber volkstümliches Überbleibsel des alten Tribunenamtes, dessen Inhaber die Rechte der niederen Volksschichten zu vertreten hatten. Sein enormes Ansehen wurde in der Folge noch durch das Amt des Oberpriesters (12 v. Chr.) und den Titel ‚Vater des Vaterlandes' (2 v. Chr.) verstärkt.

Agrippa erhielt ein Kommando im Osten (23 v. Chr.) und wurde im Jahre 21 mit Julia, der Tochter des Augustus, vermählt. Obwohl die Herrschergewalt offiziell nicht weitergegeben werden konnte, sah man allmählich Agrippas und Julias Söhne Gaius und Lucius, die von Augustus im Jahre 17 am Tage der Geburt des jüngeren Sohnes adoptiert wurden, als Thronerben an. Während dieser Jahre vollbrachte Augustus Erstaunliches bei der Neuordnung sämtlicher Regierungsbereiche.

Seine Stiefsöhne Tiberius und der ältere Drusus (Söhne, die seine aristokratische Frau Livia aus einer früheren Ehe mitgebracht hatte), führten in dieser Zeit das Kommando in bedeutenden Feldzügen jenseits der Westgrenzen. Als in den Jahren 12 und 9 Agrippa und Drusus starben, war Tiberius unbestritten der zweite Mann im Staat. Nachdem er einige Jahre zurückgezogen auf der Insel Rhodos gelebt hatte – die Gründe hierfür werden im nächsten Kapitel behandelt –, wurden ihm im Jahre 4 n. Chr. Machtbefugnisse übertragen, die anzeigten, daß er für eine Nachfolge vorgesehen war.

Doch die letzten zehn Jahre im Leben des Augustus waren nicht nur von Familiensorgen überschattet, sondern auch von aufregenden Katastrophen in neueroberten Gebieten, vor allem von einem dreijährigen Aufstand in Illyrien (6–9 n. Chr.) und von der Vernichtung des Varus und dessen drei Legionen durch die Germanen (9 n. Chr.) verdüstert. Dennoch hielt Augustus, von Tiberius unterstützt, noch fünf Jahre durch und starb 14 n. Chr. im Alter von sechsundsiebzig Jahren.

Daß Julius Caesar seinen jungen Großneffen Oktavian unter der Voraussetzung, daß er keinen leiblichen Sohn haben würde, testamentarisch adoptierte, war ein bemerkenswerter Schritt. Allerdings waren Adoptionen in den vornehmen republikanischen Familien weithin üblich gewesen, sofern der Erbe fehlte, aber Oktavian war noch keine zwanzig Jahre alt, und es hatte sich schon gezeigt, daß es um seine Gesundheit bedauerlich schlecht bestellt war; aus diesem Grunde hatte er an dem spanischen Feldzug von 45 überhaupt nicht teilgenommen und war erst nach der Schlacht von Munda dort eingetroffen. Caesar muß jedoch die im ganzen überragenden Fähigkeiten des jungen Mannes erkannt haben. Der Diktator konnte in politischem, offiziellem Sinne keinen Erben haben, denn die Staatsämter, die er bekleidete, waren nicht erblich. Ebenso sicher erhielt jedoch der Mann, den er zu seinem persönlichen Erben bestimmte – und dem er drei Viertel seines riesigen Vermögens hinterließ – eine ganz außergewöhnliche politische Bedeutung.

Als Oktavian die Nachricht von Caesars Tod erhielt, befand er sich in Apollonia in Epirus (Albanien); er entschloß sich sofort, nach Italien zurückzukehren und sein Erbe mit allen möglichen Folgerungen anzunehmen. Neben seinem Rivalen Antonius, für den das Testament Caesars eine schwere Enttäuschung war, wirkte er zunächst unbedeutend. Tatsächlich hatte er ja, was seine Herkunft betraf, gar keine Möglichkeit, sich mit Antonius oder irgendeinem anderen der etablierten politischen Führer Roms zu messen. Die Oktavier lebten zwar in durchaus behaglichen Umständen, waren aber nach hauptstädtischem Maßstab nur eine bescheidene Familie, und ihr einziger Anspruch auf Berühmtheit lag darin, daß sie in das Haus Julius Caesars eingeheiratet hatten. So war auch die Adoption durch Caesar der einzige Anspruch des jugendlichen Oktavian auf besondere Beachtung.

Diesen Vorteil nutzte er besonders Mitte Juli 44 mit höchstem Geschick aus, als er angesichts einer umfangreichen Gegnerschar und mit nur wenigen Anhängern, die ihn unterstützten, Spiele zu Ehren der Venus Genetrix und der Siege Caesars veranstaltete. In seiner Autobiographie heißt es: „Gerade in den Tagen meiner Spiele war ein Komet sieben Tage lang am nördlichen Himmel zu sehen; er erschien etwa in der elften Tagesstunde [5 Uhr nachmittags], war hell und in allen Teilen der Welt sichtbar. Das Volk glaubte, daß durch diesen Stern die Aufnahme der Seele Caesars in den Kreis der unsterblichen Götter angezeigt werde; daher wurde dieses Sternzeichen am Abbild seines Kopfes angebracht, das wir bald danach auf dem Forum weihten."[1]

Oktavians Aufstieg zur Macht hatte begonnen, und am 2. November schrieb Cicero an Atticus: „Am ersten des Monats bekam ich einen Brief von Oktavian. Er setzt Großes ins Werk. Die Veteranen in Casilinum und Calatia hat er auf seine Seite gebracht; kein Wunder, denn er gibt jedem 500 Denare. Er gedenkt auch die übrigen Veteranensiedlungen zu bereisen. Offenbar plant er, daß der Krieg gegen Antonius unter seiner Leitung geführt wird. Daher sehe ich es kommen, daß wir in wenigen Tagen unter Waffen stehen. Aber wem sollen wir uns anschließen? Bedenk seinen Namen, bedenk sein Alter!"[2]

Sein Name und sein Alter: seine Jugend war ein gewaltiges Hemmnis, aber sein Name – Gaius Julius Caesar –, bereits ein bedeutender Aktivposten, gewann noch an Wert, als im Januar des Jahres 42 er und die beiden Männer, mit denen er sich nun im Zweiten Triumvirat verbündet hatte, Antonius und Lepidus, den ermordeten Julius zu einem Gott des römischen Staats erhoben. Wie Oktavian diese Entwicklung ausnützte, ist von den Münzen abzulesen, die auf der einen Seite ihn selbst mit der Umschrift „Caesar, Sohn eines zu den Göttern Erhobenen" und auf der anderen Seite Julius Caesar mit der Bezeichnung „der zu den Göttern erhobene Julius" zeigen.

Doch die neue Göttlichkeit hatte Oktavian nicht nur diesen anfänglichen Vorteil verschafft, sondern ihn auch in eine höchst schwierige Lage gebracht. Man brauchte nur an das Schicksal Julius Caesars zu denken. Oktavian war genau wie er entschlossen, ein Autokrat zu werden – mußte aber irgendwie zu vermeiden suchen, daß auch der gewaltsame Tod Caesars sich bei ihm wiederholte. Es war also unerläßlich, daß das Andenken seines Vorgängers in aller Stille nach und nach eine Wandlung erfuhr. Die Dichter, die ihm gewogen waren – Vergil, Horaz und Properz – zeigten, wie sich das bewerkstelligen ließ. Man verhüllt alles, was in Caesars Leben gesetzwidrig war, mit einem Schleier oder läßt sogar stillschweigend und taktvoll erkennen, daß man diese Vorfälle bedauert. Andererseits betont man sein göttliches Wesen, um die göttliche Abstammung des Adoptivsohns zu unterstreichen.

Dennoch lag in dieser Zeit die Gefahr einer Ermordung stets nahe, denn das Zweite Triumvirat war, obwohl die Herrschaft sich auf drei Männer verteilte, ganz genau so autokratisch wie die Diktatur Caesars. Im vollen Bewußtsein ihrer unter diesen Verhältnissen unvermeidlichen Unbeliebtheit beseitigten sie deshalb sofort alle politischen Gegner, deren sie habhaft werden konnten, wobei Oktavian anfangs gezögert haben soll, um sich dann mit Genuß in die Metzelei zu stürzen. Unter solchen Auspizien begonnen, blieb die Zeit des Triumvirats eine grausige, verfassungswidrige Episode des blutigen Durchgreifens. Solange sie währte, widmete sich Oktavian mit unbarmherziger Beharrlichkeit seinem hochgesteckten ehrgeizigen Ziel und benutzte dabei jedes Mittel, das sich ihm bot – Überredung, Bestechung, Betrug, Verrat, Hinrichtung und Bürgerkrieg.

Vom Jahre 42 an arbeitete er, obwohl er nach außen hin Solidarität vortäuschte, gegen Antonius, dessen finanzieller Überlegenheit – die östlichen Provinzen und Kleopatras Königreich Ägypten waren reiche Hilfsquellen – Oktavian mit den raffiniertesten Methoden begegnen mußte. Hierzu gehörte der Treueid, mit dem sich die Bevölkerung Italiens und des Westens angeblich spontan auf die Seite Oktavians stellte, denn hierdurch gelang es ihm, eine Stellung jenseits und außerhalb konstitutioneller Einschränkungen und Verbote einzunehmen und eine Position zu gewinnen, deren Fundament der Persönlichkeitskult war. Die sichere Loyalität des Soldateneids mischte sich hier mit der traditionellen römischen Einrichtung der ‚clientela', durch die mächtige Patrone dank festen wechselseitigen Beziehungen, die sogar vererbt werden konnten, mit einer Vielzahl nicht so vornehmer Bürger, ihren Klienten, verbunden waren. Vorher schon hatte Oktavian den Umstand ausgenützt, daß sich Caesar vorübergehend des Titels ‚imperator' in einem besonderen, persönlichen Sinn bedient hatte. Obwohl oder weil er selbst kaum die Eignung zum Feldherrn besaß – davon wird später noch die Rede sein –, hatte er diese Bezeichnung als Namen und Titel angenommen, um den Sieg unanfechtbar auf die eigene Person zu fixieren.

Doch selbst als seine Beziehungen zu Antonius – mehr durch seine als durch Antonius' Schuld – allmählich so gespannt wurden, daß eine Besserung nicht mehr zu erhoffen war, konnten die Senatoren nur sehr schwer beurteilen, welcher von den beiden Männern gewinnen werde, und noch im allerletzten Augenblick entschloß sich ein beachtlicher Teil von ihnen, für Antonius Partei zu ergreifen. Später stellten die Dichter den Ausgang der Schlacht von Actium als unausweichlich dar. Vom militärischen Standpunkt aus gab es allerdings nur einen einzigen Grund für diese ‚Unausweichlichkeit': Oktavian hatte das Glück und die Menschenkenntnis gehabt, sich des Admirals Marcus Agrippa zu bedienen, der jedem anderen Feldherrn auf der Gegenseite an strategischen und taktischen Fähigkeiten weit überlegen war.

Offiziell jedoch war Oktavians Hauptgrund dafür, daß er seinen Sieg bei Actium als unausweichlich hinstellte, ein Ratschluß der Götter und Schicksalsfügung; das waren die Mächte, die angeblich den Sieg des Westens über den Osten beschlossen hatten.

> Augustus steht auf hohem Achterdeck,
> von seinen siegesfrohen Schläfen sprüht
> die Doppelflamme, ihm zu Häupten leuchtet
> der Stern der Väter. Dort führt die Geschwader
> Agrippa, weithin sichtbar, in die Schlacht,
> die Winde und die Götter sind mit ihm;
> von seinen Schläfen blitzt die goldne Krone
> mit Schiffsschnäbeln verziert, wie sie noch niemals
> als Kriegsauszeichnung war verliehen worden.
> Antonius dort führt die Barbarentruppen,
> ein buntgewürfelt Völkerheer, zum Kampf,
> die er als Sieger von den Ostgebieten
> und von des Roten Meeres Küsten bringt;
> Ägypten kommt mit ihm, der Orient
> und gar die fernsten Baktrer. Ihm zur Seite
> die Gattin – welch ein Frevel! –, die Ägypterin.[3]

Vergils Darstellung ist insofern genau, als die Schlacht tatsächlich entschied, daß Oktavians Streben nach einer römischen und italischen Hegemonie sich durchsetzte, so daß die Vorstellungen des Antonius und der Kleopatra von einer echteren Partnerschaft zwischen Westen und Osten unter der Führung Roms – Vorstellungen, die der Dichter travestiert – unterdrückt wurden. Das Ziel nämlich, das der Sieger von Actium erstrebte und auch erreichte, war eine vom Westen beherrschte Welt. Es ist richtig, daß Vergils Aeneis, wie zahlreiche andere literarische Zeugnisse dieser Zeit, viel Lob und Preis für die erhoffte Aussöhnung von Ost und West enthält, die der Herrscher erreichen wollte. Sie war das Ziel, das Augustus mit seiner Politik im Bereich von Kunst und Religion verfolgte, wenn er behutsam hellenistische Motive in den geltenden Rahmen römischer Vorstellungen einbezog, ein Prozeß, der dadurch symbolisiert wurde, daß Augustus Apollo als seinen himmlischen Helfer ansah, den Gott also, der oberster Schutzherr der hellenischen Kultur, zugleich aber auch eine alte italische Gottheit war.

Doch wenn auch diese Haltung nach Donald Earl die Hoffnung auf eine neue Einheit erkennen läßt, in der Ost und West einander gegenseitig förderten und unterstützten, so sollte dabei ohne jeden Zweifel der Westen die beherrschende Rolle spielen. Das kommt sogar bei Vergil, der doch so beharrlich für Aussöhnung plädiert, ganz deutlich in den Worten zum Ausdruck, die der Geist des Anchises in der Unterwelt an seinen Sohn Aeneas richtet:

> Es werden andre es besser verstehn,
> das Erz in edle Menschenform zu treiben;
> ich glaub' es gern. Sie werden aus dem Marmor
> ein lebenswahres Menschenantlitz meißeln,
> beredter werden sie mit Worten fechten,
> des Himmels Bahnen mit dem Zirkel messen
> und künden, wann der Stern erscheint und schwindet.
> Du, Römer, sei der Herr den Völkern allen,
> dein ist die Herrscherkunst: so übe sie,
> und zwing die Welt, den Frieden zu ertragen,
> den Trotz'gen furchtbar, mild den Überwund'nen.[4]

Diese Botschaft ist ganz eindeutig. Die von Griechen bewohnten östlichen Provinzen blieben die bei weitem reichsten, kultiviertesten und höchstentwickelten des Reiches. Die Griechen ihrerseits jedoch hatten in den vergangenen Jahrhunderten im wesentlichsten Punkt des Regierens versagt – sie hatten weder Sicherheit noch Stabilität erreicht. So war es ihr Los – davon war auch Augustus zutiefst überzeugt –, sich politisch unterzuordnen, wie sie es schon in der Republik getan hatten. Die politische Rehabilitierung der griechischen

Hälfte des Reiches mußte also weitere dreihundertfünfzig Jahre und noch länger aufgeschoben werden, bis Konstantin seine Hauptstadt nach Konstantinopel verlegte.

Augustus ließ die Gelegenheit für eine wirkliche, umfassende Liberalisierung ganz bewußt vorübergehen. Dieser Entschluß beruhte jedoch nicht nur auf seiner Vorliebe für kleinräumiges Denken. Er gründete sich auch auf seine pragmatische Beurteilung dessen, was möglich war. Man konnte nicht außer Betracht lassen, daß die Römer und die Griechen einander wegen ihrer Wesensart lebhaft verabscheuten. Sicherlich hätte mancher Römer behaupten können, daß einige seiner besten Freunde Griechen seien; er hätte dann gönnerhaft die lieben, alten, treuen griechischen Sklaven und Sekretäre gerühmt und die griechische Kultur der fernen Vergangenheit gepriesen. Trotzdem bestätigen Dutzende erhaltener Stellen aus der antiken Literatur, daß die Gefühle, mit denen sich die beiden Völker gegenüberstanden, meist Haß und Verachtung waren. Es ist richtig, daß Augustus, obwohl er selbst nie fließend griechisch sprach oder schrieb, die griechische Kultur auf seine kühle Weise bewunderte und keineswegs allen ihren zeitgenössischen Vertretern seine Freundschaft vorenthielt. Aber er mußte gelten lassen, daß man weithin antigriechisch eingestellt war; und auf jeden Fall war er selbst unerschütterlich davon überzeugt, daß die Männer, die das römische Reich regierten, Italiker sein mußten.

Von den Zentren der Macht wurden die Griechen infolgedessen fast gänzlich ferngehalten. Man weiß nur von einem einzigen Senator zur Zeit des Augustus, der griechischer Herkunft war, und erst 120 Jahre nach Actium trat der erste aus dem Osten stammende Konsul auf. Unter Augustus übte Timagenes, ein griechischer Historiker, so freimütig Kritik an Rom und betonte die Schärfe der antirömischen Einstellung im Osten so stark, daß der Kaiser jede Verbindung mit ihm abbrach und ihm sein Haus verbot. Timagenes vergalt das damit, daß er das Werk ins Feuer warf, in dem er über die Taten des Augustus berichtet hatte.

Es kam auch immer wieder zu Unruhen und Aufständen in mindestens einem halben Dutzend griechischer Städte, die in manchen Fällen dazu führten, daß Parteigänger des Augustus gelyncht wurden. Die Behörden unterdrückten diese Revolten dann mit großer

Strenge. Im Jahre 6 n. Chr. verbreiteten sich solche Unruhen weithin. Außerdem zirkulierte auch Untergrundliteratur, was freilich nichts Neues war:

> Ein Zorn, unzähmbar stark, wird sich zuerst
> erheben gegen Rom; blutgierig dann
> kommt eine Zeit, voll Unglück allem Leben.
> Weh, weh dir, Land Italien, du Volk
> so groß und auch barbarisch . . .
>
> ⟨ Kommt all ihr Städte, ⟩ schmückt mit Statuen
> aus Gold euch, auch aus Silber und aus Marmor,
> zu sehen, wie du, Rom, die bittre Strafe
> zum ersten Mal erleidest, zähneknirschend.
> Dann wird kein Volk mehr seinen Nacken beugen
> dem Sklavenjoch, nicht Syrer, nicht Hellenen,
> auch nicht Barbaren. Du wirst ausgelöscht,
> man wird dir antun, was du andren tatest,
> und jammernd zahlst du, bis die Schuld getilgt.[5]

Es wäre natürlich falsch, dieser Unzufriedenheit im Osten zu viel Gewicht beizumessen. Tausende von Griechen lebten unter Augustus in vorher nie dagewesenem Wohlstand. Aber das war die *solution économique,* wie sie die Kolonialmächte der Neuzeit selbstgefällig in Afrika praktizierten, bevor es in die Freiheit entlassen wurde. Man hoffte und erwartete, daß der Wohlstand die Griechen veranlassen werde, Ruhe zu halten; und von dieser Voraussetzung ging Augustus aus, als er ihnen zwar die Verwaltung ihrer Städte zugestand, sich aber doch stark genug fühlte, sie ganz bewußt von den oberen Rängen der Verwaltung des Reiches auszuschließen.

Er beging jedoch nicht den törichten Fehler anzunehmen, daß Rom die ganze Welt allein beherrschen könne, sondern bezog insofern einen neuartigen Standpunkt, als er eine Welt ins Auge faßte, die von einem Rom beherrscht wurde, das Italien zum Partner hatte. Italien hatte bisher weder als territoriale Einheit noch auch als irgend bedeutsame Konzeption eine nennenswerte Rolle gespielt. Der letzte große Aufstand der Italiker gegen Rom lag kaum fünfzig Jahre zurück, und der reiche und dicht besiedelte Norden (das diesseits der Alpen gelegene Gallien) war erst elf Jahre vor Actium mit Italien vereinigt worden.

‚Italia' hatte nie zuvor die Phantasie der Menschheit beschäftigt. Es war stets ein Land der Prosa gewesen. Doch jetzt kam es auf einmal in den Werken der berühmtesten Dichter der Weltgeschichte auf erregende Weise zu seinem Recht. Schon vor Actium hatte Vergil in den Georgica ein großartiges Loblied auf sein Heimatland Italien angestimmt.

> Dies Land trägt harte Männer, Marserknaben,
> Samniten und Liguriens Sohn, der Arbeit
> gewöhnt wie der Entbehrung, und den Volsker,
> des schweren Spießes Träger. Seine Söhne,
> die Decier, ein Marius, Camillus,
> der Scipionen Heldenpaar und du,
> der Großen Größter, Caesar, der als Sieger
> an Asiens Rande jetzt den weichen Inder
> zurückscheucht von des Römerreiches Grenzen.
> Sei mir gegrüßt, Saturnus' heilige Erde,
> du Mutter reichster Früchte in Feld und Wald,
> Mutter von Männern.[6]

Italien ist auch das Ziel des Aeneas in der Aeneis, und die Götter verbieten ihm, sich anderswo niederzulassen: „Hier ist meine Liebe, hier mein Vaterland." Auch für Horaz ist der siegreiche Herrscher „der stets bereite Hüter Italiens und des herrschenden Roms". Das war eine Vorstellung, die Augustus sehr ansprach, ihn, den Sohn Italiens, dessen ganzes Streben dahin ging, Italien in seiner Partnerschaft mit Rom mehr Gewicht zu geben. Dieses Programm, das den künftigen Jahrhunderten seinen Stempel aufdrückte, stellte einen Fortschritt der Liberalisierung insoweit dar, als die beherrschende Rolle von der Hauptstadt auf Italien als Ganzes ausgeweitet wurde. Doch damit hatte es auch sein Bewenden, denn alle anderen Teile des Reiches und vor allem der Osten blieben weiterhin von der eigentlichen Macht ausgeschlossen.

Eine natürliche Folge der italienfreundlichen Einstellung des Augustus war eine beträchtliche, aber wiederum nicht übermäßige Zunahme der römischen Bürger im Reich. Auch hier zeigte sich das vorsichtige Lavieren zwischen Großzügigkeit und Engherzigkeit. Sueton schreibt, Augustus habe größten Wert darauf gelegt, daß es nicht zur Vermischung mit fremden Rassen oder Sklaven kam; um das Blut rein zu erhalten, habe er das römische Bürgerrecht nur sehr sparsam verliehen und die Freilassungen von Sklaven eingeschränkt.[7]

Doch vielleicht betont der Biograph diese Vorsicht des Augustus allzusehr. Während nämlich das Reich 28 v. Chr. 4063000 römische Bürger (Frauen und Kinder nicht mitgezählt) umfaßte, waren es im Jahre 14 n. Chr. 4937000. Allerdings nennt eine vor kurzem aufgefundene Inschrift die Zahl 4100900, aber damit könnte die Zahl der Bürger des eigentlichen Italien angegeben sein, und die fehlenden 836100 könnten in den Provinzen gelebt haben. Augustus setzte die Politik Caesars fort, Bürgerkolonien sowohl in den Provinzen als auch auf italischem Boden zu gründen, wobei er allerdings von dem Experiment abkam, mittellose Bürger aus der Hauptstadt auszusenden, und seine Gründungen ausschließlich mit den zahlreichen entlassenen Soldaten besiedelte, für die er Land finden oder – in seiner späteren Regierungszeit – Geldprämien bereitstellen mußte. Wenn es auch keine ganz reinliche Trennung zwischen seinen privaten Mitteln und den Staatsgeldern gab, so bestritt Augustus doch nach Actium siebenunddreißig Jahre lang die riesigen Kosten dieser Veteranenversorgung ganz aus seinem eigenen Vermögen, das glücklicherweise durch die Annexion Ägyptens gewaltig zugenommen hatte.

Diese Versorgung der demobilisierten Truppen war für Augustus eine Aufgabe von höchster Dringlichkeit, die wieder mit seiner Hauptschwierigkeit in Zusammenhang stand. Da er nicht als Autokrat auftreten durfte, war er bei der Ausübung seiner Autorität ganz wie Caesar einzig und allein auf die Armee angewiesen, die deshalb angemessen belohnt werden mußte. Außerdem mußte sie in einer Kampfstärke unterhalten werden, die zum Schutze des Reiches ausreichte. Augustus war aus verschiedenen Gründen der Meinung, daß er sich nicht auf Streitkräfte verlassen konnte, die in Notfällen ausgehoben wurden; die Dienstpflicht war unpopulär, Soldaten, die für kurze Zeit einberufen wurden, neigten zu Meutereien gegen die eigenen Generäle und konnten unmöglich ausreichend ausgebildet werden. Er entschied sich deshalb für ein stehendes Heer mit langer Dienstzeit. Weiter entschied er, daß die angemessene Stärke bei

300000 Mann lag; die eine Hälfte bestand aus römischen Bürgern, die in achtundzwanzig Legionen zusammengefaßt waren, während die andere sich aus Hilfstruppen verschiedenster Herkunft zusammensetzte, die nach ihrer Entlassung das römische Bürgerrecht erhielten.

Achtundzwanzig Legionen insgesamt – das war nicht viel, wenn man bedenkt, daß er unmittelbar nach Actium über sechzig oder siebzig verfügt hatte, und in der Tat war dieses Heer zu klein, als daß es eine zentrale strategische Reserve hätte bilden können. Der Unterhalt eines größeren Heeres jedoch überstieg die finanziellen Möglichkeiten der primitiven Agrarwirtschaft des Reiches. Außerdem mußte Augustus, wie andere Kaiser nach ihm, ständig die Bedürfnisse der Landesverteidigung und seine Befürchtungen um die eigene Sicherheit gegeneinander abwägen. Selbst wenn er es gewollt hätte, wäre er aus Zeitmangel nicht in der Lage gewesen, seine Truppen im Feld zu kommandieren, und in den letzten vierzig Jahren seines Lebens zeigte er sich nie an der Spitze des Heeres. Damit war klar, daß er das Kommando anderen anvertrauen mußte. Hätte es ein im Kerngebiet des Reiches stehendes Reserveheer gegeben, so wäre es unter Umständen für seinen Befehlshaber eine Versuchung zum Aufstand gewesen, und eine größere Streitmacht an den Grenzen hätte vielleicht eine ähnliche Wirkung auf die Befehlshaber einer solchen Massierung von Legionären ausgeübt. Augustus besaß eine einzigartige Begabung für messerscharfe Berechnungen, und dieses Problem stellte sie auf die härteste aller Proben. Der Umfang des Heeres, den er schließlich festsetzte, schien ihm das bestmögliche Gleichgewicht zwischen militärischer Unzulänglichkeit und Sicherheitsrisiko zu gewährleisten.

Es gab jedoch auch noch andere Sicherheitsrisiken. Man mußte stets mit Anschlägen auf das Leben des Augustus rechnen. Er bildete deshalb die persönliche Leibwache früherer Feldherren zu einer stehenden, gut bezahlten Prätorianergarde um, die aus neun Kohorten mit je fünfhundert Fußsoldaten und neunzig Reitern sowie einer zentralen Bereitschaftseinheit bestand, die der Person des Herrschers unmittelbar zugeteilt war. Außerdem umgab er sich noch mit einer Leibwache von Germanen.

Dennoch blieb, solange er offen als Autokrat herrschte, die Gefahr unvermindert bestehen, daß er Caesars Schicksal erleiden könnte. Er nahm sich deshalb bald nach Actium vor, die alten republikanischen Institutionen wiederherzustellen. Das war eine ganz besonders heikle Aufgabe, weil er in Wirklichkeit nicht die geringste Absicht hatte, die eigentliche Macht aus der Hand zu geben. Die Restauration mußte ein Zauberkunststück werden, ein Taschenspielertrick.

Trotzdem mag Augustus selbst an sein Vorhaben geglaubt haben. Wenn er sagte, daß jeder, der eine Änderung der bestehenden Ordnung nicht wünsche, ein braver Mann und ein guter Bürger sei, so klingt das angesichts der beträchtlichen Neuerungen, die er selbst einführte, einigermaßen überraschend. Dennoch meinte er es wohl ehrlich. Er mußte ein System schaffen, das funktionierte, eines, das zwar die streng einheitliche Regierung wahrte, deren das Reich bedurfte, das aber nach außen hin republikanisch wirkte und die Adelsfamilien soweit zufriedenstellte, daß ihm das Schicksal Julius Caesars erspart blieb. Diesen gefährlichen Kurs zwischen einer neuerlichen Anarchie und einem unverhohlenen Despotismus zu steuern und sicherzustellen, daß nach außen hin alles unverändert aussah, während doch in Wirklichkeit alles anders geworden war, könnte uns heute als nahezu unlösbare Aufgabe erscheinen. Doch das politische und diplomatische Geschick des princeps (d. h. Führers) – wie er selbst sich nannte – war so groß, daß er sie zu lösen verstand und so das imperiale System Roms schuf, das wir als Prinzipat bezeichnen.

Im Jahr der Schlacht von Actium war er zum dritten Mal Konsul, und dieses Amt bekleidete er ununterbrochen weitere sieben Jahre hindurch. Jedoch inzwischen, am 13. Januar 27 v. Chr., hatte er die Einrichtungen des alten Staats scheinbar wiederhergestellt. Gleichzeitig übertrug ihm aber der Staat die Gebiete, in denen der größere Teil des Heeres stand. Nach diesem Tag übertraf er, wie er selbst sagte, an Ansehen (auctoritas) alle, besaß aber nicht mehr Macht als seine Kollegen in den verschiedenen Staatsämtern. Diese Vorstellung von Ansehen, das nicht auf Gesetz oder Verfassung beruht, sondern tief in Brauch und Tradition wurzelt, ist sehr römisch, erinnert aber auch an das konfuzianische System, in dem Erfolg und Sicherheit ebenfalls weniger rechtlich als sozial und moralisch gewährleistet waren. Die *auctoritas* ergab sich aus der Gesamtsumme der Eigenschaften eines Menschen, die Achtung vor seiner Person und seiner Meinung erfordern; zu ihnen gehören auch Herkunft, Wohlstand, persönliche Leistung, Talent und Tüchtigkeit. Daß dem Herrscher diese *auctoritas* eignete, wurde jetzt dadurch unterstrichen, daß er den etymologisch beziehungsreichen Namen ‚Augustus' annahm, der von guter Vorbedeutung war, Glück verhieß und übermenschliche Größe andeutete, dabei aber nichts an sich hatte, was das Ohr eines Republikaners hätte beleidigen können. Das waren die klug ausgedachten Mittel und Wege, mit deren Hilfe der erste römische Kaiser – denn als solcher mußte er im Rückblick erscheinen – die Fortdauer seiner Herrschaft im Staat sicherte, ohne in das Funktionieren der peinlich genau erneuerten republikanischen Institutionen einzugreifen.

Anfangs allerdings wäre es einem politisch feinfühligen Beobachter – und deren gab es nicht wenige – vielleicht so vorgekommen, als ob er bis zu einem gewissen Grad eben doch eingriffe, weil er immer noch mehrere Male hintereinander das Konsulat bekleidete und es damit Adeligen vorenthielt, die diese Ämter gern selbst besetzen wollten und sich dazu auch voll berechtigt fühlten. Im Jahre 23 v. Chr. gab Augustus deshalb dieses ununterbrochene Konsulat auf. Doch auf die Kontrolle über seine Provinzen und sein Heer verzichtete er nicht. Er behielt sie mit Hilfe eines Verfahrens, das die Trennung zwischen *imperium* oder Befehlsgewalt (die er behielt) und Amt (das er freigegeben hatte) mit sich brachte, ein verfassungsmäßiges Prinzip, das bereits in den letzten Jahren der Republik ausprobiert worden war. Die ‚tribunizische Gewalt', die er – wiederum ohne das Amt eines Tribunen zu beanspruchen – zur gleichen Zeit angenommen hatte, besaß keine große praktische Bedeutung, doch machte sie sein Streben nach Unterstützung durch die Plebejer deutlich, die traditionsgemäß von den Tribunen vor Unterdrückung geschützt worden waren.

In der späteren Regierungszeit kam es zu leichten Modifikationen dieses Zustands. Im Jahre 19 v. Chr. zum Beispiel wurden Augustus, ohne daß er wieder das Konsulat übernommen hätte, konsularische Vollmachten in Italien und Rom übertragen, so daß seine amtliche Befehlsgewalt nicht mehr auf die Provinzen beschränkt war. Doch inzwischen waren die Hauptlinien dieses außergewöhnlichen Programms festgelegt. Es war überaus sorgfältig auf römische Vorurteile, Instinkte und Neigungen abgestimmt. Dennoch meint Otto Hirschfeld, Augustus sei der schwere Vorwurf zu machen, daß er das Unmögliche gewollt und nur Vergängliches geschaffen habe. Vergänglichkeit wäre wohl kaum das richtige Wort für die von Augustus begründete Reihe römischer Kaiser, die über Jahrhunderte Bestand hatte. Doch obwohl die Kaiser sich behaupteten, erwies es sich als unmöglich, das augusteische System aufrechtzuerhalten. Es konnte nur unter einem Mann funktionieren, der ein ebenso fähiger Führer wie Augustus war. Seine Nachfolger waren zwar vielfach höchst leistungsfähige Männer, verfügten aber nicht über seine einmaligen Gaben. Es konnte ihnen also nicht gelingen, den empfindlichen Regierungsapparat des Augustus in Gang zu halten, und die Folgen dieses Versagens stellten sich unter jedem einzelnen der zehn späteren Cäsaren nach und nach heraus.

Das Wesentliche an dem neuen Prinzipat war, daß der Herrscher seine ausgedehnten Machtbefugnisse unter Berücksichtigung der öffentlichen Meinung – und ganz besonders der Meinung der Senatoren – wahrnahm. Doch nicht jeder Senator war bereit, diese Zauberkunststücke für bare Münze zu nehmen. Bestimmte Adelige waren hartnäckig und ließen sich nicht blenden; sie hielten das ganze System für eine künstlich hergestellte Täuschung. Allerdings war es eine Täuschung, die ihnen gestattete das Gesicht zu wahren und die Ämter zu übernehmen, die schon ihre Vorfahren innegehabt hatten. Oder sie hatten sogar, wenn sie nicht dem alten Adel angehörten, sondern neue Männer waren, die als Parteigänger von Caesar und Augustus ihren Weg gemacht hatten, das Glück, durch die neue Ordnung in Ränge aufzusteigen, die ihnen vorher verschlossen waren. So kam es, daß viele zufrieden waren. Manche aber waren unzufrieden und unter denen, die Augustus nicht für sich hatte gewinnen können, kam es zu Nörgeleien und Komplotten oder zu Gerüchten von Komplotten.

Allerdings erfreute sich Augustus eines ganz wesentlichen Vorteils. Zur Zeit der Schlacht von Actium war das Reich durch einen jahrzehntelangen Bürgerkrieg erschüttert und zerstört. In dem ewigen Hin und Her zwischen Zwang und Freiheit war dies eine jener

Weltepochen, in der die Menschen es gern duldeten, daß die Waagschale sich ein wenig zugunsten des Ordnungszwanges senkte.

Der Bürgerkrieg war ja selbst für extreme Republikaner der äußerste Greuel. Wie Vergil vor Actium in seinen ‚Georgica' geklagt hatte, war das eine Zeit, in der die Gerechtigkeit darniederlag, die Felder verwüstet, Männer und Frauen heimatlos und elend waren. Doch Vergil sah einen Heiland, der die Welt aus diesem Unheil retten konnte, und das war der künftige Augustus.

> Ihr Götter unsrer Väter, Romulus
> und Mutter Vesta, Schützerin des Tibers
> vom Tuskerland und des Palatiums
> in Rom – laßt diesen jungen Mann der Welt,
> die aus den Fugen ist, zu Hilfe kommen![8]

Die Rettung war ihm gelungen, und die Dichter, die diesen Erfolg feierten, waren das Sprachrohr einer weit verbreiteten, von Herzen kommenden Dankbarkeit. Eine der bedeutendsten Stimmen kam von Horaz:

> Festtag wahrlich heiße der Tag, der alle
> Sorge mir, die finstere bannt: nicht Aufruhr
> Fürcht ich, nicht gewaltsames Sterben: Caesar
> Waltet der Lande.
>
> Solange Caesar über dem Reiche wacht,
> Bricht nie Gewalt den Frieden noch Bürgerzwist,
> Noch Zorn, der nackte Schwerter wetzt und
> Jämmerlich Städte den Städten feind macht.
>
> Da durch prangende Trift sicher die Rinder gehn,
> Ceres nähret die Flur, seliger Wohlstand blüht,
> Auf befriedetem Meer Segel der Schiffer setzt,
> Und die Treue den Makel scheut.[9]

Und die Botschaft wurde von vielen anderen aufgenommen, im Osten wie auch im tonangebenden Westen. Obwohl der Osten auf den zweiten Platz verwiesen blieb, verfügte er über eine Tradition in geschmackloser Lobhudelei, die in einem Schreiben zum Ausdruck kommt, das ein augusteischer Statthalter in Asien an die Städte seiner Provinz richtete (9 v. Chr.): „Da die unser ganzes Leben durchwaltende Vorsehung ihren Eifer und ihren Ehrgeiz einsetzte und so das Vollkommenste für das Leben anordnete, indem sie uns den Augustus schenkte, den sie zum Wohle der Menschheit mit den besten Gaben ausstattete, damit er für uns und unsere Nachkommen als Retter den Krieg beende und alles ordne, – und da nun Caesar die Hoffnungen der Menschen erfüllt hat, indem er nicht nur frühere Wohltäter übertraf, sondern auch für die Zukunft keine Hoffnung ließ, daß ihn jemand übertreffen könne – so war der Geburtstag dieses Gottes der Anfang der guten Botschaften in der Welt."[10]

Der hervorragende Geograph Strabon, der ebenfalls aus Kleinasien stammte, hob hervor, daß die monarchische Herrschaft des Augustus eine notwendige Vorbedingung dieses Wohlstands war: „Italien war oft, seit es unter römischer Herrschaft ist, von Zwist zerrissen, ebenso die Stadt Rom selbst, aber die hervorragende Beschaffenheit der Verfassung und der leitenden Männer verhinderte, daß jenes verderbliche Fehlverhalten zunahm. Es ist aber schwierig, ein so großes Reich zu verwalten, wenn man es nicht einem einzigen Manne wie einem Vater überantwortet. So erfreuten sich denn die Römer und ihre Bundesgenossen noch niemals eines so tiefen Friedens und eines so großen Wohlstands, wie Caesar Augustus sie ihnen bescherte, seit er die absolute Macht übernahm."[11]

Und Philon, der Jude aus Alexandria, äußerte sich ebenso überschwenglich: „Die ganze Welt hätte sich in Kriegen aller gegen alle aufgerieben, wenn nicht ein Mann und Führer erschienen wäre, der Augustus, den man mit Recht den ‚Schützer vor Unheil' nennt. Er ist der Kaiser, der die allenthalben ausgebrochenen Stürme stillte, der die den Griechen und den Barbaren gemeinsamen Gebrechen heilte ... Er ist der Mann, der das Meer von Piratenschiffen säuberte und mit Handelsschiffen bevölkerte, der alle Städte in die Freiheit entließ, der die Unordnung in die Ordnung wandelte, der alle die außerhalb der menschlichen Gemeinschaft und wie die wilden Tiere lebenden Volksstämme zivilisierte und zu einträchtigem Leben brachte ... Er ist der Friedensbewahrer, er ließ einem Jeden das Seine zukommen, er stellte seine Wohltaten in verschwenderischem Maße allen zur Verfügung, ohne jemals in seinem ganzen Leben etwas Gutes oder Schönes für sich zu behalten."[12]

Diese allerorts aufwallenden Dankesempfindungen bildeten das feste Fundament, auf dem Augustus jenes unwahrscheinliche Gebäude errichten konnte, mit dem sein Name für immer verbunden ist. Der Osten, der an Autokraten gewöhnt war, hatte nichts dagegen einzuwenden, daß er autokratisch regierte. Im Westen hätte zumindest die Oberschicht unter Umständen sehr viel dagegen einzuwenden gehabt. Aber Augustus, der nach Beendigung der Kriege auf der Woge einer überströmenden Erleichterung vorangetragen wurde, machte der Mehrheit der Menschen im Westen seinen Absolutismus dadurch schmackhaft, daß er ihn – eben noch ausreichend – hinter der imponierenden restaurierten Fassade verehrungswürdiger Institutionen verbarg. Cromwell hat einmal gesagt, er sei ebensosehr wie jeder andere für eine Regierung, die auf Übereinstimmung beruhe, aber wenn man ihn frage, wie sie zustandekomme, müsse er seine Unwissenheit bekennen. Augustus war der Lösung des Rätsels näher als Cromwell oder sonst ein absoluter Herrscher, obwohl es ein paar Leute gab, die diese Lösung nicht anerkennen wollten.

Seine persönlichen Gewohnheiten waren schlicht. Augustus war bekannt dafür, daß er im Essen genügsam war; er liebte einfache Gerichte, etwa grüne Feigen, und im Gegensatz zu den meisten späteren Kaisern seines Hauses trank er nur mit Maßen. Er gab häufig offizielle Festessen, pflegte aber manchmal vorher oder danach allein zu speisen, wobei er oft nur einen kleinen Imbiß zu sich nahm.

In seinem gesellschaftlichen Umgang war er stets freundlich und leutselig – offenbar ganz das Gegenteil des üblichen Tyrannen; die Prätorianergarde trat nach Möglichkeit nicht in Erscheinung.

„Die Stadt Rom oder irgendeine andere verließ oder betrat er absichtlich nur abends oder nachts, um niemanden mit einer Amtshandlung zu stören. In der Zeit seines Konsulats ging er in der Öffentlichkeit meist zu Fuß; wenn er nicht Konsul war, bediente er sich einer geschlossenen Sänfte. Zu den allgemeinen Begrüßungsempfängen ließ er auch die Plebs zu, wobei er die Wünsche derer, die sich an ihn wandten, mit so großer Freundlichkeit entgegennahm, daß er einmal jemanden im Scherz tadelte, er reiche ihm seine Bittschrift so zögernd, wie man einem Elefanten eine Münze hinstreckt. . .

Gesellschaftliche Beziehungen unterhielt er zu vielen und ließ keine privaten Feiertage unbeachtet, bis es ihm das hohe Alter verbot. . .

Als ein Senator namens Gallus Cervinius, der ihm nicht besonders nahestand, plötzlich erblindete und den Hungertod sterben wollte, sprach er ihm persönlich Trost zu und bewog ihn dazu, weiterzuleben.“[13]

Augustus erlaubte allen, die nützliche Vorschläge machen konnten, sich offen auszusprechen. Er bewies eine Eigenschaft, die von den Römern als *civilitas*, Auftreten ohne unnötigen Prunk, bewundert wird. Da er seiner Veranlagung nach Einfachheit dem Luxus vorzog, wohnte er zuerst in einem nicht besonders vornehmen Stadtteil Roms in der Nähe des Forums und zog dann in ein bescheidenes, wenn auch geschmackvoll ausgestattetes Haus auf dem Palatin (das heute ausgegrabene Haus der Livia), wo er vierzig Jahre lang im gleichen Schlafzimmer schlief. Mark Aurel, ein späterer Herrscher, sagte, er habe von seinem anspruchslosen Vorgänger Antoninus Pius gelernt, daß ein Kaiser fast wie ein Privatmann leben könne. Diese Vorstellung war auch für den Begründer des Prinzipats schon maßgebend gewesen.

Zweifellos bestand zwischen dieser Schlichtheit und seiner überragenden Stellung – ganz zu schweigen von dem auf einen Menschen kaum noch anwendbaren Titel ‚Augustus‘ – ein etwas bestürzender Gegensatz. Doch bei alledem hatte Augustus noch genügend menschliche Züge. So war es ihm zum Beispiel zuwider, früh aufzustehen. Deshalb verbrachte er, wenn er für den nächsten Tag eine Verabredung zu einer frühen Stunde getroffen hatte, die Nacht gewöhnlich bei einem Freund, der in der Nähe des Treffpunkts wohnte, um so spät wie möglich aufstehen zu können. Außerdem wurde seine Nachtruhe häufig unterbrochen, weil er besonders im Frühjahr sehr unter schlimmen Träumen litt und gewöhnlich vier- oder fünfmal in der Nacht aufwachte. Um diese schlaflosen Stunden hinzubringen, hatte er gern Vorleser oder Geschichtenerzähler in seiner Nähe. Überdies konnten in den Nachtstunden dringende Geschäfte anfallen, und für solche Notsituationen hatte er stets eine Toga in seinem Schlafzimmer bereitliegen. Da er so wenig schlief, nickte er oft ein, während er durch die Straßen getragen wurde, oder wenn seine Sänfte infolge eines Verkehrsstaus niedergesetzt werden mußte.

Augustus sprach als Redner mit der einem Kaiser angemessenen Geläufigkeit und Spontaneität und ließ zeitgenössischen Schriftstellern Förderung und Ermutigung zukommen. Seine persönliche Neigung galt in der Literatur allerdings den belehrenden Schriften.

„Bei der Lektüre von Autoren beider Sprachen war er auf nichts so sehr aus wie auf Lebensregeln und Vorbilder, die öffentlich oder privat von Nutzen sein konnten; solche Stellen ließ er wörtlich abschreiben und schickte sie an Bedienstete seines Hauses, an leitende Männer in der Armee und in den Provinzen oder an die hauptstädtischen Beamten, je nachdem er Ermahnungen für nötig erachtete."[14]

Doch Augustus konnte sich auch gelegentlich entspannen. Nach den Bürgerkriegen hatte er die militärischen Übungen aufgegeben, betrieb aber noch eine Zeitlang das Ballspiel, während er sich später mit Reiten und Spazierengehen begnügte. Wie viele andere Kaiser liebte er auch Glücksspiele. Wir kennen Privatbriefe von ihm – ziemlich langweilige übrigens –, die er über dieses Thema an Tiberius schrieb.

„Lieber Tiberius, wir verbrachten das Minerva-Fest recht angenehm; wir spielten nämlich alle Tage und ließen das Würfelbrett nicht kalt werden. Dein Bruder machte dabei ein großes Geschrei, und doch verlor er schließlich nicht viel, sondern kam aus großen Verlusten wider Erwarten allmählich heraus. Ich verlor 20000 Sesterze, aber nur weil ich wie gewöhnlich beim Spiel überaus großzügig gewesen war; denn wenn ich alle die nachgelassenen Würfe eingefordert oder das behalten hätte, was ich den einzelnen Mitspielern schenkte, hätte ich sogar an die 50000 gewonnen. Aber es ist mir lieber so, denn meine Freigebigkeit wird mir einen Ruhmesplatz im Himmel verschaffen."[15]

Weiter wird uns berichtet: „Um sich zu erholen, angelte er und spielte mit Würfeln, Steinchen oder Nüssen in Gesellschaft kleiner hübscher und gesprächiger Kinder, die er sich von überallher kommen ließ, besonders aus Syrien und Mauretanien."[16] Indessen war sein Interesse an diesen Jungen wohl nicht sexuell bestimmt; obwohl es die unvermeidlichen Gerüchte gab, er sei Caesars Geliebter gewesen und habe sich die Beine mit glühenden Nußschalen gesengt, damit das Haar wie bei Frauen weicher nachwüchse, hatte er es offenbar eindeutig auf Frauen abgesehen und brach immer wieder in fremde Ehen ein. Deshalb konnte Antonius, als Augustus ihn aus Gründen der Propaganda wegen seines Verhältnisses mit Kleopatra angriff, ihm das mit einem Brief heimzahlen, der eine peinliche Gegenrechnung aufmachte: „Was hat Dich in Deinem Verhalten gegen mich so verändert? Daß ich mit der Königin schlafe? Sie ist doch meine Frau. Habe ich denn erst jetzt damit angefangen oder nicht vielmehr schon vor neun Jahren? Ich wette auf Dein Leben, daß Du, wenn Du diesen Brief liest, bei der Tertulla oder der Terentilla oder der Rufilla oder der Salvia Titisenia oder bei allen geschlafen hast. Ist es denn so wichtig, wo und bei welcher Du einen Ständer bekommst?“[17]

Die in dem Brief erwähnte Terentilla ist wahrscheinlich Terentia, die Frau des Maecenas, von der es allgemein hieß, sie sei eine der Mätressen des Augustus.

Augustus beschäftigte hervorragende Bildhauer, die seine ansprechenden Gesichtszüge mehr oder weniger vorsichtig idealisierten und zu einer Legende stilisierten, oder vielmehr zu einer ganzen Reihe von Legenden, die jeden Aspekt der Persönlichkeit des höchsten Würdenträgers verkörperten. Sueton schildert, wie er wirklich aussah.

„Seine Gestalt war überaus schön und durch alle Altersstufen von großer Anmut, obwohl er alle kosmetischen Künste verschmähte; bei der Frisur war er so unbekümmert, daß er sein Haar in Eile von mehreren Friseuren zugleich schneiden und den Bart bald mit der Schere, bald mit dem Messer abnehmen ließ, wobei er etwas las oder sogar schrieb. Sein Gesichtsausdruck war, sowohl beim Reden als auch beim Schweigen, von solcher Ruhe und Heiterkeit, daß ein gallischer Häuptling im Kreise seiner Vertrauten gestand, dadurch von seinem Vorhaben abgebracht und zur Milde gestimmt worden zu sein; er hatte ihn nämlich beim Alpenübergang, als er unter dem Vorwand einer Unterredung in seine Nähe gelassen worden war, in einen Abgrund stürzen wollen.

Seine Augen waren hell und glänzend, und er sah es gern, wenn man in ihnen eine gewisse göttliche Kraft fand, und freute sich, wenn jemand, den er schärfer anblickte, wie vor dem Sonnenlicht den Blick senkte; im Alter sah er aber mit dem linken Auge weniger. Seine Zähne standen weit voneinander entfernt, waren klein und ohne Schmelz. Das Haar war leicht gewellt und dunkelblond, die Augenbrauen waren zusammengewachsen, die Ohren nur mäßig groß. Die Nase trat oben etwas mehr hervor und war unten etwas einwärts gebogen. Seine Farbe war ein Gemisch aus sonnenbraun und weiß. Von Gestalt war er klein – der Freigelassene Julius Marathus freilich gibt in seinen Erinnerungen die Größe mit 5³/₄ Fuß (etwa 165 cm) an –, doch wurde dies durch das gefällige Ebenmaß der Glieder verdeckt und fiel nur auf, wenn ein Größerer neben ihm stand."[18]

Doch Augustus war auch außerordentlich häufig krank. Es mag in der Geschichte einzig dastehen, daß ein derart schwächlicher und kränklicher Mensch so lange eine so drückende Last an Verantwortung und eine solch übermäßige Arbeitsbeanspruchung aushielt.

„Schwere und gefährliche Krankheiten machte er in seinem Leben mehrere durch, besonders nach der Unterwerfung Kantabriens: weil die Galle (durch Absonderungen) in Mitleidenschaft gezogen war und er schließlich verzweifelte, willigte er gezwungenermaßen in eine Heilmethode, die der üblichen zuwiderlief und gefährlich war; weil warme Umschläge nichts nützten, mußte er sich auf Veranlassung von Antonius Musa mit kalten behandeln lassen.

Sein Körper war, wie überliefert wird, fleckig, mit Muttermalen auf Brust und Bauch in der Zahl und Anordnung der Sterne des Großen Bären, aber auch mit Schwielen, die infolge von Hautjucken durch den ständigen und heftigen Gebrauch des Schabeisens entstanden waren und wie Flechten aussahen. Hüfte, Ober- und Unterschenkel waren bei ihm auf der linken Seite etwas schwächer, und oft hinkte er deshalb sogar; aber warme Sandbäder und Schilfumschläge brachten immer wieder Kräftigung. Im Zeigefinger der rechten Hand fühlte er bisweilen eine solche Schwäche, daß er ihn, der wie taub und vor Kälte erstarrt war, nur mit Hilfe eines Hornringes zum Schreiben gebrauchen konnte. – Auch über die Blase klagte er, und die Schmerzen ließen immer erst dann nach, wenn die Steine mit dem Harn abgegangen waren.

Gewisse Krankheiten machte er alljährlich und zu bestimmten Zeiten durch; so fühlte er sich meist um seinen Geburtstag herum schwach, zu Frühlingsanfang litt er an Brustentzündung, bei Südwind an Schnupfen. Daher hielt er, mit seinem so geschwächten Körper, weder Kälte noch Hitze leicht aus."[19]

Dies alles läßt erkennen, daß Augustus um sein körperliches Befinden außerordentlich besorgt war. Bisweilen macht er den Eindruck eines hochgradigen Hypochonders; allerdings bedeutete es in der Antike den Tod, wenn man etwa eine Lungenentzündung bekam. Augustus war sich dessen nur zu sehr bewußt – man konnte beim besten Willen nicht von ihm sagen, daß er im Hinblick auf sein körperliches Wohlbefinden Risiken einging.

„Bei dieser großen Schwächlichkeit war er sehr sorgsam auf seine Lebensweise bedacht, besonders durch seltenes Baden. Öfter ließ er sich mit Salben einreiben oder schwitzte am offenen Feuer, danach ließ er sich mit lauem oder durch starke Sonnenbestrahlung erwärmtem Wasser übergießen. Sooft er aber seiner Nerven wegen Seebäder und die warme Quelle von Albula [bei Tivoli] gebrauchen mußte, begnügte er sich damit, in einer hölzernen Wanne . . . sitzend Hände und Füße abwechselnd zu bewegen.

Im Winter zog er sich, unter einer dicken Toga, vier Tuniken übereinander an, dazu ein Hemd, einen wollenen Brustwärmer, Unterhosen und Strümpfe . . ."[20]

Und wer das Vorrecht genoß, Zuschauer bei seinen täglichen Spaziergängen zu sein, konnte sehen, daß er sie, nachdem er sich in einen Mantel oder ein Tuch eingewickelt hatte, mit einem Lauf in kleinen Sprüngen beschloß.

Man möchte nicht glauben, daß dies der Mann war, der im Verlauf von fast fünfzig Jahren die römische Welt so wiederherstellte, wie er sie haben wollte; daß Julius Caesar von allen Römern gerade ihn, der schon einmal infolge einer schweren Erkrankung einer entscheidenden Schlacht fern bleiben mußte, mit Bedacht zu seinem persönlichen Haupterben ausersehen hatte.

Daß Augustus wegen seines schlechten Gesundheitszustands an Schlachten nicht teilnahm, wurde geradezu zur Regel und wirft die schwer zu beantwortende Frage auf, ob nicht vielleicht manche seiner Krankheiten psychosomatisch zu erklären sind. Warum war er zum Beispiel in der ersten Schlacht bei Philippi (42 v. Chr.), als er und Antonius Brutus und Cassius entgegentraten, überhaupt nicht anwesend? Er selbst erklärt es mit seinem Entschluß, sich vor Kampfbeginn zurückzuziehen, weil sein ärztlicher Ratgeber einen unheilverheißenden Traum gehabt hatte; nach einem anderen Bericht hatte der Traum ihn veranlaßt, von seinem Krankenbett aufzustehen und sich schnell davonzumachen, ehe der siegreiche Feind sein Lager plünderte. Jedenfalls leugneten nicht einmal seine Freunde, daß er floh und sich in einem Sumpf verbarg. Er war dann auch bei der zweiten Schlacht von Philippi krank. Als beide Schlachten mit einem Sieg geendet hatten, überraschte es kaum, daß sich in dem anschließenden Zeitabschnitt Antonius als der bei weitem überlegene Partner erwies.

Das merkwürdige Phänomen wiederholte sich in der entscheidenden Seeschlacht bei Naulochus gegen Sextus Pompeius 36 v. Chr., während welcher der spätere Augustus in einem Betäubungszustand auf dem Rücken gelegen und sich erst erhoben haben soll, als Agrippa die Schlacht geschlagen und die feindliche Flotte besiegt hatte. So lautete die Version des Antonius, und man kann sich vorstellen, wie der extravertierte Antonius, der sich von seinem Kollegen im Triumvirat allerlei Winkelzüge gefallen lassen mußte, in spöttisches Gelächter ausbrach. Es muß so ausgesehen haben, als wäre der junge Mann ein Feigling. Doch schon die Andeutung einer solchen Schwäche war für einen Römer der Oberklasse die schwerste Belastung, und nun gar für die Persönlichkeit, die danach strebte, die römische Welt zu beherrschen.

Um sich von diesem Makel zu befreien, zwang sich Augustus zu zwei kriegerischen Unternehmungen, zuerst in Dalmatien (35–33) und dann in Spanien (27–25). Im ersten dieser beiden Kriege wurde er verwundet, und im zweiten wurde er bei einem Unfall verletzt; dann mußte er die spanischen Unternehmungen ganz aufgeben, weil er wieder krank geworden war. Von da an zog er sein ganzes Leben lang – noch neununddreißig Jahre – nicht mehr ins Feld. Dieser Entschluß mag teilweise auf seine Überzeugung zurückzuführen sein, daß er als Soldat nicht gut genug war. Es hatte ja schließlich keinen Sinn, Kritik an Caesars unerwünschter Autokratie spüren zu lassen, wenn er gleichzeitig Vergleiche mit den militärischen Talenten seines Vorgängers herausforderte, die für ihn selbst nicht vorteilhaft waren. Besser hielt er sich von diesem Betätigungsfeld ganz fern. So kam es, daß die großen Expansions- und Annexionskriege, die die Nordgrenze bis an die Donau und zeitweise sogar bis an die Elbe vorschoben, in seinem Namen von anderen geführt wurden.

Doch obwohl Augustus nicht selbst an der Spitze seiner Legionen stand, war die Arbeit, die er sich vorgenommen hatte, so reichlich bemessen, daß sie auch Menschen aufgerieben hätte, deren Gesundheit weit besser war als die seine. Aus diesem Grunde war es wichtiger als alles andere, daß er zuverlässige Helfer fand.

Zunächst einmal hätte er sich überhaupt nicht in der Lage gesehen, seine Arbeit zu erledigen, ja mehr noch: er wäre, wie sich aus dem Schicksal Caesars schließen läßt, wohl gar nicht am Leben geblieben, wenn der Senat ihm nicht beigestanden hätte, denn die Senatoren waren die einzigen Männer im Staat, die die notwendigen Eigenschaften, die Erfahrung und das Ansehen besaßen, um ihm die Bürde tragen zu helfen. Augustus tat also unablässig alles, was in seiner Macht stand, um die Senatoren als Mitarbeiter zu gewinnen. Theodor Mommsen pflegte zu sagen, das Reich des Augustus sei von einer ‚Dyarchie' beherrscht worden, einem doppelten Kontrollsystem aus Herrscher und Senat.[21] In Wirklichkeit war der Herrscher stets der Übergeordnete. Daß er sich jedoch sehr weitgehend auf die Mitarbeit des Senats verließ, wird aus der Art der Botschaft klar, die er an die Statthalter der Provinzen aussandte: „Der Imperator Caesar Augustus, Inhaber der tribunizischen Gewalt zum neunzehnten Mal, verkündet: Einen Senatsbeschluß, der im Jahre der Konsuln Gaius Calvisius und Lucius Passienus [4 v. Chr.] in meiner Gegenwart und mit Unterschrift auch meines Namens gefaßt wurde und der die Sicherung der Bundesgenossen des römischen Volkes betrifft, habe ich, um ihn allen, denen unsere Fürsorge gilt, bekannt zu machen, in die Provinzen zu senden und unter dieses Edikt zu stellen beschlossen, woraus allen Bewohnern der Provinzen klar werden wird, wie große Fürsorge ich und der Senat darauf verwenden, daß keiner unserer Untertanen unrechtmäßig etwas erleidet oder einer Beitreibung ausgesetzt ist." [Folgt der Senatsbeschluß.][22]

Der Herrscher zitiert hier ganz bewußt den Senat als wertvolles und wesentliches Organ seiner wiederhergestellten Republik und seiner Regierung, das mit ihm zusammenarbeitete.

Doch wenn der Senat diese Rolle übernehmen sollte, mußte er

rehabilitiert und in die Lage versetzt werden, sich dieses Vertrauens würdig zu erweisen. Augustus wurden deshalb bei drei Gelegenheiten Befugnisse übertragen, die es ihm ermöglichten, die Senatorenliste zu überprüfen (in seiner späteren Regierungszeit wurde das noch einmal von einer besonderen Kommission durchgeführt), bis unerwünschte und illoyale Elemente ausgemerzt waren. Beim ersten Mal, als Agrippa sein Kollege war, veranlaßte man fünfzig oder sechzig Senatoren zum Rücktritt und stieß weitere 140 aus. Populär konnte ein solches Vorgehen wohl kaum sein.

„Damals soll er mit einem Panzer unter der Toga und einem Schwert an der Seite den Vorsitz geführt haben, während zehn ihm befreundete Senatoren von sehr großer Körperkraft seinen Sessel umstanden. Cordius Cremulus schreibt, daß damals sogar die Senatoren nur einzeln zu ihm vorgelassen wurden, und zwar nach vorheriger Leibesvisitation.“[23]

Durch diese Revisionen wurde die Gesamtzahl der Senatoren allmählich von tausend auf sechshundert herabgesetzt. Es gab jedoch mehr Rücktritte als diese Zahl erkennen läßt, da die neue Gesamtsumme viele neue Senatoren enthielt, die ihr Amt Augustus verdankten. Viele von ihnen waren seine politischen Anhänger aus Gemeinden in ganz Italien, nach Donald Earl „ein beachtliches Sortiment von abgebrühten Männern mit harten Zügen, die durch Bürgerkrieg und Revolution reich geworden waren“.[24] Doch Augustus bestimmte ihre Laufbahn, indem er ihnen wechselweise Ämter in der Verwaltung und im Heer gab, was verhindern sollte, daß sie sich in einem der beiden Bereiche eine zu starke und unabhängige Position ausbauten.

Augustus selbst nahm an den Senatssitzungen gewissenhaft teil, bis es ihm bei zunehmendem Alter zu beschwerlich wurde. Doch für die häufigen Beratungen war dieses Gremium zu groß – er brauchte eine kleinere Gruppe von Senatoren, mit denen er die Staatsangelegenheiten erörtern konnte. Wie die republikanischen Führer der Vergangenheit konnte er seine Freunde wohl inoffiziell um sich versammeln; doch nun gewann dieses Verfahren allmählich offizielleren Charakter, es bildete sich ein Kreis von anerkannten ‚Freunden des Kaisers‘ heraus. Aus diesen ‚Freunden‘ und anderen ernannte er einen inneren Rat von Senatoren, die ihn offiziell berieten, als Mittelsmänner zwischen ihm und dem Senat fungieren und ihm beim Aufstellen der jeweiligen Tagesordnung behilflich sein sollten. Zu diesem Rat gehörten die beiden amtierenden Konsuln, jeweils ein Vertreter aller anderen Ämter und fünfzehn Senatoren, die alle sechs Monate neu ausgelost wurden.

Die eigentliche Neuerung in der Verwaltung jedoch bestand darin, daß Augustus die zweite Klasse in der sozialen und finanziellen Hierarchie, die Ritter, zu besoldeten Staatsangestellten machte, die sowohl in zivilen Ämtern als auch im Heer tätig waren; denn angesichts der Erweiterung des Staatsgebiets reichten die Senatoren bei weitem nicht aus, um die erforderlichen Positionen im Verwaltungs- und im Heeresdienst zu besetzen. Die Ritter hatten schon lange ihr Talent in Wirtschaft und Verwaltung bewiesen, waren jedoch, wenn man vom Richteramt absah (in dem sie von den Senatoren stark angefochten wurden), noch nie planmäßig zu offiziellen Ämtern herangezogen worden. Sie bildeten einen wertvollen Zuwachs zum Reservoir der Hilfskräfte des Augustus, weil sie in den Städten Italiens und der Provinzen eine ganz neue Schicht vertraten, die insgesamt den Idealen der traditionellen republikanischen Führung nicht verpflichtet war und sich dem Appell des neuen Regimes gegenüber entsprechend aufgeschlossen zeigte. Ihre Einbeziehung mußte ihm seiner italischen Herkunft wegen besonders willkommen sein, da sie den Sieg der unpolitischen Klassen und das Ende einer rein römischen Oligarchie bedeutete. Darüber hinaus zog sogar die unter den Rittern stehende gering geachtete Klasse der ehemaligen Sklaven, der sogenannten Freigelassenen, allmählich Nutzen aus einer gewissen Anerkennung und Abgrenzung, die ihnen zwar das volle römische Bürgerrecht und die Ämterlaufbahn noch immer vorenthielt, ihnen aber doch schon den Weg in eine Zukunft mit steilen Karrieren eröffnete. Inzwischen waren Freigelassene am Hof des Augustus in untergeordneten Stellungen schon eifrig tätig und unterstützten ihn unauffällig in der Führung seiner Geschäfte.

Gegenüber der Masse der römischen Bürger in der Hauptstadt scheint Augustus eine leicht zynische Haltung eingenommen zu haben; möglicherweise war es auch nur realistisch, wenn er von der Rolle, die sie praktisch spielten, eine geringe Meinung hatte. Wie zuvor blieb die römische Volksversammlung theoretisch die souveräne Körperschaft, die immer noch alljährlich die Wahl der Staatsbeamten vornahm. Niemals jedoch hatte sie, selbst in republikanischen Zeiten nicht, diese Wahlen völlig frei und ohne Antrieb und Zwang seitens mächtiger Persönlichkeiten durchgeführt, und natürlich tat sie das auch jetzt nicht. Augustus enthielt sich allerdings jedes planmäßigen Eingriffs in den Wahlvorgang. Eine solche Einmischung war auch gar nicht nötig, da er bereits über die verschiedensten geheimen Mittel verfügte, die ihm einen Verlauf der Wahl nach seinen Wünschen gewährleisteten. Förmliche Wahlvorschläge und Empfehlungen, wie sie spätere Kaiser gern anwendeten, waren nur selten erforderlich, und die Nominierungen der Konsuln – auch sie durften ja Vorschläge machen – lehnte er nur selten ab. Allerdings sorgte er, wie Dio Cassius vermerkt, dafür, daß niemand zum Zuge kam, der nicht geeignet war oder von parteiischen Cliquen oder durch Korruption gefördert wurde. Und wenn er sich entschloß, seine Wünsche hinsichtlich eines Kandidaten bekanntzugeben, dann wurde der von ihm begünstigte Mann ordnungsgemäß gewählt. Augustus warb sogar, wie es in der Republik üblich gewesen war, ganz offen persönlich für seine Kandidaten, und er tat das bis zum Jahre 8 n. Chr., also fast bis ans Ende seiner Regierungszeit. Drei Jahre zuvor war durch ein neues Gesetz ein kompliziertes Verfahren eingeführt worden, das die Wähler praktisch zwang, eine aufgestellte Liste zu wählen – aber damit war ihnen das Recht, die Wahl vorzunehmen, noch immer nicht genommen. Überprüft man die Namen derer, die bei den Konsulatswahlen zum Zuge kamen, so zeigt sich, daß sorgsam auf ein Gleichgewicht zwischen der alten Aristokratie und den neuen Anhängern der Politik des Augustus geachtet wurde. Der Aufstieg der letztgenannten Klasse beschleunigte sich seit etwa 5 v. Chr., als man begann, in jedem Jahr mindestens zweimal ein Konsulpaar zu wählen, das jeweils nur einen Teil des Jahres im Amt blieb, damit mehr Parteigänger des Regimes untergebracht werden konnten.

Augustus unterlag also nicht der Täuschung, daß in irgendeiner Weise Demokratie in den Staat eingeführt werden könne. Schließlich hatte es auch vorher nie Demokratie gegeben, und seine mit Hilfe des Heeres aufrechterhaltene unauffällige Autokratie ließ eher noch weniger Raum dafür. Die Methode der Kaiser, die städtischen Massen durch ‚Brot und Spiele' unter Kontrolle zu halten, war schon zu Augustus' Zeiten nichts Neues, doch baute er sie systematisch aus, indem er – für alle seine Nachfolger beispielhaft – ständig um Getreidezufuhr besorgt war und öffentliche Schaustellungen veranstaltete, die alle bisherigen an Häufigkeit, Abwechslung und Prachtentfaltung übertrafen. Im Jahre 5 v. Chr. erhielten nicht weniger als 320000 Plebejer in Rom Geldspenden von ihm, und drei Jahre später waren es 200000 Empfänger. Das Volk war glücklich und zufrieden, und Augustus zeigte seinen Nachfolgern, wie man das erreichte.

Wie alle pflichtbewußten römischen Herrscher verwendete er einen sehr großen Teil seiner Zeit darauf, Recht zu sprechen. Zu den traditionellen Gerichtshöfen, die weiter in Funktion blieben, traten unter seiner Regierung nach und nach ein senatorischer Gerichtshof unter Vorsitz der Konsuln und ein kaiserlicher Gerichtshof, in dem er selbst Richter war. Allen diesen Institutionen lagen bis zu einem gewissen Grade ältere republikanische Einrichtungen zugrunde, aber sie alle stellten zugleich auch etwas wesentlich Neues dar. Augustus nahm sein Amt als Vorsitzender seines Gerichtshofs sehr ernst; darüber, ob er ein milder Richter war oder nicht, gibt es widersprüchliche Aussagen. Hatten er oder der Senat einen grundlegenden Urteilsspruch gefällt, so gab es kein Berufungsrecht; eine Neuerung war jedoch, daß Berufungen gegen Urteile anderer Gerichtshöfe entweder vor den Senat oder – was weit häufiger der Fall war – vor ihn selber kamen.

Obwohl er selbst moralisch angreifbar war, wollte er als Hüter einer gesunden häuslichen Moral auch im sexuellen Bereich gelten, die er durch eine ungewöhnliche Menge von gesetzlichen Verfügungen zu erneuern suchte. Jene Laxheit, der Augustus Einhalt zu gebieten sich bemühte, schildert Horaz mit melancholischem Behagen, wenn er von dem beklagenswerten Benehmen spricht, das man selbst bei römischen Matronen feststellen konnte:

> Ganz offen aufgefordert, mit Wissen gar
> des Gatten, geht sie, sei's daß ein Krämer ruft,
> sei's auch ein Kapitän aus Spanien,
> der für die Schandtat mit vielem Geld zahlt.[25]

Doch Horaz und Augustus fielen dem in der Antike weitverbreiteten Irrtum zum Opfer, daß man solchen Übeln durch Gesetze beikommen könne. Sie erreichten nichts, und spätere Kaiser mußten das bei aller Loyalität gegenüber dem Andenken ihres ersten Vorgängers notgedrungen zugeben.

Obwohl das Programm des Augustus insgesamt in seinen politischen, sozialen und moralischen Aspekten so genial erdacht und dargeboten worden war, daß er den größten Teil der herrschenden Klasse – die freilich stark von seinen politischen Anhängern durchsetzt war – für sich gewann, ließen sich jene beträchtlichen Reste des republikanischen Adels, die seine Verfassung für einen Betrug hielten, in ihrer Abneigung nicht erschüttern. Man könnte die Geschichte der Regierungszeit in Form einer langen Liste seiner kaum je nachlassenden argwöhnischen Ängste schreiben, die von wiederholten unangenehmen Vorfällen genährt wurden. Selbst die pausenlose Anwesenheit seiner hochbezahlten Prätorianergarde konnte diese Zwischenfälle nicht ausschalten. Maecenas soll Augustus aufgefordert haben, Leute anzustellen, die Augen und Ohren offen hielten für alles, was sich gegen seine Herrschaft richte – ein Ratschlag, dessen Augustus gewiß nicht bedurfte.

Maecenas war einer von den vertrauten Beratern, die ein Mensch, der eine so schwindelnde Höhe erreicht hat wie Augustus, als Helfer nicht entbehren kann. Den römischen Adeligen, die ihm als Räte dienten, konnte er, selbst wenn ihre Vertrauenswürdigkeit außer Frage stand, diese unerläßliche Funktion nicht übertragen; sie blieben trotz wohldurchdachter Heiratsverbindungen dem inneren Kreis, mit dem er sich umgab, merkwürdig fern. Die Angehörigen dieser engsten Umgebung empfingen von Augustus viele Ehrungen, denn da er nicht leicht neue Freundschaften schloß, pflegte er die alten intensiv und mit Beharrlichkeit. Trotzdem nützte er sie rücksichtslos aus und erwartete von ihnen, daß sie ihre Pflichten mit der gleichen Hingabe erfüllten, die er selbst aufzubringen bereit war. Sein Talent, sie seinen Zwecken nutzbar zu machen, erwies sich dabei als unfehlbar.

Maecenas, der aus einem reichen etruskischen Königsgeschlecht stammte, war nicht Senator, sondern Ritter, und war es zufrieden, in diesem Stand zu verbleiben. Viele Jahre lang führte er für Augustus wichtigste politische und diplomatische Aufgaben durch, vertrat ihn in Rom, wenn er abwesend war, unterdrückte gegen ihn gerichtete Verschwörungen, übte einen mäßigenden Einfluß auf seine Entscheidungen aus und regte Horaz und Vergil dazu an, der Bewunderung Ausdruck zu geben, die sie für die Pax Augusta, den augusteischen Frieden, empfanden. Dennoch muß Maecenas, der verweichlichte und extravagante Homosexuelle, wie das genaue Gegenteil alles dessen gewirkt haben, was Augustus bewunderte, der denn auch die Vorliebe für Edelsteine und den „gewundenen und von Salben triefenden" literarischen Stil seines Vertrauten verspottete, ihn aber trotzdem auf tausenderlei Weise benutzte.

Diese für Maecenas bezeichnende Neigung zum Luxus wie auch seine Vorliebe für das Fleisch junger Esel beklagte Marcus Agrippa, der als Mitarbeiter des Augustus noch einflußreicher war. Daß es Agrippa gab, war ein wahrer Segen für Augustus, der ohne diesen begabten General und Admiral die Herrschaft über die römische Welt nie hätte erlangen können. Bei alledem war Agrippa ein höchst loyaler Untergebener – ein Untergebener allerdings, der sich keinem anderen als Augustus beugte. Der princeps wiederum erhielt ihm sein unbedingtes Vertrauen und nützte ihn unentwegt aus. Unaristokratisch und puritanisch, stur, „ein Mann, der eher bäurisch als geistreich war", hatte Agrippa keinerlei Sympathie für die feingeschliffene neue Sprache der Dichter Vergil und Horaz, war aber in praktischen Unternehmungen ganz zu Haus, wenn es etwa galt, Wasserleitungen und öffentliche Bauten (einschließlich des Pantheons) zu errichten und so das riesige Bauprogramm des Augustus zu vervollständigen.

Agrippa verfaßte eine Denkschrift, in der er sich dafür einsetzte, daß private Kunstschätze durch die Regierung zugunsten des ganzen Volkes enteignet werden sollten. Das Volk liebte ihn, aber dem Adel war er bis über das Grab hinaus so verhaßt, daß die Oberklasse seinen Leichenspielen fern blieb. Als Thronerben hätte sie ihn nie ertragen.

Dieser Gedanke muß Augustus sehr bedrückt haben, als ihn im Jahre 23 v. Chr. eine Krankheit befiel, die man für tödlich hielt. Dennoch übergab er in dieser kritischen Situation seinen Siegelring Agrippa. Er muß gewußt haben, daß Agrippa an seinem Platz nie geduldet worden wäre. Doch irgend jemand mußte ja nach seinem Tode die Regierung weiterführen. Eine ‚Nachfolge' war allerdings bei seinem schwer faßbaren Status von der Verfassung her unmöglich. Doch den meisten Leuten war es bereits klar, daß er trotz allem einen Nachfolger haben würde, und es gab Anzeichen dafür, daß der neunzehnjährige Marcellus, den er mit seiner Tochter Julia verheiratet hatte, auf diese Rolle vorbereitet wurde. Vermutlich hoffte Augustus im Jahre 23, daß Agrippa nach seinem Tode den Weg für eine spätere Nachfolge des Marcellus freihalten würde – wenngleich weite Kreise davon überzeugt waren, daß Agrippa unter solchen Umständen den jungen Mann beseitigt hätte. Die schwierige Frage brauchte nicht entschieden zu werden, weil Augustus wieder gesund wurde. Statt seiner starb Marcellus noch im gleichen Jahr eines natürlichen Todes, woraufhin die sechzehnjährige Julia mit dem vierzigjährigen Agrippa verheiratet wurde, der sich zu diesem Zweck von einer Nichte des Augustus scheiden lassen mußte. Doch auch jetzt verbot es die Haltung der Senatorenklasse noch, Agrippa als Nachfolger ins Auge zu fassen, und es gab statt dessen Pläne, seine beiden Söhne, Gaius und Lucius, die ihm Julia bald darauf schenkte, auf das kaiserliche Amt vorzubereiten.

Im Jahre 12 v. Chr., als beide noch im Knabenalter standen, erkrankte und starb ihr Vater Agrippa, dessen Gesundheit durch einen anstrengenden Feldzug an der Grenze geschwächt war. Vier Jahre später ereilte der Tod auch Maecenas, der schon fünfzehn Jahre lang im halben Ruhestand gelebt hatte – vermutlich, seit er so unvorsichtig gewesen war, seiner Frau ein politisches Geheimnis anzuvertrauen. Drusus, der jüngere Stiefsohn des Augustus, der sich als Feldherr in Germanien ausgezeichnet hatte, war ebenfalls tot, und der Mann des Tages war jetzt Drusus' älterer Bruder Tiberius. Dieser hatte eine Zeitlang zurückgezogen auf Rhodos gelebt und wurde im Jahre 4 n. Chr. von Augustus offiziell adoptiert, nachdem Gaius und Lucius frühzeitig gestorben waren. Von jetzt an galt Tiberius als Nachfolger, obwohl dafür noch immer keine gesetzliche Grundlage gegeben war.

Doch seine letzten Jahre brachten Augustus viel Unglück. Die Tochter Julia, deren dritter Gatte Tiberius – sehr gegen seinen Willen – gewesen war, wurde verbannt, und das gleiche Schicksal traf später ihre Tochter Julia und ihren noch lebenden Sohn Agrippa Postumus. Die Frauen wurden eines unmoralischen Lebenswandels beschuldigt – wobei man zumindest für die ältere Julia ein gewisses Mitgefühl empfinden könnte, da sie ja noch über das in Rom übliche Maß hinaus zu Ehebündnissen benutzt worden war –, doch galten die Befürchtungen eigentlich ihren Liebhabern, in denen man potentielle Verschwörer sah. Als sich einmal jemand darüber wunderte, daß ihre Kinder dem gesetzlichen Vater ähnlich sahen, erwiderte sie: „Ich nehme nie einen Steuermann, bevor das Schiff voll ist", das heißt, sie hatte nur Liebhaber, wenn sie bereits schwanger war.

Inzwischen beunruhigte der Aufstand in Illyrien im Jahre 6 n. Chr. Augustus außerordentlich. Ein hoher römischer Offizier jener Zeit, Velleius Paterculus, schilderte die katastrophale Lage: „Römische Bürger wurden unterdrückt, Kaufleute ermordet, Reservisten wurden in der Gegend, die am weitesten vom Oberbefehlshaber entfernt war, in großer Zahl hingeschlachtet, Makedonien wurde von bewaffneten Kräften besetzt, die Verwüstung mit Feuer und Schwert war allgemein. Die Furcht, die dieser Krieg einflößte, war so groß, daß sie sogar das Herz des Caesar Augustus, das doch standhaft und durch Erfahrung in großen Kriegen gefestigt war, erschütterte und erschreckte. Aushebungen fanden also statt, allenthalben wurden sämtliche Veteranen wieder einberufen, Männer und Frauen wurden dazu angehalten, je nach Vermögen Freigelassene als Soldaten zu stellen. Im Senat konnte man die Worte des Augustus hören, binnen zehn Tagen könne der Feind, wenn keine Vorsorge getroffen werde, bis auf Sichtweite an die Stadt Rom herankommen."[26]

Im Jahre 9 n. Chr. folgte dann ein weiterer und noch schwererer Schlag: der Tod des Varus und die Vernichtung seiner drei Legionen durch Arminius, wohl im Teutoburger Wald bei Minden. Dieses traurige Ereignis war die Folge davon, daß Augustus es unterlassen hatte, die eroberten Gebiete zwischen Rhein und Elbe ausreichend zu besetzen oder einzugliedern; diese Gebiete mußten nun aufgegeben werden.

„Das allertapferste Heer, an Manneszucht, Mut und Kriegserfahrung unter den römischen Streitkräften an erster Stelle stehend, geriet durch die Schlaffheit des Führers, die Hinterlist des Feindes, die

Ungunst des Schicksals in eine Falle; nicht einmal zum Kämpfen oder, soweit sie dies gewollt hätten, zum Abzug wäre ihnen freie Gelegenheit gegeben gewesen, waren doch sogar einige schwer bestraft worden dafür, daß sie römische Waffen mit Römermut gebraucht hatten. Eingeschlossen von Wäldern, Sümpfen und Hinterhalten wurden sie von eben dem Feinde bis auf den letzten Mann niedergemacht, den sie sonst immer wie das Vieh hingeschlachtet hatten, indem über Leben oder Tod bald Zorn, bald Schonung entschied. Der Oberbefehlshaber hatte mehr Mut zum Sterben als zum Kämpfen; dem Beispiel seines Vaters und seines Großvaters folgend durchbohrte er sich mit dem Schwert."[27]

Als man Augustus diese Nachricht brachte, scheint der damals Einundsiebzigjährige einen Nervenzusammenbruch erlitten zu haben.

„Es heißt, er sei so niedergeschlagen gewesen, daß er monatelang Bart und Haupthaar wachsen ließ und wiederholt den Kopf gegen die Tür stieß und rief: ‚Quintilius Varus, gib die Legionen wieder!'"[28]

In diesen Unglücksjahren reagierte die Regierung immer empfindlicher auf kritische Bemerkungen und Schmähungen, die als Verrat gerichtlich verfolgt wurden; abweichenden Meinungen stand man jetzt nicht mehr so tolerant gegenüber. Alle Maßnahmen, die erforderlich waren, um das Mißgeschick der jüngsten Zeit zu überwinden, wurden jedoch sachkundig durchgeführt, und die Verwaltung des Reichs blieb intakt.

Im August des Jahres 14 n. Chr. erkältete sich Augustus auf einer nächtlichen Schiffsreise, und am 19. starb er in Nola in Kampanien.

Seit dem Jahre 2 v. Chr., in dem die ältere Julia verbannt wurde, oder spätestens seit den militärischen Katastrophen der Jahre 6 und 9 n. Chr. hatte es Anzeichen dafür gegeben, daß Augustus den Ereignissen nicht mehr gewachsen war. Sein ganzes Leben lang war er kränklich gewesen. Unablässig hatte er sich überanstrengt. Die Furcht vor Aufstand und Verschwörung hatte ihn nie verlassen. Und jetzt war er alt. Als sich dann schließlich die Dinge zum Schlechten wendeten, war er zu verbraucht, um noch allein mit den Schwierigkeiten fertig zu werden.

Zu einem Zusammenbruch der Regierung kam es indessen nicht, weil Augustus dafür gesorgt hatte, daß er auf den Beistand des Tiberius zurückgreifen konnte, der nunmehr faktisch in den Rang eines Kollegen erhoben wurde. Die Voraussicht, die Augustus bewiesen hatte, als er für die Zeit des Alters und der Rückschläge seine Maßnahmen traf, gehört zu seinen bewundernswertesten Zügen. In der Antike hieß es ganz allgemein, er sei in seinen jungen Jahren grausam, später aber milde oder, wie manche sagten, seiner Grausamkeit müde gewesen. Doch manches spräche dafür, noch eine dritte Phase anzufügen, in der er seine schwierige Lage kaum mehr allein zu meistern vermochte und in der Tiberius sein Retter wurde.

Zweiter Teil

Die julisch-claudischen Kaiser

III

Tiberius

Tiberius Claudius Nero kam 42 v. Chr. als Sohn einer Familie der Hocharistokratie zur Welt. Als er vier Jahre alt war, ließ sich seine Mutter Livia scheiden und heiratete Oktavian, den späteren Augustus. Während der Regierungszeit seines Stiefvaters war Tiberius dann zweiundzwanzig Jahre lang erfolgreicher Heerführer vor allem in Illyrien und Pannonien – dem heutigen Jugoslawien und Ungarn (12–9 v. Chr. und 6–9 n. Chr.) – und in Germanien (9–7 v. Chr. und 4–6 n. Chr.).

Als Agrippa im Jahre 12 v. Chr. starb, zwang Augustus den Stiefsohn, sich scheiden zu lassen und die Witwe des Verstorbenen, Augustus' Tochter Julia, zu heiraten; mit ihr führte Tiberius eine unglückliche Ehe, bis er sich 6 v. Chr. nach Rhodos zurückzog. Als jedoch Gaius und Lucius, die Enkel des Herrschers, starben, die dessen Erbe hätten antreten sollen, adoptierte dieser Tiberius an Sohnes Statt (4 n. Chr.) und sah in ihm den Thronerben. In den schwierigen letzten zehn Lebensjahren des Augustus spielte Tiberius, wie wir sahen, neben ihm eine höchst bedeutende Rolle, und im Jahre 13 erfuhr er in seiner Stellung noch weitere offizielle Anerkennung.

Im Jahr darauf starb Augustus, und Tiberius trat ganz automatisch seine Nachfolge an. In den Jahren unmittelbar danach zog er seinen Adoptivsohn Germanicus und seinen eigenen Sohn, den jüngeren Drusus, vor allem bei der Unterdrückung der Meutereien, die zugleich in Germanien und in Südpannonien (Nordjugoslawien) ausbrachen, zur Unterstützung heran. Germanicus, der sehr beliebt war, führte später drei eindrucksvolle aber fruchtlose Feldzüge jenseits der germanischen Grenze (14–16). Er wurde dann zusammen mit seiner Frau Agrippina der Älteren (der Tochter Agrippas) auf einen wichtigen Posten in den Osten versetzt. Dort fand er im Jahre

19 den Tod, der weithin betrauert wurde und die Rückberufung Pisos, des Statthalters von Syrien, nach Rom zur Folge hatte. Man beschuldigte ihn, Germanicus ermordet zu haben, und er beging Selbstmord.

Der nächste Erbe war jetzt der jüngere Drusus, Sohn des Tiberius. Doch auch er starb vier Jahre später, und so fiel die Anwartschaft an Nero Caesar und Drusus Caesar, die jungen Söhne des verstorbenen Germanicus und der Agrippina.

In der Zwischenzeit hatte sich Lucius Aelius Seianus, der Prätorianerpräfekt, allmählich eine mächtige Stellung ausgebaut. Im Jahre 23 zog er die Prätorianergarde, die bis dahin in Städten Mittelitaliens verstreut gelegen hatte, in einer einzigen Kaserne in Rom zusammen.

Man lebte ständig in der Furcht vor echten und vermuteten Verschwörungen, die man mit Gesetzen gegen Hochverrat zu unterdrücken suchte. Sejan tat sich bei der Einleitung solcher Prozesse besonders hervor und wurde noch mächtiger, als Tiberius sich im Jahre 26 aus Rom auf die Insel Capreae (Capri) zurückgezogen hatte, um nie mehr in die Hauptstadt zurückzukehren.

Der Verdacht des Kaisers wie auch des Präfekten richtete sich nun gegen Agrippina und ihre Söhne Nero Caesar und Drusus Caesar, die man gefangensetzte (29–30) und in den folgenden Jahren hinrichtete oder zum Selbstmord trieb. Inzwischen war Sejan die Einheirat in die kaiserliche Familie versprochen worden, und im Jahre 31 wurde er, obwohl er seine Laufbahn als einfacher Ritter begonnen hatte, Konsul und damit Kollege des Tiberius. Doch sein Sturz folgte unmittelbar darauf. Tiberius, den man gewarnt hatte, daß Sejan ein Komplott gegen ihn schmiede, übertrug den Befehl über die Prätorianer heimlich auf Macro, der Sejan während einer Senatssitzung festnehmen ließ; die Senatoren befahlen, ihn sofort hinzurichten.

Obwohl das gut regierte Reich als Ganzes diese Erschütterungen in der Hauptstadt kaum spürte, waren die Jahre, die nun folgten, für die vornehmen Freunde des Toten gefährlich und verderblich. Am 16. März 36 n. Chr. starb Tiberius im Alter von neunundsiebzig Jahren in Misenum an der Bucht von Neapel, und Caligula (Gaius), der dritte Sohn des Germanicus, der als einziger noch am Leben war und den der Herrscher zu sich nach Capri genommen hatte, wurde sein Nachfolger.

Als Tiberius zwei Jahre alt war, befand sich sein Vater, dessen Namen er trug, wegen seiner streng republikanischen Gesinnung auf der Flucht vor den Triumvirn. Und so verbrachte er als Kind seine ersten Jahre in Drangsal und Leid, da ihn seine Eltern auf der Flucht stets bei sich hatten (Sueton, Tiberius, 4,1). Es kam dabei zu vielen gefahrvollen Zwischenfällen, die sich durchaus auf seinen Charakter ausgewirkt haben könnten.

Überdies erlebte er als noch nicht einmal Vierjähriger, wie Oktavian sich seine Mutter Livia holte – derselbe Oktavian, der sie und ihren Gatten zu Flüchtlingen und Ausgestoßenen gemacht hatte. Doch als Tiberius heranwuchs, diente er seinem Stiefvater im Feld mit unvergleichlicher Treue und großem Eifer; kein anderer Römer jener Zeit verbrachte so viele Jahre als Befehlshaber großer Heere auf dem Schlachtfeld. Wenn Horaz ihn rühmte, so war das durchaus gerechtfertigt:

Dann traf der ältre Nero in heißem Kampf
die Räter mit den Riesenleibern,
schlug sie in Flucht, den Erfolg zur Seite.

Welch Anblick, ihn im Kampfgewühl zu schaun!
Wie mäht er da dem Tode die blut'ge Saat,
die für die Freiheit wollte sterben!
Fast wie der Südwind die Wogen aufpeitscht,

die ungezähmten, wenn der Plejaden Kranz
die Wolken teilt, so scheuchte er ohne Rast
der Feinde Schwarm, sein schnaubend Schlachtroß
mitten ins heißeste Treffen reißend.[1]

Doch Augustus verlangte Schlimmeres von Tiberius als Krieg zu führen. Nach dem Tod Agrippas wurde er im Jahre 12 v. Chr. gezwungen, sich von seiner geliebten Frau Vipsania, die gerade schwanger war, scheiden zu lassen, um Agrippas Witwe Julia, die Tochter des Kaisers, heiraten zu können. Die neue Ehe wurde nicht glücklich, und im Jahre 2 v. Chr. beendete Augustus sie, ohne sich die Mühe zu machen, die Zustimmung des Gatten einzuholen. Tiberius lebte ja in der Ferne: vier Jahre zuvor hatte er sich nach Rhodos zurückgezogen, weil er nicht den Eindruck erwecken wollte, als stehe er Gaius und Lucius im Wege, den älteren Söhnen Agrippas und Julias, die rasch befördert wurden. Wahrscheinlich empfand er nach all den Diensten, die er Augustus geleistet hatte, deren Bevorzugung auch als allzugroße Demütigung.

Als sie starben und Tiberius adoptiert und eindeutig für den Thron bestimmt wurde, ließ Augustus ihn seinerseits seinen achtzehnjährigen Neffen Germanicus adoptieren, den Sohn seines verstorbenen Bruders, des älteren Drusus. Damit war Germanicus zum mutmaßlichen Nachfolger bestimmt, was für Tiberius einigermaßen kränkend gewesen sein muß, da er ja selbst einen Sohn hatte, den jüngeren Drusus, der nur etwa zwei Jahre jünger war als Germanicus. Die Anordnung schien darauf hinzudeuten, daß Augustus Tiberius gegenüber noch immer gewisse Vorbehalte hatte. Tatsächlich erklärte er auch bei der Adoption des Tiberius, das tue er nur um des Staates willen, und manche hatten den Eindruck, daß er absichtlich sein Widerstreben erkennen ließ, weil er nicht davon überzeugt war, daß Tiberius der richtige Mann für diese Stellung sei. Er versuchte auch gar nicht, seinen Kummer darüber zu verbergen, daß er seine Enkel Gaius und Lucius nicht mehr zu seinen Nachfolgern machen konnte.

Doch ihr Verlust bedeutete, daß nun nur noch Tiberius übrigblieb, und so machte Augustus das Beste aus seiner Lage, indem er Namen und Bildnis des Tiberius auf die Münzen prägen ließ und dem Stiefsohn, der weiterhin für das Reich Krieg führte, die herzlichsten Briefe schrieb: „Lebe wohl, mein liebster Tiberius, und kämpfe recht glücklich in den Schlachten, die du für mich und auch für die Musen schlägst. Lebe wohl, du liebster und tapferster Mann und gewissenhaftester Feldherr unter der Sonne. Wenn dir irgendetwas Schlimmes zustößt, werde ich nie mehr lachen können ... Deine Sommerfeldzüge, mein liebster Tiberius, verdienen mein aufrichtigstes Lob; ich bin davon überzeugt, daß kein anderer sie angesichts so vieler Schwierigkeiten und der Kriegsmüdigkeit der Truppen besser hätte führen können...

Wenn etwas anfällt, das besonders scharfes Nachdenken verlangt oder worüber ich mich ärgern muß, dann, so wahr mir Gott helfe, vermisse ich meinen Tiberius mehr, als ich sagen kann ... Wenn die Leute mir erzählen oder wenn ich lese, daß der dauernde Kriegsdienst dich aufreibt, geht's mir vor lauter Mitgefühl kalt den Rücken herunter, das kannst du mir glauben. Ich bitte dich sehr, dich zu schonen, denn wenn du krank werden solltest, wäre das für deine Mutter und mich der Tod, und das ganze römische Volk wäre durch die Unsicherheit in der Nachfolgefrage des Reiches gefährdet."[2]

Und wirklich, als Augustus alt wurde und die Katastrophen sich häuften, war es doch wohl Tiberius zu verdanken, wenn das schadhafte Staatssystem des Augustus im Gleichgewicht blieb. Ihm gelang es auch, die Verwaltung in Gang zu halten, ja sie sogar durch nützliche, aber unauffällige Reformen zu verbessern, wenn auch festzustellen war, daß in diesen schwierigen Zeiten die für die folgenden Jahre so bezeichnenden Hochverratsgesetze gestrafft wurden. Anhänger des Tiberius übernahmen anstelle von Parteigängern des Augustus wichtige Posten, und die militärische Befehlsgewalt über Provinzen und Streitkräfte, die dem Thronfolger 13 n. Chr. bewilligt wurde, unterschied sich nicht von der des Augustus.

Als Augustus im darauffolgenden Jahr starb, vollzog sich der Machtwechsel infolgedessen weithin reibungslos. Da Tiberius bereits die gleiche Kommandogewalt besaß wie der verstorbene Herrscher, gab er der Prätorianergarde als ihr oberster Befehlshaber die Parole aus. Er nahm auch dem ganzen Volk einen unmittelbaren Treueid ab, wie ihn auch sein Vorgänger 32 v. Chr. die Bevölkerung des Westens hatte schwören lassen. Als erste legten die Konsuln Tiberius diesen Treueid ab, danach in ihrer Gegenwart der Prätorianerpräfekt Lucius Seius Strabo und der Präfekt der Getreideversorgung; dann folgten der Senat und die Soldaten und nach ihnen die gesamte Bevölkerung.

Als erste Handlung unter der neuen Regierung bestätigte der Senat das Legat des Augustus an die Soldaten, ohne deren Unterstützung das kaiserliche Regime nicht fortbestehen konnte. Übereinstimmend herrschte jedoch die Meinung – und das sollte noch über zweihundert Jahre lang unverrückbares Prinzip bleiben –, daß es nicht Sache der Streitkräfte, sondern des Senats sei, Tiberius offiziell alle jene nicht erblichen Befugnisse zu übertragen, die den Prinzipat ausmachten. Denn obwohl Tiberius schon vor dem Tod seines Stiefvaters mit fast allen persönlichen Vollmachten ausgestattet worden war, verfügte er natürlich trotzdem nicht über die eigentliche Oberhoheit – er hatte nicht den Status eines Kaisers, wie er mit der Zeit allgemein aufgefaßt wurde, wenngleich eine solche Konzeption für die Anhänger der konstitutionellen Regierungsform etwas ganz Unmögliches war.

Tacitus weist nachdrücklich darauf hin, daß diese noch nie dagewesene Situation den Senat in seinen ersten Debatten nach dem Tode des Augustus einigermaßen in Verlegenheit brachte. Wichtiger jedoch ist die (von ihm nicht erwähnte) Tatsache, daß die höchste Staatsstellung dem Tiberius formell durch den Senat übertragen wurde, nachdem die Konsuln den Antrag gestellt hatten.

Während all dieser Erörterungen hatte es so ausgesehen, als zögere der neue Herrscher, diese Erhöhung anzunehmen. Da kein Adeliger Aussicht hatte, mit ihm in Wettbewerb zu treten, und da das Heer nicht bereit war, eine Wiederbelebung der Republik hinzunehmen, wurde das offensichtliche Widerstreben des Tiberius vielfach als Heuchelei ausgelegt, und zur Heuchelei wurde es tatsächlich, als eine ganze Reihe späterer Kaiser es pro forma wiederholten. Man konnte es auch wirklich, wenn nicht als heuchlerisch, so doch zumindest als sinnlos ansehen, da er sich ja gegen etwas Unausweichliches wehrte.

Doch Tiberius wollte damit nur deutlich machen, welche erschreckende Arbeitslast er auf sich nehme. Die Senatoren sollten sich vor Augen halten, welch „elende und mühselige Sklaverei" es war – Worte, mit denen er ganz bewußt den Begriff der ‚ruhmvollen Sklaverei' der Monarchie in der philosophischen Theorie der Griechen abwandelte. Seit Jahrzehnten schon leistete er Schwerarbeit auf höchst verantwortlichen Posten, ja sogar im Kriegseinsatz, denn Augustus hatte ihn, wie er Germanicus gegenüber bemerkte, allein nach Germanien nicht weniger als neun Mal geschickt, von anderen Ländern ganz zu schweigen.

Doch Augustus hatte noch Schlimmeres getan. Er hatte auf Kosten des Tiberius die jungen Leute Gaius und Lucius befördert. Und er hatte ihm sein Privatleben ruiniert, indem er ihn zur Scheidung von einer geliebten Frau zugunsten einer anderen zwang, die er bald zu hassen begann. Tiberius war zutiefst verbittert über diese kaltblütig angeordneten, despotischen Eheverbindungen, und über vieles andere auch. Für ihn sei der herrliche Preis verdorben und besudelt gewesen, heißt es bei Ronald Syme. Und jetzt, nach all den Jahren harter Arbeit und Betrübnis hatte Augustus ihm ein Vermächtnis hinterlassen, das, wie der Erbe sehr wohl wußte, noch mehr von ihm verlangen würde als alles, was vorausgegangen war.

Nach seinem Begräbnis wurde Augustus wie vor ihm Caesar unter die Götter des römischen Staates erhoben.

Doch es lag eine unbewußte Ironie in der Erklärung des neuen Kaisers, daß sich seine gesamte Politik ganz und gar der des Verstorbenen anpassen werde und daß er alles, was Augustus gesagt und getan habe, so behandeln wolle, als habe es Gesetzeskraft. (Augustus hatte sein Andenken auch dadurch verewigt, daß er in seinem Testament seine Frau Livia, die von da an Julia Augusta hieß, ‚adoptiert' hatte.) Das war nicht nur deswegen paradox, weil er von Augustus in der Vergangenheit so ausgenützt worden war, sondern auch, weil die künftigen Schwierigkeiten und Mißhelligkeiten seiner Regierung eine unmittelbare Folge der augusteischen Erbschaft waren. Denn obwohl Tiberius genau wußte, daß er das Steuer nicht mehr herumwerfen konnte, war er im Grunde seines Herzens Republikaner wie seine Vorfahren; die Schlauheit, mit der Augustus die Republik beseitigt hatte, und die gefühlsbetonte Propaganda, die dieses Vorgehen verbergen sollte, waren ihm zutiefst zuwider.

Im Gegensatz zu der Familie des Augustus, den Oktaviern, die der Mittelschicht angehörten, waren die Claudier, von denen Tiberius abstammte, ein uraltes Geschlecht, das mit der Geschichte der Republik eng verknüpft war. Freilich hatten sie sich im Laufe der Jahrhunderte den Ruf erworben, eigennützig und opportunistisch zu sein. Aber diese Charakterzüge waren Tiberius nicht eigen. Vielmehr machte ihn das Bewußtsein, aus einer vornehmen Familie zu stammen, zum Konservativen – und zwar zu einem Konservativen, der durchaus nicht begeistert war von den kaum wahrnehmbaren aber doch weitreichenden Neuerungen des Augustus, zu denen zu stehen er sich verpflichtet fühlte.

Nun war Tiberius nicht fähig, gute Miene zum bösen Spiel zu machen, wie überhaupt Liebenswürdigkeit nicht seine starke Seite war. Dazu war er zu ehrlich. Wenn man in Amerika den Unterschied zwischen den Präsidenten William McKinley und Benjamin Harrison deutlich machen wollte, hieß es, McKinley habe sich jemanden zum Freund machen können durch die Art, wie er nein sagte, während Harrison sich jemanden zum Feind machen konnte durch die Art, wie er ja sagte. Augustus war McKinley, und Tiberius war Harrison.

Außerdem hatte er das Pech, trotz bester Absichten in peinliche Situationen zu geraten, an denen er nicht unbedingt schuld war, die sich aber doch hätten vermeiden lassen, wenn er anders und wendiger gewesen wäre. Als er zum Beispiel in Rhodos war, „hatte er einmal bei der Aufstellung seines Programms für den nächsten Tag den Wunsch ausgesprochen, die Kranken der Stadt zu besuchen. Sein Stab verstand ihn falsch. Man befahl, daß alle Kranken der Stadt in einen öffentlichen Säulengang gebracht und dort nach Krankheiten geordnet hingelegt werden sollten. Tiberius war entsetzt. Eine Zeitlang stand er ratlos da, doch dann ging er zu jedem einzelnen Kranken hin und entschuldigte sich auch bei den geringsten und ihm unbekannten Leuten wegen des Vorfalls."[3]

Nachdem Tiberius Kaiser geworden war, kam es weiterhin zu ähnlichen Zwischenfällen. Während der ersten Debatten rief Quintus Haterius, einer der Senatoren, aus: „Wie lange noch, Caesar, willst du den Staat ohne Oberhaupt lassen?" Tiberius war so offenkundig verärgert über diesen Tadel, daß Haterius ihn später aufsuchte, um die Sache in Ordnung zu bringen: „Er ging in den Palast, um sich zu entschuldigen, und als Tiberius vorüberkam, warf er sich ihm zu Füßen. Daraufhin stürzte Tiberius – zufällig oder weil Haterius nach ihm faßte – zu Boden. Deshalb hätten die Wachen den Senator beinahe umgebracht."[4]

Weil seine persönlichen Begegnungen so oft auf diese Weise mißrieten, konnte er sich nur schwer dazu überwinden, für jedermann erreichbar zu sein, was doch Augustus so vollendet gelungen war. Denn ihm fehlte auch dessen Fähigkeit, sich in fließender Rede anderen mitzuteilen, und das war für einen Herrscher in Rom ein schwerer Mangel. Tiberius war ein ausgezeichneter Redner und hatte ein feines Gefühl für die Sprache, wie es bei einem Mann zu erwarten war, der die griechische Literatur und Kultur liebte und gern mit Gelehrten und Schriftstellern umging. Aber die Worte, die er so meisterhaft auswog, waren zwar kraftvoll und machten Eindruck, doch bediente er sich dabei nicht nur eines veralteten und pedantischen Wortschatzes (über den Augustus sich lustig machte), sondern er war auch berüchtigt für die Dunkelheit und Vieldeutigkeit seiner Ausdrucksweise. Vorsichtig und verschlossen wie er war, hatte Tiberius, der niemals rasche Entscheidungen traf, im Laufe seines schweren Lebens gelernt, seine Gefühle und seine Gedanken zu verbergen; so wurde es zur Manie bei ihm, daß er seine Absichten nie offen kundgab.

Bei Dio Cassius heißt es: „Er hatte einen höchst eigenartigen Charakter. Denn was er wünschte, brachte er im Gespräch sozusagen nie zum Ausdruck, und was er als seinen Wunsch bezeichnete, mochte er gewöhnlich überhaupt nicht. Seine Worte zeigten vielmehr das genaue Gegenteil dessen an, was er wirklich im Sinn hatte; er verleugnete jedes Interesse an dem, was er begehrte, und betrieb mit Nachdruck die Erfüllung dessen, was er haßte. Er zeigte sich erzürnt über Dinge, die ihn in keiner Weise aufbrachten, und zeigte sich betont leutselig, wo er höchst verärgert war. Er gab vor, die von ihm streng Bestraften zu bemitleiden, und behielt einen Groll gegen jeden, dem er verzieh. Manchmal behandelte er seinen schlimmsten Feind, als wäre er sein vertrautester Gefährte, und dann wieder seinen liebsten Freund, als wäre er ihm völlig fremd.

Kurz, er hielt es für eine schlechte Taktik, wenn der Herrscher seine Gedanken preisgebe; dies sei, wie er sagte, oft Ursache schwerer Fehlschläge, während sich mit der umgekehrten Methode weit mehr und größere Erfolge erzielen ließen."[5]

Das also war die berüchtigte ‚Heuchelei' des Tiberius; man sieht ohne weiteres, wie es zu dieser Nachrede kam, obwohl seine Absichten im Grunde durchaus redlich waren. Dieser Widerspruch zwischen dem, was er sagte, und dem, was er dachte, diese Unverständlichkeit, die zu vermeiden ihm nicht gelingen wollte, waren Ursache großer Schwierigkeiten. Er erwartete nämlich, daß man seine vorsichtig formulierten Vieldeutigkeiten verstand und heraushörte, worauf seine Wünsche in Wirklichkeit zielten. Es war also kein Wunder, daß, wie Dio fortfährt, „die Leute oft zu Schaden kamen, weil sie dem, was er sagte, nicht aber dem, was er wünschte, beistimmten."

Das alles wurde noch verschlimmert durch seine Art zu sprechen, die streng, sarkastisch und vernichtend war. Tiberius war ein düsterer Mensch; nach Meinung des älteren Plinius übertraf er in diesem Wesenszug alle seine Zeitgenossen. Ferner neigte er bei all seiner eisernen Zurückhaltung und seiner Verschlossenheit zu leidenschaftlichen Zornesausbrüchen. Augustus hatte sich bei Livia über die unerträgliche Griesgrämigkeit ihres Sohnes beklagt; wenn Tiberius das Zimmer betrat, brach sein Stiefvater gewöhnlich sein freieres und leichteres Gespräch ab. Es hieß, er bedaure das römische Volk, dessen Bestimmung es sei, von den trägen Kinnbacken seines Nachfolgers gekaut zu werden.

Ob er nun nicht wollte, oder ob er nicht anders konnte – jedenfalls gelang es Tiberius nicht, freundliches Entgegenkommen zu zeigen. So ließ er sich zum Beispiel deutlich anmerken, daß er die allgemeine Vorliebe für Spiele nicht teilte. „Mögen sie mich hassen, wenn sie mir nur ihre Stimme geben", soll er in aristokratischer Verachtung der Massen und jeder Schmeichelei gesagt haben. Und weiter: er sei bereit, auch den heftigsten oder unberechtigtsten Groll hinzunehmen, wenn das Interesse der Nation es erfordere.

Doch obwohl dies sein selbstgewähltes Ideal war, verwehrte ihm sein Temperament, diesem Ziel nahezukommen. Wenn man ihn nämlich falsch beurteilte, war er zutiefst verstört und versuchte höchst umständlich, sich zu rechtfertigen. Diese leidenschaftliche Reaktion auf Kritik ließ ihn, obwohl er im Grunde durchaus human war, manchmal als krankhaften und rohen Egozentriker erscheinen. So kam es dann wohl auch zu Grausamkeiten, und das umso leichter, als Argwohn und Furcht in seinem Charakter deutlich angelegt waren. Dieses Mißtrauen darf einem Kaiser, der sich all den Gefahren seiner Stellung gegenübersieht, nicht allzusehr als Fehler angerechnet werden, am allerwenigsten dem Tiberius, der eine so zermürbende Aufgabe als Erbe hatte übernehmen müssen, ohne charakterlich hinlänglich dafür gerüstet zu sein.

Die offiziellen Künstler, die seine Gesichtszüge abbildeten, verzichteten freilich nicht gänzlich auf jene Idealisierung, die für die Porträts des Augustus bezeichnend gewesen war, konnten aber nicht umhin, den für Tiberius typischen düsteren Ausdruck zumindest anzudeuten. Sueton schildert in allen Einzelheiten, wie der Kaiser aussah:

„Er war ein starker und kräftig gebauter Mann von überdurchschnittlicher Größe, breit über Brust und Schultern; auch alle anderen Körperteile waren – vom Scheitel bis zur Sohle – ebenmäßig und wohlproportioniert. Seine linke Hand jedoch war gewandter und stärker als die rechte, und seine Gelenke waren so fest, daß er mit dem Finger einen frischen straffen Apfel durchbohren und mit einem Fingerschnellen einen kleinen Jungen oder einen Jüngling am Kopf verletzen konnte.

Seine Haut war hell, und er trug das Haupthaar hinten so lang, daß es auch den Nacken bedeckte, eine Frisur, von der man meinte, daß sie seiner Abstammung und Familie angemessen sei. Sein Gesicht war offen und wohlgebildet, obwohl es häufig viele Pickel aufwies, und er hatte sehr große Augen, mit denen er wunderbarerweise auch nachts und im Dunkeln sehen konnte. Allerdings war ihm das nur kurze Zeit unmittelbar nach dem Aufwachen möglich, dann verloren sie diese Fähigkeit. Beim Gehen hielt er den Hals steif und zurückgebogen, sein Gesichtsausdruck zeigte fast immer Anspannung. Meistens schwieg er. Mit seiner nächsten Umgebung sah man ihn nie oder nur selten sprechen, und wenn es doch vorkam, war seine Rede überaus langsam und nicht ohne gewisse weiche Bewegungen der Finger.“[6]

Laut Tacitus wurde der Kaiser mit zunehmendem Alter empfindlich hinsichtlich seines Äußeren. Bei hohem Wuchs ungewöhnlich mager, gebeugten Rückens und auf dem Scheitel kahl, habe er ein Gesicht gehabt, das mit Geschwüren und Pflastern bedeckt gewesen sei. Im übrigen neigte er zwar dazu, zu viel zu trinken, erfreute sich aber einer ausgezeichneten Gesundheit und lehnte gewöhnlich die Dienste der Ärzte ab.

Gleich zu Beginn seiner Regierung, ja noch während der anfänglichen Beratungen des Senats, begannen die Heere in Pannonien und am Rhein zu meutern, weil ihre Dienstzeitbegrenzung und die Abfindung beim Ausscheiden nicht die von Augustus versprochene Höhe erreicht hatten. Tiberius' Sohn Drusus der Jüngere konnte in Pannonien alle Schwierigkeiten beilegen, während Drusus' Vetter und Adoptivbruder Germanicus bei den Unruhen in Germanien weniger erfolgreich war; er machte weitgehende Zugeständnisse, die Tiberius später rückgängig machen mußte.

Germanicus war trotz seiner dünnen Beine (ein Schönheitsfehler, den er durch regelmäßiges Reiten nach den Mahlzeiten zu beseitigen suchte) ein stattlicher Mann; Tacitus sieht in ihm einen seiner Helden. Doch selbst er ist nicht immer eindeutig in seiner Aussage und verschweigt manches, und heute sieht es so aus, als habe die glänzende Erscheinung des Germanicus eine gewisse oberflächliche Blendwirkung gehabt. Doch sein heiteres, offenes und leutseliges Auftreten machte ihn außerordentlich beliebt, da es in so krassem Gegensatz zu der Unbeholfenheit des Kaisers stand.

Nachdem die Meutereien unterdrückt waren, stürzte sich Germanicus in drei Feldzüge, um die Gebiete zwischen Rhein und Elbe wiederzuerobern, die Rom aufgegeben hatte, nachdem 9 n. Chr. Varus Leben und Legionen verloren hatte. Trotz eindrucksvoller Vorstöße gelang es Germanicus nicht, dieses Ziel zu erreichen; dennoch wurde er später mit einem Triumph belohnt. Man warf Tiberius vor, er habe diese Unternehmungen aus Neid beendet, aber ein positives oder dauerhaftes Ergebnis wäre auch dann nicht erzielt worden, wenn man sie fortgesetzt hätte. Trotzdem wurde Germanicus bei seiner Rückkehr mit größter Begeisterung empfangen, was ihn bei seinem Onkel wahrscheinlich nicht beliebter machte.

Die Kaiser hatten es gern, wenn ihnen gleichzeitig zwei mögliche Nachfolger zu Gebote standen. Augustus hatte sowohl Gaius als auch Lucius gefördert, und Tiberius stellte (in Übereinstimmung mit dem Vorschlag des Augustus) Germanicus heraus und förderte gleichzeitig seinen eigenen Sohn, den jüngeren Drusus, ohne sich offen für einen von beiden zu erkären. Das mag seitens des jeweiligen Herrschers eine Sicherheitsmaßnahme gewesen sein für den Fall, daß einer der vorgesehenen Thronerben vor ihm starb (und tatsächlich starben in beiden Fällen sogar beide Kandidaten vor ihrem Kaiser). Doch Augustus und Tiberius waren von Menschen umgeben, die nur zu gern ihren Argwohn schürten, und wenn sich um einen jungen Prinzen im Hinblick auf künftige Zeiten eine Gruppe bildete, was ja unvermeidlich war, dann hielten die Herrscher es zweifellos für ein Gebot der Vorsicht, wenn sie dieser potentiell gefährlichen Partei dadurch ein Gegengewicht schufen, daß sie einen zweiten Prinzen und eine rivalisierende Partei förderten. Cliquen dieser Art sammelten sich folgerichtig um Germanicus und um Drusus, obwohl die Prinzen selbst offenbar stets recht gut miteinander standen.

Drusus erhielt nun ein wichtiges Kommando an der Donau, und Germanicus wurde für einen ähnlichen Posten im Osten bestimmt. Von dort kehrte er nicht mehr zurück; er starb im Jahre 19. Sein Tod erfolgte nach einer unerfreulichen und sehr heftigen Auseinandersetzung mit Cnaeus Calpurnius Piso, Tiberius' Statthalter in Syrien. Als die Frau des Germanicus, die leidenschaftliche und eigensinnige Agrippina, mit der Asche ihres Gatten heimgereist war und die maßgebenden Beamten im Osten einen aus ihren Reihen ernannt hatten, der Piso ablösen sollte, weigerte sich dieser abzutreten und unternahm sogar den erfolglosen Versuch, seinen Nachfolger mit Gewalt zu vertreiben. Nach seiner Rückkehr in die Hauptstadt wurde er im Senat beschuldigt, Germanicus vergiftet zu haben. Ohne das Urteil abzuwarten, nahm er sich das Leben.

Germanicus war offenbar eines natürlichen Todes gestorben, und Tiberius behauptete nie, daß Piso ihn ermordet habe, obwohl er dem Statthalter nicht verzeihen konnte, daß er eine Privatfehde begonnen hatte. Man glaubte jedoch weithin, Piso sei von Tiberius vor der Ankunft des Germanicus im Osten insgeheim angewiesen worden, den jungen Mann von törichten Unternehmungen abzuhalten; und das hatte Piso dann offenbar auch zu erreichen versucht – mit der ganzen Taktlosigkeit eines Republikaners alter Schule. Daß es derartige inoffizielle Anweisungen von Tiberius gegeben hat, ist durchaus nicht unwahrscheinlich, wenn auch Piso davon Abstand nahm, sich auf sie zu berufen. Jede öffentliche Erklärung in dieser Richtung hätte ihn die Sympathie des Tiberius gekostet, und damit wären seine eigenen Aussichten nicht verbessert worden.

Der Tod des Germanicus hatte zur Folge, daß Drusus, der Sohn des Kaisers, jetzt unangefochtener Erbe war. Doch vier Jahre später starb auch er. Tiberius hatte bei dem Versuch, einen Nachfolger heranzuziehen, nicht mehr Glück als Augustus.

Drusus hatte zwei Söhne, doch sie standen noch im Kindesalter; die nächsten Erben waren jetzt die Söhne des Germanicus und der Agrippina, Nero Caesar und Drusus Caesar, siebzehn und sechzehn Jahre alt. Und so empfahl der fünfundsechzigjährige Kaiser diese jungen Männer dem väterlichen Schutze des Senats.

Allein seine Beziehungen zu dieser Körperschaft waren keineswegs zufriedenstellend. Es ist richtig, daß er eine fast peinliche Bereitschaft zeigte, die traditionelle Würde der älteren Senatoren und Inhaber offizieller Ämter zu bewahren. Sah er zum Beispiel einen der Konsuln herankommen, so erhob er sich, und wenn sie zu einem Essen in den Palast geladen waren, empfing er sie beflissen an der Tür und begleitete sie beim Weggehen hinaus. Außerdem war er sehr darauf bedacht, daß seine Einflußnahme auf die Wahlen stets insgeheim und nie direkt erfolgte. Er löste ferner den beratenden Senatorenausschuß des Augustus zugunsten eines größeren Gremiums aus Freunden und führenden Männern auf; diese Gruppe hatte einen weniger offiziellen Charakter, so daß Tiberius wirklich die schmeichelhafte Vorstellung erweckte, es könne nur ein einziges offizielles beratendes Gremium geben, nämlich den Senat. Er achtete darauf, dessen Sitzungen fleißig zu besuchen, und verwies alle großen oder kleinen Angelegenheiten der Staatspolitik an ihn; selbst mischte er sich nur dann ein, wenn Übergriffe das erforderlich machten, und im allgemeinen übertraf er noch sein Vorbild Augustus, wenn es galt, die Autorität des Senats zu stärken.

Daß dies das Ziel seiner Politik sei, versicherte er den Senatoren in höchst achtungsvollen Worten: „Ich sage jetzt und habe auch früher schon oft gesagt, versammelte Väter, daß ein wohlwollender und hilfsbereiter Herrscher, dem ihr so große und unbeschränkte Macht übertragen habt, oft dem Senat und den Bürgern insgesamt und meist sogar Einzelpersonen dienen muß. Ich zögere nicht, euch zu sagen, daß ich in euch stets gütige, gerechte und nachsichtige Herren gehabt habe und auch jetzt noch habe.“ So gab er der Regierung einen Schein von Freiheit, indem er das althergebrachte Ansehen und die Machtbefugnisse von Senat und Beamten unangetastet ließ.[7]

Aber mehr als ein Schein konnte es nicht sein. Man muß zugeben, daß Tiberius, Republikaner nach Herkunft und Überzeugung, nicht nur jede übertriebene Schmeichelei mißbilligte, die ihm galt, sondern aufrichtig und eifrig danach strebte, den Senat zu einem ernstzunehmenden Partner zu machen und ihn zu zwingen, seinen Verpflichtungen nachzukommen. Doch sein Versuch mußte erfolglos bleiben, weil er geschichtlich zu spät kam. Nach einem halben Jahrhundert augusteischer Herrschaft hatten die Senatoren es verlernt, in eigener Verantwortung Politik zu machen, ja sie waren nicht einmal imstande, in sinnvoller Weise an der Politik des Kaisers mitzuarbeiten.

Im Jahre 15 n. Chr. wurde ganz deutlich, wie die Dinge lagen, als der Senator Marcus Granius Marcellus verräterischer Handlungen beschuldigt wurde: Es handelte sich um kränkende Bemerkungen über den Charakter des Kaisers, über die Aufstellung seines Standbilds oberhalb jener der Cäsaren und über die Entfernung des Kopfes einer Statue des unter die Götter erhobenen Augustus, der dafür ein Tiberiuskopf aufgesetzt werden sollte.

„Die Anklagepunkte waren erdrückend ... Der Kaiser verlor die Beherrschung und verkündete in ungewohnt flüssiger Rede, er werde persönlich sein Votum abgeben, öffentlich und unter Eid. Damit wären die übrigen Senatoren gezwungen gewesen, das Gleiche zu tun. Doch da es noch immer Spuren der dahinschwindenden Freiheit gab, stellte Calpurnius Piso die Frage: „Caesar, wirst du als Erster oder als Letzter deine Stimme abgeben? Stimmst du als Erster, so muß ich deinem Beispiel folgen, stimmst du aber als Letzter, so muß ich fürchten, unabsichtlich gegen dich zu stimmen.“[8]

Diese Worte machten Eindruck, fügt Tacitus hinzu, und das war kein Wunder, denn Piso hatte damit den Kern des Kaiserproblems berührt. Obwohl die Senatoren bis zu einem gewissen Grad noch immer straflos ihre Meinung äußern durften, bewirkten selbst noch die taktvollsten Einmischungen des Tiberius (zu denen die erwähnte offenbar nicht gehörte) unweigerlich, daß sie sich in dieser Freiheit eingeschränkt fühlten – genau so, wie die Entschlußkraft der Richter gelähmt wurde, wenn Tiberius, wie er es häufig tat, an den Gerichtsverhandlungen teilnahm. Denn er verlangte von diesen Würdenträgern in aller Aufrichtigkeit ein Maß an Unabhängigkeit, das sie unmöglich aufbringen konnten. Das Wesen des augusteischen Prinzipats machte es unmöglich; „der Staat ist Caesar“, heißt es unterwürfig bei dem Dichter Ovid. Die anhaltende Frustration der Senatoren, von denen verantwortliches Handeln verlangt wurde, wo sie es weder wagten noch konnten, wurde durch ihre abstoßend kriecherischen Anträge nur notdürftig verhüllt. Kein Wunder, daß man Tiberius beim Verlassen von Senatssitzungen auf Griechisch sagen hörte: „Männer, die nur zu Sklaven taugen!“

Tacitus dürfte die Zahl der Hochverratsprozesse, die die Regierung des Tiberius entstellten, stark überbewerten. Die Betroffenen waren meist Senatoren, und die Prozesse wurden gewöhnlich vom

Senatsgericht selbst durchgeführt. Hochverrat, laesa maiestas, war schlecht definiert, und die Tatsache, daß es erst seit kurzem eine kaiserliche Person und ein kaiserliches Haus gab, vermehrte die Unklarheiten. (Plinius der Jüngere weist darauf hin, daß Beleidigungen des göttlichen Augustus – so zum Beispiel die dem Granius Marcellus vorgeworfene – eine neue Möglichkeit zu Anklagen wegen Hochverrats boten.) Die Folge hiervon war, daß der Begriff nun auf alles angewandt werden konnte, was von wirklicher oder angeblicher Verschwörung bis zu den unbestimmtesten Anzeichen von Feindseligkeit und Mißachtung gegenüber der kaiserlichen Familie reichte. Tiberius selbst erklärte oft, in einem freien Lande müsse Raum sein für freies Wort und freies Denken, und er griff oft ein, um die Senatoren bei ihren Gerichtsurteilen zur Mäßigung zu veranlassen, jener Eigenschaft, auf die er besonders stolz war, wie seine Münzen mit der Aufschrift MODERATIONI bezeugen.

Zuerst wollte er sogar Verleumdungen, die seiner eigenen Person galten, gar nicht als hochverräterisch gelten lassen. Doch diese Einstellung gab er genau so auf wie Augustus in seinen letzten Jahren, denn das Hochverratsgesetz war, wie er selbst offen zugab, unerläßlich und mußte zur Geltung gebracht werden, da sonst jeder spätere Herrscher zugrundegehen mußte. Doch daß es dieses Gesetz gab in einem Lande, das keine Staatsanwälte kannte, bedeutete, daß man auch die Spitzel hinnehmen mußte, jene unerfreulichen Figuren, die für das römische Gemeinwesen typisch waren. Und gerade diese Folgerung mußte Tiberius ziehen, obwohl er so oft dieser Leute müde war und auf ihre Dienste verzichtete. „Lieber die Gesetze aufheben, als ihre Wächter entfernen", erklärte er. Daß es Spitzel gab, wirkte sich außerdem noch in anderer Hinsicht vorteilhaft aus: die Schuld an repressiven Maßnahmen, die sich als wünschenswert erweisen mochten, konnte er von seinen Schultern auf die ihren abwälzen.

Nach zehn Jahren seiner Regierung wurden die Hochverratsverfahren spürbar strenger. Die in seinen späteren Jahren vollstreckten Todesurteile wurden offenbar willkürlich vom Senatsgericht als eine Verschärfung der vom Gesetz vorgesehenen Verbannungsstrafe verhängt. Teilweise lag das daran, daß er selbst überaus empfindlich war, wenn man ihn persönlich beleidigte. Wäre er weniger empfindlich oder wäre er energischer gewesen, so hätte sich die Neigung zur Strenge vielleicht zügeln lassen. Wie die Dinge lagen, hatte die traditionsgemäß herrschende Klasse laut Seneca, der bei Regierungsbeginn des Tiberius in das Erwachsenenalter eintrat, schwer zu leiden: „Unter Kaiser Tiberius war die Tollheit, Anklagen zu erheben, weit verbreitet und fast allgemein, und das setzte der Bürgerschaft, die doch nicht unter Waffen war, schwerer zu als aller Bürgerkrieg. Aussprüche von Betrunkenen fanden ebenso offene Ohren wie Scherze harmloser Menschen. Nichts war gefahrlos. Jede Gelegenheit zum Wüten gegen die Mitmenschen war erwünscht, und man wartete das schließliche Schicksal der Angeklagten schon gar nicht mehr ab, denn es war bei allen das gleiche.“[9]

Hat Seneca übertrieben? Die überlieferten Literaturquellen erlauben uns, mehr als hundert Personen festzustellen, die unter Tiberius in Gerichtsverfahren erwähnt werden. Etwa achtzehn Fälle hatten nichts mit Hochverrat zu tun, während die meisten anderen damit zusammenhingen. Neunzehn Angeklagte wurden freigesprochen, zwölf kamen ohne Prozeß frei, bei vieren wurde der Urteilsspruch aufgehoben oder erleichtert; bei elf bekannten Fällen machte Tiberius seinen Einfluß geltend, und das Urteil wurde gemildert. Doch die Anzahl der Männer, die hingerichtet oder zum Selbstmord getrieben wurden, ist immer noch beträchtlich. Vielleicht war das eine unvermeidliche Nebenerscheinung des auf Gewalt gegründeten Systems des Augustus. Doch auch der eigentümliche Charakter des Tiberius trug trotz seines gelegentlichen humanen Eingreifens zu diesem Mißbrauch bei.

Dennoch darf man die Tragweite dieses Übels nicht überbewerten. Es war nur der innerste Kreis der Verwaltung davon betroffen, und selbst dort war die Zahl der Opfer, verglichen mit Massenvernichtungen neuester Zeit, nur unbedeutend. Die Verwaltung des riesigen Reiches, die der Kaiser sorgfältig und unablässig selbst leitete, war außerordentlich sachkundig und gewissenhaft, wenn auch bisweilen etwas starr, weil Tiberius die Statthalter der Militärprovinzen ziemlich lange im Amt ließ und nicht gern ein Problem wieder aufgriff, über das er schon einmal eine Entscheidung getroffen hatte. Mit dem Geld ging er sorgsam um, verzichtete auf kostspielige Bauprogramme und ging von der ‚Brot und Spiele‘-Politik des Augustus insofern ab, als er auf einer Verminderung der Ausgaben für öffentliche Aufführungen bestand. Als er starb, war infolgedessen die Staatskasse gefüllt.

Seinen Statthaltern jedoch hatte er angeraten, „seine Schafe zu scheren, ihnen aber nicht die Haut abzuziehen". Im Gegensatz zu den böswilligen Auslegungen des Tacitus behauptete Philon, ein alexandrinischer Jude, Augustus habe „bis ans Ende seines Lebens freigebig und großmütig Frieden und die Segnungen des Friedens geschenkt". Später sollte Trajan als „Bester aller Kaiser" berühmt werden. Doch zuerst hatte man diesen Superlativ dem Tiberius zuerkannt. Und wenn man ihn nicht mit den Augen von ein paar hundert Senatoren, sondern mit denen der übrigen Millionen Bewohner des Reiches sieht, erscheint diese Beurteilung nicht ganz ungerechtfertigt.

Die größte Tragödie seines Lebens jedoch ergab sich aus der Wahl seines Beraters. Augustus hatte sich am Anfang seiner Regierung stark auf Agrippa (gest. 12 v. Chr.) und Maecenas (gest. 8 v. Chr.) gestützt. Nachfolger des Letzteren war der reiche Gaius Sallustius Crispus, der auch noch unter Tiberius tätig war und erst 20 n. Chr. starb. Im Jahre 14 n. Chr. hatte er im Auftrag entweder des Augustus oder des Tiberius dafür gesorgt, daß der verbannte Agrippa Postumus, der letzte Enkel des Augustus, hingerichtet wurde. Doch dann setzte eine neue Entwicklung ein.

Während dieser Zeit hatte das Amt des Präfekten der Prätorianergarde, das im Jahre 2 v. Chr. eingerichtet worden war und nicht mit Senatoren, sondern mit Rittern besetzt wurde, ganz allmählich und unauffällig ständig an Bedeutung zugenommen. Und nun beschloß Tiberius, den Inhaber dieses Amtes zu seinem maßgeblichen Berater zu machen. Augustus hatte bestimmt, daß die Garde von zwei Präfekten gemeinsam befehligt werden sollte, aber bei seinem Tode gab es nur einen einzigen, nämlich Lucius Seius Strabo. Unmittelbar danach wurde dessen Sohn Lucius Aelius Seianus zu seinem Kollegen ernannt, und als sich Strabo im folgenden Jahr zurückzog, blieb Sejan einziger Präfekt. Das war der Mann, auf den sich der Kaiser hinfort immer stärker stützte.

Sejan sah sich an einen Platz gestellt, der ihm alle Möglichkeiten bot, seinen politischen Einfluß auszunützen und auch von seiner gesellschaftlichen Stellung zu profitieren. Letztere war keineswegs so unbedeutend, wie Tacitus als Senator in seiner snobistischen Verachtung der Ritter glauben machen wollte, da Sejan durch seine Mutter mit einigen der bedeutendsten Familien Roms verbunden und durch seinen Vater mit der Frau des Maecenas verwandt war. Er hatte großen Erfolg bei Frauen und galt als gefährlicher Verführer von Gattinnen vornehmer Männer; den Schilderungen nach muß er ein Mensch von großem Charme gewesen sein.

Etwa 23 n. Chr. erreichte Sejan, daß der Kaiser eine Maßnahme traf, die die Machtfülle seiner Stellung noch bedeutend erweiterte. Zuerst waren nur drei der neun Prätorianerkohorten in Rom stationiert gewesen, während die übrigen sechs in verschiedenen italischen Städten lagen. Später waren nun alle diese Einheiten in der Hauptstadt zusammengezogen worden, und jetzt erhielt Sejan die Erlaubnis, sie in eine einzige neue Kaserne zu verlegen, die unmittelbar vor der Stadtumwallung auf dem Viminal lag, wo ihre mächtigen Mauern heute noch zu sehen sind.

Der Präfekt stand sich nicht gut mit dem Sohn des Tiberius, Drusus dem Jüngeren, dem Sejans wachsender Einfluß mißfiel. Als Drusus jedoch kurz nach der Errichtung der neuen Prätorianerkaserne starb, stieg Sejans Ansehen noch beträchtlich. Der Kaiser hatte nun keine Vertrauten mehr in der eigenen Familie, denn die gesetzmäßigen Thronerben Nero Caesar und Drusus Caesar, die Söhne des Germanicus, waren noch zu jung. Das Kunststück, ein vertrauter Freund des Tiberius zu werden, brachten also nicht sie, sondern Sejan fertig. Der Kaiser nannte ihn „mein Sejan“ und bezeichnete ihn gegenüber dem Senat und der Volksversammlung als „Teilhaber seiner Mühen“. Unter dem Druck seiner Arbeitsbürde sah er in Sejan einen zweiten Agrippa, und vielleicht wurden gerade in diesen Jahren jene zahllosen Kupfermünzen geprägt, die das Andenken Agrippas durch dessen Porträt und Namen unmittelbar in das Gedächtnis zurückriefen.

In dieser Zeit zeigte sich, daß die Hochverratsprozesse zunahmen und strenger gehandhabt wurden. Sejan machte sich zunutze, daß Tiberius allenthalben Verschwörungen und Revolten witterte – ein Mißtrauen, das der Präfekt zweifellos ebenfalls hegte. Überdies benutzte er die Hochverratsgesetze, um sich seiner eigenen politischen

Gegner zu entledigen. Im Jahre 25 n. Chr. zum Beispiel wurde der Geschichtschreiber Cremutius Cordus zum Selbstmord gezwungen, angeblich aus dem beispiellosen Grund, daß er in seinen Schriften Brutus und Cassius verherrlicht habe, in Wirklichkeit jedoch, weil er einen Zusammenstoß mit Sejan gehabt hatte. Doch noch immer war die Stellung des Präfekten nicht so beherrschend, wie er sie sich wünschte. Gerade in diesem Jahr nämlich verweigerte ihm Tiberius laut Tacitus die Ehe mit seiner Nichte Julia Livilla der Älteren, der Witwe des jüngeren Drusus, und zwar vor allem deswegen, weil die Verbindung eines einfachen Ritters mit der Prinzessin die Senatoren allzusehr aufgebracht hätte.

Im folgenden Jahr ergab sich dann für Sejan eine Gelegenheit, seine Macht noch bedeutend zu vergrößern. Tiberius faßte nämlich jetzt den ungewöhnlichen Entschluß, Rom zu verlassen und künftig auf der Insel Capreae (Capri) zu wohnen. Von dieser Zeit an besuchte er zwar gelegentlich noch das Festland, setzte aber in den elf Jahren, die er noch lebte, keinen Fuß mehr in die Hauptstadt.

Die Gründe für seinen Weggang sind viel erörtert worden. Die Theorie, daß er sich von seiner herrischen Mutter Livia – jetzt Julia Augusta – habe entfernen wollen, ist kaum ernstzunehmen. Sie war wohl lästig, aber doch nicht in dem Grade, daß er sich davon hätte vertreiben lassen, und er kehrte auch nicht zurück, als sie im Jahre 29 starb. Wahrscheinlich haben aber zwei andere Gründe zusammengewirkt und die schicksalhafte Entscheidung, nach Capreae zu gehen, herbeigeführt. Erstens kam Tiberius so schlecht mit den Menschen und vor allem mit den Senatoren aus, daß er sich nur allzu gern an einen Ort begab, wo er sie nicht mehr zu sehen brauchte; nach Capreae aber nahm er nur sehr wenige Freunde mit, hauptsächlich griechische Gelehrte und Astrologen. Zweitens setzte ihm die Angst um seine Sicherheit immer stärker zu – und Capreae war ganz sicher und unzugänglich. Es hatte nur zwei Anlegeplätze. Kein Schiff konnte sich ungesehen ihnen oder einer anderen Stelle der Insel nähern.

Tiberius zog also in die Villa des Jupiter, die auf der Osterhebung der Insel herrlich gelegen ist. Von dort aus regierte er das Reich weiterhin mit gewohnter Gewissenhaftigkeit. Doch es war verhängnisvoll, daß von jetzt an sein gesamter Verkehr mit dem Senat brieflich erfolgen mußte, denn dabei waren Mißverständnisse unvermeidlich, zumal er seine Schreiben in dem für ihn typischen dunklen und mehrdeutigen Stil abfaßte.

Ferner förderte sein zurückgezogenes Leben alle möglichen schädlichen Gerüchte. Viele von diesen Klatschgeschichten befaßten sich mit seinen angeblichen sexuellen Gewohnheiten. Unter anderem hieß es, er habe Vergnügen daran, mit kleinen Jungen zu baden, die zwischen seinen Beinen hindurchschwammen und unter Wasser an seinen Geschlechtsteilen knabberten. Das wäre wirklich eine erstaunliche sportliche Leistung gewesen, nicht nur für Tiberius, der sich dem siebzigsten Lebensjahr näherte, sondern auch für die Buben. Doch man darf derartige Märchen wohl außer acht lassen, nicht aus dem naiven Grunde, den ein moderner Autor anführt – da Tiberius sich einer guten Gesundheit erfreut habe, seien ihm Orgien nicht zuzutrauen –, sondern weil Seneca kein Wort über solche Verirrungen verliert, obwohl er sonst alles gegen Tiberius vorbringt, was er nur finden kann. Die Anekdoten sind historisch bedeutsam, doch nicht deshalb, weil sie den Charakter des Tiberius beleuchten, sondern weil sie zeigen, welchen Ruf sich ein römischer Herrscher unweigerlich erwarb, wenn er sich niemals sehen ließ.

Die bedeutsamste Folge jedoch des Rückzugs nach Capreae war eine weitere Vermehrung der Macht Sejans. Er überprüfte den Zugang zu Tiberius, und seine Prätorianer waren verantwortlich für die Übermittlung der kaiserlichen Korrespondenz. Wahrscheinlich hatte zu allererst Sejan Tiberius veranlaßt, sich nach Capreae zurückzuziehen, indem er immer wieder seiner Sorge um die persönliche Sicherheit des Kaisers Ausdruck gab, und als der Kaiser sich dann auf seiner Insel eingerichtet hatte, machte er sich diese Ängste weiterhin zunutze.

Bei Tiberius bildete sich die Überzeugung heraus – und hier wird der Einfluß des Präfekten ganz deutlich –, daß ihm die Hauptgefahr von der älteren Agrippina und deren Söhnen Nero Caesar und Drusus Caesar, den gesetzmäßigen Thronerben, drohe, die ja das ganze Ansehen des Hauses des Germanicus hinter sich hatten. Im Jahre 26 fragte Agrippina Tiberius, ob sie wieder heiraten dürfe, eine Aussicht, die ihn so erschreckte – da ein neuer Gatte der Enkelin des Augustus eine neue Gefahr darstellte –, daß er ohne zu antworten das Zimmer verließ. Drei Jahre danach wurden sie und ihre Söhne zuerst von Sejan und dann vom Kaiser selbst angezeigt, und ein Prozeß wurde gegen sie eingeleitet. Die ersten Schritte, die gegen Nero Caesar (wegen sexueller Perversion) und gegen Agrippina (wegen aufrührerischer Absichten) unternommen wurden, riefen öffentliche Demonstrationen zugunsten der Angeklagten hervor, die möglicherweise hinter den Kulissen von Sejan angestiftet worden waren, um dem Kaiser einen noch größeren Schrecken einzujagen. Beide Angeklagte wurden verhaftet und auf Inseln verbannt, und auch Drusus Caesar wurde in Rom gefangengesetzt. Vier Jahre später waren alle drei nicht mehr am Leben. Man weiß nicht, ob sie sich einer Verschwörung schuldig gemacht hatten. Ausschließen läßt es sich nicht, da die Beliebtheit, die ihre Familie beim Heer genoß, sie zu verzweifelten Maßnahmen verführt haben könnte.

Inzwischen wurde im Jahre 31 Sejan als Kollege des Tiberius Konsul. Da der Kaiser ständig abwesend war, hatte der Präfekt das Konsulat praktisch allein inne, und außerdem wurde er aus allen Teilen des Reichs mit noch anderen Ehrungen überschüttet. Als er und der Kaiser im Mai ihr Konsulat niederlegten, wurden die höchsten militärischen Machtbefugnisse, die Tiberius von Augustus empfangen hatte, wahrscheinlich dem Sejan zuerkannt. Jetzt endlich erhielt er vom Kaiser auch die Zustimmung zur Verlobung mit Julia Livilla, der Witwe seines Sohnes.

Doch nun kam es zu jener höchst überraschenden Entwicklung, die Sejan vernichtete. Aller Wahrscheinlichkeit nach hatte eine Partei der Senatoren und Provinzstatthalter, die aufs äußerste empört darüber waren, daß sie antichambrieren mußten, um einer Audienz bei einem ehemaligen Ritter gewürdigt zu werden, allmählich seinen Einfluß beim Kaiser untergraben. Dabei wurden sie von Antonia, der Mutter der Julia Livilla, unterstützt, welche die für ihre Tochter vorgesehene Ehe nicht billigte. Und das Erstaunlichste war, daß auch Tiberius schließlich auf irgendeine Weise zu der Überzeugung kam, daß Sejan, dem er so rückhaltlos vertraut hatte, nicht nur dieses Vertrauens unwürdig war, sondern gänzlich beseitigt werden mußte.

Die Aufgabe, ihn beiseitezuschaffen, konnte aber nicht, wie es normal gewesen wäre, der Prätorianergarde übertragen werden, da diese ja unter dem Kommando Sejans stand. Der Kaiser ließ also heimlich einen Mann nach Capreae kommen, dem er vertrauen konnte: Quintus Naevius Cordus Sutorius Macro, den er dann mit geheimen Instruktionen nach Rom sandte. Macro gewann heimlich den Präfekten der Vigiles (eines Feuerlöschtrupps mit gewissen Polizeifunktionen, der auf Augustus zurückging) für sich. Weiter zog er einen der Konsuln ins Vertrauen und übergab ihm eine Botschaft von Tiberius zur Mitteilung an den Senat. Als dieses Schreiben in der Senatssitzung verlesen wurde, erwartete Sejan, der anwesend war, zuversichtlich, es werde seine Ernennung zum Tribun verkünden – jenen letzten Schritt, der ihn praktisch zum Mit-Kaiser gemacht hätte. Doch stattdessen wurde im Verlauf der langatmigen, verklausulierten Botschaft verblüffend klar, daß der Kaiser den Präfekten keineswegs ehren, sondern anklagen wollte. Der völlig überraschte Sejan, dem auch aus den Reihen seiner bisherigen Anhänger kein Senator beisprang, wurde auf der Stelle festgenommen. Als sich dann zeigte, daß auch die Prätorianer keine Anstalten machten, ihn zu retten, übergaben ihn die Senatoren, ohne weitere Befehle von Tiberius abzuwarten, noch am gleichen Abend dem Scharfrichter, der ihn erdrosselte.

Sejans Sturz ging als einer der spektakulärsten aller Zeiten in die Geschichte ein. Ben Jonson schrieb 1603 ‚Sejanus His Fall' (Der Sturz des Sejan). Doch schon in der Antike fand man in diesem dramatischen Schicksalsumschwung reichen Stoff für moralisierende Betrachtungen. Die entsprechenden Kapitel in den Annalen des Tacitus sind uns leider nicht erhalten, aber sein Zeitgenosse Juvenal hat über die vollständige Verdammung des Andenkens Sejans berichtet, die seinem Sturz auf dem Fuße folgte und zu der auch die – durch Inschriften bezeugte – Erklärung, er sei „ein höchst verderblicher Feind des römischen Volkes" gewesen, sowie die Zerstörung aller Denkmäler gehörte, die man ihm so verehrungsvoll gewidmet hatte:

. . ., die Statuen fallen, gezerrt von den Tauen;
selbst die Räder der Wagen zertrümmern die Hiebe des Beiles,
und den schuldlosen Gäulen zerbricht man, wie Schuften, die Beine.

Da, schon knistern die Flammen: die Blasbälge und die Kamine
schmelzen das Haupt, das vergöttert vom Volk; da zischt der gewalt'ge
Herr Sejan, und aus dem Mann, der der zweite auf Erden,
werden Töpfchen und Schüsseln und Pfannen und Nachtgeschirre![10]

Doch warum hatte der Kaiser seine Meinung über Sejan so radikal geändert? Tiberius war nicht der Mann, der sich von einer Gruppe von Senatoren so ohne weiteres umstimmen ließ, wenn er nicht selbst die Überzeugung gewonnen hatte, daß seine frühere Einschätzung der Verdienste seines Beraters vollkommen falsch und ein Verhängnis für das Reich war. Juvenal war sich dieses Rätsels wohl bewußt:

... Aber was brach ihm den Hals? Wer hat ihn verraten?
Wer sagte aus? Wer war Zeuge? Was dient' als Beweis denn dem Kaiser?
„Nicht doch! Es kam aus Capri ein dickes, ein wortreiches Schreiben."
„Gut; ich frage nicht mehr."[11]

Tiberius selbst erklärte öffentlich, er habe Sejan beseitigt, weil er festgestellt habe, daß dieser „seinem Haß gegen die Söhne des Germanicus freien Lauf lasse". Doch das ist wohl kaum die ganze Wahrheit. Denn es war zwar zu spät für eine Rehabilitierung des Nero Caesar, der bereits tot war, aber dem Drusus Caesar hätte der Kaiser nach dem Sturz Sejans durchaus seine Gunst wieder zuwenden können – er tat es jedoch nicht. Vielmehr wurde der Gefangene auch weiterhin schlecht behandelt und starb bald darauf den Hungertod.

Nachdem diese beiden Brüder beseitigt waren, blieb immer noch ein dritter Bruder übrig, mit dem man rechnen mußte: Gaius (Caligula), der gerade neunzehn Jahre alt war, als Sejan hingerichtet wurde. Er war jener Sohn des Germanicus, von dem Tiberius – wie üblich in dunklen Worten – behauptete, daß Sejan ihn habe töten wollen. Und wahrscheinlich traf seine Vermutung zu, denn man sah schon jetzt, daß Caligula ein starker Charakter war, und wenn er den Thron bestieg, mußte Sejan, der ja geholfen hatte, Caligulas Brüder zu beseitigen, im höchsten Grade für seine Sicherheit fürchten.

Wahrscheinlich hatte Sejan gar nicht die Absicht, sich des Reiches dadurch zu bemächtigen, daß er entweder den Tod des Tiberius herbeiführte (was manche ihm zutrauten) oder ihn nach der Beseitigung Caligulas einfach abwartete. In einer Gesellschaft, die in so hohem Grade hierarchisch war wie die römische, konnte ein Mann wie Sejan, der noch vor kurzem nicht einmal Senator gewesen war, nicht hoffen, einen solchen Anspruch auf den Thron erfolgreich durchzufechten. Es sieht vielmehr so aus, als habe er gehofft, nach dem Tode des Tiberius Regent für einen Kaiser zu werden, der jünger und gefügiger war als Caligula. Ein solcher Thronanwärter aber wäre Gemellus gewesen, der zwölfjährige Enkel des Tiberius, Sohn des verstorbenen Drusus des Jüngeren.

Doch jetzt waren Caligula und Gemellus noch am Leben, während Sejan und alle seine Pläne dahin waren.

Auch seine Familie ging zugrunde. Apicata, seine Witwe, gehörte zu denen, die Selbstmord begingen. Doch ehe sie starb, schrieb sie an Tiberius und erklärte, sein Sohn Drusus der Jüngere sei vor acht Jahren nicht eines natürlichen Todes gestorben, sondern von Sejan ermordet worden, und zwar unter Beihilfe von Julia Livilla, der Gattin des Toten, deren Liebhaber er damals schon gewesen sei. Es ist durchaus möglich, daß diese Beschuldigung falsch war. Aber Tiberius glaubte sie, und nun fand auch Livilla den Tod.

Unter der Leitung Macros, der Prätorianerpräfekt geworden war, nahm die Zahl der Hochverratsprozesse zu und erreichte nun ihren Höhepunkt. Für die führenden Persönlichkeiten in der römischen Gesellschaft und Regierung brachten die letzten sechs Jahre der Herrschaft des Tiberius schreckliche Gefahren.

Ehe sein Leben vollends in Melancholie zu Ende ging, machte der Kaiser ein Testament, in dem er Caligula und Gemellus als gemeinsame Erben einsetzte. Er empfand jedoch einen gewissen Widerwillen gegen Gemellus, da Apicatas Enthüllungen Zweifel an der Vaterschaft des Drusus geweckt hatten, und es kam deutlich genug zum Ausdruck, daß Caligula sein Nachfolger sein sollte.

Im März des Jahres 37 befand sich Tiberius während einer seiner regelmäßigen Fahrten zum Festland in der Villa des Lucullus in Misenum; dort starb er, offenbar eines natürlichen Todes, in seinem achtundsiebzigsten Lebensjahr.

Tacitus konnte von der Person des Tiberius nicht loskommen; er stellte fest, daß sich seine Herrschaft in vielen Punkten fortschreitend verschlechterte. Hierin hatte er vollkommen recht, doch war die Verschlechterung in den führenden Kreisen Roms stärker zu spüren als andernorts.

Wie so viele antike Schriftsteller glaubte auch Tacitus, daß ein Mensch von der Geburt bis zum Tode in seinen Wesenszügen unverändert derselbe bleibe; wenn in seinen Handlungen dieses Wesen nicht immer zum Ausdruck komme, so liege das nur daran, daß er bisweilen imstande sei, es zu verbergen. Diese Ansicht, daß „das Kind der Vater des Mannes" sei, liegt auch seinem Bild des Tiberius zugrunde, der für ihn vollkommen schlecht ist. Bis zu einem gewissen Grade spiegeln sich hierin die schlechten Erfahrungen, die er selbst mit Domitian gemacht hatte; er macht aus Tiberius gewissermaßen ein Abbild Domitians. Die vielen guten Taten, die Tacitus dem Tiberius zugestehen muß, werden deshalb nur als Zeichen der hartnäckigen und teuflischen Verstellung des Kaisers gedeutet.

„In seinem Verhalten lassen sich mehrere Phasen feststellen. Solange er noch Privatmann oder unter Augustus Feldherr war, führte er ein einwandfreies Leben und hatte einen makellosen Ruf. Zu Lebzeiten des Germanicus und des jüngeren Drusus versteckte er sein eigentliches Wesen und spielte schlau den Tugendhaften. Doch bis zum Tod seiner Mutter hatte Tiberius neben seinen schlechten auch gute Seiten. Und solange er Sejan begünstigte oder fürchtete, verabscheute man zwar die Grausamkeit des Tiberius, wußte aber nichts von seiner Verderbtheit. Dann verlor er seine Furcht und damit jedes Schamgefühl. Von da an offenbarte er – durch ungehemmte Verbrechen und Schandtaten – nur noch sein eigentliches Wesen."[12]

Hier bot sich also eine Theorie, die den charakterlichen Verfall des Tiberius zu erklären schien, während sie gleichzeitig leugnete, daß er jemals etwas anderes als ein vollkommen böser Mensch gewesen sei. Sueton und Dio Cassius betrachten zwar die frühe Regierungszeit mit Wohlwollen, kennen diese Theorie – daß seine

Schlechtigkeit zuerst nur versteckt gewesen sei – jedoch auch, und zumindest Sueton oder die von ihm zitierte Quelle neigt dazu, diese Ansicht zu übernehmen.

„Seine grausame und stumpfe Wesensart war auch in seiner Kindheit nicht ganz verborgen ... Man glaubte allgemein – und mit gutem Grund –, daß die Grausamkeit des Tiberius, die bald durchbrach, von seiner Achtung und seiner Furcht vor Germanicus in Schranken gehalten worden war ... Als er endlich ein Leben in Zurückgezogenheit führen konnte, ließ er all seinen Lastern, die er lange Zeit nur mangelhaft verborgen hatte, freien Lauf."[13]

Dio Cassius ist nicht so sicher. An einer Stelle zeigt er sich so verblüfft über die widersprüchlichen Eigenschaften des Tiberius, daß er sich versucht fühlt, sie einfach unter Soll und Haben einzutragen, und es dabei bewenden zu lassen: „Er hatte sehr viele Tugenden und sehr viele Laster und folgte abwechselnd einer der beiden Richtungen seines Wesens, als ob die andere gar nicht existierte." An anderer Stelle behauptet Dio jedoch – mit anzuzweifelnder Sicherheit –, daß der Tod des Germanicus eine einschneidende Verschlimmerung bewirkt habe, ergänzt aber die Ansicht des Tacitus durch eine andere, die ihr widerspricht: „Nach dem Tode des Germanicus änderte Tiberius seinen Kurs in vieler Hinsicht. Vielleicht war er im Grunde seines Wesens schon von allem Anfang an so gewesen, wie er sich später zeigte, und hatte sich nur verstellt, solange Germanicus noch am Leben war, weil er sah, daß sein Rivale nach der höchsten Gewalt strebte.

Oder vielleicht war er von Natur aus ohne Tadel, glitt aber ins Laster ab, als er keinen Rivalen mehr hatte."[14]

Der letzte Satz klingt etwas vage. Will Dio wirklich sagen, daß Tiberius sich änderte? Wenn ja, so zitiert er damit eine Ansicht, die unmittelbar bis in die Zeit des Tiberius selbst zurückgeht. Denn diese Ansicht ist zwar der Theorie des Tacitus und anderer entgegengesetzt, war in den *Annalen* aber dennoch getreulich verzeichnet; sie ist dort Lucius Arruntius, einem der bedeutendsten Aristokraten unter den Zeitgenossen des Tiberius in den Mund gelegt: „Trotz all seiner Erfahrung ist Tiberius durch den Druck der absoluten Macht zerrüttet und verwandelt worden."[15]

Arruntius hatte recht, und Tacitus und die anderen, die an die

Unveränderlichkeit des Charakters glaubten, hatten unrecht. Der Charakter der Menschen ändert sich unter dem Druck der Umstände, und der Charakter des Tiberius erfuhr unter dem schrecklichsten Druck, der einem Menschen auferlegt werden konnte, eine starke Veränderung. Die Bürde des Reiches, die er selbst bei seinem Regierungsantritt vorausschauend als zermürbend bezeichnete, übertraf in Wirklichkeit seine schlimmsten Befürchtungen – sie ging über seine Kräfte.

Richter Holmes schildert Franklin D. Roosevelt, der vielleicht auch ein ‚Veränderter' war, (s. die Einleitung) als „zweitklassigen Intellekt, aber erstklassiges Temperament". Tiberius war das Gegenteil. Wenn auch seine Geisteskräfte und seine enorme Leistungsfähigkeit sich mit den Gaben des Augustus messen konnten, so fehlte ihm doch das Talent seines Vorgängers, mit den Leuten auszukommen. Jene berühmte und notwendige augusteische Vortäuschung war etwas, das er weder erreichen konnte noch wollte. Und Sueton hat sicher recht, wenn er auf die schrecklichen Ängste hinweist, unter denen er litt – Ängste, denen er durch die Flucht nach Capreae zu entkommen suchte, die sich aber nach der größten Katastrophe und der Peripetie seiner Regierung, dem Sturz Sejans, noch verdoppelten. Acht Jahre zuvor hatte der Kaiser ohne große Hoffnung sich von den Göttern erbeten, sie möchten ihm bis ans Ende seines Lebens inneren Frieden schenken. Sein Gebet wurde nicht erhört, und sein verzweifelter Aufschrei in einem Schreiben an den Senat nach der Beseitigung Sejans ist einer der traurigsten Aussprüche in der historischen Literatur: „Wenn ich weiß, was ich euch jetzt schreiben soll, Senatoren, oder wie ich es schreiben soll, oder was ich nicht schreiben soll, möge der Himmel mich in ein noch schlimmeres Verderben stürzen, als ich es jetzt täglich über mich hereinbrechen fühle!"[16]

Und doch wurde der Staat immer noch sehr gut regiert, wenn auch manche Geschäfte sich jetzt wohl verzögerten, weil der alternde Tiberius ständig mit seiner Sicherheit beschäftigt war. Den Beweis dafür, daß man in den Provinzen kaum etwas von diesen Qualen wußte, liefert folgende völlig ahnungslose Bemerkung Philons: „Welcher andere König oder Kaiser hat sich je eines glücklicheren Alters erfreut?" Tiberius hatte einst erklärt: „Solange ich bei Vernunft bin, werde ich immer konsequent sein und mein Verhalten nie ändern.“ Aber er änderte sein Verhalten doch, weil es fast so weit kam, daß ihn seine Vernunft verließ. Wenn auch sein Geist ausreichend klar blieb für die meisten alltäglichen Verwaltungsaufgaben, so war seine Vernunft durch Furcht, Selbstmitleid und das Verlangen, sich an denen zu rächen, von denen er glaubte, daß sie ihn zugrunderichten wollten, doch stark erschüttert.

Die heikle herrscherliche Aufgabe, die Augustus ihm gestellt hatte, wäre für fast jeden Menschen zu schwer gewesen. Ganz sicher war sie zu schwer für Tiberius, obwohl er ein so überaus fähiger Mensch war.

IV

Caligula

Gaius, der dritte Sohn des Germanicus und der älteren Agrippina, wurde 12 n. Chr. in Antium (Anzio in Südwestitalien) geboren. Als Kind hielt er sich mit seinen Eltern in Germanien auf, und da man ihn dort kleine Militärstiefel tragen ließ, gaben ihm die Soldaten den Spitznamen Caligula, Soldatenstiefelchen. Im Alter von sieben Jahren verlor er seinen Vater unter mysteriösen Umständen, und noch bevor er zwanzig Jahre alt war, wurden seine Mutter und seine beiden älteren Brüder in Haft genommen, in deren Folge sie den Tod fanden.

Indessen wurde Caligula, nachdem er einige Zeit im Hause der Livia und bei seiner Großmutter Antonia gelebt hatte, auf die Insel Capri zitiert, um dort Hausgenosse des Tiberius zu sein; er galt als Thronfolger, obwohl der Kaiser seinen achtzehnjährigen Enkel Gemellus (den Sohn des verstorbenen jüngeren Drusus) zum Miterben seines persönlichen Besitzes bestimmt hatte.

Beim Tode des Tiberius im Jahre 37 wurde Caligula mit Unterstützung des Prätorianerpräfekts Macro zum Kaiser ausgerufen. Um Gemellus seines Anteils zu berauben, erklärte der Senat den letzten Willen des Vorgängers als ungültig, doch nahm Caligula den jungen Mann offiziell als seinen Sohn an. In der ersten Phase seiner Regierung widmete er dem Andenken seiner Verwandten, die unter Tiberius gestorben oder umgebracht worden waren, nachdrücklichste Verehrung und erwies auch seinen drei noch lebenden Schwestern hohe Ehren.

Im Oktober 37 erkrankte Caligula ernstlich. Am Anfang des darauffolgenden Jahres zwang er Gemellus und Macro zum Selbstmord. Der eigentliche Wendepunkt in seiner Regierung kam jedoch im Januar 39, als er eine heftige Abneigung gegenüber dem Senat spüren ließ. Im September eilte er nach Germania superior, um einer vom Statthalter Gaetulicus angezettelten Verschwörung zuvorzukommen, ein Vorfall, der seine Gegnerschaft zum Senat noch verschärfte. Zu den Männern, die bei dieser Gelegenheit hingerichtet wurden, gehörte nicht nur Gaetulicus, sondern auch Caligulas Schwager und Thronerbe Marcus Lepidus; außerdem fielen seine beiden Schwestern, Agrippina die Jüngere und Julia Livilla die Jüngere, die der Mittäterschaft verdächtig waren, in Ungnade und wurden in die Verbannung geschickt.

Im August des Jahres 40 kehrte Caligula, nachdem er ursprünglich geplante Expeditionen nach Germanien und Britannien aufgegeben hatte, in die Hauptstadt zurück und nahm weitreichende Projekte in Angriff: er wollte den augusteischen Prinzipat in ein echt autokratisches System umwandeln. Obwohl Ehrungen im Überfluß auf den Kaiser niederregneten, kam es immer wieder zu Verschwörungen, und die Sicherheitsvorkehrungen wurden entsprechend verstärkt. Doch bald endete das gute Einvernehmen Caligulas mit der Prätorianergarde, und am 24. Januar 41 wurde er von einer Offiziersgruppe ermordet. Seine Frau Caesonia und die kleine Tochter – sein einziges Kind – fanden dabei ebenfalls den Tod.

Caligula, der als Fünfundzwanzigjähriger den Thron bestieg, hatte eine wahrhaft unglückselige Jugend gehabt, die seine Entwicklung wohl auf die schlimmste Weise beeinflußt hat. Zur Zeit des peinvollen Sturzes seiner Mutter und seiner Brüder wurde er nach Capri zitiert, um seine Tage in der Gesellschaft des Mannes zu verbringen, der – mit oder ohne Grund – diese Tragödie herbeigeführt hatte: sein düsterer alter Großonkel Tiberius. Caligulas Leben auf der Insel, wie es Sueton schildert, kann nicht leicht gewesen sein, da er unablässig von Spitzeln provoziert wurde, „die ihn ausholen und zu Beschwerden veranlassen wollten, doch gab er ihnen niemals einen Anlaß, da er den Sturz und das Elend seiner Mutter, seiner Brüder und vertrauten Freunde ausgelöscht und ganz vergessen hatte, als ob ihnen allen nie etwas zugestoßen wäre; er überging alle Kränkungen, die er selbst hatte erdulden müssen, mit einer unglaublichen Verstellung und war außerdem gegenüber seinem Großonkel und dessen Umgebung so unterwürfig und überaus beflissen, daß man nicht ohne Grund von ihm sagte: Einen besseren Diener und einen schlimmeren Herrn hat es nie gegeben".[1]

Trotzdem wäre Caligula, wie der jüdische Geschichtschreiber Josephus berichtet, infolge einer Unvorsichtigkeit seines Freundes, des jüdischen Fürsten Julius Agrippa, beinahe in Schwierigkeiten geraten. Bei einem Verhör auf Capri erklärte ein gewisser Eutychos, Kutscher und Diener Agrippas, der beschuldigt worden war, Kleidungsstücke seines Herrn gestohlen zu haben, er habe Caligula und Agrippa während einer Ausfahrt auf der Insel bei einem hochverräterischen Gespräch belauscht. „Käme doch der Tag", habe Agrippa zu seinem Gefährten gesagt, „an dem der Alte stirbt und du Beherrscher der ganzen bewohnbaren Erde bist!"

Agrippa wurde vom Prätorianerpräfekten Macro verhaftet, doch Caligula gegenüber ließ sich Tiberius nichts anmerken. Allerdings vermittelte der Kaiser dem jungen Mann – abgesehen davon, daß er ihm im Jahre 31 ein Priesteramt und zwei Jahre später das nicht sehr bedeutende Staatsamt eines Quästors übertrug – keinerlei Regierungserfahrung, die ihn auf das doch offenbar für ihn vorgesehene kaiserliche Amt hätte vorbereiten können.

Die Gerüchte, daß Tiberius, als er im Jahre 37 starb, von Caligula vergiftet, erwürgt oder erstickt worden sei, entsprechen ganz sicher nicht den Tatsachen. Dem Zeugnis des älteren Seneca freilich (des Vaters des berühmteren Autors gleichen Namens), wonach Tiberius eines natürlichen Todes starb, ist nicht viel Wert beizumessen, da der ältere Seneca während der Regierungszeit Caligulas schrieb und gar nichts anderes sagen konnte. Doch da mit dem Tod des Kaisers auf Grund natürlicher Ursachen ohnehin zu rechnen war, ist dies wohl die richtige Deutung.

Rom sollte nun also seine erste Erfahrung mit der Regierung eines Nachkommen des Augustus, seines zweiten Begründers, machen.

Sowie Caligula in die Hauptstadt zurückkehrte, scheint der Senat, der ihn auf die Nachricht vom Tode des Tiberius hin zum Kaiser proklamiert hatte, vorgeschlagen zu haben, daß ihm die Volksversammlung mit einem einmaligen Beschluß die kaiserlichen Befugnisse in ihrer Gesamtheit übertragen sollte – eine Kollektivverleihung, wie sie auf einer berühmten Inschrift, der lex de imperio, festgehalten ist. Sie bezieht sich auf die Thronbesteigung Vespasians, aber viele ihrer Bestimmungen gehen vielleicht bis auf Caligula zurück. Doch trotz scheinbarer Einmütigkeit war der Senat im Grunde nicht sehr angetan von dem neuen Herrscher, da die meisten Parteigänger des Hauses des Germanicus, die dieser Thronfolge zugestimmt hätten, von der vorhergehenden Regierung beseitigt worden waren.

Beim Heer jedoch war die Familie des Germanicus noch immer beliebt, und den Soldaten gefiel es, daß Caligula das Andenken der toten Familienmitglieder mit Nachdruck wieder zu Ehren brachte, indem er sie nacheinander durch seine Münzen rehabilitierte und sich höchstpersönlich in stürmischem Winterwetter auf die Inseln begab, auf denen seine Mutter und sein ältester Bruder Nero Caesar zugrundegegangen waren, um ihre Asche von dort zu holen und sie dann mit prunkvollen Totenfeiern in Rom beizusetzen. Zuerst jedoch hatte er das Begräbnis des Tiberius feierlich begangen. Da aber weder der Senat noch das Volk den Tod dieses Kaisers betrauerte, ließ Caligula sein anfängliches Ersuchen, den Toten zum Gott zu erklären, stillschweigend fallen, und schon bald schmähte er das Andenken seines Vorgängers und hinderte auch andere nicht daran.

In seiner äußeren Erscheinung bot Caligula offenbar keinen erfreulichen Anblick: „Er war sehr groß, überaus blaß und hatte einen plumpen Rumpf, während Hals und Beine sehr dünn waren. Augen und Schläfen lagen tief, die Stirn war breit und düster, das Haar war dünn und fehlte auf dem Scheitel ganz, während er am Körper behaart war. Es galt deshalb als Kapitalverbrechen, wenn jemand von einer höhergelegenen Stelle auf ihn herabsah, wenn er vorüberging, oder wenn überhaupt aus irgendeinem Grunde das Wort ‚Ziege‘ ausgesprochen wurde. Sein Gesicht war schon von Natur abstoßend und häßlich, aber er ließ es absichtlich noch grimmiger erscheinen und übte vor dem Spiegel alle möglichen schrecklichen und furchteinflößenden Grimassen ein.

Gesund war er weder körperlich noch geistig. Als Kind litt er an der Fallsucht, und als junger Mann war er zwar einigermaßen ausdauernd, konnte aber bisweilen wegen plötzlicher Schwächeanfälle kaum gehen, stehen, seine Gedanken sammeln oder sich aufrechthalten. Seine Geistesschwäche hatte er selbst wahrgenommen; er dachte zeitweise daran, sich zurückzuziehen und etwas für seine geistige Gesundheit zu tun.“[2]

Sueton berichtet auch, worauf die Geistesstörung bei Caligula zurückging: seine Frau Caesonia habe ihm ein übermäßig starkes Aphrodisiakum verabreicht. Philon dagegen behauptete, die Krankheit, an der er in der Anfangszeit seiner Regierung gelitten habe, sei ein Zusammenbruch infolge von Ausschweifungen gewesen (vgl. Anmerkung 11). Caligula litt sehr unter Schlaflosigkeit und konnte nachts nur etwa drei Stunden schlafen; außerdem hatte er häßliche Träume, denen er dadurch zu entkommen suchte, daß er während der Nachtstunden im Palast umherwanderte. Man hat ihn oft als Epileptiker, Schizoiden, Schizophrenen oder einfach als chronischen Alkoholiker bezeichnet. Tacitus sagt ihm geistige Verworrenheit und Verstörtheit nach, aber wahrscheinlich war Caligula nicht im üblichen Sinne geistesgestört. Diagnosen moderner Psychologen oder Ärzte können jedoch zu nichts führen, da das Material, auf das sie sich stützen könnten, bei weitem nicht ausreicht.

Jedenfalls war der neue Kaiser ein Mann von beachtlichen Talenten, was selbst Josephus zugeben mußte, der allen Grund hatte, ihn wegen seines Verhaltens gegenüber den Juden zu verabscheuen. Sein Rednertalent zum Beispiel stand außer Frage.

„Er war ein erstklassiger Redner, der die griechische und die lateinische Sprache überlegen handhabte. Er verstand es, aus dem Stegreif auf Reden zu antworten, die andere nach langer Vorbereitung aufgesetzt hatten, und sich auf der Stelle überzeugender zum Thema zu äußern als jeder andere, selbst wenn es um die wichtigsten Fragen ging. Das alles war auf ein angeborenes Talent sowie darauf zurückzuführen, daß er dieses Talent bewußt in mühevoller Arbeit vervollkommnete.

Da er nämlich der Enkel des Bruders seines Vorgängers Tiberius war, stand er unter dem starken Zwang, sich selbst um die Vertiefung seiner Bildung zu bemühen, denn auch Tiberius war es ja bemerkenswert gut gelungen, auf diesem Gebiet den ersten Platz einzunehmen. Caligula tat es ihm in der Hinwendung zu so edlem Streben nach und fügte sich den Anweisungen eines Mannes, der sowohl sein Verwandter wie auch sein oberster Vorgesetzter war. So nahm er schließlich als Redner die höchste Stelle unter seinen Mitbürgern ein.

Bei alledem jedoch konnten die Vorteile, die ihm seine Bildung gewährte, der Verderbtheit nicht entgegenwirken, die ihm sein Aufstieg zur Macht einbrachte; so schwer scheint die Tugend des Maßhaltens für Menschen erreichbar zu sein, die leichtsinnig handeln, ohne jemandem darüber Rechenschaft abzulegen."[3]

Der Gegensatz zwischen den vorangegangenen sechs Jahren, in denen Caligula sich – stets gefährdet – größten Zwang auferlegen mußte, und der darauf folgenden Zeit, die ihn in eine Sphäre unbegrenzter Schmeichelei und Machtbefugnis versetzte, wäre wohl auch anderen zu Kopfe gestiegen. Bei ihm jedenfalls wirkte sich die Veränderung auf diese Weise aus. Er war ein Größenwahnsinniger, und zwar ein begabter, mit der ausufernden Zügellosigkeit des echten Autokraten. Man hat ihn mit Wilhelm II., dem letzten deutschen Kaiser, verglichen, aber auch mit dem letzten österreichischen Kaiser Karl I., den man ‚den Unberechenbaren' nannte. ‚Unberechenbar' war auch Caligula, der zwischen äußerster Liebenswürdigkeit und erschreckender Grobheit schwankte, zwischen der Freude an ungeheuren Menschenmassen und der Sehnsucht nach vollkommener Einsamkeit.

Er geriet leicht in höchste Erregung. Ärger riß ihn zu heftigen Schimpfkanonaden hin; er fuchtelte dann nervös mit den Händen und konnte gar nicht wieder aufhören mit seinem Gebrüll. Er war ein junger Mensch von ungebändigter Energie, hatte aber nicht die Kraft, seine Ziele mit Ausdauer zu verfolgen. Er konnte alle möglichen Dinge in Gang setzen, war aber kaum imstande, sie zu Ende zu bringen.

Caligulas scharfe Zunge erregte immer wieder Anstoß. Sehr oft war gerade das seine Absicht, denn er empfand einen tiefen Abscheu vor den offiziellen Täuschungsmanövern, die Augustus so schlau ausgeheckt und Tiberius so verdrießlich hingenommen hatte. Die zahlreichen spöttischen Bemerkungen Caligulas sind in ihrer Deutlichkeit brutal und unverschämt. So äußerte er zum Beispiel unverblümt seine Mißachtung der überlieferten Götter, deren Qualitäten er mit offenkundiger Skepsis betrachtete. Ohne Zweifel dachten viele andere Kaiser ähnlich, aber sie sprachen es nicht aus. Caligula sagte es – ganz offen und sehr deutlich.

Auch Literaturbeflissene brachte er aus der Fassung. Er wagte zu behaupten, Platon habe als einziger Homer richtig behandelt, weil er den Dichter in seinem Idealstaat nicht zugelassen habe. Vergil galt ihm als ein Schriftsteller ohne Talent und von geringer Bildung, und Livius schien ihm geschwätzig und liederlich. Weiter vertrat Caligula die Ansicht, daß sein Zeitgenosse Seneca (der Sohn des Rhetors), der damals gerade als Redner und Schriftsteller in Mode kam, erbärmliches Zeug schreibe – pathetischen Glitzerkram, bloßen Sand ohne Kalk. Diese Bemerkungen kamen dem Kaiser allerdings teuer zu stehen, weil Seneca keineswegs, wie Caligula geglaubt hatte, früh von einer Lungenkrankheit dahingerafft wurde, sondern sich noch viele Jahre an seinem kaiserlichen Kritiker nach dessen Tod dadurch rächen konnte, daß er ihn im schlechtesten Licht darstellte.

Caligula hatte eine seltsame, unbezähmbare Vorliebe für Späße, die wohl schockieren sollten, von seinen ängstlichen Untertanen aber bisweilen zu ernst genommen wurden. Offenkundig absurde Überlieferungen wie jene, die Albert Camus zu seinem ‚Caligula' (1944) inspirierte – die Geschichte, daß er vorgehabt habe, sein Lieblingspferd Incitatus zum Konsul zu machen – gingen zweifellos auf seine nie versiegenden witzigen Bemerkungen zurück. Wahrscheinlich hatte er gesagt, Incitatus könne dieses Amt ebenso gut ausfüllen wie viele der in der letzten Zeit ernannten Amtsinhaber; immerhin verbot er jeden Lärm in der gesamten Umgebung, damit das Pferd nicht gestört werde.

Die Anekdote von Aponius Saturninus zeigt seinen Sinn für Humor von einer anderen Seite. Caligula hatte die Gewohnheit, die ‚Requisiten', die nach öffentlichen Darbietungen übriggeblieben waren, auf einer Auktion zu versteigern, um sich auf diese Weise Geld zu verschaffen. Bei einer solchen Gelegenheit begann Aponius schläfrig vor sich hin zu nicken. Als der Kaiser das sah, befahl er dem Auktionator, das Nicken genau zu beachten, und so wurde das Bieten nicht eher beendet, als bis dem schlaftrunkenen Senator für eine Riesensumme dreizehn Gladiatoren zugesprochen worden waren. Ein Ritter, der während eines Auftritts von Caligulas Lieblingsschauspieler Mnester Lärm machte, erhielt vom Kaiser den Auftrag, das Land zu verlassen und Ptolemaios, dem König des weit entfernten Mauretaniens, eine versiegelte Botschaft zu überbringen. Als der König den Brief öffnete, stand darin nur: „Füge dem Überbringer weder Gutes noch Böses zu."

Auch eine bekümmerte jüdische Abordnung traf Caligula in Spottlaune an. Als sie vor ihn geführt wurde, machte er gerade im Eiltempo eine Inspektionsrunde durch die Gebäude in den Gärten des Maecenas und der Lamia.

„Man trieb uns hinterher, und wir folgten ihm treppauf und treppab, während unsere Gegner uns verhöhnten und verspotteten, ganz wie in einer Posse auf dem Theater ... Nachdem er einige Anweisungen bezüglich der Gebäude gegeben hatte, stellte er uns eine sehr wichtige und ernste Frage: ‚Warum eßt ihr kein Schweinefleisch?‘ Bei dieser Frage brachen unsere Gegner wieder derart hemmungslos in schallendes Gelächter aus ..., daß einer der Diener aus Caligulas Begleitung sich über den Mangel an Achtung vor dem Kaiser ärgerte, in dessen Gegenwart Leute, die nicht zu seinen nächsten Freunden gehörten, noch nicht einmal ein leises Lächeln riskieren durften.“[4]

In Lugdunum, dem heutigen Lyon in Frankreich, veranstaltete er einen griechischen und lateinischen Rednerwettbewerb, bei dem die unterlegenen Bewerber ihre Texte mit der Zunge auslöschen mußten, sofern sie es nicht vorzogen, mit Ruten gepeitscht oder in den Fluß geworfen zu werden. Manchmal jedoch nahm Caligulas Witz unheimlichere Formen an, so etwa, wenn er seine Gattinnen oder Geliebten auf den Nacken küßte und dabei murmelte: „Dieses so reizende Haupt fällt, sobald ich es befehle.“ Das war, wie so viele andere bezeugte Äußerungen Caligulas, Sadismus, und der Psychologe Otto Kiefer hat den einleuchtenden Schluß gezogen, daß Sadismus der grundlegende Charakterzug Caligulas gewesen sei. Selbst war der Kaiser überaus empfindlich gegenüber jeder Kränkung und jedem Schmerz, doch sie anderen zuzufügen war für ihn ein hoher Genuß.

Die Gerüchte über sein Sexualleben waren erstaunlich verschieden. So behauptete er zum Beispiel, Strichjungen aufs Äußerste zu verabscheuen, vertrieb sie aus der Stadt und drohte, sie zu ertränken; der junge Adlige Valerius Catullus dagegen erklärte, er habe sich in einer sodomitischen Beziehung zum Kaiser völlig zermürbt. Man fand auch, daß Caligula bei den Küssen, die er dem Schauspieler Mnester vor aller Augen gab, allzuviel Begeisterung verrate.

Trotz dieser Neigungen hieß es jedoch, der Kaiser unterhalte ständig inzestuöse Beziehungen zu seinen drei Schwestern und führe sie auch seinen intimen Freunden zu. Außerdem heiratete er in seinem kurzen dreißigjährigen Leben nacheinander nicht weniger als vier Frauen. Die letzte dieser Ehen ging er mit der robusten Caesonia ein, die bereits drei Kinder hatte; diese Verbindung erwies sich als überaus glücklich. Er kostümierte sie gern als Soldat oder stellte sie seinen Freunden unbekleidet vor; sicherlich kam sie seinen sadistischen Neigungen entgegen, und sie freuten sich miteinander, wenn er erklärte, er würde sie am liebsten foltern lassen, damit sie ihm endlich verrate, warum seine Liebe zu ihr so groß sei.

Das alles war natürlich reiner Klatsch. Aber der einheitliche Tenor all dieser Geschichten läßt auf einen wahren Kern schließen.

Andererseits ließ sich, zumindest am Anfang seiner Regierungszeit, auch eine ganze Menge zugunsten Caligulas vorbringen. Er war entgegenkommend und höflich dem Senat gegenüber, dem er einen großen Gefallen damit tat, daß er die Hochverratsprozesse abschaffte, die die Regierung seines Vorgängers entstellt hatten. Auch die Ritter waren sehr mit ihm zufrieden, denn er ließ einige von ihnen in den Senat aufrücken, darunter (mit Fingerspitzengefühl und in nicht zu großer Zahl) auch eine Reihe von Männern aus den Provinzen. Ihr Stand fand auch zum erstenmal Erwähnung auf einer kaiserlichen Münze.

Philon berichtet von den über das Übliche hinausgehenden persönlichen Achtungsbezeugungen, die man Caligula entgegenbrachte, als er nicht lange nach seiner Thronbesteigung erkrankte.

„Die Nachricht von Caligulas Krankheit verbreitete sich weithin, da die Meere noch offen waren – es war aber schon früh im Herbst, die Zeit, in der Seefahrer, vor allem, wenn sie das Überwintern im fremden Land vermeiden wollen, von den verschiedenen Handelsplätzen her ihre Heimathäfen und Liegeplätze aufsuchen. Die Leute gaben ihr üppiges Leben auf und liefen mit langen Gesichtern herum. Angst und Niedergeschlagenheit zogen in jedes Haus und in jede Stadt ein. Die Freude, der sie sich eben noch hingegeben hatten, schwand und an ihre Stelle trat ein ebenso heftiger Kummer. Alle Teile der bewohnbaren Welt waren mit Caligula krank. Doch sie litten schwerer als der Kaiser, denn seine Krankheit war nur körperlich, während die ihre allumfassend war und ihre seelische Gesundheit, ihren Frieden, ihre Hoffnungen und ihre Teilhabe an den vielen guten Dingen betraf; denn sie erwogen immer wieder die vielen schlimmen Folgen der Anarchie – nämlich Hungersnot, Krieg, Verwüstung der Felder und Siedlungen, Geldraub, Verschleppung und die verzweifelte Furcht vor Versklavung und Tod. Diese Furcht konnte kein Arzt heilen – das einzige Heilmittel war die Genesung Caligulas.“[5]

Diese Beweise der allgemeinen Beliebtheit Caligulas waren nicht völlig ungerechtfertigt. War er auch unbeständig und grenzenlos dünkelhaft, so gab es doch anfänglich Anzeichen dafür, daß er bereit war, seine unbezweifelbaren Fähigkeiten im Dienste des Staates einzusetzen.

So behielt er zum Beispiel die von seinen Vorgängern überkommene Gewohnheit bei, seine Richterpflichten sehr ernst zu nehmen. Er erweiterte diese Verpflichtung sogar, indem er den Brauch einführte, Fälle auf Ersuchen des Senats zu behandeln. Allerdings verhielt er sich bei alledem ein wenig exzentrisch.

„Häufig schrieb er Stellungnahmen gegen Redner, die einen Fall mit Erfolg vertreten hatten, oder er verfaßte Plädoyers sowohl für die Anklage wie auch für die Verteidigung wichtiger Persönlichkeiten, gegen die vor dem Senat verhandelt wurde – wobei der Urteilsspruch von der Laune seiner Feder abhing – und forderte dann durch eine Bekanntmachung die Ritter auf, sich einzufinden und zuzuhören.“[6]

Doch mag Caligula auch zuerst zu großem Fleiß entschlossen gewesen sein, so dauerte es doch nicht lange, bis seine guten Vorsätze zu ermatten begannen. Das wog sehr viel schwerer als seine sexuellen Verirrungen, da ein Kaiser sich nur halten konnte, wenn er äußerst schwer und unablässig arbeitete. Und obwohl Caligula tätig blieb, wurde doch bald deutlich, daß er diese Tätigkeit keineswegs auf die Geschäfte des Staats konzentrierte.

Er hatte nämlich auch eine leidenschaftliche Neigung zum Zirkus und zur Bühne. Immer wieder speiste er in den Stallungen der Wagenlenker und verbrachte auch die Abende dort; auch „sah man ihn in wilder Erregung Tänzern zuschauen oder sich gelegentlich sogar selbst am Tanze beteiligen oder wie ein Schuljunge in schallendes Gelächter über die Zynismen und Zoten von Komödianten ausbrechen, statt daß er sie mit einem reservierten Lächeln bedacht hätte, oder fasziniert der Musik von Leierspielern oder Chören lauschen und manchmal sogar selbst mitsingen."[7]

Bei solchen Unterhaltungen gab er sich durchaus nicht immer mit der Rolle eines Zuschauers zufrieden. Man meint oft, Nero sei der erste Kaiser gewesen, der Erfolge als Wagenlenker, Sänger, Tänzer und Schauspieler anstrebte. Caligula war sein Vorgänger auf allen diesen Gebieten.

„Abends tanzte er oft, und einmal ließ er gegen Ende der zweiten Wache drei Senatoren von konsularischem Rang in den Palast kommen. Als sie halbtot vor Angst eintrafen, führte man sie auf eine Bühne, auf der inmitten eines fürchterlichen Lärms von Flötenspiel und Fersenklappen plötzlich Caligula erschien und, mit Mantel und knöchellanger Tunika bekleidet, ein Lied und einen Tanz vorführte, um dann wieder zu verschwinden."[8]

Ferner legte er gern eine Rüstung an und trat als Gladiator auf, wobei er echte Waffen verwendete.

Das alles bedeutete natürlich, daß ihm weit weniger Zeit für die Regierungsgeschäfte blieb. So ist Caligula der erste Kaiser, der diese ungeheure Aufgabe als Halbtagsarbeit zu bewältigen versuchte. Es war ein Versuch, der nie gelingen konnte.

Fürs erste wuchs so die Autorität der Freigelassenen, die seine Höflinge waren, beträchtlich, und diese neue Situation sollte für die Zukunft bedeutsam werden. Die prominentesten unter ihnen waren Griechen aus Alexandria, die eine ganz besondere Abneigung gegen die in jener Stadt so zahlreichen Juden hatten und stark zu der judenfeindlichen Politik des Kaisers beitrugen. So ist bei Josephus, der mit einer jüdischen Abordnung nach Rom kam, darüber viel zu finden. Der mächtigste unter diesen Alexandrinern war Helikon, der Kämmerer des Kaisers.

„Er spielte Ball mit seinem Herrn, trieb Sport und badete mit ihm, nahm die Mahlzeiten mit ihm ein und war auch bei ihm, wenn er schlafen gehen wollte . . . mit dem Ergebnis, daß er allein das Ohr des Kaisers hatte, wenn jener nicht beschäftigt war oder sich ausruhte – ohne Ablenkung von außen und infolgedessen in der Lage anzuhören, was er am liebsten hören wollte."[9]

Einer der Gründe, warum Caligula Helikon schätzte, war die Tatsache, daß beider Witz den gleichen zynischen und schadenfrohen Einschlag hatte. Ein anderer, gleichfalls judenfeindlicher Gefährte des Kaisers war der hervorragende tragische Schauspieler Apelles aus Askalon. Auch er war eine bedeutende Persönlichkeit, mit der man rechnen mußte; allerdings fiel er später in Ungnade, und der Kaiser, der zusah, wie Apelles ausgepeitscht wurde, fand es witzig, ihn zu dem melodischen Klang seiner Schreie zu beglückwünschen.

Es hieß nämlich von Caligula, daß er seine Freunde, mochten sie ihm auch noch so nahe gestanden haben, unbedenklich fallen ließ. Das machte jenem Freigelassenen Sorge, der einflußreicher als alle anderen und wahrscheinlich überhaupt der einflußreichste Freigelassene war, den Rom je gesehen hatte: Callistus, der sein Speisezimmer mit dreißig Säulen aus orientalischem Alabaster schmückte und ein Vorläufer der großen kaiserlichen Sekretäre späterer Jahre war. Auch Callistus sollte in der Folgezeit noch eine Rolle spielen, da er den unberechenbaren Caligula rechtzeitig verlassen hatte und unter dessen Nachfolger in Gunst blieb.

Diese zum offensichtlichen Schaden der Senatsgewalt bedeutend verstärkte Position der kaiserlichen Höflinge war einfach ein Anzeichen der Wandlung, die jetzt ganz deutlich wurde: Caligulas Vorstellung vom Kaisertum unterschied sich wesentlich von der Konzeption des Augustus und des Tiberius. Diese Herrscher hatten sich beide sehr darum bemüht, nicht als Autokraten reinsten Wassers zu erscheinen. Caligula dagegen hatte keine Geduld für solche Vorspiegelungen und ließ allmählich seine eindeutige Absicht merken, nichts anderes als ein Autokrat zu werden und zu bleiben.

Der Umstand, daß er in seiner Jugend bei seiner Großmutter Antonia gelebt hatte, mochte seine Denkweise beeinflußt haben, denn sie hatte ein Haus geführt, in dem Fürsten aus dem Osten mit absolutistischen Vorstellungen ein und aus gingen; zu ihnen gehörte auch der jüdische Herrscher Julius Agrippa, der Caligulas vertrauter Freund wurde. Außerdem war Antonia die Tochter des Griechenfreunds Mark Anton, der von seiner Gefährtin Kleopatra gewisse Wesenszüge der ptolemäischen Monarchie angenommen hatte. Caligula aber, der die Griechen schätzte, war ebenfalls stolz auf seine Abstammung von Antonius, und der Jahrestag von dessen Niederlage bei Actium wurde unter ihm zeitweise nicht mehr gefeiert.

Auch seine Münzen zeigten gewisse hellenistische Anklänge. Eine der überraschendsten Münzprägungen der frühen Kaiserzeit waren die großen Kupfermünzen Caligulas, auf denen seine drei Schwestern dargestellt und benannt sind: Agrippina die Jüngere, Drusilla und Livilla die Jüngere, die stehend mit den Attributen von Göttinnen abgebildet sind. Die inzestuösen Beziehungen zu seinen Schwestern, die Caligula nachgesagt wurden, waren am Hof der Ptolemäer ebenso üblich wie die außergewöhnliche Bedeutung, die ihnen der Kaiser auf diesen Münzen ganz bewußt zuerkannte. Als Drusilla, die Schwester, die er besonders gern hatte, im Jahre 38 n. Chr. starb, wurde sie offiziell zur Göttin erhoben. Ihr wurde als erster Römerin diese Ehrung zuteil, die selbst Livia, die verehrte Witwe des Augustus, erst drei Jahre später empfing.

In den fünf Jahren seiner Regierung hatte Caligula viermal das Konsulat inne. Das Angebot eines ständigen Konsulats, das ihm ein für allemal übertragen werden sollte, lehnte er jedoch ab, da ihn diese traditionellen römischen Ehrenposten nicht übermäßig interessierten. Er wollte aus seiner Stellung etwas ganz anderes machen. Voraussetzung dafür war auch die bewußte Beseitigung jeder vorgetäuschten Legalität, da er ja ganz ohne Maske Herr des römischen Staats in der Tradition nicht des Augustus, sondern des Julius Caesar werden konnte: Allerdings erhob er dabei keinen Anspruch auf die Ständige Diktatur Caesars, da die Befugnisse, die er bereits hatte, den gleichen Zweck erfüllten.

Obwohl Caligula, wenn es um seine Zeit und seine Vorhaben ging, dazu neigte, sich zu verzetteln, war seine Theorie der kaiserlichen Macht doch ziemlich systematisch und wohlüberlegt. Er selbst bemerkte bezeichnenderweise, der Charakterzug, der ihn am meisten mit Stolz erfülle, sei seine Unbeugsamkeit. Er verwendete dafür ein griechisches Wort (adiatrepsia), und wenn auch all denen, die ihn als unbeständig kannten, die Wahl dieses Wortes befremdlich erscheinen mußte, war es doch eine recht genaue Bezeichnung für seine Entschlossenheit, die Halbwahrheiten und Scheingründe der augusteischen Ordnung hinwegzufegen und an ihre Stelle einen unverhüllten Absolutismus zu setzen.

Das bedeutete das Ende seiner Flitterwochen mit den Senatoren. Schon im Jahre 38 mußten sie in Unruhe geraten, als Gemellus und Caligulas Schwiegervater Marcus Silanus, der Vater seiner ersten Frau Junia Claudilla, zum Selbstmord getrieben wurden. Der entscheidende Bruch jedoch kam am Anfang des nächsten Jahres. Der Kaiser vollzog ihn gewissermaßen öffentlich, als er in einer Senatssitzung erklärte, Tiberius habe ihm einst geraten, die Hochverratsprozesse fortzusetzen. Das sei ein sehr vernünftiger Rat gewesen, sagte Caligula weiter, und die Prozesse, die seit seiner Thronbesteigung ausgesetzt worden seien, müßten nun sogleich wieder aufgenommen werden. Was ihn zu dieser Kehrtwendung veranlaßt hatte, weiß man nicht, aber wahrscheinlich hatte ihm sein Geheimdienst hinterbracht, daß sich in der Oberklasse eine gefährliche Unzufriedenheit ausbreite.

Nachdem der Senat sich diese Rede tief erschrocken und schweigend angehört hatte, war er nicht mehr imstande, sich an diesem Tage weiteren Aufgaben zu widmen. Und am nächsten Tag beschloß man mit erbärmlicher Willfährigkeit, der Milde des Herrschers alljährliche Opfer darzubringen; doch nicht genug damit – sie beeilten sich hinzuzufügen, daß an den Tagen, an denen diese Opfer stattfänden, das goldene Standbild des Kaisers aufs Kapitol gefahren werden solle, während Knaben aus dem höchsten Adel Lieder zu seinem Lobpreis zu singen hätten.

Caligula jedoch ließ sich damit nicht beschwichtigen, denn er wußte nur zu genau, daß bestimmte gehässige Senatoren – ganz wie zu Zeiten Julius Caesars – ihn gern dazu bringen wollten, übertriebene Ehrungen anzunehmen und sich dadurch lächerlich zu machen. Infolgedessen bestand seine Reaktion darin, daß er sich alle Mühe gab, den Senat zu demütigen. Schon bald konnte man beobachten, wie würdige ältere Herren in ihren schweren Togen kilometerweit neben seinem Wagen herrannten.

Der Kaiser bereitete nun eine Demonstration vor, mit der er seine höchst persönliche Auffassung von seinem Amt allen deutlich vor Augen führen wollte. Er hatte den Einfall, im Triumph über das Meer zu reiten. Zu diesem Zweck wurde ein Teil des Golfes von Neapel auf eine Strecke von drei bis fünf Kilometer hin durch eine Doppelreihe von Schiffen überbrückt, auf der man eine Straße anlegte, die ihm einen Ritt über das Wasser ermöglichte. Zu seinem Glück herrschte während dieser Parade Windstille, so daß er im

Scherz bemerken konnte, selbst der Meeresgott Neptun erkenne ihn offenbar als seinen Herrn an. Von Kavallerie und Infanterie begleitet, überquerte er die Brücke hoch zu Roß und trug dabei den Brustpanzer Alexanders des Großen, den man aus dem Mausoleum des Königs in Alexandria geholt hatte. Zwei Tage später machte er die Rückfahrt in einem Wagen, den zwei berühmte Rennpferde zogen; hinter ihm kamen seine Freunde und vornehme Gäste aus dem Ausland sowie die gesamte Prätorianergarde, die auf seinen Befehl hin verstärkt worden war. In der Nacht schließlich erglänzte die ganze Bucht von Feuerbränden, die man rings an der Küste angezündet hatte. Caligula hatte bereits das Meer zum festen Land gemacht und zeigte nun, daß er auch die Nacht zum Tag machen konnte.

Doch solche prächtigen Spektakel kosteten Geld. Auch eine seit dem Jahre 39 auf den Münzen bezeugte volkstümliche Maßnahme, die Abschaffung der von Augustus eingeführten Verkaufssteuer, kostete Geld, denn nachträglich erwies sich, daß diese Geste allzu großzügig gewesen war und daß zum Ausgleich neue Steuern eingeführt werden mußten. Zu ihnen gehörten Abgaben, mit denen man Nahrungsmittel, Prozesse und die Einnahmen der Lastträger, der Prostituierten und der Zuhälter belegte.

Es war nicht zu erwarten, daß die Senatoren und Statthalter, von denen manche schon unter der viel geschickteren Behandlung durch Augustus und Tiberius gemurrt hatten, Caligulas offen zur Schau gestellte autokratische Akte dulden würden. Gerüchte von Verrat verbreiteten sich und waren zum Teil vollauf berechtigt. Eines bezog sich auf einen kurz zuvor aus dem Amt geschiedenen Statthalter von Pannonien, der zum Selbstmord gezwungen wurde. Und dann hörte Caligula von einer ernst zu nehmenden Verschwörung unter den Truppen in Germanien. Er hatte vorgehabt, die gewagten Feldzüge seines Vaters Germanicus jenseits des Rheins zu wiederholen, und er mag sogar geplant haben, in Britannien einzufallen, das trotz der nun fast hundert Jahre zurückliegenden Expeditionen Caesars noch immer nicht erobert war. Um diese Unternehmen in Gang zu bringen, mußte Caligula sich in die Garnisonen am Rhein begeben. Doch bevor er Rom verließ, erreichten ihn aufregende Nachrichten: sobald er nach Moguntiacum (Mainz) komme, werde der sehr einflußreiche, aus Adelskreisen stammende Heerführer in Germania superior, Cnaeus Cornelius Lentulus Gaetulicus ihn ermorden lassen. Gaetulicus wollte wahrscheinlich Marcus Aemilius Lepidus auf den Thron bringen, den Witwer der zur Göttin erhobenen Kaiserschwester Drusilla und Geliebten ihrer Schwester Agrippina der Jüngeren, den man weithin für den wahrscheinlichsten Nachfolger Caligulas hielt.

So brach der Kaiser im September 39 n. Chr. auf Grund dieser Nachrichten unvermittelt und eher als geplant mit einem beträchtlichen Kontingent von Prätorianern nach Norden auf. In seiner Begleitung befanden sich auch Lepidus, Agrippina und deren Schwester Julia Livilla die Jüngere. Nach der Ankunft in Germanien wurden Gaetulicus wie auch Lepidus festgenommen und hingerichtet. Damit endete der erste Versuch in der Geschichte des römischen Kaiserreichs, eine der großen Provinzgarnisonen gegen den Kaiser aufzuwiegeln, in einer Katastrophe. Für Caligula allerdings war es eine höchst niederdrückende Erfahrung, die seine natürliche Neigung zu Gereiztheit, Argwohn und Furcht erschreckend verstärkte. Agrippina wurde von ihrem Bruder gezwungen, die Asche ihres Liebhabers Lepidus nach Rom zurückzubringen; danach wurde sie auf eine Insel in die Verbannung geschickt. Ihre Schwester Julia Livilla, die gleichfalls ungehöriger Beziehungen zu Lepidus bezichtigt worden war, vielleicht aber nur Agrippinas Vertraute war, wurde ebenfalls verbannt. Caligula vergaß auch nicht anzuordnen, daß Hab und Gut der beiden Schwestern, dessen sie durch ihren Verrat verlustig gegangen waren, zu verkaufen sei; es wurde nach Lugdunum gesandt und dort versteigert.

Den folgenden Winter verbrachte der Kaiser in den am Rhein gelegenen Lagern und in Gallien. An der germanischen Grenze, wo von einer Expedition die Rede war, geschah nichts außer großangelegten militärischen Manövern, die die Stämme einschüchtern und die Disziplin der Legionen wiederherstellen sollten. Im darauffolgenden Frühjahr fiel auch die geplante britische Expedition ins Wasser, und man erzählte sich groteske Geschichten, etwa daß Caligula seine Truppen an der gallischen Küste habe Muscheln sammeln lassen. Doch wahrscheinlich verzichtete er nur deshalb auf die Invasion, weil er sich der gefährlichen Auswirkungen der Hinrichtung des Gaetulicus und Lepidus auf die Senatoren bewußt war und deshalb nach Rom zurückkehren wollte.

Brieflich hatte er im Zusammenhang mit der Verschwörung bereits eine Reihe von Anklagen in Gang gebracht. In die Nähe der Hauptstadt zurückgekehrt, hatte er dann im Sommer die Senatoren absichtlich dadurch beleidigt, daß er sie über seine Rückkehr in Unkenntnis ließ. Sie dagegen hatten in geheuchelter Unterwürfigkeit bewilligt, daß er bei jedem Besuch ihrer Sitzungen eine Leibwache mitbringen durfte. Weiter veranlaßten sie, daß er, während er sich im Senatsgebäude aufhielt, auf einem hohen und unzugänglichen Podest sitzen sollte.

Sehr bald schon ging Caligula weiter als je zuvor, viel weiter als seine beiden Vorgänger auf dem Kaiserthron, indem er genehmigte, daß man ihn sofort, also noch zu seinen Lebzeiten, zum Gott erhob. Er befahl den Juden, sein Standbild in Gestalt des Zeus in ihrem Tempel in Jerusalem aufzustellen. Die Freigelassenen nämlich, die ihn berieten, waren Judenfeinde und redeten ihm ohne Mühe ein, man werde sich in Jerusalem nicht anders verhalten als im übrigen Reich und durch die Verehrung seines Bildes im jüdischen Heiligtum die Zugehörigkeit zu dem System einer umfassenden Loyalität bekunden. Die Folge dieser gründlichen Fehleinschätzung der Gefühle der Juden – die eher gestorben wären, als daß sie diesen Befehl ausführten – wäre unweigerlich ein blutiger Aufstand gewesen, wenn man Caligula nicht im letzten Augenblick zu einer Sinnesänderung hätte bewegen können.

Daß Kaisern während ihrer Regierungszeit Tempel geweiht wurden, kam in den griechisch sprechenden östlichen Provinzen häufig vor. In Rom jedoch, wo man diesen Brauch nicht kannte, wirkte sich Caligulas Politik der Selbstvergöttlichung noch bedenklicher aus. Es hatte ihn unterhalten, sich als Gott oder Göttin, ja sogar als Jupiter zu kostümieren, aber es schien ihn auch zu amüsieren, als ein gallischer Schuhflicker auf die Frage, was er von einem Kaiser halte, der sich als König der Götter verkleide, antwortete, das sei doch wohl nur albernes Zeug. Jedenfalls bestrafte er den Mann nicht. Obwohl Caligula selbst nicht an die Götter glaubte, war er fest davon überzeugt, daß seine Vergöttlichung in Form der Apotheose hellenistischer Könige gerade in der Hauptstadt eine nützliche und natürliche Folge des ganz offenkundig absoluten Regimes sei, das er einzurichten beabsichtigte. Wenn er also jetzt in Rom für seine göttliche Person zwei Tempel errichtete – den einen auf eigene Kosten, den anderen laut Senatsbeschluß auf Staatskosten –, so war das für die Hauptstadt etwas völlig Neues.

Durch solche Maßnahmen unterstrich er seine Auffassung von der Monarchie, die so wenig Gegenliebe fand, derart unverblümt, daß sich sofort mindestens drei weitere Verschwörungen bildeten, die seine Ermordung zum Ziel hatten.

Der Kaiser sprengte eine Gruppe von Römern, die als Anhänger der stoischen Philosophie wohl die Monarchie an sich, nicht aber eine schlechte Monarchie duldeten; da sie nicht umhin konnten, Caligulas Herrschaft für schlecht zu halten, begingen sie zweifellos Unbesonnenheiten oder waren sogar als Aufrührer anzusehen. Aber noch gefährlicher schien, falls der Argwohn des Kaisers berechtigt war, daß die Prätorianerpräfekten Marcus Arrecinus Clemens und ein uns nicht namentlich bekannter Kollege gemeinsam seine Ermordung planten. Caligula, der gern durch Offenheit verblüffte, sagte ihnen ihre Absicht auf den Kopf zu und forderte sie auf, ihn doch gleich umzubringen, wenn er ihnen wirklich so sehr mißfalle. Diesen Rat befolgten sie zwar nicht, aber sie fühlten sich nach diesem peinlichen Gespräch begreiflicherweise selbst nicht mehr sicher. So hat wohl Clemens, vielleicht gemeinsam mit seinem Mitpräfekten und zusammen mit empörten und verängstigten Senatoren bei dem erfolgreichen Komplott, das jetzt geschmiedet wurde, die Initiative ergriffen. Die Hauptrolle allerdings übernahm dabei ein anderer ranghoher Prätorianeroffizier, der Militärtribun (etwa Oberst) Cassius Chaerea. Der Kaiser, der so gern geschmacklose Witze machte, hatte Chaerea tief gekränkt. Offenbar machte es ihm Spaß, den Offizier, einen altmodischen Haudegen in ziemlich vorgeschrittenen Jahren, mit der Behauptung zu reizen, er sei homosexuell. Wenn Chaerea an der Reihe war, die Losung entgegenzunehmen, wählte der Kaiser immer Worte wie ‚Venus' oder ‚Priapus' – der Gott mit dem großen erigierten Glied –, und der Tribun war dadurch unter seinen Soldaten zum Gespött geworden. Außerdem machte der Kaiser gern mit den Fingern eine obszöne Geste, wenn er Chaerea die Hand zum Handkuß reichte.

So kam es, daß Chaerea sich der Verschwörung anschloß. Am 24. Januar 41 n. Chr. schlugen er und zwei andere Offiziere Caligula in einem verdeckten Gang nieder; es war der erste der vielen Fälle, in denen Prätorianer sich gegen den Kaiser wandten, den sie eigentlich beschützen sollten. Einige Männer aus der germanischen Leibwache kamen angelaufen und wollten dem Kaiser helfen, aber sie kamen zu spät. Danach erstach ein Prätorianer Caligulas Frau Caesonia, und das nächste Opfer war die kleine Tochter beider. Als sie geboren wurde, hatte man sie einer Jupiterstatue auf die Knie gesetzt und der Minerva an die Brust gelegt. Jetzt zerschmetterte ihr einer der Offiziere den Kopf an der Wand.

Als Caligula überfallen wurde, befand er sich auf dem Weg ins Theater; Josephus schildert, wie unterschiedlich die dort versammelte Menge auf die Nachricht reagierte: „Man war bestürzt und wollte es nicht glauben. Manche, die seine Ermordung von ganzem Herzen herbeiwünschten und schon lange vorher als einen Segen angesehen hätten, konnten vor lauter Angst nicht daran glauben. Dann gab es Leute, die alles andere als eine solche Nachricht erhofften, weil sie Caligula ein solches Schicksal nicht wünschten, und die es nun nicht glaubten, weil es ihnen unmöglich schien, daß ein Mensch den Mut aufbrächte, ihn zu töten.

Unter ihnen befanden sich törichte Frauen, Kinder, sämtliche Sklaven und einige Vertreter des Heeres. Die letzteren dachten so, weil sie Söldner waren und insofern an seiner Tyrannei teilhatten; daß sie seine Frechheit unterwürfig hinnahmen, brachte ihnen Ehre und Gewinn, denn die vornehmsten Bürger zitterten vor ihnen. Das Frauenvolk und die jungen Leute hatten sich – wie das bei der Masse üblich ist – von den Aufführungen und Gladiatorenkämpfen, die er veranstaltete, wie von den Fleischverteilungen, die er anordnete, blenden lassen.“[10]

Doch alle diese Anhänger hatten Caligula nicht retten können, weil er den verhängnisvollen Schritt tat, sich die oberen Klassen zu entfremden – die Senatoren und die ranghohen Prätorianeroffiziere. Die Folge davon war, daß seine Regierung nach einem verheißungsvollen Beginn mit einer Katastrophe endete.

Ähnliche Niedergangserscheinungen waren, wenn auch weniger drastisch, schon unter früheren Kaisern festzustellen. Die Herrschaft des Augustus hatte nach Jahrzehnten stets kontrollierter Leistungsfähigkeit befürchten lassen, daß es mit ihr ein schlimmes Ende nehmen werde, doch die angestrengte Arbeit des Stellvertreters Tiberius hatte das noch verhindern können. Danach war es auch unter Tiberius nach einer langen Periode erfolgreicher Regierungstätigkeit zu einer Notsituation gekommen. Über die kurze Regierungszeit Caligulas sind wir vergleichsweise schlecht unterrichtet, weil bei Tacitus die einschlägigen Bücher nicht erhalten sind; zu den Berichten bei Sueton und Dio Cassius hat Theodor Mommsen mißbilligend bemerkt, daß darin gesagt sei, was mit Schweigen hätte übergangen werden sollen, und verschwiegen, was der Erwähnung wert gewesen wäre. Jedenfalls gab es einen Zeitpunkt, von dem an Caligulas Verhalten und Stellung sich sehr rasch verschlechterten, wenn auch das Reich als Ganzes noch verhältnismäßig gut verwaltet wurde.

Philon ist der Ansicht, dieser entscheidende Augenblick sei im Oktober 37 eingetreten, als Caligula erkrankte.

„Im achten Monat seiner Regierung befiel Caligula eine schwere Krankheit. Er hatte die mäßigere und daher gesündere Lebensweise, die er, solange Tiberius lebte, beibehalten hatte, zugunsten eines üppigen Lebens aufgegeben. Starkes Trinken und eine Vorliebe für Leckerbissen, ein selbst bei übervollem Magen unersättlicher Appetit, warme Bäder zur falschen Zeit, Erbrechen, nach dem er sich sofort wieder dem Weingenuß bis zur Trunkenheit mit anschließendem Überladen des Magens zuwandte, unzüchtiges Verhalten gegenüber Knaben und Frauen – all dies und andere Laster zerstörten die Seele und den Körper sowie die Bande, die beide vereinen. Der Lohn der Selbstzucht sind Gesundheit und Kraft, während Mangel an Selbstzucht Schwäche und eine Krankheit nach sich zieht, die zum Tode führen kann.“[11]

Laut Philon war diese Krankheit daran schuld, daß Caligulas Gesinnung und Regierung eine so entschiedene Wendung zum Schlechteren nahmen. Doch diese Deutung läßt sich wohl kaum halten, da der Kaiser ohne ernsthaften Widerstand bis 39 n. Chr. unangefochten und erfolgreich an der Spitze des Reiches stand. Dann allerdings kam es zu einer Reihe mißlicher Entwicklungen. Zuerst ließ er allmählich seine von jeder Tradition abweichende Konzeption eines autokratischen Kaisertums erkennen, womit eine überaus deutliche

Sprache gegenüber dem Senat verbunden war. Man kann sich fragen, ob sich diese Überzeugungen erst damals herausgebildet hatten, oder ob er Gedanken, die er längst schon hegte, bis dahin wohlweislich geheimgehalten hatte. Philon, ein Anhänger der antiken Theorie, daß der Charakter schon von Geburt her unabänderlich bestimmt ist – eine Überzeugung, die das Urteil des Tacitus über Tiberius verfälschte – nimmt letzteres an. Und wirklich verhält es sich in diesem Falle wohl so, daß Caligula, wenn auch nicht in seiner Kindheit, so doch schon sehr früh unter den Einfluß absolutistischer Gedankengänge geriet, die ihm, wie wir sahen, wahrscheinlich jene jüdischen und östlichen Herrscher nahebrachten, denen er im Hause seiner Großmutter Antonia begegnete. Indes ist es wohl auch denkbar, daß er erst allmählich und in dem Maße zum wahrhaft überzeugten Absolutisten wurde, in dem er sich immer stärker der unbegrenzten Möglichkeiten seiner kaiserlichen Machtstellung bewußt wurde, die einen so unerhörten Gegensatz zu dem Leben in ständiger Unterdrückung bildete, das er vorher geführt hatte.

Die zweite kritische Entwicklung im Jahre 39 bestand darin, daß damals jene bedenklichen Anschläge auf sein Leben einsetzten, von denen einige zwar nur in seiner Einbildung bestanden haben mögen, andere aber verbürgt und durchaus ernst zu nehmen waren. Hier ist vor allem die Verschwörung des Gaetulicus zu nennen, die den Wendepunkt in Caligulas Charakter und Regierung darstellt. Eine Neigung zu tyrannischem Verhalten, die sicher schon vor diesem Ernstfall deutlich erkennbar war, mußte sich von diesem Zeitpunkt an zwangsläufig verstärken.

In gewissem Sinne jedoch war Caligula von Anfang an zum Scheitern verurteilt, denn wenn selbst der fähige Tiberius trotz aller Bemühungen das Erbe des Augustus nicht hatte meistern können, war von seinem jungen, unerfahrenen und unbesonnenen Nachfolger, der von fleißiger Arbeit wenig hielt, nicht zu erwarten, daß er den riesigen Schwierigkeiten dieser Hinterlassenschaft auch nur annähernd gewachsen war.

V

Claudius

Tiberius Claudius Nero Germanicus, der jüngste Sohn des älteren Drusus und der Antonia, kam 10 v. Chr. in Lugdunum (Lyon) zur Welt. Da er ständig kränkelte und durch einen an Mißbildung grenzenden plumpen Körperbau behindert war, wurde er weder von Augustus noch von Tiberius zu einem Regierungsamt herangezogen und widmete statt dessen seine Zeit bedeutenden gelehrten Arbeiten. Sein Neffe Caligula machte ihn im Jahre 37 für zweieinhalb Monate zum Konsul.

Nach Caligulas Ermordung im Jahre 41 wurde Claudius von der Prätorianergarde zum Kaiser ausgerufen; möglicherweise hatten die höheren Offiziere ihn schon vorher als Nachfolger Caligulas vorgesehen. Dem Senat jedoch, der nach der Ermordung Caligulas an eine Wiedereinführung der Republik gedacht hatte, gehörten mehrere Mitglieder an, die mit dem Aufstand sympathisierten, den Scribonianus im Jahre 42 in Dalmatien anzuzetteln versuchte. Der Unterdrückung dieses Aufruhrs folgte eine energische Verstärkung der Sicherheitsvorkehrungen – und eine Reihe weiterer wirklicher oder vermuteter Komplotte, die Hochverratsprozesse nach sich zogen.

Zur gleichen Zeit jedoch entfaltete die Regierung des Claudius eine eindrucksvolle Tätigkeit. Unter dem Kommando des Aulus Plautius wurden Süd- und Mittelengland angegriffen und als Provinz Britannia annektiert. Zu der entscheidenden Einnahme von Camulodunum (Colchester) kam Claudius selbst ins Land, während er die Verwaltung Roms Lucius Vitellius überließ, der unter seinen Ratgebern die erste Stelle einnahm.

Darüber hinaus zeigte der Kaiser ein beachtliches administratives Talent und nahm seine richterlichen Pflichten mit nie nachlassender Gewissenhaftigkeit wahr. Wie unter Caligula wurden weiterhin in wachsendem Maß griechische oder hellenisierte Freigelassene als Berater und kaiserliche Sekretäre eingesetzt. In diesem Stadium hatte Claudius jedoch seine einflußreichsten Sekretäre, Narcissus und Pallas, noch unter Kontrolle, und seine junge Gattin Messalina, die ihm eine Tochter, Octavia, und einen Sohn, Britannicus, geboren hatte, war anfangs mehr daran interessiert, das Leben zu genießen als Macht auszuüben. Im Jahre 48 indessen scheint die Beschuldigung, sie habe Gaius Silius, einen ihrer Liebhaber, anstelle des Claudius auf den Thron setzen wollen, begründet gewesen zu sein. Beide wurden zu Fall gebracht, und die entscheidende Rolle bei ihrem Sturz spielte Narcissus.

Doch die Phase, in der Narcissus allgewaltig war, fand ein plötzliches Ende, als Claudius im Jahr darauf seine Nichte Agrippina die Jüngere heiratete. In den folgenden fünf Jahren scheint der alternde Kaiser, der ein Übermaß an Arbeit zu leisten hatte, durch Verschwörungen verschreckt und infolge seines schlechten Gesundheitszustands und seines Hangs zum Alkohol geschwächt, die Situation nicht mehr voll beherrscht zu haben. Die Regierung lag jetzt in den Händen Agrippinas, die von Pallas – der ihre Heirat mit Claudius gefördert hatte – und Burrus, einem neuen Prätorianerpräfekten, unterstützt wurde. Agrippina beseitigte energisch jede Opposition und erreichte im Jahre 50, daß Nero, ihr Sohn aus einer früheren Ehe, von Claudius adoptiert wurde mit dem eindeutigen Ziel, ihm unter Umgehung des Britannicus, des eigenen Sohnes des Kaisers, die Thronfolge zu sichern. Vier Jahre später starb der Kaiser plötzlich nach dem Genuß eines Pilzgerichts, das, wie man glaubte, von Agrippina vergiftet worden war. Nero wurde ohne Zwischenfälle zu seinem Nachfolger ernannt.

Auf die Ermordung Caligulas folgte ein Chaos, und die Senatoren glaubten die Gelegenheit nutzen und zum ersten Mal seit vielen Jahren die Ereignisse lenken zu können. Nachdem sie den Staatsschatz auf dem Kapitol sicher verwahrt hatten, hielten sie eine Versammlung ab, in der die Konsuln vorschlugen, die seit langem aufgegebene Republik wiederherzustellen. Man kam jedoch zu keinem endgültigen Beschluß, und der Plan hätte sich ohnehin nicht verwirklichen lassen, da das Heer sich zur Sicherung des Solds einen einzigen

Oberkommandierenden wünschte und eine solche Veränderung nie zugelassen hätte; an dieser Einstellung hatten auch die Verrücktheiten Caligulas nichts geändert. Ebensowenig hätten die Soldaten einem anderen Vorschlag, der zur Debatte stand, zugestimmt, nämlich den Prinzipat auf eine andere Familie zu übertragen. Dafür fühlten sie sich zu eng mit dem julisch-claudischen Hause verbunden.

Das einzige überlebende Mitglied dieser Familie war der fünfzigjährige Claudius; deshalb holten die Prätorianer auf Weisung ihrer beiden Präfekten und unter völliger Nichtbeachtung des Senats gerade diesen Mann in ihr Lager und riefen ihn zum Kaiser aus. „Während der Senat beriet", heißt es bei Edward Gibbon, „hatten die Prätorianer schon ihren Beschluß gefaßt." Ohne Zweifel handelten die Präfekten, von denen offenbar mindestens einer in den Mordanschlag auf Caligula eingeweiht war, in Übereinstimmung mit einem vorliegenden Plan – der auch Callistus, dem maßgeblichen Freigelassenen des ermordeten Kaisers, bekannt gewesen war. Als die Prätorianer Claudius suchen gingen, haben sie ihn vielleicht wirklich, wie Sueton berichtet, hinter einem Vorhang im Palast kauernd vorgefunden. Wenn der Biograph jedoch behauptet, die Thronerhebung sei der spontane gescheite Einfall des gemeinen Soldaten gewesen, der ihn dort fand, so ist das gewaltig übertrieben.

Die Senatoren fügten sich der Forderung der Prätorianer und übertrugen Claudius sämtliche kaiserlichen Befugnisse. Allerdings verzieh er ihnen nie, daß sie am Anfang kurz gezögert hatten, wie sie ihm nicht verziehen, daß er ihnen die Initiative aus der Hand genommen hatte. Es war das erste Mal, daß ihr Recht, einen neuen Kaiser zu ernennen, grob ignoriert und bestritten worden war, und daß der neue Herrscher mit einer Unbekümmertheit, die keiner seiner Nachfolger zeigte, Münzen prägen ließ, auf denen er in aller Öffentlichkeit kundtat, daß er seinen Thron der kaiserlichen Garde verdankte. Er war auch der erste Kaiser, der den Prätorianern ein beträchtliches Geldgeschenk machte, als sie seine Thronbesteigung verkündeten.

Als Bruder des Germanicus befand sich Claudius bei seinem Regierungsantritt dem Heer gegenüber in einer besonders günstigen Lage, und er bemühte sich außerordentlich und mit ausgezeichnetem Erfolg, sich diese Beliebtheit bei den Soldaten zu erhalten. Deshalb unternahm er die weite Reise nach Britannien zu einem sechzehntägigen Besuch, während dessen er den endgültigen Sieg miterleben wollte, und aus dem gleichen Grund ließ er sich bei nicht weniger als siebenundzwanzig Gelegenheiten als ‚imperator', als siegreichen General, feiern – sechsmal öfter als Augustus diese Auszeichnung erfahren hatte.

Gleichzeitig jedoch lehnte er es wie seine beiden unmittelbaren Vorgänger ab, sich nach dem Beispiel des Augustus die Bezeichnung ‚imperator' als Titel zuzulegen, der besagte, daß er *der* General war. Bei Claudius wäre dieser Anspruch allerdings auch lächerlich gewesen, denn er hatte sich ja im Laufe seines Lebens keinerlei militärische Erfahrung erworben. Seneca spottete nach dem Tode des Kaisers in der Apocolocyntosis über die völlige Ahnungslosigkeit des Herrschers in militärischen Angelegenheiten.

> Er hat sie zersprengt, die Partherrebell'n
> und mit leichtem Geschoß die Perser verfolgt.
> Seine sichere Hand hat den Bogen gespannt,
> daß dem stürzenden Feind noch hafte der Pfeil
> in unmerklicher Wund'.[1]

Tatsächlich war der neue Kaiser nicht nur in seinem Auftreten und seinem ganzen Wesen nach lächerlich unmilitärisch, auch seine groteske Gestalt konnte keinerlei Vertrauen einflößen. Es gab allerlei bei Claudius, was von der Norm abwich.

„Er sah recht gut aus und wirkte im Stehen oder Sitzen, besonders aber im Liegen, wenn er sich ausruhte, durchaus würdig und respekteinflößend, denn er war hochgewachsen, dabei aber doch nicht mager. Sein Gesicht war schön, auch hatte er schönes graues Haar und einen vollen runden Hals.

Beim Gehen jedoch ließen ihn seine zu schwachen Schenkel im Stich, und auch sonst entstellte ihn vieles, wenn er – lässig oder in allem Ernst – sich irgendwie äußerte: ungehöriges Lachen oder unziemlicher Zorn, weil er dann Schaum vor dem Mund hatte und geiferte, und weil ihm immerfort die Nase tropfte; außerdem stotterte und stammelte er, dazu zitterte ihm ständig der Kopf, vor allem dann, wenn er sich auch nur geringfügig betätigte."[2]

So hatte es Sueton gehört, und der ältere Plinius fügte das merkwürdige Detail hinzu, daß die Augenwinkel des neuen Kaisers von einem weißen Häutchen voller winziger Äderchen bedeckt waren, die sich bisweilen mit Blut füllten.

Was war los mit dem Kaiser? Aus unserer zeitlichen Distanz können wir, da uns nur bruchstückhafte Nachrichten vorliegen, diese Frage nicht beantworten. Man hat für sein Leiden die verschiedensten Diagnosen gestellt und unter anderem Meningitis, Poliomyelitis, vorgeburtliche Enkephalitis, multiple Sklerose, Alkoholismus und angeborene zerebrale Paralyse vermutet. Offenbar handelte es sich um irgendeine Lähmung, die in seiner Jugend die verschiedenartigsten hartnäckigen Störungen verursachte. In seinen späteren Jahren jedoch fand er die Kraft, seine Gebrechen zu überwinden, so daß er sich während seiner gesamten Regierungszeit erstaunlicherweise einer ausgezeichneten Gesundheit erfreute. Die einzige Ausnahme bildeten wiederholte Anfälle von Magenschmerzen oder Sodbrennen, die, wie er klagte, so heftig waren, daß sie ihn fast zum Selbstmord trieben.

Um den jungen Claudius hatte sich seine Mutter Antonia große Sorgen gemacht; sie schilderte ihn als ein Ungeheuer, das die Natur begonnen, aber nicht vollendet habe. Auch Augustus war des jungen Mannes wegen ernsthaft beunruhigt; er erkannte zwar, daß er hervorragende Eigenschaften besaß, fand aber vieles an ihm beklagenswert, so etwa seine Neigung, unpassende Freundschaften zu schließen. In Anbetracht dessen, daß Claudius in politischer Hinsicht eine Belastung dargestellt haben muß, ist die Geduld anzuerkennen, mit der Augustus diesen Schwierigkeiten gegenübertrat. Dennoch war das Resultat seiner Überlegungen, das ein Brief an Livia enthält, nicht sehr positiv:

„Wie du es wünschtest, liebe Livia, habe ich mit Tiberius darüber gesprochen, was wir mit deinem Enkel Claudius bei den Marsspielen anfangen sollen. Wir sind beide der Ansicht, daß wir unseren Standpunkt in seinem Falle ein für allemal festlegen sollten.

Wenn er nämlich in Ordnung ist und – wenn ich so sagen darf – seine Sinne beisammen hat, aus welchem Grunde sollten wir dann Bedenken haben, ihn über dieselben Ränge und Stufen aufsteigen zu lassen, auf denen auch sein Bruder aufgestiegen ist? Wenn uns aber klar ist, daß seine körperliche und geistige Gesundheit mangelhaft und unterentwickelt ist, dann dürfen wir einer Öffentlichkeit, die es gewohnt ist, derartiges zu verspotten und zu verlachen, keine Gelegenheit geben, sich über ihn und uns lustig zu machen. Ganz gewiß werden wir immer in Verlegenheit sein, wenn wir bei jedem einzelnen Anlaß neu überlegen und uns nicht von vornherein darüber schlüssig werden, ob wir ihn für fähig halten, öffentliche Ämter zu bekleiden oder nicht."[3]

Man kam zu dem Ergebnis, daß man für den kleinen Claudius nicht viel tun könne, und 12 n. Chr. beschlossen Augustus und Tiberius, ihn nicht an die Öffentlichkeit treten zu lassen. Fünfundzwanzig Jahre später soll Tiberius wiederum Claudius als möglichen Nachfolger auf dem Kaiserthron ausgeschlossen haben, weil dessen geistige Verfassung seinen guten Absichten nicht die Waage halte. Sein Neffe Caligula dagegen ernannte ihn im Jahre seiner Thronbesteigung (37) zum Konsul, als er selbst das Konsulat innehatte. Danach kümmerte er sich, von seinen berüchtigten Foppereien abgesehen, überhaupt nicht mehr um seinen Onkel. Trotzdem muß ein bestimmter Kreis von Leuten, zu denen auch die Prätorianerpräfekten gehörten, es nach der Hinrichtung der beiden Schwäger Caligulas für möglich gehalten haben, daß Claudius die Nachfolge des jungen Kaisers übernehmen könne, falls jenem ein Unglück zustoßen sollte. Und dieser Fall trat dann auf ihr Betreiben auch tatsächlich ein.

Sah man von dem wenig einnehmenden Äußeren und Benehmen des neuen Herrschers ab, so war das Neuartige an ihm seine ungewöhnliche Gelehrsamkeit; der ältere Plinius, der ihn in seiner ‚Naturgeschichte' sechsmal zitiert, reihte ihn unter die hundert bedeutendsten gelehrten Schriftsteller seiner Zeit ein. Claudius hatte ursprünglich die Forschung als einen Ersatz für die Ämterlaufbahn angesehen, um die man ihn gebracht hatte, und kein Geringerer als Livius hatte – zweifellos von Augustus dazu aufgefordert – seine Neigung zu historischen Studien erkannt und unterstützt.

Claudius verfaßte eine Schrift zur Verteidigung Ciceros und nahm eine Geschichte Roms in Angriff. Er hatte vor, mit dem Tod Julius Caesars zu beginnen, doch als seine Mutter Antonia und seine Großmutter Octavia ihm erklärten, die Bürgerkriege am Anfang dieser Periode seien ein allzu peinliches Thema, ließ er den ersten Teil seines Vorhabens fallen, begann nunmehr vermutlich mit der Einführung der neuen Ordnung des Augustus im Jahre 27 v. Chr. und endete mit Augustus' Tod im Jahre 14 n. Chr.

Weiter verfaßte Claudius zwanzig Bücher einer Etruskischen und acht einer Karthagischen Geschichte in griechischer Sprache. Keines dieser Bücher ist erhalten geblieben; der Verlust der Kenntnisse, die sie enthalten haben müssen, gehört zu den schwersten, die wir in der antiken Geschichtschreibung zu beklagen haben. Vor allem das erstgenannte Werk wird aufschlußreich gewesen sein, da die erste Frau des Kaisers etruskischer Abstammung war und vielleicht Authentisches beigetragen hatte. – Da jedoch, wie wir aus der Überlieferung wissen, die tiefe Verehrung des Kaisers für die Sprache und Literatur der Griechen nicht ausreichte, um seinem Stil die rechte Flüssigkeit und Eleganz zu verleihen, sollten wir den Bürgern von Alexandria vielleicht ein gewisses Mitgefühl nicht versagen:

„Um dieser Werke willen wurde dem alten Museion in Alexandria ein neues, nach ihm benanntes, hinzugefügt, und es war vorgesehen, daß in dem einen alljährlich seine Etruskische und in dem anderen seine Karthagische Geschichte in öffentlichen Vorlesungen von verschiedenen Vorlesern wechselweise vorgetragen werden sollten."[4]

Schließlich war Claudius auch der Verfasser einer Autobiographie in acht Bänden, einer Abhandlung über das Würfelspiel, das er sehr liebte, und einer geschichtlichen Untersuchung über das römische Alphabet, das nach seinem Vorschlag um drei Buchstaben vermehrt werden sollte. Nachdem er den Thron bestiegen hatte, wurde diese Ergänzung vorgenommen, doch überlebte sie ihn nicht.

Auch als Kaiser gab er seine gelehrten und historischen Vorhaben nicht auf, sondern verfaßte eine Reihe von Schriften und stellte einen ausgebildeten Vorleser an, der aus den Werken des Kaisers öffentlich vortragen mußte.

Der Umstand, daß Claudius wissenschaftlich tätig war und jahrelang ein zurückgezogenes Gelehrtenleben geführt hatte, erklärt viele Züge des Prinzipats, den er nun antrat. Er hatte in seiner Person die beiden widersprüchlichen Tendenzen vereint, die für die Geschichtschreiber seiner Epoche bezeichnend waren: er war gleichzeitig ein gelehrter Altertumskenner und ein Chronist der Geschichte seines Zeitalters.

Beide Richtungen sind in den Leistungen seiner Verwaltungstätigkeit als römischer Kaiser deutlich ausgeprägt. Einerseits war er entschlossen, die Überlieferungen der großen Vergangenheit, in der seine claudische Familie eine so bedeutende Rolle gespielt hatte, mit peinlicher Genauigkeit zu wahren, und dieses betonte Festhalten an allem Überkommenen wuchs sich manchmal zu einem bewußten Wiederbeleben veralteter Einrichtungen aus. Doch seine Forschungsarbeit hatte ihn gelehrt, daß das Leben nicht still steht. Er war überzeugt, daß es Neuerungen gab, die man einführen konnte und sollte, ohne den Konservativen Anlaß zu bieten, daran Anstoß zu nehmen.

Augustus, den Claudius wie so viele andere Kaiser rückhaltlos bewunderte, hatte es fertiggebracht, diese beiden Ziele zu vereinen. Claudius jedoch verlieh dieser Mischung eine neue Note, indem er diesem Prozeß die unstillbare Wißbegier und wissenschaftliche Genauigkeit des Historikers als seinen persönlichen Beitrag hinzufügte. Allerdings hob er diese hervorragenden Eigenschaften durch einen anderen Charakterzug teilweise wieder auf, der ihn grundlegend von Augustus unterschied, nämlich durch die Unbeholfenheit des Gelehrten, der zum Mann der Tat werden möchte. Die entscheidenden Merkmale seiner Persönlichkeit lassen sich an allen bedeutenderen Entwicklungen seiner Zeit feststellen. Seine intellektuellen Fähigkeiten jedoch lassen sich nur schwer genau bestimmen, und V. M. Scramuzza, sein Biograph, kam schließlich zu dem Ergebnis, daß der Kaiser eines der verwirrendsten Probleme in der gesamten römischen Geschichte darstellt.[5] Obwohl er notorisch zerstreut war – er soll am gleichen Tage, an dem seine Gattin Messalina hingerichtet wurde, gefragt haben, wo sie sei –, rühmt Seneca sein erstaunlich gutes Gedächtnis. Selbst Augustus, der es nicht für ratsam hielt, daß Claudius sich in der Öffentlichkeit zeigte, wunderte sich darüber, daß ein Mann, der im gewöhnlichen Gespräch unverständlich vor sich hinmurmelte, in der Öffentlichkeit vollkommen klar dozieren konnte, und auch Tacitus, der keineswegs dazu neigte ihn zu loben, mußte bestätigen, daß sein Vortrag, sofern er gut vorbereitet war, nichts zu wünschen übrig ließ.

Zum Glück können wir seinen Stil selbst beurteilen, da eine Reihe wichtiger Erlasse in Inschriften und auf Papyri erhalten sind. Sie zeigen alle die guten und schlechten Eigenschaften, die seine Gelehrtenvergangenheit erwarten läßt –, und dazu noch einige Besonderheiten. So fiel es ihm offenbar schwer, die guten Einfälle, die ihm nur so zuströmten, knapp auszudrücken und zu koordinieren. Vor allem seine Einleitungssätze zeigen einen komplizierten Aufbau, der auf gewisse Anlaufschwierigkeiten schließen läßt. Eine weitere auffallende Eigenart besteht darin, daß er dazu neigt, mitten in der Rede abzubrechen, sich selbst zur Ordnung zu rufen und sich zu befehlen, zur Sache zu kommen. Auch war er nicht frei von jenem für die Männer der Wissenschaft bezeichnenden Verlangen, dem Publikum Nebenprodukte ihrer Gelehrsamkeit aufzutischen. Einmal erließ er an einem einzigen Tage zwanzig Verordnungen, zu denen die beiden folgenden gehörten: „In diesem Jahr ist die Weinernte besonders reichlich, deshalb muß jedermann seine Weinkrüge gut auspichen" und „Eibensaft ist ein höchst wirksames Mittel gegen Schlangenbisse".

Da Claudius nie längere Zeit durchschlafen konnte, kam er nur schwer zu der nötigen Ruhe; nach dem Schlafengehen wachte er gewöhnlich schon vor Mitternacht wieder auf. So kam es, daß er tagsüber oft einschlummerte, und die Anwälte gewöhnten sich daran, taktvoll die Stimme zu erheben, wenn sie merkten, daß er bei Gerichtsverhandlungen schlief.

Er war ordinär und geschwätzig und erging sich unablässig in Witzen, die keineswegs so gut wie die seines Vorgängers Caligula und oft sogar nicht im geringsten lustig waren. Und über seinen unersättlichen Appetit erzählte man sich viele Anekdoten. Als es im Senat einmal eine Debatte über Fleischer und Weinhändler gab, rief er aus: „Jetzt frage ich euch, wer hält es ohne einen Imbiß aus?" Er jedenfalls bestimmt nicht.

„Er war jederzeit und überall auf Essen und Trinken aus. Als er einst auf dem Augustusforum eine Gerichtssitzung abhielt, roch er das Essen, das für die Salier im nahegelegenen Marstempel zubereitet wurde. Er verließ daraufhin das Tribunal, ging hin zu den Priestern und setzte sich zu ihnen an den Tisch.

Kaum jemals verließ er das Speisezimmer, ohne sich vollgegessen und vollgetrunken zu haben. Mit offenem Munde auf dem Rücken liegend schlief er sofort ein, und man führte ihm dann eine Feder in den Schlund ein, um ihm den Magen zu erleichtern.“[6] Dies war seine übliche Verfassung nach Tisch, doch außerdem war er noch ein Weiberheld ohne Maß und Ziel. Bei alledem konnte man ihn nicht als ganz ‚normal‘ bezeichnen; er neigte zu bösartigen Gehässigkeiten, die sich oft zu Sadismus steigerten, und ähnelte darin seinem Neffen und Vorgänger. So ließ er zum Beispiel in seiner Gegenwart Folterungen durchführen und war auch gern Zuschauer bei Hinrichtungen, die nach gräßlichen altertümlichen Methoden vorgenommen wurden.

Ein gut Teil seiner Grausamkeit jedoch entsprang unmittelbar der Furchtsamkeit, dem Argwohn und der inneren Unruhe, die vielleicht seine vorherrschenden Charakterzüge waren. Alle Kaiser hatten Grund genug, sich vor Verschwörungen zu fürchten, doch Claudius geriet, wenn ihm begründete oder unbegründete Nachrichten von solchen Anschlägen hinterbracht wurden, in so hochgradige Angstzustände, daß alle seine guten Absichten zunichte wurden und eigennützige Intriganten es nur allzu leicht hatten, ihn in panische Furcht zu versetzen. Die Vorkehrungen zu seiner Sicherheit erreichten einen phantastischen Umfang. Ging er zum Beispiel zum Essen aus, so bestand er in fast schon kränkender Weise darauf, daß ihm bei Tisch seine Leibwächter aufwarteten, und wenn er Kranke besuchte, mußten vorher deren Kissen und Laken durchsucht und ausgeschüttelt werden.

Viele von den überaus strengen Sicherheitsmaßnahmen waren Folgeerscheinungen der mißlungenen Rebellion des Furius (oder Lucius Arruntius) Camillus Scribonianus, Statthalters von Dalmatien, am Anfang des zweiten Regierungsjahres. Sie wurde gerade noch rechtzeitig unterdrückt, aber die vorgesehenen Führer hatten Verbindung zu überaus einflußreichen Adelskreisen in Rom. Dieser Vorfall verwirrte Claudius ebenso nachhaltig wie seinerzeit die gleichfalls mißlungene Meuterei in Germanien seinen Vorgänger Caligula. In beiden Fällen hatte sich die Welt für die beiden Kaiser von da an grundlegend verändert, und der Rebellionsversuch machte es Claudius noch schwerer zu vergessen, daß die Senatoren ihn anfangs gar nicht auf dem Thron hatten sehen wollen.

Allerdings wiederholte Claudius nicht den von Caligula ganz offen zugegebenen Bruch mit dem Senat. Doch da er sich auch nach der Beseitigung des Scribonianus noch gegen mindestens sechs weitere vorgebliche Verschwörungen behaupten mußte, sah das Ergebnis im Hinblick auf die alljährlichen Todesfälle unter den Senatoren kaum besser aus. Nach dem Tode des Kaisers beschuldigte ihn Seneca, er habe in den Reihen der Oberschicht Verheerungen angerichtet; nicht weniger als fünfunddreißig Senatoren und zwischen zweihundert und dreihundert Ritter waren Opfer seiner Regierung geworden. Sein Versprechen, den Senat nicht zu zwingen, Todesurteile über Senatsmitglieder zu fällen, war nur ein geringer Trost, denn er fällte diese Urteile höchstpersönlich.

Und doch erwies Claudius, wie es sich für ihn als glühenden Verfechter des Althergebrachten ziemte, paradoxerweise den Senatoren peinlich genau die überlieferten Ehrenbezeugungen. Trotz seiner schwachen Gesundheit folgte er dem Vorbild des Augustus und erhob sich, wenn sie aufstanden oder wenn ein Konsul vor ihn trat. Außerdem war er sehr darauf bedacht, daß der Senat als Körperschaft sich ordentlich ins Zeug legte und echte Verantwortung übernahm. In einer Ansprache, die uns überliefert ist, gab er das den Senatsmitgliedern auch zu verstehen und spielte dabei mit feiner Ironie auf das lustlose Benehmen an, das er so tadelnswert fand.

„Wenn diese Vorschläge, ihr Senatoren, euren Beifall haben, so tut dies sogleich kund, einfach und aufrichtig; wenn ihr anderer Ansicht seid, so macht ihr selbst andere Abhilfen ausfindig, doch hier an Ort und Stelle in unsrem Versammlungsraum, oder wenn ihr zur Erwägung vielleicht weitere Zeit euch nehmen wollt, nehmt sie, wenn ihr nur, in welchen Raum immer ihr entboten werdet, dessen eingedenk seid, daß ihr eine eigene Meinungsäußerung abgeben müßt. Denn es ist der Würde dieses Standes, ihr Senatoren, in keiner Hinsicht angemessen, daß hier nur noch als einziger der designierte Konsul ein aus der Relation der Konsuln wortwörtlich abgeschriebenes Votum hersage, alle anderen aber ein einziges Wort sprechen: ‚Zustimmung', und wenn sie dann die Sitzung verlassen haben: ‚Wir haben gesprochen'."[7]

Trotz dieser lobenswerten Ziele jedoch war es recht naiv, wenn Claudius von den Senatoren verlangte, sie sollten wie früher Unternehmungsgeist und Selbständigkeit zeigen, während jedes Jahr durchschnittlich zwei bis drei von ihnen hingerichtet wurden. Außerdem ergriff er in Fällen, die sonst wohl in das Ressort des Senats gefallen wären, oft selbst die Initiative, so daß alles Handeln immer stärker zentralisiert wurde und in seinen nie ermüdenden Händen lag. Paullus Fabius Persicus, der Statthalter des Kaisers in Asien, erklärte, Claudius habe das ganze Menschengeschlecht in seine persönliche Obhut genommen. Das war richtig, bedeutete aber gleichzeitig, daß er die Provinzen höchst wirkungsvoll mit einer Gewissenhaftigkeit und Durchschlagskraft regierte, die notwendigerweise die traditionellen Rechte des Senats hier und da verletzen mußte. Außerdem gab er gesprächsweise zu, daß er in Senatoren, die ihn unterstützten, viel mehr *seine* Beamten als Funktionäre des Staates sehe.

Die Senatoren wiederum versuchten ihn gelegentlich mit höflichem Spott zu behandeln. Doch dabei war größte Vorsicht geboten, da Claudius Senatsmitglieder nicht nur hinrichtete, sondern auch eine stärkere unmittelbare Kontrolle über die Zusammensetzung dieser Körperschaft ausübte als je ein Kaiser zuvor. Er zeigte sogar ganz offen, daß er diese Absicht verfolgte, indem er eine verfassungsmäßige Neuerung einführte. Während nämlich Augustus sich zensorische Gewalt angemaßt hatte, ohne das dafür erforderliche Amt innezuhaben, war es für Claudius bezeichnend, daß er das alte republikanische Amt des Zensors wieder aufleben ließ.

Da der Kaiser in den Jahren 47 und 48 n. Chr. das Amt des Zensors innehatte, konnte er die Lücken in den Reihen des Senats durch Männer seines Vertrauens schließen. Er zeigte sich in diesem Punkte bewußt liberal, indem er wie seine Vorgänger Männer aus den italischen Munizipien und aus einigen wenigen Munizipien Südgalliens in den Senat aufnahm, darüber hinaus aber auch römische Bürger aus anderen, weniger stark romanisierten Teilen Galliens. Die Ansprache, die er bei dieser Gelegenheit hielt, findet sich in überarbeiteter Form bei Tacitus. Aus einer Inschrift jedoch, die die ursprüngliche Fassung wiedergibt, erkennen wir in aller Deutlichkeit jene Mischung aus Fortschrittlichkeit und Traditionalismus, die für Claudius so bezeichnend ist.

„Ich mißbillige diesen ersten Gedanken eines jeden, der aller Voraussicht nach mein hauptsächliches und größtes Hindernis sein wird – ihr solltet nicht erschrecken, als ob etwas ganz Neues eingeführt werde, sondern lieber an alle die vielen Neuerungen denken, die unsere Stadt schon erlebt hat, und an die vielen Formen und Gestalten, die unser Gemeinwesen seit der Gründung Roms angenommen hat.

Einstmals herrschten Könige in der Stadt, und doch gaben sie die Königswürde nicht an Nachfolger aus ihrem eigenen Hause weiter. Außenstehende, ja selbst Ausländer traten auf; Numa, der Romulus auf dem Thron folgte, war ein Sabiner, und wenn er auch ein Nachbar war, so galt er doch in jenen Zeiten als Fremdling, und auf Ancus Marcius folgte Priscus Tarquinius . . .

Mein Großonkel, der unter die Götter erhobene Augustus, und mein Onkel, Tiberius Caesar, schlugen doch auch einen neuen Weg ein, als sie wünschten, daß die Blüte der Kolonien und der Munizipien – das heißt, die Oberklasse und die reichen Leute – in diesem Senatshaus sitzen sollten. Ihr fragt mich: Ist nicht ein italischer Senator einem Senator aus einer Provinz vorzuziehen? . . . Ich meine, daß auch Leute aus der Provinz nicht ausgeschlossen werden sollten, sofern sie das Ansehen dieses Hauses mehren können.“[8]

Claudius behauptete, daß sein Vorschlag nicht etwa eine Abweichung von der überlieferten Verfassung bedeute, sondern sie vielmehr als legitime und normale Anpassung an die veränderten Zeitumstände erst erfülle. Wenn man überhaupt von einer Neuerung sprechen könne, so sei diese von seinen Vorgängern bereits vorausgenommen worden. Doch jeder kaiserliche Senat entwickelte sich trotz des frischen Blutes, das ihm immer einmal wieder zugeführt wurde, immer sehr rasch zu einem ebenso konservativen Gremium wie die Senate der Vergangenheit; der Vorschlag des Claudius mußte zwar angenommen werden, ließ aber eine Woge des Fremdenhasses aufbranden. Aus wilden Gerüchten über wahllose Bestallungen erklang der empörte Aufschrei, daß Italien immer noch sehr gut selbst für das Reich sorgen könne – ohne all diese beklagenswerten Injektionen fremden Blutes. „Müssen wir herdenweise Ausländer einführen wie Scharen von Gefangenen?“ Das war – so lauteten die Einwände – nie die Politik des Augustus gewesen. Claudius andererseits behauptete, er bringe nur die Ernte ein, die sein großer Vorgänger ausgesät habe. Doch der ganze Streit war in jedem Fall übertrieben. Die Veränderungen waren nicht sensationell. Unter der Regierung des Claudius und seines Nachfolgers kam kaum ein Dutzend Konsuln aus den Provinzen im Westen, und aus dem Osten stammte überhaupt keiner; erst vierzig Jahre nach dem Tod des Claudius kamen erstmals beide Konsuln aus Provinzen.

Doch ohne ihn wäre selbst dieser vernünftige Grad sozialer Mobilität erst später erreicht worden. Und ähnlich stand es mit der Politik, die Claudius im Hinblick auf die Ausweitung des römischen Bürgerrechts verfolgte. Am Ende der Regierungszeit des Augustus hatte es einschließlich der Frauen und Kinder fast fünf Millionen römische Bürger gegeben. Seit damals hatte sich diese Zahl ziemlich langsam erhöht, und unter Claudius zählte man fast sechs Millionen. Die Zunahme betraf meist die Provinzen, da die Bevölkerung Italiens zum größten Teil das Bürgerrecht bereits besaß. Auch hier ging also die Veränderung allmählich vor sich: Italien hatte sein Übergewicht noch nicht verloren. Immerhin hatte Claudius deutlich gemacht, daß er nicht die Absicht hatte, die Ansprüche der Provinzen zu ignorieren. Er sah, wie Kenneth Wellesley es ausdrückt, in Rom „einen Kiesel, ins Wasser der Geschichte geworfen, der darin immer weitere Kreise zog". Dennoch wurde seine Politik einer begrenzten Verleihung des Bürgerrechts wie auch sein Vorgehen bei der Ernennung neuer Senatsmitglieder verzerrt so dargestellt, als wäre er beim Erschaffen neuer Römischer Bürger völlig wahllos vorgegangen. So läßt etwa Seneca Clotho, eine der Schicksalsgöttinnen, beim Tode des Kaisers sagen: „Ich hätte ihm wirklich und wahrhaftig gern noch ein bißchen Zeit zugestanden, bis er die wenigen, die noch übrig sind, mit dem römischen Bürgerrecht beschenkt hätte. Er hatte nämlich beschlossen, die ganze Welt in der Toga zu sehen – Griechen, Gallier, Spanier und Britannier."[9] Der Witz läßt deutlich die Vorurteile erkennen, auf die Claudius stieß und die es auch heute noch außerordentlich erschweren, genau festzustellen, was unter seiner Regierung tatsächlich vor sich ging.

Zweifellos konzentrierte er sich stärker auf seine Richterpflichten als jemals ein Kaiser vor ihm. Allerdings hatte jeder Herrscher, oder zumindest jeder gewissenhafte Herrscher, eine seiner vornehmsten Pflichten darin gesehen, regelmäßig das Richteramt auszuüben; nur Caligula hatte seit der Zeit, als die weniger bedeutenden kaiserlichen Verpflichtungen ihm uninteressant geworden waren, dieses Amt wohl zumindest teilweise vernachlässigt. Für Claudius jedoch war die Rechtsprechung eine Passion, die ihn fast jeden Tag ein gut Teil seiner Zeit kostete. Er war ein fleißiger Besucher der Senatorengerichte, doch am meisten lag ihm sein eigener kaiserlicher Gerichtshof am Herzen. Hochverratsfälle waren nur eine der verschiedenen Kategorien von Strafprozessen, die seine Vorgänger vielleicht an den Senat überwiesen hätten, während er es vorzog, sie mit Hilfe von Beisitzern selbst durchzuführen. Auf diese Weise erstreckte sich unter ihm die kaiserliche Rechtsprechung auf ein weites Gebiet krimineller Betätigungen, mit denen sie sich früher nicht befaßt hatte.

Begreiflicherweise war den Senatoren seine zunehmende Aktivität in diesem Bereich alles andere als angenehm, da sie die Autorität des Kaisers auf Kosten ihrer eigenen noch weiter stärkte. So konnte es leicht zur Entstehung boshafter Nachreden kommen.

> O beweinet den Mann, der wie keiner so flink
> die Prozesse entschied, wenn nur einer Partei
> Er neigte das Ohr – oder keiner wohl auch![10]

Auch Sueton hatte gehört, daß Claudius als Richter unvorhersehbare und willkürliche, ja manchmal sogar geradezu unsinnige Entscheidungen getroffen habe. Einmal verlor ein griechischer Anwalt die Geduld und schrie, der Kaiser sei ein blöder alter Dummkopf. Noch weiter ging ein römischer Ritter, der, unnatürlichen Verhaltens gegenüber Frauen angeklagt, derart in Zorn geriet, als der Kaiser Prostituierte als Zeugen zuließ, daß er Schreibtafel und Stift nach ihm schleuderte und ihm an der Wange eine böse Wunde zufügte.

„Und alte Leute (fügt der Biograph hinzu) haben mir davon berichtet, wie Bittsteller seine Gutmütigkeit derart mißbrauchten, daß sie ihn nicht nur zurückriefen, wenn er die Gerichtsverhandlung beendet hatte, sondern ihn auch am Saum seines Gewands, ja sogar am Fuß packten, um ihn mit Gewalt zurückzuhalten.“[11]

Immerhin widerlegte die langmütige Hinnahme einer solchen Behandlung zumindest die Gerüchte, daß er übereilt vorgehe; sie zeigte vielmehr, welch endlose Ungelegenheiten Claudius bereitwillig auf sich nahm. Auch ist eine Anzahl von Berichten erhalten, die im Widerspruch zu der Unfreundlichkeit der antiken Überlieferung seine Leistungen als Richter rühmen. Er wollte die Gerichtsverfahren beschleunigen. Der Schutz der Schwachen lag ihm am Herzen, und er bemühte sich darum, einem jeden zu seinem Recht zu verhelfen. Er ergriff Maßnahmen, um die Zahl der Richter zu erhöhen, die Gerichtsferien wurden bedeutend verkürzt, und er schreckte nicht davor zurück, den Buchstaben des Gesetzes außer acht zu lassen, um den Geist zu wahren, der dahinter stand. „Natürlich ist mir klar, daß es unehrlichen Anklägern nie an Tricks mangeln wird", sagte er. „Aber ich hoffe, daß wir Mittel gegen ihre üblen Kniffe finden werden."

Diese gewissenhafte Suche nach Verbesserungen war bezeichnend für Claudius. Er lud sich – nicht ohne laut darüber zu klagen – ein Übermaß an Arbeit auf. Selbst wenn er eigentlich den Jahrestag seiner Thronbesteigung oder einen Geburtstag in seiner Familie hätte feiern sollen, arbeitete er lieber wie sonst vom Morgen bis zum Abend durch. Ehe Seneca nach dem Tod des Kaisers in die Lage kam, sich boshafter äußern zu dürfen, betonte er zu Recht dessen Wachsamkeit und unermüdliche Tätigkeit. Auf den Münzen aus der Regierungszeit des Claudius ist eine neue kaiserliche Tugend verewigt: CONSTANTIA, die Beharrlichkeit. Alle jene Vorgänger, die diese Eigenschaft hatten vermissen lassen, beanstandete er. Er fand es höchst tadelnswert, daß Tiberius, bei dem doch wirklich von Arbeitsscheu nicht die Rede sein konnte, sich für immer nach Capreae zurückgezogen hatte, und bezeichnete dieses Ausweichen als ‚halsstarrig'. Caligulas Mangel an *constantia* brauchte nicht eigens betont zu werden, und wenn Claudius auch von einer offiziellen Verurteilung seines Vorgängers Abstand nahm, so scheute er sich doch nicht, öffentlich auf dessen beklagenswerten ‚Mangel an Einsicht' hinzuweisen. Und doch ging – Ironie des Schicksals – die Umwandlung des Reichs in eine absolute Monarchie, der sich Caligula verschrieben hatte, unaufhaltsam weiter. Während der Prozeß der schleichenden Zentralisation unaufhaltsam fortschritt, nahm auch die Verherrlichung der verehrten Person des Kaisers ständig zu; von einem merklichen Rückgang der schmeichlerischen Wendungen, mit denen man Caligula überschüttet hatte, war nichts zu spüren. Es ist richtig, daß Claudius einer persönlichen Vergöttlichung feierlich Absage erteilte, wenn er zum Beispiel den Einwohnern von Alexandria schrieb, er wolle keine Tempel oder Priester seines eigenen Kults. Trotzdem ließ er zu, daß sie an Tagen, die eigens für seine Verehrung festgesetzt waren, seine Standbilder in einer Prozession mitführten, und duldete es, daß Schriftsteller von seinen „Heiligen Händen und Pflichten" sprachen und ihn sogar „unseren Gott Caesar" nannten.

Hier schien ein merkwürdiger Widerspruch vorzuliegen. Der Tradition seiner Familie nämlich und der eigenen Überzeugung nach war der Kaiser Anhänger der republikanischen Staatsform. Ganz abgesehen von der langen Familientradition galt sein Vater, der ältere Drusus, als einer der Männer, die in der Umgebung des Augustus den stärksten republikanischen Einfluß ausübten, und Claudius selbst neigte infolge seiner historischen Studien zu ähnlichen Anschauungen. So ist es durchaus möglich, daß er vorhatte, in seinem Bericht über die Bürgerkriege, auf dessen Abfassung er infolge der Warnungen seiner Mutter und Großmutter verzichtete, eben diesen republikanischen Überzeugungen Ausdruck zu geben. Und doch mußte – in krassem Gegensatz hierzu – fast sein gesamtes Wirken als Kaiser zwangsläufig den kaiserlichen Absolutismus zum Ziel haben, der allein den Bedürfnissen und Wünschen seiner Untertanen zu entsprechen schien.

Es war deshalb einigermaßen paradox, daß einer der neuartigen Entwürfe für seine erste Münzprägung LIBERTAS AUGUSTA, Kaiserliche Freiheit, lautete – eine von der Regierung gestattete und gewährte Freiheit. Augustus hatte sich als Verteidiger der Freiheit des römischen Volkes bezeichnet. Claudius' Wahl des zusätzlichen Beiwortes AUGUSTA verrät den Anspruch auf eine unauflösliche Verbindung dieser Freiheit mit der Kaiserherrschaft deutlicher.

Nach der Ermordung des letzten Kaisers hatte der Senat – seit vielen Jahren zum ersten Mal – der Garnison das Wort *Libertas* als Parole gegeben. Damit hatten die Senatoren – oder doch einige von ihnen – sagen wollen, daß das alte republikanische Recht wiederherzustellen sei, in der politischen Arena unbeschränkt um öffentliche Ämter und die damit verbundenen riesigen Profite kämpfen und sich dabei einer ebenso uneingeschränkt freien Rede bedienen zu können. Der Wahlspruch auf den Münzen des Claudius dagegen besagte, daß unter solchen Voraussetzungen wieder chaotische Zustände eingezogen wären, denn die einzig wahre Freiheit gebe es nicht etwa in einer Republik und übrigens auch nicht unter einem Tyrannen vom Schlage des Caligula, sondern nur unter seiner, des Kaisers, segensreichen Regierung.

Wenn Claudius aus diesen Gründen bei den Senatoren auch nie beliebt war, hatte er doch seine persönlichen Freunde und Helfer unter ihnen. Der wichtigste dieser Helfer war Lucius Vitellius, dessen Sohn der neunte der ersten zwölf Cäsaren werden sollte. Obwohl Lucius' Vater kein Senator sondern ein Ritter aus Nuceria (Nocera in Kampanien) und procurator Augusti war, entwickelte er sich zum erfolgreichsten Politiker seiner Zeit. Sein Ansehen verdankte er größtenteils einer erfolgreichen Statthalterschaft in Syrien unter Tiberius, aber er stand später auch bei Caligula sehr in Gunst. Noch größeren Einfluß jedoch gewann er bei Claudius, unter dem er die überaus seltene Auszeichnung eines dritten Konsulats erlangte und außerdem neben dem Kaiser Zensor war. Und als Claudius zu seiner Expedition nach Britannien aufbrach, übertrug er ihm für die Zeit seiner Abwesenheit die Verantwortung für die Hauptstadt.

Der Ruf des Lucius Vitellius war freilich nicht der beste, wobei allerdings viel Eifersucht unter den übrigen Senatoren mitgespielt haben mag. Es hieß, er habe dem Caligula übermäßig geschmeichelt, und laut Tacitus soll sein Name auch unter Claudius gleichbedeutend gewesen sein mit würdelosem Sykophantentum. Er selbst jedoch oder seine Bewunderer legten diese Eigenschaft als eine Tugend aus: sein Denkmal trug eine Inschrift, die seine unwandelbare Loyalität gegenüber dem Kaiser unterstrich. Zweifellos verstand er es, sich bei drei derart verschiedenen Kaisern beliebt zu machen – und auch der vertraute Freund mehrerer Kaiserinnen zu werden.

Ganz im Gegensatz zu seinem unmittelbaren Vorgänger erwies sich Claudius als dankbarer Freund. Er bestätigte immer wieder, wieviel er von seinen Mitarbeitern hielt und wie hoch er ihre Erfahrung und ihren Rat einschätzte. Ihm war durchaus bewußt, wie sehr er auf ihre Unterstützung angewiesen war, und er unterstrich diese ganz besondere Beziehung dadurch, daß er ihnen einen Ring verlieh, der sein in Gold geprägtes Porträt trug. Doch solche vertrauenswürdige Verbündete konnte es nur wenige geben, da er vor seiner Thronbesteigung keinerlei Verbindung zum Senatorenstand gehabt hatte und seine gesellschaftlichen Beziehungen zu den mißtrauischen Mitgliedern dieser Körperschaft infolgedessen beschränkt blieben.

Vor der Thronbesteigung war er Ritter gewesen, doch konnte er, obwohl er jetzt einigen Rittern, die ihn im Ausland vertraten, größere Vollmachten gab, auf noch weniger Freunde aus diesem Stand zählen als Augustus oder Tiberius. Dazu kam, daß die Klasse der Ritter bei der Bekämpfung vermuteter Komplotte durch Claudius schwer zu leiden hatte. Vielleicht bewirkte ihr besonderes Interesse an Wirtschaftsfragen, daß sie die Zentralisierungstendenzen des Kaisers übel aufnahmen, als diese auf den Wirtschaftsbereich übergriffen und ihren Gewinn beeinträchtigten; das wiederum mag den Kaiser gereizt haben.

Jedenfalls brauchte er mehr vertrauenswürdige Helfer, als Senat oder Ritterstand ihm bieten konnten. Sein Bedarf war sogar noch größer als der seiner Vorgänger, weil er sich eine beispiellose Arbeitslast aufgebürdet hatte. Er fand einen Ausweg, indem er die Befugnisse und Pflichten seines persönlichen Stabs vermehrte, jener Helfer innerhalb des Palasts – Griechen oder hellenisierter Orientalen –, die früher Sklaven gewesen und jetzt Freigelassene waren. Daß man solche Leute bei Staatsgeschäften einsetzte, war keineswegs völlig neu. Die Titel, unter denen sie ihre verschiedenen Funktionen ausübten, gingen auf Augustus zurück, nur hatte Augustus zu vermeiden gewußt, daß sie allzuviel Aufmerksamkeit auf sich zogen. Ebenso hatte sich Tiberius verhalten, dessen lange und schließlich dauernde Abwesenheit in Capreae dazu geführt haben muß, daß die Freigelassenen an seinem Hof, wo es andere Berater kaum gab, einen etwas größeren Einfluß gewannen. Unter Caligula endlich erledigten die Freigelassenen einen großen Teil der Arbeit des Kaisers, und während seiner Regierung kam es auch zum ersten Mal dahin, daß einige von ihnen zu den wichtigsten Männern im Kaiserreich gehörten.

Claudius brachte wie so oft System in eine bereits herrschende Gewohnheit; wir stellen fest, daß drei oder vier Freigelassene ihn nicht nur in weiten Teilen seines Aufgabengebiets unterstützten, sondern daß sie sich auch größerer Machtbefugnis und Berühmtheit erfreuten als alle Freigelassenen vor ihnen. Bisweilen werden sie als Staatssekretäre oder Minister bezeichnet, doch waren sie keineswegs Leiter von Ministerien oder Ämtern, wie wir sie heute im Westen kennen. Die antiken Autoren, die Claudius so ablehnend gegenüberstanden, und neuzeitliche Schriftsteller, die sich ihnen angeschlossen haben, schildern den Kaiser als einen Mann, der sich schwächlich der Herrschaft dieser Helfer beugte und es duldete, daß sie seine Politik bestimmten. Doch diese Darstellungen sind falsch. Die Inschriften und Papyri, in denen die Ansprachen und Briefe des Kaisers aufgezeichnet sind, zeigen einen einheitlichen Stil, der ohne Zweifel von Claudius persönlich geprägt ist. Die Freigelassenen trugen keineswegs die Verantwortung für die Regierung, sondern wurden vom Kaiser gelenkt und beherrscht – diese Tatsache kann auch der mißgünstigste Bericht nicht völlig verheimlichen. Claudius blieb zumindest bis in seine letzten Lebensjahre, in denen er teilweise die Übersicht verlor, der Mann, von dem man die Urteile und Entscheidungen entgegenzunehmen hatte.

Damit ist freilich nicht gesagt, daß seine Freigelassenen ohne Macht waren. Denn wenn auch Claudius mit Ausnahme jener letzten Lebensphase im allgemeinen zu gewissenhaft und eigensinnig war, als daß man ihn hätte bereden oder täuschen können, so gab es doch eine Ausnahme. Es muß nämlich, wie wir schon sahen, immer verhältnismäßig leicht gewesen sein, sich den Argwohn, der ihn quälte, und seine Ängste zunutze zu machen. Ferner war zwar mit den Funktionen der Freigelassenen keine Macht verbunden, wohl aber erwuchs sie ihnen aus ihrer Nähe zum Kaiser, und es ist bezeichnend, daß diese Leute in der literarischen Überlieferung nie bei der Ausübung ihrer Amtspflichten gezeigt werden, sondern stets bei Tätigkeiten, die sie in einem weiteren Bereich im Auftrag des Kaisers ausübten, so etwa als Abgesandte oder Überbringer wichtiger Botschaften. Diese Aufgaben boten ihnen wertvolle Gelegenheiten, ihre Gunst zu vergeben. Wie wertvoll, sehen wir aus der unterwürfigen Abhandlung, die Seneca dem kaiserlichen Freigelassenen Polybius widmete, und auch aus einer Suetonstelle. Hier wird geschildert, wie aufmerksam die Umgebung eines späteren Kaisers den geeigneten Zeitpunkt abpaßte, in dem ihm Bitten vorgetragen werden konnten, etwa zugunsten eines Freundes oder Verwandten, der, entsprechend der Herkunft des Freigelassenen, ein Kaufmann oder Schiffseigner im Osten gewesen sein mag. Auf diese Weise erwarben sich die Freigelassenen des Claudius außergewöhnliche, ja skandalöse Reichtümer. Hinzu kam, daß Claudius zwar die Entscheidungen traf, daß jedoch ein schlauer Freigelassener durchaus die Möglichkeit hatte, sie auszulegen oder abzuwandeln, ehe sie in Kraft traten.

Man kann also leicht sehen, warum sich bei den Senatoren und den von ihnen beeinflußten Geschichtschreibern eine solche Abneigung gegen diese Sekretäre entwickelte. Ob sie gewissenhaft schwere Arbeit leisteten oder nicht, ob sie bei all der Vetternwirtschaft und Korruption, die ihnen nachgesagt wurden, nicht auch ihre guten Seiten hatten – das waren Fragen, die diese Vertreter der oberen Klassen nicht interessierten. Es war ihnen ein verhaßter Anblick, wenn solche Leute aus dem Osten von niedriger Herkunft selbstgefällig als Gönner auftraten, und daß derartige Figuren eine so hervorragende Rolle spielten, war nur ein weiterer schmerzlich empfundener Beweis dafür, daß der Senat nicht mehr das Zentrum der Macht darstellte. Wenn Seneca dem Polybius zu bedenken gab, daß er dem Caesar alles verdanke, was er sei, so hatte er recht. Die Loyalität der Freigelassenen galt ganz und gar dem Kaiser; die Interessen der Senatoren waren ihnen völlig gleichgültig.

Anfangs war der einflußreichste unter Claudius' Sekretären Narcissus, der *ab epistulis* oder Leiter der kaiserlichen Kanzlei, denn er unterstützte den Kaiser bei seiner Korrespondenz mit den Statthaltern, Generälen und kaiserlichen Bevollmächtigten in den Provinzen und kannte infolgedessen viele wichtige persönliche Geheimnisse. Narcissus sammelte ein riesiges Vermögen an, und im Jahre 43 erhielt er die verantwortungsvolle Aufgabe, in Nordgallien die Einschiffung der Expeditionstruppen nach Britannien zu leiten.

Narcissus bekannte offen, daß er Claudius grenzenlos dankbar und ergeben war, und es besteht kein Anlaß, an seinen Worten zu zweifeln. Als der Kaiser im Jahre 48 hinfällig zu werden begann, schlug Narcissus letztlich aus eigener Initiative die Verschwörung nieder, in die, wie man annahm, die Kaiserin Messalina und Gaius Silius, ihr Geliebter, verwickelt waren. Doch als Claudius nach der Hinrichtung des schuldigen Paars wieder zu heiraten beschloß, unterließ es Narcissus, sich der Gunst der glücklichen Nachfolgerin, der jüngeren Agrippina, zu versichern, die ihn später zum Rücktritt und – um die Zeit, als der Kaiser starb – schließlich zum Selbstmord zwang.

Agrippinas Berater war in erster Linie Pallas, der *a rationibus* oder

Finanzminister, der schon seit Regierungsbeginn dieses Amt bekleidete und infolgedessen natürlich reichlich Gelegenheit zur Einflußnahme hatte. Sein privater Lebensstil war ungemein pompös; so ließ er sich nicht dazu herab, mit seinen Sklaven und Freigelassenen mündlich zu verkehren, sondern legte vielmehr seine Wünsche und Befehle schriftlich nieder, um diese minderwertigen Individuen nicht ansprechen zu müssen. Der Senat erkannte später, daß er sich tief erniedrigt hatte, als er auf den Vorschlag eines maßgeblichen Aristokraten hin im Jahre 52 beschloß, dem Pallas als Lohn für seine Mühen hohe Ehrungen und eine bedeutende Summe zuzuerkennen: „... damit er, dem alle nach bestem Vermögen ihre Dankbarkeit erweisen wollen, den wohlverdienten Lohn für seine einzigartige Treue und einzigartige Pflichterfüllung ernte; zumal sich dem Senat und dem römischen Volk keine angenehmerere Gelegenheit zur Freigebigkeit bieten könnte als wenn es ihnen gestattet sei, das Vermögen dieses uneigennützigsten und treuesten Hüters der kaiserlichen Einkünfte zu mehren.“[12]

Pallas lehnte das Geld ab, das er als unermeßlich reicher Mann nicht brauchte, nahm aber die Ehrungen an. Vielleicht hatte er sie bis zu einem gewissen Grade wirklich verdient. Daß man sich bereicherte, war unter den Beamten der Antike eine sehr verbreitete Tatsache, und vielleicht konnte man gar nicht mehr von ihm verlangen, als daß er, während er sich selbst bereicherte, gleichzeitig auch dem Claudius treulich diente. Als jedoch Claudius starb und Agrippina bald danach ihre Macht verlor, fiel auch Pallas in Ungnade, und als er 62 starb, legte man seinen Tod Nero zur Last, dem gegenüber er sich früher bei Abgabe seiner Rechenschaftsberichte ausweichend verhalten hatte.

Polybius, der *a studiis*, dessen mächtige Stellung und eindrucksvolle Größe aus Senecas schmeichlerischen Worten so deutlich zu erkennen sind, gilt weithin als Bibliothekar und Ratgeber des Kaisers in Bildungsfragen. Das Wort *studia* in seinem Titel könnte aber vielleicht doch eher die Bedeutung von ‚Gunst‘ und ‚Unterstützung‘ haben, und in diesem Falle wäre er der Mann gewesen, der für die Empfehlung und Einstellung jener Leute zuständig war, die der Kaiser für die verschiedenen Beförderungen und Ämter vorgesehen hatte. Bei Seneca wird deutlich, daß Polybius sich sehr viele einzelne

Bittsteller anhören mußte. Bei der Bearbeitung einer ganzen Reihe der zahlreichen weiteren Bittschriften an den Kaiser, die aus den Städten und Gemeinden des ganzen Reichs einliefen, ließ sich Claudius offenbar von einem anderen Freigelassenen, dem *a libellis* oder Minister für Bittgesuche helfen. Diesen Posten hatte Callistus inne, der bereits unter Caligula eine wichtige Sekretärsstellung bekleidet hatte. Vielleicht kam Callistus auch den Pflichten eines Assistenten *a cognitionibus* nach, der den Kaiser bei seiner Gerichtstätigkeit unterstützte und mit ihm den Gerichtsverhandlungen beiwohnte.

Nicht genug damit, daß die antiken Autoren den Einfluß überbetonen, den die Freigelassenen auf die Entscheidungen des Kaisers ausübten, übertrieben sie auch den Einfluß seiner dritten Frau Valeria Messalina, die er im Jahr 39 oder 40 geheiratet hatte, als sie neunzehn oder zwanzig Jahre alt war (nicht vierzehn oder fünfzehn, wie es manchmal heißt). Zunächst schien dies eine ausgezeichnete Verbindung, da Messalina sowohl väterlicher- wie auch mütterlicherseits die Großnichte des Augustus war. Claudius überhäufte sie mit beträchtlichen Ehrungen – wahrscheinlich waren es mehr, als seine Vorgänger jemals ihren Frauen hatten zukommen lassen, da ja die Tendenz zur autokratischen Monarchie eine gesteigerte Verehrung nicht nur des Kaisers, sondern auch der Kaiserin mit sich brachte. Messalina trat häufig in offizieller Funktion auf, und ihre Stellung erlaubte ihr eine beachtliche Handlungsfreiheit; sie hat möglicherweise am Sturz des Freigelassenen Polybius und des Prätorianerpräfekten Catonius Justus mitgewirkt, und vielleicht hat sie auch die Hinrichtung des führenden aus der Gallia Narbonensis stammenden Senators Decimus Valerius Asiaticus wegen Hochverrats veranlaßt. Ob sie das allerdings, wie es hieß, deshalb tat, weil sie sein Vermögen in ihren Besitz bringen wollte, bleibt ungewiß. Aus diesen Gründen bezeichnete man Messalina spöttisch als Herrscherin. In Wirklichkeit aber war der entscheidende Schritt noch nicht getan, es gab noch keine Kaiserin, die Machtbefugnisse besaß oder wirklich an der Ausübung der Macht beteiligt war. Noch hielt Claudius allein die Zügel in der Hand.

Trotzdem stellte Messalina eine Bedrohung dar, denn sie machte deutlich, daß nicht nur Kaiser vom Schlage eines Caligula, sondern auch Kaiserinnen die Möglichkeit hatten, hemmungslos dem Genuß zu leben. Da die ersten sechs Jahre der Regierung des Claudius in dem verlorenen Teil der Annalen des Tacitus behandelt sind, fehlt uns ein großer Teil seiner Schilderung dieser Frau. Er hatte jedoch recht mit seiner Feststellung, daß sie lange Zeit mit den Staatsangelegenheiten nur spielte, um ihre Begierden zu befriedigen. Zu Beginn der Regierung bestand ihr Hauptverlangen – um dessentwillen sie gegen andere vorging – darin, eine Stellung einzunehmen, die an Glanz die aller anderen jungen Frauen deutlich hinter sich ließ und ihr Wohlleben, prunkvolle Feste und die sexuelle Befriedigung sicherte, die ihr der etwas schwächliche Gatte bei all seiner Sinnlichkeit wohl kaum zu gewähren vermochte. Wenn nämlich auch nur jede zehnte von all den Geschichten wahr ist, die Messalina zu diesem Symbol der Ausschweifung geprägt haben, war sie hochgradig nymphoman:

> vernehmt, was ein Kaiser
> mußte erdulden! Sobald Messalina Claudius schlafen
> fühlte, wagte sie es, das Lager in dem Palast zu
> tauschen mit einer Matte, und Nacht um Nacht zur Kapuze
> greifend eilte sie fort, von *einer* Magd nur begleitet.
> Unter blonder Perücke die schwarzen Haare verbergend
> ging sie hinein in den schwülen Dunst des Bordells; den verschlißnen
> Türteppich hebend betrat sie die leere, für sie reservierte
> Zelle, und unter dem Schild mit dem falschen Namen ‚Lycisca'
> stand sie nackt, die Brüste vergoldet, und zeigte den Leib,
> der dich getragen, o edler Britannicus![13]

Doch im Jahre 48 geschah es, daß der letzte in der langen Reihe ihrer Liebhaber sich mit ihr zu einem äußerst gefährlichen politischen Abenteuer zusammentat. Das war Gaius Silius, einer der designierten Konsuln, ein reicher, vornehmer, verhältnismäßig junger und außerordentlich gut aussehender Mann. Als sich der Kaiser eines Tages nach Ostia begeben hatte, um zu opfern, faßten Silius und

Messalina den Plan zu einer Empörung gegen den Kaiser, die sie damit einleiteten, daß sie eine Art Eheschließung vollzogen. Die Schilderung dieses Ereignisses gerät Tacitus zu einem wahren Kabinettstück: „Es war mitten im Herbst, und Messalina veranstaltete in ihrem Hause das Schauspiel einer Weinlese. Keltern waren in Betrieb, Bottiche füllten sich, und ringsherum sprangen fellbekleidete Frauen wie opfernde oder rasende Mänaden. Sie selbst schwang mit aufgelöstem Haar einen Thyrsosstab. Neben ihr stand Silius im Lorbeerkranz und auf Kothurnen und wiegte den Kopf im Takt zu dem Gekreisch des üblen Chors rings um ihn. Vettius Valens sei im Übermut auf einen sehr hohen Baum gestiegen, heißt es, und als man ihn fragte, was er sehe, antwortete er: ‚Einen schrecklichen Sturm von Ostia her!'"[14]

Und ein schrecklicher Sturm zog bald auch über Rom auf, als Claudius zurückkam. Es fiel ihm schwer zu verstehen, was da vor sich ging – vielleicht war dies das erste Mal, daß er ein bedenkliches Nachlassen seiner Geisteskräfte spüren ließ. Sein Freund Lucius Vitellius, der fast ebenso bestürzt war, wich der Entscheidung aus und war keine Hilfe. Narcissus jedoch, der Freigelassene, dem in diesem Augenblick echte Macht zufiel, ergriff die Initiative und schlug die Empörung nieder. Er übernahm vorübergehend selbst das Kommando der Prätorianertruppen und ließ Silius festnehmen und hinrichten, während Messalina, die jammernd im Garten ihrer nicht sehr mitfühlenden Mutter lag, mit Beihilfe eines Gardeoffiziers Selbstmord beging. Tacitus erklärt, ihm sei durchaus klar, daß dieser ganze unbegreifliche Vorfall phantastisch und unglaubhaft erscheinen müsse. Er wirkt aber weniger phantastisch, wenn man ihn nicht einfach nur als einen kapriziösen Einfall, sondern als eine ernstgemeinte Verschwörung deutet (obwohl das keineswegs der allgemeinen Auffassung von heute entspricht). Man könnte vermuten, das Ziel sei gewesen, daß Britannicus, der siebenjährige Sohn des Claudius und der Messalina, auf den Thron gelangte, und daß seine Mutter und Silius die Regentschaft übernahmen.

Der Kaiser erholte sich nie mehr vollständig von dem Schrecken. Trotzdem war er damit noch immer nicht von seiner Heiratsfreudigkeit kuriert, denn er war nun einmal ein Mann, der stets eine dominierende Ehefrau brauchte. Wirklich heiratete er schon im folgenden

Jahr zum vierten Male. Pallas begünstigte die Wahl des Kaisers, die auf die jüngere Agrippina fiel, und trat so die Nachfolge des Narcissus als einflußreichster Freigelassener am Hofe an. Agrippina war in einer furchtbaren Atmosphäre der Bosheit, des Argwohns und verbrecherischer Gewalttätigkeit aufgewachsen und hatte auf Befehl Caligulas in der Verbannung gelebt. Aus einer früheren Ehe besaß sie einen zwölfjährigen Sohn, und nachdem sie nun mit Claudius verheiratet war, plante sie, durch ihn den Britannicus zu verdrängen. Sie betrieb die Verlobung ihres Sohnes mit Octavia, der Tochter des Claudius, und im Jahr darauf adoptierte ihn der Kaiser unter dem Namen Nero.

Was jetzt Tatsache geworden war, hatte es in der römischen Geschichte noch nie gegeben: eine Machtkonzentration in den Händen einer Frau: „Es war eine harte, fast männliche Diktatur. In der Öffentlichkeit war Agrippina streng und oft überheblich. In ihrem Privatleben war sie keusch – soweit es nicht um Machtgewinn ging. Ihre maßlose Geldgier hatte den Vorwand, man suche nur eine Stütze für die Regierung . . . Einer Frau leistete man uneingeschränkten Gehorsam, einer Frau, grundverschieden von Messalina, die nur mutwillig mit römischen Staatsangelegenheiten spielte.“[15]

Daß Tacitus mit diesen Worten kaum übertreibt, bestätigen zwei Tatsachen, die zeigen, daß ihre Stellung deutlich höher war als die Messalinas. Zunächst einmal erhielt Agrippina den Titel Augusta, den zuvor noch keine lebende Gemahlin eines lebenden Kaisers getragen hatte. Etwas völlig Neues war außerdem, daß ihr Bildnis zusammen mit denen des Claudius und des jungen Nero auf den offiziellen Gold- und Silbermünzen des römischen Münzamts erschien. Bei öffentlichen Anlässen zeigte sich Agrippina in prächtigen Gewändern oder trug einen Mantel aus Goldgewebe. Und währenddessen teilte sie ringsum giftige Schläge aus, um jeden nur möglichen Widerstand gegen sich selbst oder ihren Sohn zu unterdrücken.

Gewiß muß Tacitus trotz seiner starken Worte zugeben, daß sie nicht in jedem Falle ihren Willen durchsetzen konnte. So brachte zum Beispiel der Senat seinen Unmut zum Ausdruck, als er es wagte, Tarquitius Priscus, eines ihrer Werkzeuge, zu verurteilen. Trotzdem übte sie fast immer einen entscheidenden Einfluß auf den Verlauf der Ereignisse aus. Der hervorragende Schriftsteller und

Redner Seneca, ein Opfer Messalinas, wurde aus der Verbannung zurückgerufen, um die Erziehung Neros zu übernehmen, und Agrippina sorgte auch dafür, daß ein anderer aus der Reihe ihrer Schützlinge, Sextus Afranius Burrus, wahrscheinlich aus Vasio in der Gallia Narbonensis (Vaison in Südfrankreich), zum Prätorianerpräfekten ernannt wurde. Auch Pallas stand ihr weiterhin zur Seite.

Als Claudius im Oktober 54 mit 63 Jahren starb, gab es mehrere voneinander abweichende Berichte über die Todesursache. Nach der Version jedoch, die später am weitesten verbreitet war, hatte Agrippina ihn mit Pilzen vergiftet. Daß es sich so zugetragen hat, ist wahrscheinlich, aber nicht ganz sicher, denn es kommt in Italien sehr häufig vor, daß Verwechslungen des harmlosen *boletus edulis* mit dem giftigen Pilz *amanita phalloides* zu Todesfällen führen. Außerdem hatte Agrippina für die Thronfolge Neros alles hinlänglich vorbereitet und brauchte nur abzuwarten. Doch vielleicht wagte sie gerade das nicht, weil der schon fast siebzehnjährige Nero, wenn er noch lange hätte warten müssen, vielleicht nicht mehr jung genug gewesen wäre, um ihrer als erfahrener Regentin zu bedürfen.

Es besteht kein Grund anzunehmen, daß die gute Regierung des Claudius sich unter dem neuen Regime Agrippinas verschlechterte. Doch ließ sich wie bei seinen Vorgängern auch an seinem Regiment deutlich eine Verschlechterung seiner geistigen und körperlichen Verfassung ablesen. Die nachdenklicheren unter den antiken Schriftstellern, die nicht den Fehler machten, in ihm schon von Anfang an nur eine Marionette zu sehen, waren sich dessen bewußt; Dio Cassius zum Beispiel fand diese Tatsache in seinen Quellen unmißverständlich verzeichnet. Er und auch Tacitus konnten den Zeitpunkt genau angeben, von dem an dieser Verfall nicht mehr zu übersehen war. Laut Tacitus begann nach der Heirat mit Agrippina eine Verwandlung des ganzen Landes.

Wenn es auch vielleicht zutreffender gewesen wäre, diese Veränderung mit dem Komplott und dem Sturz Messalinas im Jahr zuvor einsetzen zu lassen, so war diese Feststellung doch offenbar nicht weit von der Wahrheit entfernt. Claudius war ja seiner ganzen Veranlagung nach durch solche unvorhergesehenen Bedrängnisse besonders leicht verwundbar. Wie viele andere Kaiser lebte er – mit gutem Grund – in ständiger Angst. Dennoch war er der furchtsamste unter ihnen allen, und Verschwörungen setzten ihm furchtbar zu. Seine von Grund auf labile körperliche Verfassung, die durch unaufhörliche Überanstrengung und ein Übermaß an Essen und Trinken noch weiter untergraben worden war, machte es ihm allmählich immer schwerer, als Staatsoberhaupt die Zügel in der Hand zu behalten, und der entscheidende Wendepunkt kam mit der traumatischen Umstellung von Messalina auf die herrschsüchtige Agrippina. Als Augustus in glücklosen Altersjahren die Übersicht verlor, hatte er als zuverlässigen Stellvertreter und designierten Nachfolger Tiberius zur Seite, der das Staatsschiff sicher steuerte. Das beunruhigende Neue bei Claudius war, daß er sich zu seinem eigenen Unglück auf eine Frau verließ, die zudem noch einen gefährlichen Charakter hatte; so geriet Rom zum erstenmal in seiner langen Geschichte vorübergehend unter die Herrschaft einer Frau.

VI

Nero

Lucius Domitius Ahenobarbus, der spätere Kaiser Nero, war am 15. Dezember 37 n. Chr. in Antium (Anzio) geboren. Sein Vater Cnaeus Domitius Ahenobarbus gehörte einer alten und überaus vornehmen Familie an, und seine Mutter war die jüngere Agrippina, die Tochter des Germanicus und der älteren Agrippina. Als er zwei Jahre alt war, wurde seine Mutter von Caligula verbannt, und als ein Jahr später Cnaeus Ahenobarbus starb, bemächtigte sich der Kaiser auch der Erbschaft des Kindes. Unter Claudius jedoch wurde Agrippina aus der Verbannung zurückgerufen; sie sorgte dafür, daß ihr Sohn eine gute Erziehung erhielt. Nachdem sie dann im Jahre 49 Claudius geheiratet hatte, übernahm der berühmte Seneca das Amt des Erziehers, und der Knabe wurde mit der Kaisertochter Octavia verlobt; im Jahre 53 fand die Vermählung statt. Schon vorher, im Jahre 50 n. Chr., war er von Claudius adoptiert worden und nahm daraufhin die Namen Nero Claudius Drusus Germanicus an. Beim Tode des Kaisers im Oktober 54 blieben die Ansprüche des Britannicus, des Sohnes des Claudius aus der Ehe mit Messalina, unberücksichtigt, und Agrippina sicherte mit der Hilfe des Prätorianerpräfekten Burrus dem siebzehnjährigen Nero den Thron.

Agrippina veranlaßte die Erhebung ihres – möglicherweise von ihr ermordeten – Gatten unter die Götter und wurde Priesterin der neuen Gottheit. Darüber hinaus war sie selbst eine kurze Zeit lang die eigentliche Beherrscherin des Reichs.

Doch schon im Jahre 55 begann ihr Ansehen schnell zu sinken. Obwohl Nero seine Kaiserpflichten zugunsten der künstlerischen Betätigungen und anderer Vergnügungen, die ihm wichtiger waren, noch nicht aufgegeben hatte, wurde das Reich im wesentlichen in harmonischem Zusammenwirken von Seneca und Burrus sehr gut re-

giert. Im Jahre 59 ließ Nero aus Angst vor einem Umsturz seine Mutter umbringen. Man weiß nicht, ob Seneca und Burrus bei ihrem Tod die Hand im Spiel hatten, aber von da an war es für beide nicht mehr so leicht, Nero zu bändigen.

Inzwischen wurden unter Roms bedeutendstem General Corbulo in Armenien militärische Operationen gegen die Parther durchgeführt (58–60), und Gaius Suetonius Paulinus unterdrückte in Britannien den blutigen Aufstand der Boudicca. Im Jahre 62 starb Burrus, und Seneca trat in den Ruhestand, da er keine Möglichkeit sah, unter den veränderten Umständen weiterzuarbeiten. Der maßgebende Berater des Kaisers war jetzt Tigellinus, der gemeinsam mit Faenius Rufus die Nachfolge als Präfekt der Prätorianer angetreten hatte. Tigellinus setzte das Hochverratsgesetz erneut in Kraft, und damit begannen die Hinrichtungen angesehener Adeliger, die im Verdacht standen, Komplotte vorzubereiten.

Nero, der sich seiner jungen Frau schon längst entfremdet hatte, ließ sich scheiden und heiratete, nachdem er Octavia hatte umbringen lassen, Poppaea; im Jahre 63 schenkte sie ihm eine Tochter, der kein langes Leben beschieden war. Im nächsten Jahr kam es zu dem großen Brand Roms, und man begann mit den Arbeiten an Neros neuem Palast, dem Goldenen Haus.

Im Jahre 65, als der Kaiser zum ersten Mal öffentlich auf der römischen Bühne auftrat, wurde der erste aus einer Reihe von Anschlägen auf sein Leben entdeckt und verraten. Die Folge war die Hinrichtung des angesehenen Adeligen Gaius Calpurnius Piso. Zu den Opfern dieser Verschwörung gehörten auch Seneca und Faenius Rufus; der Nachfolger des letzteren im Prätorianerkommando war Nymphidius Sabinus, der bei der Niederschlagung des Komplotts geholfen hatte.

Im folgenden Jahr fiel eine Gruppe von Senatoren mit halbrepublikanischen und philosophischen Neigungen unter der Führung von Thrasea Paetus einer neuen Sicherheitskampagne zum Opfer. Danach wurden noch weitere Verschwörer unschädlich gemacht, und führende Feldherren, zu denen auch der angesehene Corbulo und zwei Brüder, die Germanien verwalteten, gehörten, wurden zum Selbstmord gezwungen (66). Den Befehl zum Selbstmord erhielten sie, nachdem man sie nach Griechenland hatte kommen lassen, wo

Nero eine umfangreiche Tournee als Künstler und Schauspieler absolvierte, deren Höhepunkt die angebliche ‚Befreiung' des Landes war. Inzwischen hatte er Vespasian (dem späteren Kaiser) aufgetragen, den ersten Jüdischen Aufstand, der bei den Juden der Erste Römische Krieg heißt, niederzuschlagen. Doch inzwischen fühlte sich kein Provinzstatthalter oder Heeresbefehlshaber mehr sicher, und auf Neros Rückkehr nach Rom im Januar 68 folgte zwei Monate später der Aufstand des Vindex, Statthalters von Gallia Lugdunensis. Vindex wurde im Mai bei Vesontio (Besançon) von Lucius Verginius Rufus, seinem Kollegen in Germania superior, geschlagen. Doch dann wurde Galba, der Statthalter der Tarraconensis (Spanien) von seinen Legionären und vom Senat zum Kaiser ausgerufen. Nero fand sich von Nymphidius Sabinus und der Prätorianergarde verlassen und wurde am 9. Juni gezwungen, Selbstmord zu begehen.

Von seinen wenig liebenswerten Eltern her war Nero erblich aufs schwerste belastet. Außerdem bestand seine Kindheit, ganz wie bei Tiberius und Caligula, aus einer Reihe von Katastrophen, die mit großer Wahrscheinlichkeit unverwischbare Spuren in seinem Charakter hinterlassen hatten. Allerdings hatte er im Gegensatz zu Caligula zumindest wenige Jahre vor seinem Regierungsantritt noch eine gewisse Ausbildung erhalten, die ihn auf sein künftiges Amt vorbereitete.

Seine äußere Erscheinung war nicht übermäßig anziehend. Er war kurzsichtig und blinzelte oder schielte deshalb. Weitere Einzelheiten finden sich bei Sueton: „Er hatte fast Mittelgröße, sein Körper war verunziert durch Flecken und roch übel, sein Haupthaar ging ins Blonde, sein Gesicht war eher ansehnlich als anziehend, seine Augen blaugrau und sehr trübe, sein Hals dick, sein Bauch trat hervor, doch hatte er spindeldürre Schenkel. Seine Gesundheit war sehr gut. Trotz seiner Unmäßigkeit und ausschweifenden Lebensweise nämlich war er in vierzehn Jahren nur dreimal krank, und auch da hat er sich weder den Wein versagt noch sonst seine Gewohnheiten geändert.

Was seine Aufmachung und Kleidung betraf, so war er schamlos herausgeputzt . . .[1]

Bei seinem Regierungsantritt war Nero noch keine siebzehn Jahre alt – weit jünger also, als jeder seiner Vorgänger bei der Thronbesteigung. Das bedeutete, daß zum ersten Mal in der Geschichte des Prinzipats der regierende Caesar seiner Jugend wegen zunächst nicht in der Lage war, die Herrschaft wirklich auszuüben.

So wurde das Reich einige wenige Monate hindurch von einer Frau regiert, was noch nie dagewesen war und allgemeines Aufsehen erregte. Diese Frau war Neros Mutter, Agrippina die Jüngere, laut Tacitus einzig dastehend insofern, als sie die Tochter eines großen Feldherrn und die Schwester, Gattin und Mutter römischer Kaiser war. Am ersten Tag seiner Regierung gab Nero dem Tribun der Garde die Parole „Die beste der Mütter". Und am gleichen Tage begann sie, wie Dio Cassius es ausdrückt, für Nero alle Geschäfte des Reiches zu erledigen.

Daß dies keine Übertreibung ist, bestätigen die offiziellen Münzen. In den letzten schwachen Jahren des Claudius hatten dessen Münzen auf der einen Seite den Kaiser und auf der anderen Agrippina abgebildet. Die ersten Münzen der neuen Regierung zeigen Nero und Agrippina zusammen auf der gleichen Seite, einander zugewandt. Doch diese Prägung betont den Vorrang Agrippinas vor ihrem kaiserlichen Sohn, denn auf diesen Gold- und Silberstücken, deren Prägedaten ausweisen, daß sie im Dezember des Thronbesteigungsjahres ausgegeben wurden, trägt die vordere, also wichtigere Seite den Namen und die Titel Agrippinas, während jene Neros auf die weniger bedeutende Rückseite verwiesen sind. Außerdem sind Agrippinas Name und Ehrentitel im Nominativ wiedergegeben, wie es für die Herrscher üblich ist, während diejenigen Neros im Widmungsdativ stehen, was bedeutet, daß die Münze ihm nur gewidmet ist, Agrippina dagegen als Trägerin der Münzhoheit ausdrücklich bestätigt wird. In der gesamten Geschichte des Reiches war dies das erste und das letzte Mal, daß eine Frau öffentlich als dem Kaiser übergeordnet herausgestellt wurde.

Es gab auch noch andere aufsehenerregende Bekundungen ihrer einmaligen Stellung: „Für eine Senatssitzung im Palast wurde eine Tür in die Rückwand des Beratungszimmers gebrochen, so daß sie ungesehen hinter einem davor angebrachten Vorhang stehen und zuhören konnte. Ein andermal, als eine armenische Gesandtschaft bei Nero vorsprach, wollte Agrippina auf die Thronestrade des Kaisers steigen und sich neben ihn setzen. Alle waren starr vor Schreck. Seneca jedoch wies Nero an, seiner Mutter rasch entgegenzugehen. Diese scheinbare Bezeugung seiner Sohnespflicht konnte den Skandal abwenden."[2]

Agrippina benutzte ihre Macht, um weiterhin alle potentiellen Rivalen zu beseitigen, vor allem Marcus Junius Silanus, der wie Nero ein Ururenkel des Augustus war. Doch sie konnte sich nur sehr kurze Zeit in dieser schwindelerregenden Höhe behaupten. Die zweite Münzprägung der Regierung im Laufe des Jahres 55 zeigte, daß ihre Stellung bereits nicht mehr so stark war. Zwar erschien ihr Kopf auf den Münzen immer noch zusammen mit dem Neros. Aber jetzt blickten die beiden Porträts einander nicht mehr an, sondern schauten in dieselbe Richtung, so daß der vordere Kopf den rückwärtigen teilweise verdeckte; der vordere Kopf jedoch ist der des Kaisers. Außerdem haben seine und Agrippinas Bezeichnungen den Platz gewechselt, so daß sich seine Namen und Titel jetzt auf der Vorderseite befinden und den Vorrang haben. Diese Veränderungen wurden bemerkt und kommentiert, und das war auch beabsichtigt. Nach 55 erschien Agrippinas Porträt niemals wieder auf offiziellen römischen Münzen. Sie lebte zwar noch vier Jahre, stand aber nicht mehr im Mittelpunkt des politischen Geschehens.

Als Anfang des Jahres 55 der junge Britannicus, der Sohn des Claudius und der Messalina, bei einem Festmahl im Palast starb – angeblich von Nero ermordet, doch läßt sich das nicht nachweisen –, soll Agrippina sehr bestürzt gewesen sein; so sagte man jedenfalls, denn man vermutete, sie habe anstelle ihres undankbaren eigenen Sohnes den Sohn des Claudius auf den Thron bringen wollen. Es ist allerdings unwahrscheinlich, daß ihre Verzweiflung sie schon zu diesem Zeitpunkt dazu gebracht haben könnte, ihre Hoffnung auf Britannicus zu setzen, den sie selbst erst vor so kurzer Zeit zugunsten Neros verdrängt hatte. Dennoch bewirkte das schmerzhafte Wissen um das Schwinden ihres Einflusses, daß sie ihrer üblen Laune wiederholt in hysterischen Szenen Ausdruck gab. Selbst als Nero ihr ein kostbares Gewand schenkte, machte sie die bittere Bemerkung, das sei nur ein Bruchteil dessen, was er ihr schulde. Die Verringerung ihrer Macht trat ganz offen zutage, als der Kaiser ihr ein abgesondert liegendes Gebäude als Wohnsitz zuwies und damit ihren imposanten

Empfängen auf dem Palatin ein Ende machte. Wenn er sich verpflichtet fühlte, ihr in ihrer neuen Wohnung einen Besuch abzustatten, pflegte er mit einem Gefolge von Gardeoffizieren aufzutreten. Nach einem eiligen Kuß verabschiedete er sich dann wieder, sobald es irgend möglich war. Auch das war ein Zeichen dafür, daß ihre Herrschaft zu Ende ging.

Daß es zu diesem Ende kam, war eine bedeutende Leistung der beiden führenden Männer am Hofe, des vormaligen Erziehers und jetzigen Beraters des Kaisers, Seneca, und des Befehlshabers der Prätorianergarde, Burrus. Es war ungewöhnlich, daß die beiden maßgebenden Berater eines Kaisers in vollkommener Übereinstimmung arbeiteten. Doch Seneca und Burrus kamen ausgesprochen gut miteinander aus, und selbst wenn die literarische Überlieferung die Rolle, die sie persönlich spielten, auf Kosten der ganzen Gruppe von Männern, mit denen sie zusammenarbeiteten, vielleicht übertreibt, so waren sie doch in den Jugendjahren Neros weitestgehend für die Verwaltung des Reiches verantwortlich.

Am Tod des Britannicus waren sie nicht beteiligt; er mag ihnen vielmehr recht ungelegen gekommen sein. Doch sie waren die Männer, denen es gelang, Agrippina aus ihrer beherrschenden Stellung zu verdrängen. Das mußte um so schneller geschehen, als Nero ohne Einfluß von außen her inzwischen wütend auf seine Mutter war und sich schon zornig daran erinnerte, daß sie Burrus gefördert hatte. So dauerte es nicht lange, bis die beiden Männer zum Beweis ihrer Kaisertreue eine Aussprache mit der verbitterten Agrippina herbeiführten um durchzusetzen, daß sie sich von den Angelegenheiten des Reichs fernhielt. Später hörte man sie über Senecas gelehrte Ausdrucksweise spotten und Burrus, der einen verkrüppelten Arm hatte, als eine Mißgeburt bezeichnen.

Seneca, dessen Vater ein Ritter war und aus einer konservativen Familie italischer Verbannter stammte, die sich in Corduba (Cordoba in Spanien) niedergelassen hatten, war eine der merkwürdigsten Gestalten, die Rom je hervorgebracht hat. In seiner Jugend hatte er sich für Okkultismus interessiert, er war von schweren Neurosen heimgesucht worden und kränkelte so anhaltend, daß er oft daran dachte, sich das Leben zu nehmen. Als Redner, Philosoph, Essayist und Tragödiendichter hatte er sich einen bedeutenden Namen gemacht, und zwar schon unter Caligula, mit dessen Schwester Julia Livilla der Jüngeren er ein ehebrecherisches Verhältnis unterhalten haben soll. Aus diesem Grunde verbannte ihn Claudius, der nächste Kaiser, und erst Agrippina rief ihn zurück und zog ihn an den Hof. Nun hatte er sie im Zusammenspiel mit Burrus zu Fall gebracht und war selbst einer der Beherrscher der römischen Welt geworden.

Seine Herrschaft über das Reich jedoch beruhte auf seiner Herrschaft über den jungen Nero. Seneca war der Verfasser der Rede, die Nero beim Regierungsantritt vor dem Senat hielt; sie war beispielhaft in ihrer Bescheidenheit und Korrektheit. Er schrieb auch ein oder zwei Jahre später eine Abhandlung ‚Über die Milde', die dem jungen Kaiser eindringlich empfiehlt, milde zu regieren, und deren Formulierungen in späteren Jahrhunderten von Calvin und Corneille sehr bewundert worden sind. Doch die Gnade gehört zum Wesen des Autokraten, und Seneca spielte mit dem Feuer, wenn er gleichzeitig die unvorstellbar große Macht betonte, über die Nero verfügte.

„Aus der unübersehbaren Zahl aller Menschenwesen (er stellt sich den Kaiser als Fragenden vor) bin ich auserwählt und als würdig erachtet worden, auf der Erde das Werk der Götter zu verrichten? Mir ist die Macht verliehen, über Leben oder Tod aller Völker zu entscheiden. In meine Hand ist es gelegt, das Schicksal und die Stellung eines Jeden zu bestimmen; was die Fortuna jedem Menschen zugeteilt wissen will, das spricht sie durch meinen Mund aus."[3]

Wenn der frühere Erzieher einem neuen jungen Herrscher auf solche Weise versichert, daß er allmächtig sei, so konnte das einem Menschen, der ohnehin von allen Seiten verderblichen Einflüssen ausgesetzt war, wohl zu Kopf steigen. Senecas Schriften enthalten auch aufschlußreiche Rechtfertigungen der Rolle, die er übernommen hatte. Er war ein durch und durch aufrichtiger stoischer Philosoph, hatte sich jedoch entschieden, Nero zu dienen und zu raten, wie auch Platon versucht hatte, Alleinherrscher zu leiten. Freilich sollte man meinen, daß es sich mit den Grundsätzen eines Philosophen nicht hätte vereinbaren lassen, inmitten all der Verbrechen und Ausschweifungen eines prunkhaften Hofes einem römischen Kaiser dienen und raten zu wollen. Doch Seneca vermochte zu erklären, wie er beide Lebensweisen miteinander versöhnen könne: „Ich darf seine zerstörerischen Kräfte nicht vermehren oder jene, die er schon hat, befestigen. Wenn ich ihm jedoch, ohne dem Gemeinwesen zu schaden, seine Güte vergelten kann, so will ich es tun. Ich würde seine Söhne aus Todesgefahr erretten, denn das könnte die Opfer seiner Grausamkeit nicht schädigen; doch ich würde ihm keinen Pfennig zum Unterhalt seiner Mietlinge zugestehen. Sollte er nach Statuen und Kleidern verlangen, so kann das, wodurch seine Genußsucht gefördert wird, keinem Menschen schaden, und ich werde ihm dazu verhelfen; Soldaten und Waffen werde ich ihm nicht beschaffen. Bäte er mich um die große Gefälligkeit, ihm Schauspieler und Dirnen zu schicken und was sonst seine Grausamkeit dämpfen könnte, so werde ich sie ihm gerne zuführen.“[4]

Zur Belohnung machte Nero Seneca unermeßlich reich. Doch auch das konnte ein Philosoph hinnehmen und dulden:

Sokrates hätte den übermütigen König [Archelaos, der ihm etwas schenken wollte] nur gegen sich aufgebracht, da dieser wollte, daß jede Gabe aus seiner Hand hochgeschätzt werde. „Es spielt keine Rolle, ob man sich weigert, einem König etwas zu geben oder etwas von ihm anzunehmen; die Beleidigung ist in jedem Falle gleich groß, ja im letzteren vielleicht noch schwerer, weil es den Stolzen mehr erbittert, verschmäht zu werden als nicht gefürchtet zu sein.“[5]

Von Burrus, dem getreuen Mitarbeiter Senecas bei der Verwaltung des Reichs, wissen wir nur sehr wenig, da Tacitus uns absichtlich in die Irre führt. Der Geschichtschreiber stellt uns Burrus, um einen wirkungsvollen Hintergrund für dessen kultivierten Kollegen zu gewinnen, als erfahrenen Militär dar, als einen derben Soldaten, der kein Blatt vor den Mund nahm. Doch dieses Bild eines unkomplizierten aktiven Offiziers ist falsch; Burrus hatte, wie eine Inschrift bezeugt, seine Karriere als Zivilist gemacht; er war nacheinander der persönliche und finanzielle Berater der Livia, des Tiberius und des Claudius. Militärische Bedeutung hatte er erst jetzt erlangt, als er Befehlshaber der Garde wurde.

Gerade weil er diese Stellung innehatte, brauchte ihn Seneca, der selbst beim Heer keinen Rückhalt besaß. Burrus wiederum brauchte Seneca, weil er, der nur Ritter war, nicht aus eigener Kraft die guten Beziehungen der Regierung zum Senat hätte gewährleisten können, die Seneca, der 56 Konsul wurde, besser zu sichern vermochte.

Das gelang ihm vollkommen, denn die neue Verwaltung und der neue Kaiser waren beim Senat genau so beliebt wie überall sonst. Man zog zahlreiche schmeichelhafte Vergleiche auf Kosten des Claudius, dessen Erhebung unter die Götter jetzt, nachdem seine Witwe und Priesterin nicht mehr an der Macht war, ins Lächerliche gezogen wurde.

Der Grundgedanke in Neros Antrittsrede war sein Wunsch gewesen, der Senat solle wieder seine alten Funktionen übernehmen und die Konsuln die ihren. Tatsächlich hatten in der ersten Zeit der Regierung der Senat wie auch der Beirat, den Nero aus Senatsmitgliedern zusammenstellte, mehr Sicherheit und mehr Spielraum für selbständiges Handeln als man es seit vielen Jahren gewohnt gewesen war. Der Öffentlichkeit wurde das durch die Münzen vom Ende des Jahres 55 bis 60/61 deutlich gemacht. Die Inschrift auf diesen Münzen nämlich – EX S (enatus) C (onsulto) – zeigt an, daß sie auf Grund eines Senatsbeschlusses geprägt worden waren; die Formel ist eine an den Senat gerichtete, bewußt ehrerbietige, wenn auch im Grunde bedeutungslose Geste.

Während dieser harmonischen Jahre kam es zu einer ganzen Reihe nützlicher Verwaltungsreformen. So wurden zum Beispiel Provinzstatthalter und deren Beamte daran gehindert, aus der Bevölkerung große Summen für Gladiatorenkämpfe herauszupressen. Und in Rom gab es Maßnahmen zur Verbesserung der öffentlichen Ordnung, umsichtige Vorkehrungen gegen Fälschungen und vernünftige Reformen des Finanzgebarens.

Außerdem leistete in diesen Jahren der Kaiser selbst, während er zum Mann reifte, ein beachtliches Maß an gediegener, nützlicher Arbeit. Zu Beginn seiner Regierung hatte er dem Senat ein gerechtes und leistungsfähiges Gerichtswesen versprochen und sich verpflichtet, nicht wie Claudius alle möglichen Fälle selbst zu entscheiden. Er übernahm jedoch regelmäßig ganz in der korrekten kaiserlichen Tradition den Vorsitz bei Prozessen, die noch in seinen Bereich fielen; einige förderliche und wohlüberlegte Neuerungen stammen aus dieser Phase.

„Nero gab Klägern, die ihren Fall vor ihn brachten, nur ungern eher als am nächsten Tag seine Entscheidung bekannt, und zwar erteilte er seine Antwort schriftlich. Bei der Verhandlung verfuhr er so, daß er keine zusammenhängenden Plädoyers duldete, sondern jeden Punkt von den Parteien abwechselnd einzeln vortragen ließ. Ferner erörterte er, wenn er sich zur Beratung zurückzog, nichts mit seinen Beratern gemeinsam, sondern ließ jeden seine Meinung schriftlich abgeben. Diese las er dann schweigend und für sich durch und verkündete anschließend das Urteil, so wie er es für richtig hielt, als wäre es die Ansicht der Mehrheit."[6]

Trotzdem gab es in diesen frühen Jahren der Regierung Neros manches, was Frustrationen in ihm hervorrief, die sich auf seinen Charakter schließlich schlimm auswirkten. Denn der junge Kaiser hatte manche fortschrittlichen und liberalen Ideen, die er infolge der unverrückbaren Gegebenheiten der römischen Gesellschaft unmöglich in die Tat umsetzen konnte.

So war es zum Beispiel üblich, daß die Zirkusse und Theater jedesmal, wenn Spiele stattfanden, von großen Prätorianerkontingenten dicht besetzt waren. Nero jedoch war mit diesem Brauch nicht einverstanden. Ende des Jahres 55 wurde deshalb Anweisung gegeben, daß diese Soldaten fernbleiben sollten. Die Absicht war nicht nur, die Garde vor der Versuchung zu bewahren, sich undiszipliniert aufzuführen, sondern es sollte auch der Eindruck größerer Freiheit entstehen und dabei ausprobiert werden, ob das Publikum sich ohne diese Kontrolle anständig zu benehmen imstande sei. Doch bei aller guten Absicht erwies sich diese Maßnahme als ein Fehlschlag, da zwischen den Gruppen, die rivalisierende Ballettänzer favorisierten, ernstliche Streitigkeiten ausbrachen. Im nächsten Jahr mußten dann die Truppen wieder zugelassen werden, während man die Tänzer gegen den Willen des Kaisers aus Italien verbannte.

Vermutlich waren Seneca, Burrus und die anderen kaiserlichen Berater gezwungen gewesen, sich ins Mittel zu legen, um ihn von der Notwendigkeit dieser bedauerlichen Maßnahmen zu überzeugen. Und in einer anderen und wichtigeren Angelegenheit scheint sich ähnliches abgespielt zu haben. Im Jahre 58 dachte Nero nämlich daran, in allen Teilen des Reiches die indirekten Steuern abzuschaffen. Zu dieser Überlegung bewog ihn eine steigende Flut von Beschwerden über die privaten Steuereinnehmer, bei denen es in Rom seit langem Brauch war, solche Steuern zu verpachten. Tacitus nennt Neros Vorschlag ein edelmütiges Geschenk an das Menschengeschlecht. Doch das ist eine ironische Bemerkung, denn wenn der Vorschlag des Kaisers verwirklicht worden wäre, hätte man unverzüglich die direkten Steuern erhöhen müssen; und jede Hoffnung, daß die Beseitigung der indirekten Steuern diese Zunahme durch eine Belebung des Handels herbeiführen könnten, war reine Spekulation. Neros Berater brachen daraufhin zwar in lautes Lob über seine noble Freigebigkeit aus und trafen in der Folge einige weniger einschneidende Vorkehrungen gegen das Überhandnehmen von Mißbräuchen, redeten ihm aber sein eigentliches Vorhaben aus.

Noch schmerzlicher war für den jungen Kaiser der Konflikt zwischen seinem durchaus ehrlichen Wunsch nicht zu töten und der harten Wirklichkeit der römischen Gesellschaft, die im krassen Gegensatz zu diesem humanen Wunsch stand. Als er 57 ein hölzernes Amphitheater für Darbietungen mit Gladiatoren und wilden Tieren baute (den Vorläufer des Kolosseums), war sein Widerwille gegen das Umbringen von Menschen so stark, daß er tatsächlich das Abschlachten von Gladiatoren in diesen Kämpfen verbot – nicht einmal überführte Verbrecher sollten dabei zu Tode kommen. In diesem Punkte befand er sich in voller Übereinstimmung mit den Ansichten Senecas, der als erster einen unmißverständlichen Angriff gegen solche Gladiatorenzweikämpfe mit tödlichem Ausgang richtete, da sie seinem stoischen Ideal der Brüderlichkeit unter den Menschen zuwiderliefen. Doch Neros Befehl verlor bald seine Gültigkeit – der Kaiser mußte dem Hinmetzeln von Gladiatoren zustimmen, das prompt wiedereingeführt wurde, eine Geste, die verhindern sollte, daß seine Beliebtheit bei den Massen abnahm. Das römische Proletariat war der Dynastie wie auch ihm persönlich zugetan, und so sah Nero stets darauf, daß reichlich Lebensmittel und Geld unter die Massen verteilt wurden. Es wäre aber politisch unklug gewesen, ihnen die blutrünstigen Massaker vorzuenthalten, die ihnen so viel Genuß bereiteten. Man fragt sich, welche Partei Seneca unterstützte, als dieses Thema im kaiserlichen Rat erörtert wurde. Es war eine von den ausweglosen Situationen, in die ein Philosoph als Berater eines römischen Kaisers nur zu oft geraten mußte.

Wenn Nero glaubte, daß jemand seine Sicherheit bedrohe, zögerte er keineswegs ihn umzubringen. Sonst jedoch ging sein Abscheu davor, den Tod eines Menschen verantworten zu müssen, so weit, daß er die Notwendigkeit der offiziellen Todesstrafe beklagte. Wenn er ein Todesurteil unterschreiben mußte, rief er seufzend aus: „Ach, wäre ich doch Analphabet geblieben!" Auch Seneca war entsetzt über den Greuel der Hinrichtungen in Rom – selbst wenn die Betroffenen Sklaven waren, die er, der Stoiker, als Mitglieder der menschlichen Gemeinschaft anerkannte.

Es war deshalb für ihn wie auch für seinen Kaiser eine besonders schreckliche Situation, als 61 n. Chr. der Stadtpräfekt oder Polizeidirektor Lucius Pedanius Secundus – ein spanischer Landsmann Senecas – von einem seiner Sklaven ermordet wurde; der Mann hatte es seinem Herrn nachgetragen, daß dieser ihn nicht in die Freiheit entlassen hatte, obwohl die Summe dafür schon vereinbart war, oder weil er ihm die Gunst eines anderen männlichen Mitglieds des Haushalts streitig machen wollte. Nach altem Brauch, der auf die Angst der Römer vor Sklavenaufständen zurückging, mußte in einem solchen Falle nicht nur der Mörder hingerichtet werden, sondern es durfte überhaupt kein Sklave am Leben bleiben, der mit ihm unter einem Dach gewohnt hatte. Und Pedanius besaß vierhundert Sklaven, zu denen auch viele Frauen und Kinder gehörten.

Das Mitgefühl des Volkes mit den zum Tode verurteilten Sklaven nahm extreme Formen an, und um das Senatsgebäude, in dem der Fall verhandelt wurde, drängten sich Menschenmassen, die diese Unschuldigen unbedingt retten wollten. Doch am Schluß der Debatte hatte sich die althergebrachte Auffassung durchgesetzt: wenn man die elende Sklavenbevölkerung nicht durch Gewaltanwendung niederhielt, würde die Gesellschaft Roms zusammenbrechen – die Hinrichtung mußte also durchgeführt werden. Als riesige Menschenmengen, die mit Steinen und Fackeln bewaffnet waren, sich zusammenrotteten, um die Vollstreckung der Todesurteile zu verhindern, mußte Nero die Bevölkerung durch einen strengen Erlaß zurechtweisen. Und dann gingen alle Sklaven in den Tod.

Für Nero muß das ebenso schlimm gewesen sein wie für Seneca. Aber Seneca war der Zähere von beiden, oder er war zumindest eher imstande, sich durch Philosophie oder Kasuistik zu trösten und zu beruhigen. Solche bösen Rückschläge mögen sich auf den Charakter Neros sehr gefährlich ausgewirkt haben, und man kann sich unschwer vorstellen, daß sie ihm die Regierungsgeschäfte mit der Zeit immer mehr verleideten. Sie nahmen ihm das Interesse an seiner Arbeit.

Allerdings hatte die Verwaltungsarbeit schon vorher nicht gerade die erste Stelle unter seinen Lieblingsbeschäftigungen eingenommen. Er war ja weit mehr an Zirkus und Theater, an Gesang, Schauspielerei, am Tanz und am Dichten interessiert.

Auch für Caligula hatten solche Betätigungen großen Reiz gehabt, freilich mit Ausnahme der Dichtkunst, der er Gladiatorenkämpfe vorzog – ein Geschmack, den Nero nicht teilte. Es gab aber noch einen anderen Unterschied zwischen beiden. Caligula war ein Mann von ungewöhnlicher, überschäumender Energie, der seine aufrichtige Freude an solchen Vergnügungen hatte und gelegentlich nicht nur Zuschauer, sondern auch Darsteller war. Er hatte jedoch immer nur als Dilettant teilgenommen, während Nero die Bühne und den Zirkus so übermäßig und rückhaltlos liebte, daß er sich danach sehnte, sich beiden mit systematischer und berufsmäßiger Gründlichkeit widmen zu können. Doch wie sollte ein Kaiser, dessen Pflicht es war, sich in all die langwierigen und nie endenden mühevollen Aufgaben seines Amtes zu vertiefen, auch noch die Zeit finden, sich als Künstler auszubilden? Und wie konnte er mit dem unüberwindlichen Widerwillen und dem Schrecken fertigwerden, den dieser unbegreifliche Ehrgeiz bei den Senatoren unweigerlich hervorrufen mußte?

Dennoch gewann Nero den berühmten Lyraspieler Terpnus für einen sorgfältigen Unterricht und unterzog sich jeder nur denkbaren Stimmpflege: „Er trug sogar auf dem Rücken liegend eine dünne Bleiplatte auf der Brust, sorgte durch Klistiere und Erbrechen für Reinigung, aß kein Obst und enthielt sich aller Gerichte, die der Stimme schadeten, bis er schließlich, durch Fortschritte ermutigt, (obwohl er nur eine schwache und dumpfe Stimme hatte) sich auf der Bühne zu zeigen verlangte. Dabei führte er unter seinen vertrauten Gefährten immer wieder das griechische Sprichwort im Mund, daß Musik im Verborgenen wertlos sei.“[7]

Der Kaiser hatte auch den Ehrgeiz, als Dichter zu gelten, und es ist gar nicht gesagt, daß seine Gedichte wirklich so kümmerlich waren, wie Tacitus berichtet. Vielmehr weist Sueton die Behauptung des Geschichtschreibers, Neros Verse seien vollkommen unoriginell gewesen, ausdrücklich zurück. Aber vielleicht war auch er ungerecht, wenn er Neros Stimme als „klein und dumpf" oder, wie ein neuerer Übersetzer es auszudrücken beliebt, „schwach und heiser" bezeichnet. Vielleicht sang er gar nicht so schlecht, wie die gegnerische prosenatorische Überlieferung gern behauptete; hätte er keinerlei Talent dafür gehabt, so wäre er doch wohl nicht ganz so leidenschaftlich an diesen Dingen interessiert gewesen.

Wenn er jedoch nicht mit solchen strengen Übungen beschäftigt war, führte er ein zügelloses Leben. Als er noch sehr jung war, äußerte sich das darin, daß er sich nachts flegelhaft in der Stadt umhertrieb. Gelegentlich kehrte er von solchen Ausflügen mit blauen Flekken heim, und um zu verhindern, daß sich das wiederholte, ließ er sich auf seinen Streifzügen hinfort von einer Eskorte aus Prätorianern und Gladiatoren begleiten. Nero verschwendete auch viel Zeit auf übertrieben lange und üppige Gastmähler. Zwar war er weder ein Vielfraß noch ein Trinker wie sein Vorgänger Claudius, aber seine Mahlzeiten dauerten manchmal doch zwölf Stunden, von mittags bis Mitternacht, und er unterbrach sie allenfalls durch gelegentliches Eintauchen in ein warmes Wasserbecken oder, im Sommer, in ein Bad, das man mit Schnee gekühlt hatte. Wenn diese ausgedehnten Gesellschaften auch seiner Gesundheit nicht schadeten, so werden sie doch die guten Ergebnisse seiner täglichen Stimmübungen weitgehend zunichtegemacht und ihm außerdem sehr wenig Zeit gelassen haben für seine Herrscherpflichten.

Außerdem müssen, selbst wenn nur ein Zehntel der Geschichten über seine vielfältigen sexuellen Aktivitäten wahr ist, auch diese seine Zeit noch weiter eingeschränkt haben.

Alle Kaiser waren Zielscheibe einer unendlichen Menge sexueller Klatschgeschichten, doch im Falle Neros erreichten die Gerüchte nie dagewesene Höhen oder Abgründe; man traute ihm eine erstaunliche Vielseitigkeit zu. Es hieß, er sei nicht nur mit vollkommen normalen hübschen jungen Frauen ins Bett gegangen, sondern auch mit seiner Mutter Agrippina, mit Männern, die älter waren als er, mit Eunuchen und mit Knaben, zu denen auch Britannicus gehört habe. Unter den Mauerinschriften von Pompeji findet sich die eines männlichen Prostituierten, der behauptet, viermal der Lust Neros gedient zu haben. Für den Psychoanalytiker jedoch wäre es wohl am ergiebigsten, wenn er seine Aufmerksamkeit auf eine Stelle bei Dio Cassius richtete, wo dieser versichert, der Kaiser habe „nackte Knaben und Mädchen an Pfähle gebunden und sie dann, selbst mit dem Fell eines Raubtiers bekleidet, angefallen und seine wilde Lust befriedigt, indem er so tat, als ob er Teile ihrer Körper verschlinge."[8] Doch ob sich Nero wirklich so aufgeführt hat, oder ob Dios unbekannter Gewährsmann eine blühende Phantasie besaß, läßt sich nicht ohne weiteres entscheiden. Wieweit sollen wir also diesen vielfältigen Schilderungen von Neros Erotomanie eigentlich Glauben schenken?

Die Überlieferung ist so hartnäckig, daß wahrscheinlich wirklich etwas daran war. Laxheit war schließlich ein charakteristischer Zug dieser Zeit. Der Kaiser sollte ja sogar seinen Freunden versichert haben, es sei der reine Unsinn anzunehmen, daß es in der Welt jemanden gebe, der geschlechtlich keusch oder rein sei, in Bezug auf welchen Körperteil auch immer; der einzige Grund für eine solche Annahme lag seiner Meinung nach in dem Geschick der Betreffenden zu verbergen, was sie taten.

Zudem fand Nero eine gewisse Unterstützung in dieser laxen Haltung bei seinen älteren Beratern. Petronius zum Beispiel, der Romancier und Dichter, der Nero sehr nahe stand und von dem man weiß, daß er Konsul und tonangebend in der Mode war, schrieb folgende Zeilen:

> ... Harmlos schildert mein Mund Dinge, die jedermann treibt.
> Denn wer kennt die Vereinigung nicht, nicht Freuden der Venus?
> Wer verwehrt seinem Leib Wonne im wohligen Bett?[9]

Wie die übrigen maßgebenden Männer, die den Kurs bestimmten, auf Neros sexuelle Aktivitäten reagierten, weiß man nicht so genau, doch ist nicht anzunehmen, daß sie sich in dieser Hinsicht Sorgen machten, außer etwa damals, als der Kaiser vorzuhaben schien, seine Geliebte Acte, eine Freigelassene, zur Frau zu nehmen. Das wäre für jeden Kaiser eine gesellschaftliche Unmöglichkeit gewesen.

Schon eher gab zu Sorgen Anlaß, daß er seine kaiserlichen Pflichten immer mehr zugunsten seiner Ambitionen als Wagenlenker, Schauspieler und Musiker vernachlässigte. Es ist richtig, daß man Seneca und Burrus vorwarf, diese Liebhabereien insgeheim unterstützt zu haben, damit sie selbst die Macht in den Händen behielten. Wahrscheinlich ist aber, daß sie, wie es bei Tacitus heißt, in der richtigen Erkenntnis, Neros Neigungen nicht völlig unterdrücken zu können, seine Abweichungen von der Tugend in erlaubte Bahnen des Genusses zu lenken versuchten – mit anderen Worten, daß sie einen Skandal zu vermeiden sich bemühten.

Am jämmerlichsten jedoch müssen diese üppig ins Kraut schießenden künstlerischen Neigungen der eigenen Mutter vorgekommen sein. Agrippina, die ein Leben in erzwungener Zurückgezogenheit führte, das ohnehin dazu angetan war, höchst unfreundliche Gedanken über Nero zu fördern, mußte unfehlbar angewidert sein von diesem peinlich unkaiserlichen Gehaben, das jeder Herrscherhaltung Hohn sprach. Die ganze Sache war so völlig unrömisch, und unrömisch war auch die Art und Weise, in der er sich herrichtete. Es war schon schlimm genug, daß er bewußt die Frisur eines ordinären Wagenlenkers trug – das Haar vorn in Stufen oder Wellen ansteigend. Immerhin wies diese Pferdenarrheit wenigstens noch auf eine gewisse kraftvolle Männlichkeit hin. Weit bissiger wird sie über die weibische griechische Tracht gespottet haben, die er so gern anlegte. Besonders oft zeigte er sich in einem schreiend bunten Gewand, das unterhalb der Taille einer weitfallenden Toga glich und oben einer Tunika; um den Hals war es mit einem grellfarbigen Schal verziert. Die Römer trugen solche Gewänder manchmal zu Haus in ihrer freien Zeit, während in der Öffentlichkeit allenfalls Frauen sich darin sehen ließen. Und denen hatte sich nun Nero zugesellt. Gern kleidete er sich auch in eine Art Minitunika mit Blumenmuster, ein kurzes, ungegürtetes Kleidungsstück mit gerüschtem Musselinkragen.

Agrippinas Äußerungen hierzu müssen alles andere als druckreif gewesen sein. Wir beginnen nun schon zu begreifen, warum Nero sie im Jahre 59 umbrachte und damit den Muttermord beging, dessentwegen er Jahrhunderte hindurch angeprangert wurde.

Das Ende angesehener Männer und Frauen unter Nero vollzieht sich nach einem bestimmten vorhersagbaren Zeitplan und Schema. Nachdem aus irgendeinem Grund ein Argwohn gegen sie rege geworden ist, werden sie durch Verbannung aus dem öffentlichen Leben entfernt; der Kaiser läßt sie nicht sofort umbringen, sondern schickt sie in den Ruhestand oder ins Exil. Nach einer Reihe von

Jahren werden sie dann hingerichtet oder zum Selbstmord gezwungen, auch wenn sie seit ihrem Abtreten nicht mehr in der Lage waren, politisch eine wichtige Rolle zu spielen. In der Zwischenzeit nämlich haben Leute, die mit der Überwachung dieser Menschen beauftragt waren, oder irgendwelche Gruppen, die einen Groll gegen sie hegten, dem Kaiser hinterbracht, daß sie gegen ihn polemisiert oder sich gegen ihn verschworen hätten. Ob sie wirklich unvorsichtig oder gar rebellisch waren, läßt sich nur in den seltensten Fällen feststellen. Kein Kaiser jedoch – nicht einmal Claudius – ließ sich leichter in Furcht versetzen als Nero, und wenn er erst einmal Angst hatte, vergaß er all seine humanen Vorsätze im Nu.

Als er nun im Jahre 59 erfuhr, wie beleidigend sich Agrippina vor Freunden, die ihr noch geblieben waren, über ihn äußerte, festigte sich in ihm die Überzeugung, daß sie nicht nur sein geliebtes Künstlerleben verhöhnte, sondern tatsächlich auch seinen Sturz plante. Es ist durchaus möglich, daß er damit recht hatte, doch können ihre Machenschaften, falls sie gegen ihn intrigierte, kaum sehr gefährlich gewesen sein, da sie inzwischen schon vier lange Jahre hindurch keinerlei politische Bedeutung mehr hatte. Wie dem auch sei, jedenfalls brachte sie Nero durch ihr Verhalten so auf, daß er schließlich Anstalten zu ihrer Beseitigung traf.

Die abenteuerliche Methode, die er dafür wählte und bei der ein zusammenklappbares Schiff im Golf von Neapel eine Rolle spielte, beflügelte die Phantasie des Tacitus derart, daß ihm seine Schilderung des Mordversuchs zu einem wahren Kabinettstück geriet. Die Geschichte, die er erzählt, ist so makaber, daß Voltaire ihr jede Glaubwürdigkeit absprechen wollte. Doch wenn auch romanhafte Einschätzungen der Motive ins Spiel gebracht werden und nicht geklärt ist, welche Rolle Neros eleganter Freund, der spätere Kaiser Otho, dabei gespielt hat – falls er überhaupt beteiligt war –, so kann man dem Bericht des Historikers zumindest in den Grundzügen doch Glauben schenken. Jedenfalls mißlang der ursprünglich geplante Anschlag, da das Schiff, das Agrippina trug, zwar vorschriftsmäßig auf hoher See in Stücke zerfiel, sie selbst jedoch ins Wasser springen und ein Boot erreichen konnte, das sie an die Küste brachte. Daraufhin schickte ihr der Sohn zwei Marineoffiziere, die sie im Bett umbrachten.

Wußten Seneca und Burrus im voraus von dem Plan, sie im Golf von Neapel zu ertränken? Wir können nur mit Tacitus feststellen, daß das niemand weiß. Doch wie dem auch sei – er hat sicherlich recht, wenn er hinzufügt, daß der Fehlschlag sie von der Notwendigkeit der Beseitigung Agrippinas überzeugte.

Möglicherweise bestand nach Agrippinas Tod die Gefahr, daß die Grenztruppen, die Germanicus, ihren Vater, verehrten, auf die Nachricht von ihrer Beseitigung feindselig reagierten. Es ereignete sich jedoch nichts Beängstigendes, und auch in Rom blieb alles ruhig. Am 28. März, etwa eine Woche nach dem Mord, hielten die Fratres Arvales – eine elitäre Brüderschaft, der viele Mitglieder der einflußreichsten Adelsfamilien angehörten – eine ihrer regelmäßigen religiösen Zeremonien in Rom ab. Diese Priester im Senatorenrang waren es gewöhnt, Mitgliedern der kaiserlichen Familie Opfer darzubringen. Bei dieser Gelegenheit jedoch nahmen sie, wie wir aus einer Inschrift wissen, davon Abstand, da es zu schwierig sei, ohne genaue Nachrichten den richtigen Ton zu finden. Am 5. April traten sie dann erneut zusammen und brachten die ordnungsgemäßen Opfer, denn inzwischen lag ein Erlaß des Senats vor, an den sie sich halten konnten. Nero hatte den Senat über die angebliche Verschwörung Agrippinas in Kenntnis gesetzt und erklärt, er könne kaum glauben, daß er jetzt vor ihr sicher sei. Auch bereite ihm dieser Sachverhalt keinerlei Vergnügen. Immerhin fühlte er sich sehr erleichtert, und nicht anders erging es dem Senat, der Agrippina gehaßt hatte und sie nun voller Genugtuung als gefährliche Feindin des Volkes bezeichnen konnte, die den Kaiser habe ermorden wollen und diesen Versuch mit dem Leben habe bezahlen müssen.

Es war keine schwere politische Krise, da Agrippina schon seit langem keine wirkliche Autorität mehr besaß. Doch Tacitus hat wahrscheinlich recht, wenn er andeutet, ihr Tod habe sich auf das Verhalten ihres Sohnes ausgewirkt. Ihre außerordentlich kritische Einstellung hatte ja Neros Neigung zu Wagenrennen und zum Theater auf ärgerliche Weise behindert. Jetzt waren Ärger und Behinderung beseitigt, und nichts konnte nun seine Begeisterung für den Zirkus und die Bühne noch zügeln.

Außerdem gelang es ihm, diese Bestrebungen mit vernünftigen, überlieferungsgemäßen Gründen zu rechtfertigen: „Er hatte sich schon lange gewünscht, an Wagenrennen mit Viergespannen (Quadrigarennen) teilzunehmen. Ein ebenso häßlicher Ehrgeiz ging dahin, wie ein Berufssänger zur Lyra zu singen. Er erinnerte daran, daß Wagenrennen eine Fertigkeit der Könige und Führer in alten Zeiten gewesen sei – gerühmt von Dichtern und dem Dienst an den Göttern gleichgeachtet. Auch der Gesang sei ja dem Apollo heilig; dieser herrliche und vorausschauende Gott werde in griechischen Städten wie auch in römischen Tempeln in der Kleidung eines Musikers dargestellt."[10]

Trotzdem taten die Ratgeber des Kaisers ihr Möglichstes, um den unvermeidlichen Schaden in Grenzen zu halten. Wenn er auftreten mußte, so ließ sich dagegen nichts tun. Aber sie wollten zumindest auch in Zukunft dafür sorgen, daß seine Darbietungen nur vor geladenen Gästen stattfänden.

Im Jahre 62 jedoch, als Seneca und Burrus von der politischen Bühne verschwanden, trat die Regierung in eine völlig neue Phase ein. Zuerst starb Burrus – nicht von der Hand des Kaisers, wie man natürlich munkelte, sondern an einem Abszeß in der Kehle oder vielleicht an Krebs.

An seiner Stelle wurden zwei Prätorianerpräfekte ernannt. Einer von ihnen war Faenius Rufus, der beliebt, aber harmlos war. Der andere war Gaius Ofonius Tigellinus, ein Sizilianer niedriger Herkunft, dessen Laufbahn bis dahin zwar abenteuerlich, aber nicht unbedingt vertrauenerweckend gewesen war. Caligula, der ihn ehebrecherischer Beziehungen zu nicht weniger als zweien seiner Schwestern verdächtigte, hatte ihn in die Verbannung geschickt. Nachdem er sich seinen Lebensunterhalt eine Zeitlang als Fischer in Griechenland verdient hatte, war er später in Süditalien wieder aufgetaucht, wo er mit Erfolg Rennpferde züchtete. Tacitus, der Emporkömmlinge nicht leiden konnte, schreibt ihm einen ganz üblen Charakter zu. Nero indessen stützte sich auf Tigellinus vermutlich nicht nur, weil sie beide Pferde und wilde Feste liebten, sondern auch, weil jener ein gescheiter Fachmann war, der Aufruhr im Keim zu ersticken verstand.

Seneca fand es zu schwierig, mit Tigellinus zusammenzuarbeiten, und bot dem Kaiser seinen Rücktritt an. Er war damals schon Zielscheibe heftiger Kritik wegen des großen Reichtums, den er angesammelt hatte, und er glaubte ohne einen vertrauenswürdigen Mitarbeiter sein Amt nicht länger behalten zu können. Außerdem wurde es zunehmend schwieriger, einen Einfluß auf Nero auszuüben. Seneca hatte stets den Anspruch erhoben, in seinem Umgang mit dem Kaiser offen zu sein, und seine Schriften schildern – soweit sie erhalten sind – diese Haltung überaus realistisch. Es gebe eine Grenze – so schrieb er – bis zu welcher eine Zusammenarbeit mit Autokraten möglich sei. Der Weise werde sich fernhalten von einer Kraft, die ihn verletzen könne; wenn der Staat zu korrupt sei, als daß er sich verbessern ließe, wenn er vom Bösen gänzlich überwältigt sei, dann solle der Philosoph sich nicht weiterhin bemühen. Das Auftreten des Tigellinus zusammen mit Neros zunehmender Vernachlässigung der Regierungspflichten zugunsten von Vergnügungen, die ihm die Senatoren entfremdeten, ließen darauf schließen, daß die Zeit, solche Bemühungen einzustellen, jetzt gekommen war. Seneca nahm also Abschied von seinem Herrn und zog sich in eine fast mönchische Einsamkeit zurück. Gleichzeitig bot er an, auf sein Vermögen zu verzichten, was der Kaiser zweifellos ablehnte.

Das neue Regime machte sich bald bemerkbar. Mit der Rückendeckung durch Tigellinus brachte Nero den Mut auf, sich von Octavia scheiden zu lassen und die blendende Poppaea zu heiraten, die Frau seines Freundes Otho. Die Trennung von der völlig harmlosen Octavia, die die Tochter des Kaisers Claudius war und die Frau und die Schwester des Augustus zu ihren Vorfahren zählte, mußte besonders beim Heer unweigerlich einen schlechten Eindruck machen, und es hieß, Burrus habe sich der Scheidung widersetzt. Nachdem es jedoch Tigellinus durch eine gemeine Intrige gelungen war, sie der Sittenlosigkeit zu bezichtigen, wurde die Scheidung möglich; Octavia wurde auf eine Insel verbannt und fast unmittelbar danach umgebracht. Wahrscheinlich wagte man es nicht, sie auf freiem Fuß zu lassen, nachdem sie aus dem Palast entfernt worden war, da sich möglicherweise aufrührerische Elemente um sie versammelt hätten. Doch die grausame und demütigende Art, auf die man sich ihrer entledigte, zeigte, daß Nero sich jetzt schon nicht mehr seiner Anwandlungen von Furcht und Mißtrauen erwehren konnte.

Obwohl Tigellinus sich so virtuos der Ängste des Kaisers zu bedienen verstand, unterschätzte er anfangs möglicherweise, weil er die

Stimmung im Senat nicht kannte, die sehr realen Gefahren, die Nero dadurch drohten, daß er sich allzu hemmungslos seinen schauspielerischen und musikalischen Neigungen hingab. Jetzt nämlich dachte der Kaiser nicht mehr daran, seine Bühnenauftritte auf private Zirkel zu beschränken. Im Jahre 64 durfte die Öffentlichkeit ihn auf der Bühne sehen.

Sein Debut fand in Neapolis (Neapel) statt, wo die Einwohner Griechen waren. Nero war ja den Griechen leidenschaftlicher zugetan als jeder andere Kaiser vor ihm, und so hielt er es nur für recht und billig, wenn er zuerst vor Griechen auftrat, seiner Meinung nach den einzigen Menschen, die ein Ohr für die Musik hätten und seiner Bemühungen würdig seien. Er betrat also die Bühne, kümmerte sich nicht um einen Erdstoß, der sie zum Erbeben brachte, und sang einem dankbaren neapolitanischen Publikum seine Lieder vor. Tag für Tag trat er auf und wiederholte seine Vorstellung. Selbst wenn er eine Ruhepause für seine Stimme einlegte, pflegte er nach dem abendlichen Bad ins Theater zu gehen und dort zu speisen, während sich rings um ihn die Menschen drängten, denen er in griechischer Sprache verkündete, sowie er ein paar Becher getrunken habe, werde er ihnen etwas darbieten, was ihnen die Ohren klingen machen werde.

Allmählich näherte sich nun die Zeit seines öffentlichen Auftretens auch in der Hauptstadt. Es dauerte nicht lange, und die Bevölkerung Roms durfte zusehen, wenn er Wagenrennen fuhr – und den Römern gefiel das. Im Jahre 65 begann er dann bei der zweiten Durchführung der Neronischen Spiele, die er nach griechischem Vorbild gestiftet hatte, in Rom auf der Bühne aufzutreten. Die schauspielerischen Darbietungen des Kaisers gaben Anlaß zu unzähligen Witzen und Spötteleien. Man erzählte sich, als er die Rolle des rasenden Herkules spielte, sei ein junger Rekrut, als er sah, wie der Kaiser für seinen Auftritt hergerichtet und in Ketten gelegt wurde, auf die Bühne gestürzt, um ihm zu helfen. Überdies war Nero auch durchaus bereit, weibliche Rollen zu übernehmen; er trug dann Masken, die den Gesichtszügen seiner jeweiligen Mätresse nachgebildet waren. Eine seiner mythologischen Rollen war die kreißende Canace. „Was tut der Kaiser?" „Er bekommt ein Kind!" lautete eine der Geschichten, die man sich erzählte. Inzwischen bekamen, wie es heißt, Frauen unter den Zuschauern tatsächlich Babies, weil die strengen Sicherheitsmaßnahmen es ihnen unmöglich machten, das Theater zu verlassen. Nach Sueton soll es auch Männer gegeben haben, die sich bei Musik und Beifall so langweilten, daß sie heimlich von der Mauer herabsprangen oder sich sogar tot stellten, um wie zum Begräbnis weggebracht zu werden.

Trotz seiner Begeisterung litt Nero an einem starken, lächerlichen Lampenfieber, wenn er auftrat.

„Er hielt sich streng an die Regeln, wagte es nie, sich zu räuspern, und wischte sich mit dem Arm den Schweiß von der Stirn [um kein Tuch benützen zu müssen]. Als er einmal in einer Tragödie auftrat, ließ er sein Szepter fallen und hob es rasch wieder auf, fürchtete aber, deshalb aus dem Wettbewerb ausscheiden zu müssen. Sein Begleiter jedoch [der die Flöte spielte und die nötigen Gesten machte, um die gesungenen Worte zu verdeutlichen], schwor, daß dieses Versehen unbemerkt geblieben sei, da die Zuschauer so begeistert applaudiert hätten. Da faßte der Kaiser wieder Mut.“[11]

So standen die Dinge in Rom und im Palast nach den ersten zehn Jahren der Regierung Neros. Im Ausland jedoch spürte man kaum etwas von diesen Tragikomödien; dort gab es keinerlei Störungen in der reibungslosen Verwaltung des Reichs und dem verschwenderischen Wohlleben, wie wir es aus dem ‚Gastmahl des Trimalchio‘ des Petronius kennen.

Nur in fernen Grenzgebieten war es zu militärischen Operationen gekommen. In Britannien war die Ausbreitung der römischen Herrschaft, die sich mit der Einnahme des Druidenstützpunkts Mona (Anglesey) durch Gaius Suetonius Paulinus angekündigt hatte, vorübergehend durch den Aufstand der Icener unter Boudicca in Ostanglien aufgehalten worden; ausgelöst wurde dieser durch die römische Besteuerung und die Weigerung der Britannier, ein Darlehen Senecas mit Zinsen zurückzuzahlen. Im Jahre 60 nahm Boudicca Camulodunum (Colchester), Londinium (London) und Verulamium (St. Albans) ein und schlachtete siebzigtausend Römer oder romanisierte Britannier hin. Dann jedoch wurde sie in der Schlacht bei Atherstone in Warwickshire entscheidend geschlagen, womit die britischen Unabhängigkeitskämpfe ein Ende hatten.

Inzwischen hatte in Kleinasien Cnaeus Domitius Corbulo, der

über weitreichende Kommandogewalt verfügte, mit den Parthern um die Herrschaft über Armenien Krieg geführt. Die Okkupation dieses Landes, die er von 58–60 durchführte, wurde im Jahre 62 durch die schwere Niederlage des Caesennius Paetus bei Randeia nicht weit von Elazig in der östlichen Türkei unterbrochen. Im folgenden Jahr jedoch stellte Corbulo das römische Ansehen wieder her und traf ein dauerhaftes Übereinkommen mit den Parthern, nach welchem Tiridates, der parthische Anwärter auf den armenischen Thron, formell die Stellung eines römischen Klienten annahm und im Jahre 66 die Hauptstadt besuchte.

In Rom jedoch war damals die politische Lage schon nicht mehr stabil.

Das Ende des Regierungssystems von Seneca und Burrus hatte eine Verschlechterung der Beziehungen Neros zum Senat mit sich gebracht. Eine der ersten Amtshandlungen des Tigellinus bestand darin, daß er das Hochverratsgesetz wieder in Kraft setzte; er ließ zwei römische Adelige hinrichten, deren Stammbaum dem des Kaisers zu nahe kam. Im Jahre 64 fürchtete man erneut für die Sicherheit des Kaisers, als der Große Brand von Rom, der viele Familien obdachlos machte, weithin den – wenn auch unbegründeten – Verdacht wachrief, Nero selbst sei der Urheber der Feuersbrunst gewesen, weil er Platz für das Goldene Haus habe schaffen wollen, das er für sich selbst zu bauen plante. Die Folge davon war, daß seine Regierung sich gegen die kleine Christengemeinde wandte, die ihr als Sündenbock dienen mußte.

Um diesen häßlichen Gerüchten entgegenzuwirken, wurden die prächtigsten Kupfermünzen in Umlauf gesetzt, die das Reich je ausgegeben hatte. Sie zeigen Neros ausgeprägte Gesichtszüge in einer gelungenen Mischung aus Erhabenheit und Lebensechtheit, während eine Fülle von Bildern und Inschriften auf den Rückseiten die Wohltaten aufzählt, die er dem römischen Volke erwiesen hatte. Dazu bringen diese Münzen sogar taktvolle Andeutungen auf seine Liebe zu Pferden und zum Theater, die im Gewand frommer Überlieferung als Hinweise auf militärische Operationen und auf Apoll als Lyraspieler erscheinen.

Dennoch konnte diese Propaganda die sich verbreiternde Kluft nicht überbrücken, die diese seine Neigungen zwischen ihm und dem Senatorenstand aufgerissen hatte. Das folgende Jahr brachte die Entdeckung und Unterdrückung des Komplotts, das als Pisonische Verschwörung bekanntgeworden ist, weil Gaius Calpurnius Piso, ein gut aussehender, redegewandter, oberflächlicher Aristokrat laut Tacitus ihr Aushängeschild war. In der Version jedoch, die Dio Cassius kannte, gehörte Piso überhaupt nicht zur eigentlichen Führungsgruppe des Komplotts; die beiden Hauptverschwörer waren der eine der beiden Prätorianerpräfekten, Faenius Rufus, und – Seneca. Faenius Rufus, der es nur schwer ertrug, daß sein Kollege Tigellinus ihn so gut wie ganz ausschaltete, spielte vermutlich eine führende Rolle bei dem Unternehmen. Das gleiche gilt für eine Reihe seiner Offiziere. Daß Männer dieses Schlags Piso unterstützt hätten, war kaum anzunehmen, da er die ihnen verhaßte Vorliebe für Neros Gesang und Lyraspiel teilte. Wahrscheinlich hatten sie vor, nicht Piso, sondern Seneca auf den Thron zu setzen.

Ob Seneca selbst an diesem Plan Teil hatte, ist nie geklärt worden. Aus seinen Abhandlungen und Tragödien sprechen schwere politische Bedenken. Da ist oft die Rede von hassenswerten Tyrannen, von Selbstmord als einer Flucht vor der Tyrannenherrschaft, ja selbst von Tyrannenmord als letztem Ausweg: „Wenn ich bei einem Herrscher ganz und gar an seiner Besserung verzweifle“, schrieb Seneca, „dann soll diese meine Hand mit einem einzigen Schlag die Wohltat, die er mir erwies, heimzahlen und der gesamten Menschheit einen Gefallen erweisen.“[12] Doch solche Gedankengänge waren in der Philosophie seit jeher ausgesprochen worden; sie sind kein Beweis dafür, daß er Nero umbringen wollte. Immerhin war Seneca im Jahre 65 dem Herrscher schon entfremdet, und wenn die Verschwörer in ihm auch keinen Komplizen sahen, so war ihnen diese Wandlung doch sehr wohl bewußt. Hätten sie Erfolg gehabt, so wären sie an ihn herangetreten und hätten ihm in ihrer neuen Regierung eine wichtige Stellung angeboten – vielleicht hätten manche ihn sogar darum gebeten, die Führung und Herrschaft zu übernehmen.

Es war geplant, Nero im Circus Maximus zu ermorden, während Spiele abgehalten wurden. Der Plan kam jedoch nie zur Ausführung, weil er verraten wurde. Die Folge davon war, daß fünfzig Personen der Mittäterschaft bezichtigt wurden, unter denen sich neunzehn Senatoren, sieben Ritter, elf Offiziere und vier Frauen befanden. Es kam zu neunzehn Hinrichtungen oder Selbstmorden und dreizehn Verbannungsurteilen. Zu denen, die ums Leben kamen, gehörten Piso, Faenius Rufus und Seneca samt seinem Neffen Lukan, einem epischen Dichter, der früher ein begeisterter Verehrer Neros gewesen war, sich dann aber – wohl aus persönlichen Motiven – in einen seiner schärfsten Kritiker verwandelt hatte. Den Tod fand auch Claudia Antonia, die Tochter des Claudius und jüngere Schwester des Britannicus und der Octavia, weil ihr Name, wäre der Coup gelungen, dazu hätte dienen können, die geplante neue Ordnung mittels einer Heiratsverbindung zu legitimieren.

Die Aufdeckung der Verschwörung wurde durch eine Prägung von Kupfermünzen mit der Aufschrift SECURITAS AUGUSTI (die Sicherheit des Kaisers) gefeiert, während neue Gold- und Silbermünzen dem beschützenden Jupiter geweiht waren. Was menschlichen Beistand betraf, so war einer der maßgeblichsten Beschützer Neros Tigellinus gewesen, zu dessen Ehren Statuen aufgestellt wurden. Außer ihm hatte sich Nymphidius Sabinus, ein hochgewachsener, düsterer Prätorianeroffizier, bei der Niederschlagung der Verschwörung verdient gemacht; er war der Sohn einer freigelassenen Prostituierten und eines Gladiators, verbreitete allerdings das Gerücht, sein Vater sei der Kaiser Caligula gewesen. Er erhielt den Posten des Faenius Rufus und wurde so neben Tigellinus Prätorianerpräfekt.

Von nun an rissen die Verdächtigungen und Schreckensnachrichten von weiteren Verschwörungen nicht mehr ab. Allein im Jahre 66 schlug die Regierung in vier verschiedenen Richtungen zu.

Die ersten Opfer waren eine Gruppe extrem konservativer Senatoren mit Neigung zu philosophischen, stoischen Gedankengängen – ganz wie jene, die unter Caligula hatten leiden müssen. Ihr gegenwärtiger Führer, Thrasea Paetus aus Patavium (Padua), hatte seinen unüberwindlichen Widerwillen gegen die Herrschaft Neros durch seinen passiven Widerstand und sein Fernbleiben vom Senat zum Ausdruck gebracht und mußte nun mit seinem Leben dafür büßen. Dann soll – hier läßt uns allerdings unser Tacitustext zum zweiten Mal im Stich – ein gewisser Annius Vinicianus, der bei den gescheiterten Unternehmungen Pisos und Thraseas einen Bruder und Freunde verloren hatte, einen Aufstand in Beneventum (Benevento in Mittelitalien) geplant haben. Offenbar handelt es sich hier um das von den Fratres Arvales am 19. Juni 66 verzeichnete „nichtswürdige Komplott“, für dessen Entdeckung sie ebenso wie für die neuerliche Errettung des Kaisers ihren Dank aussprachen.

Vinicianus war der Schwiegersohn des bedeutenden Generals Corbulo, der während der längsten Zeit der Regierung Neros das Reich im Osten verteidigt hatte; und Corbulo selbst sollte das nächste Opfer sein. Gegen Ende des Jahres wurde er zum Rapport bei Nero befohlen, der jetzt in Griechenland war, und erhielt dort eine schriftliche Aufforderung zum Selbstmord. Als er dieses Schreiben las, rief Corbulo aus: „Axios!“, ein griechisches Wort mit der Bedeutung „Ich habe es verdient!“. Allerdings ist schwer zu sagen, ob dies ein Eingeständnis seiner Schuld war oder ob er bereute, so töricht gewesen zu sein, sich Neros Befehl zu stellen. Etwa um die gleiche Zeit befahl der Kaiser auch die Brüder Scribonius Rufus und Scribonius Proculus zu sich, die als Befehlshaber der Truppen in Germania superior und Germania inferior einen gewaltigen Teil der gesamten Militärmacht der römischen Welt unter sich hatten. Auch ihnen wurde befohlen, sich das Leben zu nehmen.

Schon unter früheren Kaisern hatte es grausame Angriffe gegen die Senatoren gegeben. Nie zuvor jedoch waren so viele vornehme Adelige und Befehlshaber innerhalb weniger Monate umgebracht worden. Entweder hatte sich die Unzufriedenheit wirklich allgemein verbreitet und vertieft, oder Nero und seine Prätorianerpräfekten müssen, falls diese Massenvernichtung unbegründet war, durch solche unnötigen Verbrechen die aufrührerische Gesinnung, die sie auslöschen wollten, zwangsläufig noch verstärkt haben. In jedem Fall hatte sich die Lage aufs Äußerste zugespitzt.

Nero selbst unterließ es zwar nicht, Vespasian, einen erfahrenen General, mit der Niederschlagung des Aufstands in Judäa zu betrauen, war jedoch so unklug, seinen Aufenthalt in Griechenland nicht abzubrechen. Er absolvierte ja schließlich eine Tournee, die den Künsten, dem Theater und überhaupt kulturellen Anliegen galt. Tigellinus befand sich bei ihm. Nymphidius Sabinus war vermutlich in Rom geblieben, doch Nero ließ außerdem zwei persönliche Vertreter in der Hauptstadt zurück: seine einflußreichen Freigelassenen Helius und Polyclitus.

Für Nero war dieser Besuch in Griechenland, der Heimat jenes

Volkes, das allein seine Bestrebungen zu schätzen wußte, der freudige Höhepunkt seiner Laufbahn als Schauspieler, Sänger und Wagenlenker. In einer langen Reihe von Auftritten als Schauspieler und Wettkämpfer an den bedeutendsten Stätten wurden ihm von willfährigen Preisrichtern nicht weniger als 1808 Preise zuerkannt.

Gelegentlich kam es zu unglücklichen Zwischenfällen, bei denen es zu improvisieren galt. So hatte Nero zum Beispiel bei den Olympischen Spielen während eines Wagenrennens, bei dem er ein Gespann von zehn Pferden lenkte, das Pech, aus seinem Wagen hinausgeschleudert zu werden. Diensteifrige Hände brachten ihn wieder an Ort und Stelle, aber er war zu stark mitgenommen, als daß er die Runde hätte vollenden können. Trotzdem waren die Schiedsrichter so klug, ihm vorsichtigerweise den ersten Preis zuzuerkennen, und diese elastische Anwendung der Regel brachte ihnen eine riesige Geldsumme ein.

Neros Bewunderung für die Griechen, die durch derartige Vorfälle noch gesteigert wurde, drückte sich schließlich in einer beispiellosen Geste aus. Am 28. November des Jahres 67 nämlich erklärte er Griechenland in einer Rede im Stadion der Provinzhauptstadt Korinth für frei.

„Es ist ein unerwartetes Geschenk, Hellenen – wenn man auch von meiner Großmut alles hoffen darf –, das ich euch gewähre: ein Geschenk, so groß, daß ihr nicht wagtet, mich darum zu bitten. Alle Hellenen, die Achaea und das Land, das bis heute die Peloponnes heißt, bewohnen, empfangen die Freiheit und sind auch frei von Abgaben. Nicht einmal zu euren glücklichsten Zeiten konntet ihr allesamt euch dessen erfreuen, denn ihr wart Untertanen entweder von Fremden oder von Landsleuten.

Könnte ich doch dieses Geschenk zu einer Zeit gemacht haben, in der Hellas noch auf der alten Höhe stand, so daß mehr Menschen diese Wohltat hätten genießen können! Deswegen grolle ich der Zeit, die im voraus die ganze Fülle meiner Wohltat verschwendet hat. Doch selbst jetzt geschieht es nicht aus Mitleid, sondern aus Wohlwollen, wenn ich euch diese Gunst erweise, und ich statte auch euren Göttern, die mich weder zu Wasser noch zu Lande jemals im Stich gelassen haben, meinen Dank ab dafür, daß sie mir eine Gelegenheit gegeben haben, eine so große Wohltat zu erweisen.

Denn Städten haben auch andere Herrscher die Freiheit geschenkt, einer ganzen Provinz aber nur Nero!“[13]

Natürlich verlieh er Griechenland nicht die volle politische Unabhängigkeit, denn es war ja unwiderruflich Teil des römischen Reiches. Immerhin wollte er der Bevölkerung Befreiung von der Besteuerung durch Rom gewähren, und das war für ein so armes Land ein überaus wertvolles Geschenk.

Am Anfang des Jahres 68 war Nero Rom schon länger ferngeblieben als jeder andere Kaiser seit Tiberius; und während die überlebenden Senatoren noch unter den Schlägen taumelten, die im vorangegangenen Jahr so viele ihrer Kollegen gefällt hatten, war die Atmosphäre in der Stadt aufs Äußerste geladen. Die Freigelassenen, die den Kaiser in der Hauptstadt vertraten, fanden denn auch die Geheimberichte, die an sie herangetragen wurden, so beunruhigend, daß einer von ihnen, Helius, sich mitten im Winter eilends nach Griechenland begab, um Nero zur Rückkehr zu bewegen. Als der Kaiser sich dazu bereit erklärte, war ihm jedoch keine Furcht anzumerken, denn seine üblichen heftigen Ängste waren durch unablässige servile Schmeicheleien gedämpft worden. Unter nie dagewesenem verschwenderischem Festgepränge, das seine Künstlersiege in Griechenland verherrlichte, hielt er einen großartigen, umjubelten Einzug in Rom.

Sehr bald darauf jedoch zog er sich in die geistesverwandte griechische Atmosphäre von Neapolis zurück. Dort erwog er die Möglichkeit einer groß angelegten militärischen Expedition in den Kaukasus, die ihn, wie seine Höflinge erklärten, zu einem neuen Alexander machen sollte.

Doch seine Tage waren nun schon gezählt, denn nach der Vernichtung so vieler Senatoren, Statthalter und Generäle konnte sich kein leitender Beamter in den Provinzen mehr sicher fühlen.

Der erste der noch lebenden Statthalter, den diese Unruhe tätig werden ließ, war Gaius Julius Vindex in Gallien (Gallia Lugdunensis). Als er die Flagge der Empörung hißte, mußte er sich auf einheimische Hilfstruppen stützen, da er keine römischen Legionen zur Verfügung hatte. Er wandte sich deshalb um Hilfe an seinen weit älteren Kollegen in Hispania Tarraconensis (Ostspanien), Servius Sulpicius Galba, der eine Legion kommandierte. Daraufhin erklärte sich Galba, der wegen gespannter Beziehungen zu örtlichen kaiserlichen Prokuratoren besonderen Grund zur Furcht hatte, öffentlich gegen Nero, ohne jedoch zunächst für sich selbst Anspruch auf die Kaiserwürde zu erheben.

In dieser Situation, in der die militärische Lage immer noch ohne Schwierigkeit zu meistern gewesen wäre, versäumte es Nero, die nötigen Maßnahmen zu ergreifen.

„Er war in Neapel, als er von dem Aufstand der gallischen Provinzen hörte, gerade am Jahrestag der Ermordung seiner Mutter. Er nahm die Nachricht mit so viel Ruhe und Gleichgültigkeit auf, daß man argwöhnte, er freue sich in Wirklichkeit darüber, da er damit nach Kriegsrecht Anlaß hatte, diese reichsten Provinzen auszuplündern. Er begab sich gleich danach zum Gymnasium, wo er mit größtem Interesse die Wettkämpfe der Athleten beobachtete. Auch als bei Tisch ein noch beunruhigenderer Bericht das Mahl unterbrach, erregte er sich nur so weit, daß er den Abtrünnigen Rache androhte. Kurz, er machte acht volle Tage keinen Versuch, irgend jemandem eine Antwort zukommen zu lassen oder auch einen Auftrag oder Befehl zu erteilen und überging die Angelegenheit mit Stillschweigen.“[14]

Als er durch einen unablässigen Strom von Botschaften dann endlich dazu bewogen wurde, nach Rom zurückzukehren, wurde diese Neigung zur Flucht vor der harten Wirklichkeit peinlich offenkundig. So mußten zum Beispiel seine wichtigsten Berater, die er zur Konsultation hatte herbeirufen lassen, den größten Teil des Tages damit verbringen, ihm bei der Vorführung neuer Modelle von Wasserorgeln zuzusehen. Auch war es keineswegs beruhigend, wenn Nero erklärte, er werde nach Gallien gehen, sich unbewaffnet vor die Truppen des Vindex hinstellen und einfach nur weinen, immerzu weinen. Und dann, sagte er, wenn sein rührender Auftritt die Soldaten dazu gebracht hätte, sich wieder zu ihm zu bekennen, werde er noch einmal vor ihnen auftreten und ihnen Siegeslieder vorsingen – und er müsse nun unverzüglich darangehen, diese Lieder zu verfassen.

Als er erfuhr, daß Galba zum Kaiser ausgerufen worden sei, fiel er in Ohnmacht. Doch die nächste Nachricht war gut, denn sie meldete, daß Vindex in Vesontio (Besançon) von Lucius Verginius Rufus, dem Statthalter von Germania superior, besiegt worden sei und den Tod gefunden habe. Es wäre aber schon zu spät für Nero gewesen, sich diese Atempause zunutze zu machen, selbst wenn er schließlich doch noch die Kraft und den Unternehmungsgeist aufgebracht hätte, es zu versuchen. Am 8. Juni erfuhr er, daß einer der beiden Generäle, die er nach Norditalien gesandt hatte, von ihm abgefallen war und dadurch den anderen lähmte. In diesem kritischen Augenblick beschloß er, nach Ägypten zu fliehen, das er – wahrscheinlich zu Unrecht – für loyal hielt. Die Flucht gelang ihm jedoch nicht, da ihm die Prätorianer nicht mehr zur Verfügung standen. Deren Präfekten hatten sich nämlich dahin entschieden, daß es keinen Zweck mehr habe, einem solchen Kaiser zu dienen, und hatten beschlossen, ihn zu verlassen. Tigellinus spielte damals, wahrscheinlich weil er schwer krank war, keine maßgebliche Rolle mehr. Nymphidius jedoch hatte seinen Prätorianern ein bedeutendes Geldgeschenk versprochen und sie dadurch bestimmt, von Nero abzufallen und Galba zum Kaiser auszurufen.

Im Zusammenspiel mit Nymphidius erklärte der Senat Nero zum Staatsfeind und verurteilte ihn dazu, nach alter Tradition mit Ruten zu Tode gepeitscht zu werden. Nero floh ins Haus eines seiner Freigelassenen in der Umgebung Roms und äußerte dabei wiederholt die denkwürdigen Worte „qualis artifex pereo" – „Was für einen Künstler verliert die Welt in mir!"[15]

Als man dann einen Trupp Berittene die Straße herabkommen hörte, gelang es ihm mit der Hilfe eines Sekretärs, sich den Dolch in die Kehle zu stoßen, und so starb er.

Neros Regierung war an demselben Problem gescheitert, an dem auch frühere Regierungen zu Schaden gekommen oder zugrundegegangen waren, daran nämlich, daß seine Beziehungen zum Senat und dessen führenden Mitgliedern sich ständig und katastrophal verschlechterten. Tacitus bezeichnete mit Recht die Ermordung der Agrippina, den Tod des Seneca und des Burrus und die Pisonische Verschwörung als Marksteine in diesem verhängnisvollen Prozeß.

Der junge Kaiser hatte mit den besten Absichten angefangen, dann aber eine Reihe von Rückschlägen hinnehmen müssen, die seine Pläne durchkreuzten. Diese Enttäuschungen bewirkten, daß sein Interesse an den Regierungsgeschäften allmählich erlahmte, seine Hinwendung zum Theater dagegen und zu Wettkämpfen, die er weit interessanter fand, verstärkten. Ein Kaiser aber, der nicht bereit war, seine Aufmerksamkeit weitgehend seinen kaiserlichen Aufgaben zu widmen, konnte sich nicht halten. Außerdem geriet Nero, wenn er Gegnerschaft argwöhnte, in Panik und schlug hysterisch um sich – und zwar so, daß die Betroffenen in Notwehr zurückschlugen.

Berücksichtigt man das, so ist es verwunderlich, daß er überhaupt so lange am Leben blieb. Das war möglich, weil die Legionen ihrem Soldherrn, der ein Nachkomme des Augustus war, die Treue hielten und nicht davon abließen, ihn zu unterstützen, obwohl er niemals Anstalten machte, den Befehl über sein Heer zu übernehmen. Selbst ganz zuletzt hatte sich der Großteil der Truppen nicht von ihm abgewandt, und sein Sturz ging wie der Caligulas in erster Linie darauf zurück, daß er sich der Führung der Prätorianer entfremdete, die willige Verbündete unter den Senatoren fand.

Zu ichbezogen, um sich auf die Beendigung der Unzufriedenheit zu konzentrieren, zu sehr in seinen künstlerischen Ambitionen befangen, um die Verwaltung seines Reiches als eine ernsthafte und tagesfüllende Beschäftigung zu betrachten, hatte Nero die Verbindung mit den harten Tatsachen verloren und mußte dafür büßen. Mit dieser bizarren Gestalt endete die Linie des Augustus im Mannesstamm.

Dritter Teil

Die Bürgerkriege

VII

Galba

Servius Sulpicius Galba, um das Jahr 3 v. Chr. geboren, entstammte einer außerordentlich vornehmen und wohlhabenden Familie. Wenn sie auch nicht unmittelbar mit dem julisch-claudischen Hause verbunden war, dem bisher alle Kaiser angehörten, so hatten doch schon Augustus und dessen drei Nachfolger eine hohe Meinung von dem jungen Mann; ganz besonders schätzte ihn Livia, die möglicherweise eine Verwandte seiner Stiefmutter war. Nach seinem Konsulat im Jahre 33 übernahm Galba die Statthalterschaft von Germania superior und Africa, und im Jahre 60 ernannte ihn Nero zum Statthalter von Hispania Tarraconensis, und damit zum Befehlshaber einer Legion, die dort in Garnison lag.

Im März 68 wurde er als etwa Siebzigjähriger von Vindex um Unterstützung gebeten, der sich in Gallia Lugdunensis gegen Nero erhoben hatte. Diesem Hilferuf folgte eine Aufforderung der Gegenseite, des Statthalters von Aquitanien (Südwestfrankreich), der den Aufstand unterdrücken wollte. Am 2. April bekannte sich Galba in einer Proklamation in Carthago Nova (Cartagena) zu Vindex und rief sich selbst zum Imperator und Legat des Senats und des römischen Volkes aus.

Von Otho (der später sein Nachfolger wurde) und Caecina in den anderen spanischen Provinzen unterstützt, hob er eine zweite Legion aus, mußte aber Ende Mai erfahren, daß Vindex besiegt worden war und nicht mehr lebte. Verzweifelt zog er sich in eine entlegene spanische Stadt zurück, aus der er erst wieder auftauchte, als er erfahren hatte, daß der Senat ihm mit Unterstützung der Prätorianer, denen der Präfekt Nymphidius Sabinus ein großzügiges Geldgeschenk versprochen hatte, den Thron anbot. Kurz danach kam die Nachricht vom Tode Neros.

Während Galba, der nun Kaiser war, langsam in Richtung Rom marschierte, erklärte sich der Präfekt von Ägypten, Tiberius Julius Alexander, so prompt für ihn, daß man ein bereits bestehendes geheimes Einverständnis annehmen mußte; und in der Hauptstadt selbst konnte ein von Nymphidius Sabinus aus Enttäuschung über seinen kaiserlichen Protégé angezettelter Aufstand mühelos im Keim erstickt werden.

Als der neue Herrscher im Oktober vor der Stadt anlangte, ließ er von den Marinesoldaten, die ihm hatten entgegentreten wollen, jeden 10. Mann hinrichten. Diese und andere ungeschickte Maßnahmen machten ihn sehr schnell unbeliebt, und die widersprüchlichen Einflüsse seiner drei maßgeblichen Berater – des Titus Vinius, des neuen Prätorianerpräfekten Laco und des Freigelassenen Icelus – vermochten die Ruhe nicht wiederherzustellen.

Am Neujahrstag des Jahres 69 stürzte das Heer in Germania superior die Standbilder des Kaisers um und forderte Senat und Volk von Rom auf, einen Nachfolger zu wählen. Am nächsten Tag riefen die Truppen in Germania inferior ihren Legaten Vitellius zum Kaiser aus.

Doch inzwischen hatte Galba auf Grund der Vorfälle vom 1. Januar die Adoption eines Erben beschlossen, da er selbst keinen Sohn hatte und auf diese Weise glaubte, seine Herrschaft sichern und Aussicht auf Stetigkeit des kaiserlichen Regiments bieten zu können. Seine Wahl fiel auf einen jungen Mann, der von ebenso vornehmer Herkunft war wie er selbst, nämlich auf Piso Licinianus. Doch verhängnisvollerweise kränkte er damit Otho, der infolgedessen am 15. Januar Galba und Piso umbringen ließ. Offiziere und Soldaten der Prätorianergarde gehörten der Verschwörung an, nicht aber der Präfekt Laco, der ebenfalls sein Leben verlor. Dieses Schicksal teilten auch Vinius und Icelus.

Die Bedeutung der kurzen Regierung Galbas lag vor allem in den Umständen, unter denen sie zustande kam. Tacitus stellt sie in der Einleitung zu seinen ‚Historiae‘ zusammenfassend dar; sie offenbarten ein bis dahin gut gehütetes Geheimnis des Prinzipats, daß nämlich offensichtlich ein Kaiser auch außerhalb Roms gewählt werden konnte. Diese Enthüllung bewirkte, daß die Provinzgarnisonen sich ihrer Macht bewußt wurden, reizte sie, sich diese Macht gegenseitig mit Waffen zu beweisen und führte zu endlosen militärischen Aufständen und Empörungen in den folgenden Jahrhunderten.

Die Ausrufung eines Kaisers durch ein Provinzheer hätte die herrschende Klasse in Rom als ein bedrohliches Zeichen erschrecken müssen, das auch den letzten Rest von Selbständigkeit gefährdete, der ihr noch zu Gebote stand. Statt dessen waren der Senat und auch die Ritter so erfreut über die Beseitigung Neros, daß sie die Ernennung Galbas durch die Truppen hochzufrieden bestätigten.

Die Thronbesteigung eines Kaisers, der zwar der früheren kaiserlichen Familie lange Zeit hindurch freundschaftlich verbunden war, ihr aber nicht angehörte, hatte eine neue Lage geschaffen.

Man muß zugeben, daß der Übergang alles andere als schroff war, da Galba aus einer hocharistokratischen alten Familie kam. Dennoch ergaben sich aus dem Fehlen einer Blutsverwandtschaft mit dem julisch-claudischen Haus neuartige und schwierige Probleme.

Sollte er zum Beispiel die Bezeichnung Imperator als besonderen Namensbestandteil, sollte er die Namen *Augustus* und *Caesar* annehmen? Denn alle diese Benennungen waren ja der Dynastie vorbehalten gewesen, die jetzt ausgestorben war. Galba empfand es offenbar als peinlich, sich Imperator zu nennen. (Nero hatte im Jahre 66 den von Augustus verwendeten Titel wieder aufgenommen.) In Carthago Nova huldigte man ihm unter diesem Namen, und er ließ ihn anfangs auch auf seine Münzen prägen, hielt aber später nicht daran fest. Nach seiner Ernennung durch den Senat entschloß er sich jedoch, den Namen Augustus anzunehmen, und nachdem er im Juli oder August 68 in Narbo (Narbonne) eine Abordnung des Senats empfangen hatte, fügte er auch noch die Bezeichnung Caesar hinzu. Damit war klar, daß die bestehende Tendenz, Augustus und Caesar als Amtstitel und nicht mehr als Eigennamen anzusehen, sich schließlich durchgesetzt hatte.

Daß der Senat sich den Wunsch nach einem blaublütigen Kaiser erfüllen konnte, war auf eine Ausnahmesituation zurückzuführen. Galba war nämlich einer der sehr wenigen Angehörigen des Hochadels, die der mißtrauische Nero mit einem wichtigen Kommando betraut hatte, da er ihn für zu alt und maßvoll hielt, als daß er sich gegen ihn auflehnen könnte. Und Galba hätte auch wirklich niemals seinen Namen für eine Empörung hergegeben, wenn er sich nicht mit Neros Prokuratoren in Spanien zerstritten und deswegen befürchtet hätte, möglicherweise der nächste zu sein, der das Feld räumen mußte.

Obwohl er kahlköpfig war, an Arthritis litt und vielleicht auch noch einen Bruch hatte, war er ein Mann von eindrucksvollem Äußeren, mit einer Adlernase und strengen Gesichtszügen. Diese wirkten dank den idealisierenden Bemühungen der außergewöhnlich begabten Künstler, die seine Münzen entwarfen, wie die Verkörperung alter republikanischer, dem Stil Neros ganz entgegengesetzter Strenge und Tugend – wenngleich Sueton behauptet, Galba sei ein zu starker Esser gewesen und habe eine Neigung zum Geschlechtsverkehr mit erwachsenen Männern gehabt. Die Rückseiten der Münzen zeigten verschiedene mitreißende Losungen, darunter auch Hinweise auf das Wiederaufleben des allgemeinen Vertrauens, der Freiheit, Gerechtigkeit und Einigkeit sowie eine Proklamation der Wiedergeburt Roms unter dem neuen Regime.

Tacitus freilich äußert sich kritisch über die Persönlichkeit des Kaisers: „Mit dreiundsiebzig Jahren hatte er ein an Erfolgen reiches Leben hinter sich, das die Regierungszeiten von fünf Kaisern umspannte – Regierungen, die ihm mehr Glück gebracht hatten als seine eigene . . . Sein Charakter hielt die Mitte; er war zwar eher frei von Fehlern, schwang sich aber auch kaum zur Tugend auf. Was den Ruhm betraf, war er nicht gleichgültig, prahlte aber auch nicht mit ihm. Er hegte nicht die Absicht, sich am Vermögen anderer zu bereichern, ging mit seinem eigenen sparsam um und erwies sich, wenn es um das des Staats ging, als Geizhals.

Seine nachsichtige Haltung gegenüber Freunden und Freigelassenen gab keinen Anlaß zu Tadel, wenn sie ehrliche Leute waren. Daß er jedoch nicht merkte, wenn sie schlecht waren, ließ sich nicht entschuldigen. Seine vornehme Herkunft jedoch und die Angst jener Zeiten verschleierten den Mangel an Unternehmungsgeist und bewirkten, daß man ihn Weisheit nannte. In jungen Jahren zeichnete er sich als Soldat in den beiden germanischen Provinzen aus. Als Prokonsul verwaltete er Africa maßvoll, und in Hispania Tarraconensis zeigte er sich in späteren Jahren ebenso als gerechter Statthalter.“[1]

Tacitus beschließt seine Charakterskizze mit einem seiner berühmtesten und beißendsten Aussprüche: „Galba erschien, solange er nur Bürger war, als solcher zu groß; und jedermann war überzeugt, daß er das Zeug zu einem Herrscher hatte – wenn er nie einer gewesen wäre." Der Gegensatz nämlich zwischen Galba, dem Statthalter, und Galba, dem Kaiser, zeigte sich sehr bald und nur zu deutlich.

Als er den Thron bestieg, war er zu alt, um die außergewöhnliche Last des kaiserlichen Amts tragen zu können. Infolgedessen mußte er sich im wesentlichen auf seine Berater stützen, und deren weitgehende Befugnisse ließen bald erkennen, daß der Senat seine Macht letztlich nicht wiedererlangen werde, wenn auch die Regierung für sich in Anspruch nahm, die Freiheit wiederhergestellt zu haben.

„Die kaiserlichen Freigelassenen übten einen überaus starken Einfluß aus (erklärt Tacitus), und Galbas Diener waren eifrig darauf bedacht, sich den unverhofften Glücksfall zunutze zu machen. Sie wußten ja, daß sie keine Zeit zu verlieren hatten, da Galba schon ein alter Mann war. Der neue Hof zeigte die gleichen Schäden wie der alte – gleich schwerwiegend, aber nicht gleich entschuldbar."[2]

Außerdem flößten diese allzu mächtigen Berater des neuen Herrschers der Öffentlichkeit keineswegs Vertrauen ein. Es ist wohl richtig, daß Tacitus, der die Bürgerkriege haßte, voreingenommen war gegenüber jedem, der durch sie Macht erlangte, aber die Folgen scheinen sein abschätziges Urteil zu rechtfertigen. Einer dieser Berater, Titus Vinius, war allerdings nicht unbegabt. Wohl hatte er seine Militärkarriere damit begonnen, daß er mit der Frau seines vorgesetzten Offiziers Ehebruch beging, und das auch noch im Gebäude des Hauptquartiers, ein Vorfall, der zu seiner Festnahme führte. Später jedoch wurde er Prätor und erfolgreicher Legionskommandeur – wobei er freilich wieder in einen Skandal verwickelt wurde, weil er auf einem Bankett des Claudius einen goldenen Becher gestohlen haben sollte. Vinius hatte sich als strenger und redlicher Statthalter der südgallischen Provinz, Gallia Narbonensis, erwiesen. Dennoch wurde er beschuldigt, seine Stellung während der kurzen Regierungszeit Galbas dazu benutzt zu haben, bedeutende Reichtümer anzusammeln. Er war kein eindeutiger Charakter. Bei Tacitus heißt es abschließend, er sei wagemutig, schlau und wendig gewesen, und wenn er es darauf anlegte, habe er lasterhaft oder auch tatkräftig sein können – beides in gleicher Stärke.

Vinius also hatte zumindest gewisse Fähigkeiten, wenn sie auch doppeldeutig waren. Cornelius Laco dagegen, den Galba anstelle von Nymphidius zum Prätorianerpräfekten machte, war ein unentschuldbarer Fehlgriff. Aus dem niederen Justizdienst kommend und ohne jede militärische Erfahrung habe er – wie Tacitus sagt – keinerlei Verständnis für die Denkweise seiner Leute gehabt, sich allen Vorschlägen, die nicht von ihm selbst stammten, regelmäßig widersetzt, auch wenn sie noch so glänzend waren, und die Meinung von Fachleuten eigensinnig mißachtet.

Der dritte wichtige Berater des Kaisers, sein Freigelassener und, wie es hieß, früherer Bettgenosse, Icelus, war von Nero gefangengesetzt worden, als Nachrichten von Galbas Rebellion die Hauptstadt erreichten; er wurde jedoch freigelassen, als der Senat sich für Galba entschied, und er war der Mann, der die Anweisung zur Verbrennung von Neros Leichnam gab und Galba die Nachricht übermittelte, daß er zum Nachfolger ernannt worden sei. Nachdem er unter dem Namen Servius Sulpicius Marcianus in den Ritterstand erhoben worden war, soll die Geschwindigkeit, mit der er sich bereicherte, alle Rekorde gebrochen haben.

So sah das nicht sehr anziehende Trio aus, das den kaiserlichen Rat beherrschte. Das eigentliche Verhängnis jedoch war der Haß, den die Drei einander entgegenbrachten. Die große Stärke der Berater Neros, Seneca und Burrus, war ihr harmonisches Zusammenwirken gewesen. Uneinigkeit unter kaiserlichen Beratern wirkte sich nur dann nicht verheerend aus, wenn der Kaiser in der Lage war, sie im Zaum zu halten; das war der Grund, weshalb die Regierung des Augustus trotz der Auseinandersetzungen zwischen Agrippa und Maecenas niemals in Unordnung geriet. Vinius, Laco und Icelus jedoch verfolgten jeder seine eigenen Ziele, und Galba besaß nicht die Kraft oder die Einsicht, eine einheitliche Politik durchzusetzen.

Diese Zustände forderten das Unglück geradezu heraus, und es stellte sich denn auch fast unverzüglich ein. Und doch hatte Galba einen recht guten Anfang gemacht. Noch vor seiner Ankunft in Rom hatten seine Prokuratoren den Clodius Macer, einen Legaten in Nordafrika, unschädlich gemacht und die aufrührerischen Pläne des Nymphidius Sabinus vereitelt, der voreilig angenommen hatte, daß mit dem Erlöschen des julisch-claudischen Hauses auch Männer von zweifelhafter Herkunft wie er sich Hoffnungen auf den Thron machen könnten.

Die Gründe jedoch, in denen Nymphidius eine Chance für seine Revolte sah, hätten Galba eine ernste Warnung sein müssen. Der Kaiser hatte nämlich ein Sparprogramm in Gang gesetzt, das zwar nach Neros Verschwendungssucht höchst notwendig, bei den Bürgern und Soldaten aber gleichermaßen unpopulär war. Den Prätorianern mißfiel die Weigerung des Kaisers, das großzügige Geldgeschenk auszuzahlen, das ihnen Nymphidius im Interesse Galbas in Aussicht gestellt hatte. In Wirklichkeit hatte der Kaiser jedoch den Präfekten gerade deswegen entlassen, weil er dieses Versprechen abgegeben hatte, und das wiederum war für Nymphidius begreiflicherweise Grund genug, von Galba abzufallen.

Obwohl sein Aufstand ohne Erfolg blieb, waren die Methoden des neuen Regimes doch kaum geeignet, die Garde weiterhin bei der Stange zu halten. Galba erklärte zwar, er hebe seine Truppen aus und kaufe sie nicht, aber solche Grundsätze erwiesen sich, wie Tacitus feststellt, selbst wenn der Kaiser ihnen treu geblieben wäre, als zu hochgesinnt und idealistisch für jene Zeit. Außerdem erbitterten diese Worte, als sie bekannt wurden, nicht nur die Prätorianer, sondern auch die Legionäre in den Provinzen. Und so entwickelten sich die Dinge immer rascher auf das Chaos und die Anarchie zu.

Die verhängnisvolle Krise nahm in Germania superior, dem südlichen Teil des rheinischen Grenzlands, ihren Anfang.

Im Jahr zuvor hatte Verginius Rufus, der dortige Statthalter, seine drei Legionen nach Gallien geführt, um den Aufstand des Vindex niederzuschlagen. Danach jedoch hatte er ihnen befohlen, Galba den Treueid zu leisten, und sie hatten sich widerstrebend damit einverstanden erklärt, obwohl das bedeutete, daß sie für ihren Sieg über Vindex keine Belohnung erhalten würden. Als jedoch am 1. Januar 69 Hordeonius Flaccus, der alte, kranke Nachfolger des Verginius, die alljährliche Erneuerung dieses Eids verlangte, weigerten sich die Soldaten der zwei in Moguntiacum (Mainz) liegenden Legionen, dem Befehl nachzukommen, und stürzten die Standbilder Galbas um.

Schließlich erklärten sie sich bereit, einen Eid abzulegen, aber er galt nun nicht mehr Galba, sondern dem Senat, weil sie nicht gewillt waren, einen Kaiser anzuerkennen, der von einem anderen Heer ausgerufen worden war.

Diese Offenbarung eines machtvollen Korpsgeistes unter den Soldaten des germanischen Grenzgebiets war ein erstes Anzeichen der gefährlichen Rivalität zwischen den Garnisonen, die die künftige Geschichte des Römischen Reiches beherrschen sollte. Immerhin drückte sich diese Rivalität vorläufig noch in verhältnismäßig kooperativer Form aus, da die Truppen von Germania superior, anstatt selbst einen Kaiser zu benennen, die endgültige Entscheidung der Prätorianergarde überließen und dieser nur dringend nahelegten, einen Herrscher auszurufen, der den Beifall der gesamten Armee finden werde.

Als diese überraschende Entwicklung am Rhein nach etwa einer Woche in Rom bekannt wurde, beschleunigte sie einen Schritt, den Galba als geeigneten Gegenzug ansah: „Sie ließ nämlich eine Maßnahme heranreifen, die er schon längere Zeit bei sich selbst und mit seinen Freunden erwogen hatte – die Adoption eines Erben. In den letztvergangenen Monaten war das zweifellos das hauptsächliche Gesprächsthema im ganzen Land gewesen, denn einmal bestand Gelegenheit für solche Redereien und auch ein krankhaftes Verlangen danach, und zum anderen war Galba ein alter, schwacher Mann.

Nur wenige Römer hatten darüber ein eigenes Urteil oder ein Herz für das Gemeinwohl. Doch viele Tagträumer schwatzten zungenfertig von den Aussichten des einen oder anderen Anwärters, um sich bei Freunden oder Gönnern einzuschmeicheln, oder auch um ihrem Groll gegen Titus Vinius Luft zu machen, der täglich mehr Einfluß gewann und täglich verhaßter wurde.“[3]

Auch andere Kaiser hatten schon Söhne adoptiert, und man hatte das allgemein als Adoption von Nachfolgern für den Kaiserthron aufgefaßt. Jetzt jedoch bekam diese keineswegs neue Situation notwendigerweise einen etwas anderen Akzent, weil Galba, der selbst keinen Sohn oder geeigneten Verwandten hatte, gezwungen war, sich nach seinem künftigen Erben außerhalb seines Hauses umzusehen – und damit noch eine weitere Familie zur Nachfolge im Prinzipat heranzuziehen.

Laut Tacitus berief der Kaiser zur Erörterung dieses Themas einen Rat ein, dem unter anderen auch Titus Vinius, der Prätorianerpräfekt Laco, ein erfahrener designierter Konsul und der Präfekt der Hauptstadt angehörten. Vinius war der Meinung, der geeignete Mann sei Otho, mit dem er befreundet war und der als Statthalter von Lusitania Galbas Hauptstütze bei seinem Staatsstreich in Spanien gewesen war. Laco war nicht dieser Meinung, und auch Galba widersprach; er hatte den Eindruck, daß Otho zu sehr an die laxe Hofhaltung Neros erinnere, und er stimmte stattdessen – wahrscheinlich mit Unterstützung Lacos – für einen gewissen Lucius Calpurnius Piso Licinianus.

Der einunddreißigjährige Piso stammte aus einer bedeutenden alten Familie, die unter Nero schwer zu leiden gehabt hatte; er selbst hatte tadellose Manieren mit einem entsprechenden Äußeren und war ein wahrhaft sittenstrenger Mann. Galba hatte den Charakter des jungen Mannes schon seit langem bewundert. Dennoch war die Adoption Pisos ein verhängnisvoller Mißgriff, da er bei den Truppen überhaupt keinen Anklang fand. Er besaß keine militärische Erfahrung, und das wenige, was sie von ihm wußten, gefiel ihnen gar nicht, denn seine Verwandten waren in Palastverschwörungen gegen Nero verwickelt gewesen, der bei vielen Soldaten beliebt gewesen war.

In dem Bemühen, seinen Beschluß der Garde schmackhafter zu machen, beschloß Galba, die Adoption Pisos nicht zuerst im Senat oder auf dem Forum, sondern im Prätorianerlager bekanntzugeben.

Es war ein Ereignis von historischer Bedeutung. Denn wenn Galba auch in der Wahl seines Erben keine glückliche Hand gehabt hatte, so schuf er doch einen Präzedenzfall, der im größeren Teil des folgenden Jahrhunderts Nachahmung fand. Das heißt, er öffnete den Prinzipat dem Verdienst und erteilte dem System der dynastischen Erbfolge, das in den letztvergangenen Jahren so absonderliche Kaiser auf den Thron gebracht hatte, eine Absage. Tacitus erlebte noch die ersten Phasen dieser späteren Ereignisse und war deshalb darauf bedacht, die Ansprache wiederzugeben, die der Kaiser zur Vorbereitung auf die bedeutende Zeremonie an Piso richtete. Wir können zwar nicht Galbas eigene Worte hören, da Tacitus offensichtlich an eine kaiserliche Adoption seiner eigenen Zeit dachte, bei der Nerva unter fast gleichen kritischen Umständen Trajan als seinen Nachfolger benannte. Trotzdem klingt die Galba zugeschriebene Rede recht überzeugend, denn sie spricht die gleiche Sprache wie die Losungen auf den Münzen des Kaisers: „,. . . Könnte das riesige Gebäude dieses Reichs ohne einen lenkenden Geist Bestand haben und sein Gleichgewicht erhalten, so stünde es mir durchaus zu, die Republik einzuleiten. Wir sind aber schon seit langem in eine solche Zwangslage gekommen, daß ich in meinem hohen Alter dem römischen Volk keine bessere Gabe darbringen kann als einen guten Nachfolger, und du in deiner Jugend keine größere als einen guten Kaiser. Unter Tiberius, Caligula und Claudius waren wir sozusagen das Erbe einer einzigen Familie. Das System der Wahl, das mit uns beginnt, wird ein Ersatz für Freiheit sein. Jetzt, wo die Familie der Julier und der Claudier erloschen ist, wird die Adoption den würdigsten Nachfolger herausfinden. Von Kaisern gezeugt und geboren zu sein ist bloßer Zufall und wird auch nur als solcher gewertet. Bei der Adoption gibt es nichts, worauf das Urteil Rücksicht nehmen müßte, und wenn man eine Entscheidung zu treffen wünscht, zeigt eine einhellige Meinungsäußerung den Mann auf.

Man habe stets Nero vor Augen, der so unmäßig stolz auf eine lange Reihe von Cäsaren war. Weder Vindex mit seiner ungerüsteten Provinz, noch ich selbst mit meiner einzigen Legion haben das Joch von unserem Nacken abgeschüttelt. Es war seine eigene Verworfenheit, seine Unmenschlichkeit – und das, obwohl es früher nie vorgekommen war, daß ein Kaiser von seinem eigenen Volk verurteilt worden wäre.

Wir, die wir durch den Ausgang des Kriegs und durch das wohlerwogene Urteil anderer an die Macht gerufen worden sind, werden nicht bei allen beliebt sein, auch bei untadeligem Verhalten. Sorge dich aber nicht, wenn in einer Erregung, die die Welt erschüttert hat, zwei Legionen noch nicht zur Ruhe gekommen sind. Nicht einmal ich selbst habe den Thron ohne Sorge bestiegen. Und wenn man von deiner Adoption erfahren wird, wird man nicht länger an mein Alter denken, und das ist der einzige Einwand, der jetzt gegen mich vorgebracht wird.‘“[4]

Piso Licinianus nahm als Galbas Erbe dessen Namen an und fügte die Bezeichnung ‚Caesar‘ hinzu, die von da an zum Titel des

Thronerben wurde. Und so berichten die Fratres Arvales an diesem 10. Januar, daß sie ihr Opfer zu Ehren der Adoption des Servius Sulpicius Galba Caesar dargebracht haben.

Einen oder zwei Tage später jedoch müssen er und sein Adoptivvater weitere Unglücksbotschaften aus Germanien erhalten haben. Die Adoptionszeremonien waren auf Grund der Nachricht durchgeführt worden, daß die Legionen in Germania superior am 1. Januar ihr Recht auf Handlungsfreiheit geltend gemacht hatten. Doch jetzt erfuhr man auch, daß am darauffolgenden Tag die Truppen in Germania inferior ihren Legaten Aulus Vitellius zum Kaiser von Rom an Galbas Stelle ausgerufen hatten. Diese Nachricht empörte die Prätorianeroffiziere in der Hauptstadt, ganz gleich, wie sie zu Galba standen. Immerhin hatten die Legionäre von Germania superior den Prätorianern nahegelegt, einen neuen Kaiser auszurufen, und damit eine Rücksichtnahme bewiesen, mit der die Prätorianer einigermaßen zufrieden sein konnten. Doch jetzt hatten sich die Legionen von Germania inferior über diesen Vorschlag ohne weiteres hinweggesetzt und einen eigenen Kaiser nominiert. Genau so, wie die germanischen Legionen eine Nominierung durch die Legion in Spanien übelgenommen hatten, waren jetzt auch die Prätorianer durchaus nicht willens, den Erwählten irgendeiner Legionärsgarnison anzuerkennen.

Diese Unzufriedenheit jedoch kam keineswegs ihrer Loyalität gegenüber Galba zugute. Die Zeremonie im Prätorianerlager, bei der Pisos Adoption verkündet wurde – immer noch ohne die Zuweisung eines Geschenks –, war alles andere als ein Erfolg gewesen. Befriedigender Beifall war nur von den Tribunen, Centurionen und aus den ersten Gliedern gekommen, während alle übrigen stumm und mürrisch blieben.

Außerdem war die Adoption an einer anderen Stelle auf eine noch weit entschiedenere Ablehnung gestoßen. Sie hatte nämlich Othos Zorn hervorgerufen, der ja eine führende Rolle bei Galbas Proklamation zum Kaiser gespielt und deshalb zuversichtlich damit gerechnet hatte, daß er selbst dessen erwählter Erbe sein werde; nun war er alles andere als bereit, sich mit dieser Niederlage abzufinden. Schon seit geraumer Zeit hatte er in besonderem Maße die Prätorianer hofiert, und nun veranlaßte ihn die Rangerhöhung Pisos, die Probe aufs Exempel zu machen. So rief am 15. Januar eine kleine Gruppe von Prätorianern, ohne daß Laco, ihr Präfekt, etwas davon ahnte, Otho zum Kaiser aus und geleitete ihn in ihr Lager.

Im letzten Augenblick gestanden Galba und Piso den Prätorianern nun endlich die Geldgeschenke zu, die sie ihnen so lange vorenthalten hatten. Doch als Galba aufs Forum kam, wurde er angegriffen, aus seiner Sänfte gezerrt und zu Boden geworfen, und während die riesige Volksmenge, die dort versammelt war, sich eilends in Sicherheit brachte, hieben ihn die Soldaten in Stücke. Piso wurde aus einem Tempel herausgeholt und enthauptet. Auch Vinius starb, obwohl er möglicherweise in die Verschwörung eingeweiht war; ein Legionär durchbohrte ihn mit dem Schwert. Ein Veteran, den Otho, der neue Kaiser, eigens ausgesandt hatte, brachte Laco um. Icelus wurde als ehemaliger Freigelassener für eine öffentliche Hinrichtung aufgehoben.

Galbas Regierung hatte kaum länger als sieben Monate gedauert. Als er am Boden lag und den Todesstoß erwartete, soll er ausgerufen haben „Was habe ich verbrochen?“. Aber seine kurze Regierung war fast von Anfang an ein trauriger Fehlschlag gewesen.

Daß er den Truppen die Geschenke vorenthielt, mit denen sie rechneten, während jeder sehen konnte, wie die Männer in seiner engeren Umgebung sich bereicherten, beschwor das Unheil geradezu herauf. Außerdem hatte er seinen Beratern zuviel Spielraum gelassen. Augustus hatte in seinen späteren Jahren die Katastrophe dadurch abgewendet, daß er Tiberius zum Stellvertreter, ja eigentlich zu seinem Kollegen machte. Claudius hatte, als auch er seiner Aufgabe nicht mehr gerecht zu werden vermochte, einen großen Teil seiner Macht auf die jüngere Agrippina übertragen – eine weniger glückliche Lösung, die aber immerhin die Verwaltung des Reichs in Gang hielt. Nun war Galbas Adoption eines dem kaiserlichen Hause nicht angehörigen Erben, zu der er gezwungen war, weil er selbst keinen Sohn hatte, zugegebenermaßen eine weit bessere Idee. Aber sie half ihm auch nicht, da die Dinge – als er endlich handelte – schon zu schlecht standen, und weil er außerdem einen ungeeigneten Mann ausgewählt hatte. Auch hier wieder scheint sein hohes Alter sein Urteil ungünstig beeinflußt zu haben.

Aber auch wenn er jünger gewesen wäre, hätte er als Kaiser wohl kaum erfolgreich regiert. Denn Gründe, die in seinen Erbanlagen zu suchen waren, ließen erwarten, daß er versagen werde. Seine Familie hatte sich in ihren glücklichen republikanischen Zeiten einen schlechten Ruf wegen ihrer Grausamkeit und Härte erworben – und diese Eigenschaften traten bei ihm nur allzu deutlich hervor. Wirklich begeistern konnte er sich nur für die Zucht und Strenge alter Schule, und das war eine schlechte Methode, sich in unruhigen Zeiten die Treue seiner Truppen zu erhalten.

Er hatte gezeigt, daß ein Kaiser nicht unbedingt dem julisch-claudischen Hause angehören mußte. Aber daß ein solcher Kaiser sich auf dem Thron auch halten konnte, war damit noch nicht gesagt, und es mußten erst noch zwei weitere Kaiser kommen und gehen, ehe dieser Beweis geliefert wurde. Indessen hatte Galba die Ansprüche der alten republikanischen Familien auf die Herrschaft über das Römische Reich schlecht vertreten. Sein kurzes unglückseliges Zwischenspiel machte die Aussichten des republikanischen Adels auf das Kaiseramt für immer zunichte.

VIII

Otho

Marcus Salvius Otho wurde am 28. April des Jahres 32 geboren. Sein Großvater war unter Augustus in den Senat aufgenommen worden, und sein Vater hatte von Claudius die Patrizierwürde erhalten. Otho selbst wurde ein intimer Freund Neros, der fünf Jahre jünger war als er. Als sich Nero jedoch Poppaea, der Frau Othos, zuwandte, wurde Otho trotz seiner Jugend und seines niedrigen Ranges als Statthalter nach Lusitania (Portugal und Westspanien) gesandt. Das war im Jahre 58 oder 59.

Als Galba, sein Kollege im östlichen Spanien, sich 68 gegen Nero erhob, war Otho der erste Mann von Bedeutung, der sich ihm anschloß; er begleitete den neuen Kaiser nach Rom. Deshalb konnte sich Otho durchaus nicht damit abfinden, daß Galba einen anderen, nämlich Piso Licinianus, als Sohn und Erben adoptierte. So kam es, daß er am 15. Januar 69 beide mit der Hilfe von Offizieren und Soldaten der Prätorianergarde ermordete.

Daraufhin wurde Otho – siebenunddreißig Jahre alt – zum Kaiser ausgerufen. Ägypten, Nordafrika und die Legionen an Donau und Euphrat stellten sich auf seine Seite. Nachdem die Greuel vom 15. Januar vorüber waren, schien er maßvoll regieren zu wollen.

Dennoch war – wie man in Rom schon vor seiner Thronbesteigung wissen mußte – nach dem Aufstand gegen Galba in Germania superior bereits Aulus Vitellius, der Statthalter von Germania inferior, zum Gegenkaiser ausgerufen worden. Die in Germanien stationierten Legionäre rückten unter Valens und Caecina, Generälen des Vitellius, sehr schnell nach Süden vor und wurden, nachdem sie Anfang März die Alpen überquert hatten, erst am Po von Othos Vorhut aufgehalten. Otho selbst brach am 24. März aus Rom nach Norden auf.

Ohne die erwarteten Verstärkungen von der Donau her abzuwarten, beschloß er, den Feind zu stellen; in der Entscheidungsschlacht von Bedriacum erlitt sein Heer dann eine vollständige Niederlage. Seine Prätorianergarde wollte den Kampf wieder aufnehmen, aber Otho, der selbst an der Schlacht nicht teilgenommen hatte, entschied anders; am 16. April nahm er sich das Leben, nachdem er drei Monate regiert hatte.

Am Morgen des Tages, an dem Othos Herrschaft begann, hatte Piso Licinianus, der noch vor Einbruch der Nacht sterben sollte, von der Palasttreppe aus eine Ansprache an die diensttuende Kohorte gehalten und sich dabei kritisch über Othos Charakter geäußert. Er fragte sie, ob man denn glauben solle, daß jener mit seinem affektierten Wesen den Prinzipat verdient habe? Oder mit seiner typisch weibischen Vorliebe für elegante Kleidung? Verführung, Festefeiern und Hurerei seien die Dinge, mit denen sich seine Phantasie beschäftige. Noch am gleichen Tag ließ Otho daraufhin nach der Ermordung des Rivalen seiner hämischen Freude freien Lauf: „Nachdem Piso herausgezerrt und im Tempeleingang niedergemacht worden war, zeigte Otho, wie uns berichtet wird, über keine andere Todesnachricht so tiefe Befriedigung, betrachtete er kein anderes Haupt mit so unersättlichem Blick. Vielleicht lag das daran, daß ihn in diesem Augenblick zum erstenmal alle Besorgnis verließ und er sich unbekümmert freuen konnte. Möglich, daß er sich bei Galba der Majestät erinnern, bei Vinius an die Freundschaft denken mußte, was selbst in diesem Herzen von Stein düstere Bilder weckte; mit Piso aber war ein Feind und Rivale vernichtet, und über dessen Tod sich zu freuen schien ihm nur recht und billig.“[1]

Otho war sowohl bei Pisos als auch bei Galbas Ermordung mit im Komplott gewesen. Ursprünglich hatte er angestrebt, von Galba adoptiert zu werden; mit ihm hätte er dann als erwählter Erbe bereitwillig zusammengearbeitet. Nach der Adoption Pisos jedoch waren alle diese Hoffnungen zerschlagen. Wenn Otho später behauptete, er habe den Purpur nur unter Zwang angenommen und sei gegen seinen Willen ins Prätorianerlager geführt worden, so entspricht das nicht den Tatsachen. Er hatte Galbas Tod beschlossen und hatte dessen Ermordung geduldet oder sogar angeordnet.

Er war auch der erste Kaiser, der den Thron für eine ‚neue' Familie erwarb (nachdem Augustus durch seine Adoption in die Familie der Julier diese Klasse umgangen hatte). Allerdings stammte Otho, der aus Ferentium (Ferento) in Etrurien kam, von etruskischen Fürsten ab. Aber seine Familie war unter römischen Gesichtspunkten dennoch ‚neu', da erst sein Großvater in den Senat aufgenommen worden war. Das verhältnismäßig junge Datum dieser Standeserhöhung – in der Zeit des Augustus – offenbarte ein neues Geheimnis des Reichs: Die durch Galbas Scheitern in Mißkredit geratene Aristokratie mußte nicht unbedingt die einzige Klasse sein, aus der ein Kaiser hervorging: Otho nämlich kam aus einer neuen sozialen Schicht, deren Erhöhung nicht vor die Kaiserzeit zurückreichte.

Was Otho selbst betraf, so war er unter Nero in eine sehr einflußreiche Stellung aufgestiegen: er hatte ihn in das elegante Leben der modernen jungen Leute eingeführt. Sein Hofleben fand jedoch ein Ende, als Nero zu der Überzeugung gelangte, daß er in Otho einen Nebenbuhler um die Gunst Poppaeas zu sehen hatte. Tacitus widerspricht sich bei der Darlegung der näheren Umstände, die ungeklärt bleiben, aber die am weitesten verbreitete Version war, daß Nero dem mit Poppaea verheirateten Otho die Frau wegnahm und ihm dann noch grollte, weil dessen Liebe damit nicht erlosch.

> ‚Abgeschoben ist der Otho
> auf ein ehrenvolles Pöstchen.'
> Fragt ihr nach dem Grund, so höret:
> Ehebruch hatte angefangen
> er mit seiner eignen Frau.[2]

Seneca vermittelte mit viel Geschick, und so kam es, daß Otho als Statthalter nach Lusitania geschickt wurde. Seine Statthalterschaft wird von Sueton verschieden datiert, nämlich auf die Jahre 58 und 59, wobei das letztere Datum dadurch notwendig wird, daß der Biograph außerdem behauptet, Otho sei bei der Ermordung der jüngeren Agrippina durch ihren Sohn Nero Mitwisser gewesen, die im gleichen Jahr erfolgte. Jedenfalls war Otho, als er die Statthalterschaft übernahm, erst sechsundzwanzig oder siebenundzwanzig Jahre alt, so daß seine Ernennung, an den üblichen Beförderungsmaßstäben gemessen, eine ganz besondere Ehrung war.

Trotzdem war es mit der Freundschaft zwischen den beiden Männern vorbei, denn als Galba im Jahre 68 in Hispania Tarraconensis abtrünnig wurde, war Otho der erste Provinzstatthalter, der diesen Aufstand unterstützte. Als er jedoch Galba gestürzt hatte, wollte er sich bei all denen lieb Kind machen, die sehnsüchtig an die Freigebigkeit des letzten julisch-claudischen Kaisers zurückdachten, und erinnerte sich deshalb wieder seiner früheren Freundschaft mit Nero. Infolgedessen fügte er seinem Titel in Ernennungsurkunden den Namen Nero hinzu, ein Schritt, von dem er allerdings angesichts der Mißbilligung des Senats wieder Abstand nahm. Er stellte auch Neros Standbilder wieder auf und setzte dessen Prokuratoren und Freigelassene wieder ein; außerdem führte er insofern eine Neuerung ein, als er keinen Freigelassenen, sondern einen Ritter zu seinem obersten Sekretär machte, als wolle er zeigen, daß das alte unpopuläre Regiment der Freigelassenen unter Claudius und Nero von ihm nicht wieder aufgenommen werden solle.

„Otho war (sagt Sueton) mittelgroß und hatte O-Beine und Spreizfüße; dabei war er aber um seine äußere Erscheinung fast so besorgt wie eine Frau. Am ganzen Körper hatte er sich enthaaren lassen, und ein gutgearbeitetes Toupée bedeckte seinen fast völlig kahlen Kopf. Er rasierte sich jeden Tag und hatte schon als der erste Flaum sproß, stets Packungen aus feuchtem Brot angewendet, um niemals einen Bart zu bekommen."[3] Über diese übertriebene, auf das Äußere gerichtete Eitelkeit machte sich der Satirendichter Juvenal lustig:

> Der hält den Spiegel sich vor, das Prunkstück des weibischen Otho;
> .... das war seine Waffe,
> als er die Fahne bereits zum Kampf zu entfalten befohlen –
> unsere neuen Annalen und unsere jüngste Geschichte
> soll'n es notieren: ein Spiegel, im Bürgerkrieg ein Gepäckstück!
> Freilich ist's Ruhm des obersten Herrn, den Galba zu töten
> und zu pflegen die Haut; ist's Tugend des obersten Bürgers,

auf Bedriacums Feld um die Würde des Kaisers zu ringen,
und sich dabei mit den Fingern den Brotbrei aufs Antlitz
zu streichen;
in der assyrischen Welt tat Semiramis niemals im Felde
Solches, Kleopatra nicht, die betrübte, im Schiffe vor
Actium.[4]

Solche Gewohnheiten und vor allem seine engen freundschaftlichen Beziehungen zu Nero ließen Gerüchte nicht nur über seine Liebe zu Poppaea sondern auch über Homosexualität aufkommen. Doch selbst Tacitus, der in Otho einen jener von Grund auf minderwertigen Menschen sah, wie sie in Bürgerkriegszeiten nach oben kommen, mußte zugeben, daß er seine Provinz Lusitania human verwaltete, dort ein maßvolles und achtenswertes Leben führte, sich in seiner freien Zeit amüsierte und sich im Amt nichts zuschulden kommen ließ.

Indessen bleiben Othos Charakter und Fähigkeiten einigermaßen undurchsichtig, einmal, weil er nur so kurze Zeit regierte, und zum anderen, weil die antiken Gewährsleute in ihrer Vorliebe für moralische Kontraste den rhetorisch wirksamen Gegensatz zwischen seinem sittenlosen Leben und seinem – wie sie sagten – tugendhaften Ende allzu verlockend fanden. Im großen und ganzen scheint er ein Mensch von nur mäßigen Gaben gewesen zu sein, der zwischen zweckdienlicher Staatskunst und unüberlegten raschen Reaktionen hin- und herschwankte: ein Mann mit guten Beziehungen und nützlichen Erfahrungen, der sich zufällig in den richtigen Augenblicken an den richtigen Stellen befand.

Als Otho das Verbrechen beging, das ihn zum Kaiser machte, handelte er unter dem Einfluß eines Mißverständnisses. Glaubt man nämlich Suetons Vater, der in einer seiner Legionen Militärtribun war, so rechnete Otho damit, daß Vitellius seine Berufung in den Prinzipat nicht anfechten, sondern die eigenen Ansprüche sofort zurückziehen werde, wenn er die Neuigkeiten erfahre. Von Otho konnte man auch hören, er selbst würde sich nie gegen Galba erhoben haben, wenn er nicht angenommen hätte, daß seine Thronbesteigung friedlich vor sich gehen werde, denn er verabscheue nichts so sehr wie einen Bürgerkrieg. Dieser Geist eines fehlgeleiteten Optimismus kam auch in seinen neugeprägten Münzen zum Ausdruck, die zuversichtliche Losungen trugen wie „Die Sicherheit des Römischen Volks" und „Der Friede der ganzen Welt".

Doch diese Formeln erwiesen sich sogleich als durch nichts gerechtfertigte fromme Wünsche. Denn auch die germanischen Truppen hatten bereits angefangen, ihre eigenen Münzen auszugeben, zuerst ohne Vitellius zu erwähnen, dann aber mit dessen Porträt und Namen, und schon ehe Vitellius von Galbas Tod wußte, waren zwei größere Abteilungen seiner Armeen aus dem Rheinland zu dem langen Marsch nach Italien und Rom aufgebrochen. Vitellius selbst befand sich nicht bei ihnen; er blieb in Germanien zurück, um ein Ersatzheer zusammenzustellen und später an dessen Spitze nachzufolgen. Othos Hoffnungen durchkreuzend ließen sich jedoch die beiden Vorausabteilungen des Vitellius unter Valens und Caecina durch die Nachricht vom Tode Galbas nicht aufhalten. Othos Versuch, sich mit Vitellius zu verständigen, war vergeblich, und so versuchte er statt dessen – ebenfalls erfolglos –, seinen Rivalen ermorden zu lassen, ein Schritt, den Vitellius mit einem Gegenversuch erwiderte.

Was die Legionen des Reichs anging, so erhoffte sich Otho am meisten von den Truppenkonzentrationen an der Donau, deren Eifersucht auf die Rheinarmeen des Vitellius sich bis zu hochgradiger Feindseligkeit steigerte. So kam es, daß die Donaulegionen sich rüsteten, nach Italien zu marschieren und Otho zu Hilfe zu kommen. Doch es mußte wohl lange dauern, bis sie dort ankamen, und bis dahin blieb Otho bedenklich abhängig von der Prätorianergarde, die seine einzige Stütze war.

Er war den Prätorianern so weit ausgeliefert, daß sie sogar darangingen, für den ermordeten Laco ihre neuen Präfekten selbst zu ernennen. Außerdem verloren sie jede Zucht und waren kaum mehr zu lenken. Eine geheime Waffenausgabe an eine Einheit von Wachtruppen der Hauptstadt (die unterwegs war, um Ostia zu schützen), wurde von den Prätorianern mißverstanden; sie vermuteten, der Senat plane Otho umzubringen. Daraufhin bemächtigten sie sich der Waffen, stürmten mit blankem Schwert zum Palast, wo sie in ein großes kaiserliches Bankett einbrachen und zwei höhere Offiziere verwundeten, die sie aufhalten wollten. Plutarch, von dessen Kaiserbiographien nur die Viten Galbas und Othos erhalten sind, schildert, was sich daraufhin ereignete: „Als sie hörten, daß achtzig Senatoren mit Otho zu Abend speisten, eilten sie zum Kaiserpalast, wobei sie sagten, das sei eine passende Gelegenheit, die Feinde des Kaisers mit einem Schlag zu beseitigen. Es entstand eine allgemeine Unruhe, als stünde eine Plünderung der Stadt unmittelbar bevor. Im ganzen Palast herrschte Verwirrung, und Otho war in keiner geringen Verlegenheit, da er sich nicht nur Sorgen um die Senatoren machte (von denen manche ihre Frauen zum Essen mitgebracht hatten), sondern auch fühlte, daß die Gäste, von Angst und Argwohn erfüllt, ihn selbst schweigend und furchtsam betrachteten.

Er schickte deshalb die Präfekten hinaus, eine Ansprache an die Soldaten zu halten und sie friedlich zu stimmen, während er die Gäste bat, sich zu erheben und durch eine andere Tür wegzugehen. Kaum hatten diese den Raum verlassen, als auch schon die Soldaten hereindrängten und riefen: ‚Wo sind die Feinde des Kaisers?' Da stieg Otho auf sein Speisesofa, sparte weder Argumente noch Beschwörungen, ja er brach sogar in Tränen aus und erreichte schließlich mit Mühe, daß sie von ihrem Vorhaben abließen.

Am nächsten Tag ging er ins Lager und verteilte eine Spende, pro Mann zwölfhundertfünfzig Denare. Dann lobte er sie, weil sie so voll guten Willens und eifrig seien, erklärte ihnen aber, daß sich unter ihnen einige befänden, die intrigierten und nicht nur seine, des Kaisers, Milde mißbilligten, sondern auch ihre, der Soldaten, Treue in ein falsches Licht setzten; deshalb wünsche er ihre Unterstützung, wenn er diese Leute so behandele, wie sie es verdienten.

Als alle einverstanden waren, begnügte er sich mit der Verhaftung von nur zwei Leuten, deren Bestrafung, wie er wußte, von keinem einzigen Mann bedauert werden würde."[5]

Dieser Vorfall erschien antiken Schriftstellern als eine der schlimmsten Erniedrigungen, die der Autorität, Würde und Sicherheit eines römischen Kaisers je widerfahren waren. Otho war ein Usurpator, der seine Stellung durch Verschwörung und Mord erlangt hatte. Er selbst hatte den Soldaten gezeigt, daß das Kaiseramt käuflich war und daß sie die Macht hatten, einen Cäsar sowohl zu töten als auch zu ernennen. Und jetzt hatten sie ihm die demütigenden Folgen dieses Handelns vor Augen geführt. Dies waren nun die unerquicklichen Auftritte von Machtgier, Massenterror und Hysterie, die – laut Tacitus – unweigerlich den Bürgerkrieg im Gefolge hatten.

Da Otho mit dieser schwierigen Situation in Rom fertig werden mußte, ließ er sich, obwohl er für sein Ungestüm bekannt war, zu viel Zeit bei seinen Vorbereitungen, die Truppen des Vitellius aufzuhalten. Seine hauptstädtischen Einheiten waren nicht nur undiszipliniert, sondern auch des aktiven Dienstes entwöhnt; man brauchte Zeit, um sie einigermaßen in Schwung zu bringen. Außerdem waren sie nicht zahlreich genug, und Otho mußte, um sie zu ergänzen, zu der unpopulären Maßnahme greifen, zweitausend Gladiatoren zu mobilisieren. Das alles bedeutete eine Verzögerung von zwei Monaten, und dann konnte man die Alpenpässe schon nicht mehr sperren. Jetzt war es unbedingt notwendig, die Po-Linie zu halten, und sie mußte gehalten werden, ohne daß man die Donauheere abwarten konnte, obwohl deren Vorhut schon unterwegs war.

Otho verfügte über ausgezeichnete Generäle, beging jedoch, wie Dio Cassius mitteilt, den verhängnisvollen Fehler, sie mit jeweils eigenen Truppen nach Norden zu entsenden, ohne ein einheitliches Kommando festzusetzen. Er schickte auch eine Flottenexpedition nach Südgallien, die ein völliger Fehlschlag wurde. Kurz nach deren Auslaufen brach er selbst aus Rom an die norditalische Front auf und ließ die Hauptstadt in der Obhut seines Bruders Lucius Salvius Otho Titianus, eines willensschwachen Mannes, der in Geldangelegenheiten nicht ganz zuverlässig war. Während des Marsches nach Norden gewann sich Otho Sympathien, indem er den Feldzeichen zu Fuß voranschritt. Außerdem legte er ganz im Gegensatz zu seiner sonstigen sorgfältigen Körperpflege wie ein richtiger Soldat wenig Wert auf Waschen und Rasieren.

Als er zu seinen Truppen stieß, erhielt er von seinen Generälen widersprüchliche Ratschläge. Auch durch die – allerdings verspätete – Ernennung eines Oberkommandierenden verbesserte er seine Lage nicht, da der Mann seiner Wahl sein eigener, für dieses Amt in keiner Weise befähigter Bruder war, den er zu diesem Zweck aus Rom kommen ließ. Seine erfahrensten Berater legten ihm dringend nahe, sich nicht mit dem Feind einzulassen, ehe die Verstärkung von der Donau eingetroffen sei. Otho und Titianus jedoch, die vielleicht nicht recht sicher waren, wie lange sie noch mit der Loyalität ihrer Truppen rechnen konnten, erklärten sich für eine sofortige entscheidende Aktion, noch bevor sie dem Feind in gleicher Stärke gegenübertreten konnten. Otho selbst jedoch sollte bei dem Treffen nicht zugegen sein. Sein Kriegsrat beschloß, daß er sich mit einem ansehnlichen Kontingent nach Brixellum (Brescello) zurückziehen und den Ausgang abwarten solle. Vermutlich wollte man damit die persönliche Sicherheit des Kaisers gewährleisten und außerdem ihn und seinen Heeresteil in Reserve halten. Doch die Truppen, die zum Kampf zurückblieben, wurden dadurch entmutigt.

Der entscheidende Zusammenstoß, gewöhnlich als die Erste Schlacht von Bedriacum (Calvatone) bezeichnet, fand etwa fünfunddreißig Kilometer östlich von Cremona statt. Bürgerkriegskämpfe hatten immer etwas Verwirrendes, da die beiden Heere gleiche Uniformen trugen und die gleichen Waffen führten. Nach einer Reihe von Einzeltreffen stand es bereits nicht allzu gut für Othos Truppen. Da machte ein starker Verband der Hilfstruppen des Vitellius, der eben erst die aus Rom herangeführte Gladiatoreneinheit besiegt hatte, eine Wendung, griff die Hauptmasse der othonischen Truppen in der Flanke an und leitete damit einen glanzvollen Sieg ein. Am nächsten Tag kapitulierte die unterlegene Seite, die von mehreren ihrer Führer verlassen worden war, und bald darauf verbrüderten sich die beiden Heere.

Als die Nachricht von dieser Katastrophe Otho in Brixellum erreichte, konnten ihn Beteuerungen, daß die Donauarmee bald eintreffen und die Lage wiederherstellen werde, nicht überzeugen, und er beschloß, sich das Leben zu nehmen. Er erklärte, er wolle sterben, damit nicht länger römisches Blut vergossen werde. Dieses Ziel wurde in Wirklichkeit nicht erreicht, aber in der Antike galt sein so edel begründeter Selbstmord als eine eindrucksvolle Handlung:

Als die Furie des Bürgerkriegs noch zweifelnd verharrte
und noch möglich war Othos, des weibischen, Sieg,
da verdammt' er den Kampf, der soviel Blut würde kosten,
und mit sicherer Hand stieß er das Schwert in die Brust.
Sei auch Cato im Leben gar größer als Caesar gewesen –
war er im Tode jedoch größer als Otho? Wohl kaum.[6]

Mit höchster Beredsamkeit hebt Tacitus die Größe von Othos Selbstmord hervor und gibt der allgemeinen Ansicht Ausdruck, daß dieser Tod vieles gutgemacht habe, was Otho in seinem Leben an Fehlern beging – sogar den Greuel der Ermordung Galbas. „Zwei Taten, von denen die eine entsetzlich, die andere heldenhaft war, haben ihm in der Geschichte ein gleiches Maß an Ruhm wie an Schande eingetragen“[7], sagt der Geschichtschreiber abschließend.

Dieser Entschluß Othos bedeutete freilich für die ihm treu gebliebenen Offiziere und Mannschaften eine böse Enttäuschung, doch war es anerkennenswert, daß er es nicht über sich brachte, noch mehr römisches Blut zu vergießen. Trotzdem war das Motiv seines Selbstmords vielleicht doch nicht ganz so edel, wie es den Anschein hatte. Othos Sekretär Secundus, der schließlich wissen mußte, wovon er sprach, deutete weniger hochsinnige Gründe an. Ihm schien (so berichtet Plutarch), daß der Kaiser durchaus nicht mehr imstande war, die gegensätzlichen Risiken des Durchhaltens oder Nachgebens abzuwägen – und daß er ohnehin nicht mehr die Kraft besaß, die Ungewißheit noch länger zu ertragen.

Die Unzulänglichkeit, die in Othos Charakter lag, hatte ihn eingeholt. Seine Regierung von fünfundneunzig Tagen jedoch war hochbedeutsam. Die Tatsache, daß sie – wenn auch nur für kurze Zeit – überhaupt möglich war, machte deutlich, daß ein römischer Kaiser nicht unbedingt aus einer vornehmen alten Familie zu stammen brauchte. „Wenn man mit Waffen um den Purpur kämpfte, sank der Wert der Ahnen jäh“, heißt es bei dem Althistoriker Ronald Syme.

Doch Otho lieferte noch einen weit unheilvolleren Beweis: daß man nämlich den Thron durch die Ermordung des Vorgängers erlangen konnte. Während der folgenden Jahrhunderte sollte sich das nur allzu häufig wiederholen; es wurde geradezu typisch für die Thronfolgekrisen, die Rom und das Reich unablässig erschütterten.

Und noch in einer anderen Hinsicht war Othos Schicksal ein unliebsamer Präzedenzfall – insofern nämlich, als hier ein Herrscher der Sklave der Prätorianergarde war, die ihn ausgerufen hatte. Daß er trotzdem so schnell zu Fall kam, war ermutigend, da sein Sturz die Grenzen der Prätorianermacht erkennen ließ; das zählte freilich nicht viel, wenn die einzige Folge davon war, daß nunmehr andere Truppenteile weitere Kaiser aufstellten.

IX

Vitellius

Aulus Vitellius, geboren im Jahre 15 n. Chr., war der Enkel eines Ritters aus Nuceria (Nocera in Kampanien), der als Prokurator für Augustus tätig war. Der Vater des künftigen Kaisers war Lucius Vitellius, der vertrauteste Freund und Berater des Claudius. Aulus selbst war Konsul im Jahre 48 und Prokonsul von Africa. Galba ernannte ihn zum Legaten des Heeres von Germania inferior, wo er im November 68 sein Amt antrat.

Am 2. Januar 69 riefen ihn seine Soldaten auf Betreiben von Caecina und Valens zum Kaiser aus, und das Heer von Germania superior, das Galba bereits die Gefolgschaft gekündigt hatte, schloß sich ihm einen Tag später an. Gallien, Rätien, Britannien und Spanien erklärten sich ebenfalls für ihn. Caecina und Valens waren bereits nach Italien aufgebrochen, ehe sie die Nachricht von Galbas Tod erhalten hatten. Sie drängten vorwärts, überquerten den Großen St. Bernhard und den Mont Genèvre und besiegten in der Ersten Schlacht von Bedriacum die Generäle Othos, auf dessen Selbstmord hin der Senat am 19. April Vitellius anerkannte.

Dieser folgte seinen Generälen langsam nach Rom, das er im Juli erreichte. Hier erfuhr er jedoch, daß die Legionen im Osten, die zunächst willens schienen, ihn anzuerkennen, sich für Vespasian, den Statthalter von Judaea, erklärt hatten, und daß die Donauarmee ihrem Beispiel folgte.

Im Zuge der Vorbereitungen für den neuen Krieg, der nun kommen mußte, löste Vitellius die Prätorianergarde Othos auf und ersetzte sie durch eine wesentlich größere Truppe, die aus seinen Anhängern unter den Soldaten bestand. Während Vespasian und seine Hauptheere vorsichtiger vorgingen, machte dessen Parteigänger Primus, der Befehlshaber der Donaulegionen, mit einem Teil seiner

Truppen einen Vorstoß nach Italien. Vitellius hatte vor, die Po-Linie zu halten, aber weder Valens noch Caecina standen ihm als Truppenführer noch zur Verfügung, da der eine krank geworden und der andere desertiert war. Während Civilis in Germanien einen Volksaufstand anzettelte, wurde Ende Oktober das nahezu führerlose Heer des Vitellius von Primus in der Zweiten Schlacht von Bedriacum vollständig besiegt, und je näher die Sieger der Hauptstadt rückten, desto rascher schmolzen die restlichen Truppen des Vitellius zusammen.

Am 18. September wäre es Sabinus, dem Bruder Vespasians, der Präfekt von Rom war, beinahe gelungen, Vitellius zur Abdankung zu bewegen. Doch dies verhinderten die vitellianischen Truppen und das Volk von Rom, so daß Sabinus, zu dem Vespasians jüngerer Sohn Domitian gestoßen war, sich auf dem Kapitolinischen Hügel verschanzen mußte. Als dort am nächsten Tage die Befestigungen überrannt wurden und der Jupitertempel in Flammen aufging, kam Sabinus ums Leben, während Primus sich den Zugang in die Stadt erzwang. Domitian gelang es zu entkommen. Einen Tag später wurde das Versteck entdeckt, in das Vitellius sich geflüchtet hatte, und er wurde grausam ermordet.

Vitellius gehörte der gleichen Klasse wie Otho an, jener Gesellschaftsschicht, die nach Beginn des Prinzipats immer mehr an Bedeutung gewann; er hatte seine Laufbahn unter ausgezeichneten Bedingungen angetreten, da sein Vater Lucius am Hofe des Claudius eine einzigartige Machtstellung innehatte, und auch er selbst war, angefangen bei Tiberius, mit allen Kaisern befreundet. Allerdings waren seine Beziehungen zu diesen Kaisern, wenn man dem Klatsch glauben darf, nicht immer rühmlich. So hieß es zum Beispiel, er habe dem Tiberius als Lustknabe gedient; Caligula schätzte ihn, weil sie beide am Wagenrennen Geschmack fanden; mit Claudius hatte er die Spielleidenschaft gemeinsam, und Nero setzte ihn als Conferencier bei seinem Debut auf der römischen Bühne ein. Bei dieser Gelegenheit war Vitellius derjenige, der die Schüchternheit des Kaisers überwand, als das Publikum den Kaiser auf der Bühne sehen wollte. Auch bei Senatssitzungen fiel er dadurch auf, daß er sich Nero gegenüber ganz besonders kriecherisch benahm. Zu diesem Verhalten bemerkt Tacitus, Vitellius habe, wie andere Feiglinge auch, anständige Menschen beleidigt, sich aber still verhalten, wenn jemand ihm daraufhin mit gleicher Münze herausgab.

In seiner freien Zeit fühlte er sich in rüder Gesellschaft wohl und war häufiger Gast in verrufenen Lokalen. Berüchtigt jedoch war er wegen seines Appetits. Er trank ziemlich viel, mittags und auch am Abend, aber vor allem war er ein mächtiger Esser, und ein gut Teil seiner Völlerei ging auf Kosten anderer, da er, besonders nach seiner Thronbesteigung, ein bis zum Ruin kostspieliger Tischgast war.

„Am meisten machte ein Fest von sich reden, das ihm sein Bruder gab, als er in Rom einzog: 2000 prachtvolle Fische und 7000 Stück Wildgeflügel sollen damals aufgetragen worden sein.

Doch selbst dieser Luxus läßt sich kaum mit einer einzigen ungeheuer reichen Schüssel vergleichen, die Vitellius der Göttin Minerva weihte und wegen ihrer gewaltigen Größe den ‚Schild der Stadtbeschützerin Minerva‘ benannte. Darin ließ er durcheinandermischen Hechtleber, Fasanenhirn, Pfauenhirn, Flamingozungen und Milch von Neunaugen, die in allen Winkeln des Reichs von Parthien bis zur Spanischen Meerenge (Straße von Gibraltar) durch Kapitäne und Dreideckruderer zusammengesucht worden waren.“[1]

Er selbst blieb bei guter Gesundheit, weil er regelmäßig Brechmittel einnahm. Manche seiner Tischgenossen jedoch hatten mehr zu leiden. Einer von ihnen, Quintus Vibius Crispus, der bei diesen gigantischen Mahlzeiten oft Gastgeber oder Gast sein mußte, war einmal durch Krankheit gezwungen, sich einige Tage von der geselligen Tafelrunde fernzuhalten. Das hatte ihm aber, wie er einem Gefährten im Vertrauen gestand, das Leben gerettet. „Wäre ich nicht krank geworden“, erklärte er, „so hätte ich sterben müssen.“

Vermutungen über die Ursachen der gastronomischen Unmäßigkeit des Vitellius anzustellen hat wenig Sinn, da wir über die Menschen dieser Zeit nicht genug wissen, um solche Verirrungen erklären zu können. Vielleicht lag irgendein kompensatorischer Zwang zugrunde. Vielleicht war es aber auch jene altmodische Sünde der Völlerei, der er dank seiner kaiserlichen Stellung die Zügel schießen lassen konnte. Was immer es war und wieviel es auch kostete – unter all den sonstigen Verbrechen der Epoche spielte sie keine sehr bedeutende Rolle. Auch Tacitus fand, daß diese Völlerei sich nicht mit der Schuld Othos vergleichen lasse, der seinen Vorgänger umgebracht hatte. Vitellius dagegen habe als Sklave seines Bauchs und seines Gaumens hauptsächlich sich selbst in Verruf gebracht.

Er war außerordentlich groß und hatte ein verkrüppeltes Bein, seit er als Begleiter Caligulas von einem Viergespann verletzt worden war. Als starker Esser und Trinker hatte er ein gerötetes Gesicht und einen dicken Bauch.

Aber selbst Tacitus, der ihn gar nicht mochte, seine Karriere hauptsächlich auf den Rang des Vaters und seinen Aufstieg zum Kaiser auf den Haß zurückführte, den er gegen Galba hegte, mußte widerstrebend zugeben, daß sich in seinem Charakter auch positive Züge fanden.

„Er war ein Mensch von einer gewissen Offenheit und Großmut – Eigenschaften, die sich als verderblich erweisen, wenn sie nicht durch Einsicht gebändigt werden. Da er glaubte, Freundschaft könne man sich durch reiche Geschenke eher erhalten als durch Charakterfestigkeit, erwarb er sie mehr, als daß er sie besessen hätte."[2]

Dio Cassius zeichnet ein etwas günstigeres Bild von ihm: „Obwohl er ein solches Leben führte, tat er doch allenthalben auch manchmal Gutes. So behielt er zum Beispiel die Münzen bei, die unter Nero, Galba und Otho geprägt worden waren, und zeigte kein Mißfallen an deren Porträts; auch erkannte er alle ihre Schenkungen als gültig an und nahm niemandem solche Besitztümer weg. Er zog keine Steuerschulden ein, die aus früheren Schätzungen noch ausstanden und konfiszierte niemandes Vermögen.

Von den Parteigängern Othos brachte er nur wenige um und enthielt deren Vermögen den Verwandten nicht vor. Den Familien der früher Hingerichteten gab er alles zurück, was von deren Geldern noch in der Staatskasse zu finden war. Er focht nicht einmal die Testamente derer an, die gegen ihn gekämpft hatten und in den Schlachten gefallen waren."[3]

Tacitus beklagt die Grausamkeit des Kaisers – ein Vorwurf, den er auch Otho macht. Doch im Hinblick auf die Zurückhaltung, die sich Vitellius gegenüber seinen politischen Gegnern auferlegte, läßt sich einigermaßen rechtfertigen, daß er die CLEMENTIA-Münzen wieder prägen ließ, die es unter den vorangegangenen fünf Regierungen nicht gegeben hatte.

Zu seinem Unglück verstand er aber nicht das Geringste von militärischen Angelegenheiten. Ohne Zweifel hatte ihm Galba gerade deswegen unbedenklich einen umfangreichen Kommandobereich beim Heer zugewiesen. Diese Unerfahrenheit jedoch war für einen Führer im Bürgerkrieg ein beträchtlicher Nachteil. In seinen letzten verhängnisvollen Monaten „bot das erstaunlichste Unheilsvorzeichen Vitellius selbst, der in militärischen Dingen ohne jedes Wissen war, ohne Plan für die Zukunft, und der sich sogar bei anderen erkundigen mußte, wenn es um die Marschordnung, um Aufklärungsmaßnahmen und um Überlegungen ging, den Feldzug voranzutreiben oder in die Länge zu ziehen."[4]

Trotzdem war er beim Heer keineswegs unbeliebt. Teilweise hing das mit seiner lockeren Disziplin zusammen, die auf dem Marsch nach Süden zu mancherlei Übergriffen führte. Nur wenige Feldherren hätten sich durch ihr richtiges Handeln beim Heer so beliebt gemacht wie Vitellius dadurch, daß er überhaupt nichts tat, meint Tacitus. Immerhin war Vitellius eine – wenn auch etwas ungehobelte – Leutseligkeit eigen, die für ihn einnahm.

„Bei seiner Ankunft empfing ihn das Heer, obwohl es mit dem Kaiser unzufrieden war und zur Meuterei neigte, freudig mit erhobenen Händen, als wäre er ein gottgesandtes Geschenk, da er der Sohn eines Mannes war, der dreimal das Amt eines Konsuls innegehabt hatte, in der Blüte seines Lebens stand und ein umgängliches, freigebiges Wesen besaß.

Diese schon seit langem vorhandene gute Meinung hatte Vitellius eben erst wieder neu bestärkt, indem er auf dem ganzen Weg auch die einfachen Soldaten, denen er begegnete, freundschaftlich küßte und in jeder Poststation und Schenke den Maultiertreibern und Reisenden gegenüber die Liebenswürdigkeit so weit trieb, daß er jeden einzelnen fragte, ob er auch schon gefrühstückt habe, und selber auch durch Aufstoßen erkennen ließ, daß er es bereits getan habe."[5]

Doch das Talent, sich durch Aufstoßen anzubiedern, genügte nicht, um Schlachten zu gewinnen, und die militärische Unfähigkeit des Kaisers hatte zur Folge, daß er ganz und gar von Caecina und Valens, den Befehlshabern seiner zwei Vorausabteilungen, abhängig war.

Aulus Caecina Alienus, geboren in Vicetia (Vicenza), war jung, hochgewachsen, gut aussehend, durch und durch Soldat und ein hervorragender öffentlicher Redner. Äußerlich eine recht anziehende Erscheinung, trug er gern einen Mantel in leuchtenden Farben und germanische Hosen, während seine Frau in einem purpurnen Gewand neben ihm ritt. Caecina galt als außerordentlich ehrgeizig. Als er noch dem Stab des Statthalters von Baetica (Südspanien) angehörte, hatte er sich dem Aufstand Galbas angeschlossen, der ihn mit dem Kommando einer Legion in Germania superior belohnte. Als jedoch Galba ihn wegen Unterschlagung von Geldern anklagen ließ, beschloß er, eine führende Rolle im Aufstand des Vitellius zu übernehmen.

Fabius Valens stammte aus einer ritterlichen Familie in Anagnia (Anagni in Mittelitalien). Tacitus schildert ihn als einen Mann von ungefestigtem Charakter und außergewöhnlicher Geldgier, der versucht habe, sich als Mann von Lebensart aufzuspielen, indem er sich Extravaganzen leistete. In den unter Nero von jungen Männern veranstalteten Theateraufführungen habe er, zunächst scheinbar gezwungen, dann aber aus eigenem Entschluß, häufig in Possen mitgewirkt und dabei mehr Geschick als Anstand bewiesen. Als Befehlshaber einer Legion in Germania inferior schloß er sich Galba an und ermordete sogar seinen eigenen Legaten, Fonteius Capito, weil er ihn abweichender politischer Überzeugungen verdächtigte. Als Galbas Dankbarkeit jedoch hinter seinen Erwartungen zurückblieb, stachelte er wie Caecina nunmehr Vitellius dazu an, sich zum Kaiser zu erklären. Allerdings rückten die Heere der beiden dann so schnell nach Süden vor, daß der Aufstand geplant gewesen sein mußte, noch ehe Vitellius überhaupt auf dem Schauplatz erschien.

Das waren die beiden Männer, welche die Heere des Vitellius auf ihrem Marsch nach Süden anführten, wobei Caecina durch die Schweiz und Valens durch Frankreich vorrückte. Obwohl es zu einer Reihe von unangenehmen Zwischenfällen kam und die von Valens geführten Legionen einmal heftig meuterten, gelang es beiden Heeren, die Alpen zu überqueren, noch ehe Schnee fiel. Schon bald vereinigten sie sich bei Cremona und schlugen die Truppen Othos in der Ersten Schlacht von Bedriacum.

Nach ihrem Sieg machte Vitellius Caecina und Valens zu Konsuln. Sie erwiesen sich jedoch – genau wie die Berater Galbas – infolge ihrer wechselseitigen Antipathie und Eifersucht als ungeeignet für diese Stellung. Caecina schilderte Valens als ein gemeines und schäbiges Individuum, während Valens den Caecina einen aufgeblasenen Esel nannte. Laut Tacitus waren sie einander würdig; einer wie der andere war korrupt und skrupellos. Freilich ging es dem Historiker darum zu zeigen, welch erbärmliche Charaktere der Bürgerkrieg hochspülte, und vielleicht sind sie nicht ganz so schlimm gewesen.

Vitellius selbst hatte Germania inferior mit seinem Reserveheer von etwa sechstausend Mann eben erst verlassen, als er von dem Sieg seiner beiden Generäle und vom Selbstmord Othos hörte. Der Senat ernannte ihn sofort zum Kaiser und Nachfolger des Toten.

Daraufhin ließ Vitellius das Heer weitermarschieren, bestieg selbst ein Schiff und fuhr den Arar (die Saône) abwärts bis nach Lugdunum (Lyon), wo er von Bord ging. Dort hielt er, Caecina und Valens zur Seite, eine Siegesparade ab. Im Rahmen der Feierlichkeiten war ein Vorgang bedeutsam: Vitellius ließ nämlich das gesamte Heer seinem kleinen Sohn entgegengehen, der herangeführt und mit einem Generalsmantel umhüllt wurde. Vitellius gab dem Kind, das er in den Armen hielt, den Namen Germanicus und schmückte es mit allen Insignien des kaiserlichen Rangs. Dieses Kind von seiner zweiten Frau Galeria Fundana war offenbar erst sechs Jahre alt und von Natur so sprachgehemmt, daß man es fast schon als stumm bezeichnen konnte. Doch sein Vater war jetzt Kaiser, und Vitellius verkündete die Gründung einer neuen Dynastie.

Damit befand er sich trotz aller sonstigen mißlichen Umstände in einer günstigeren Lage als fast alle seine Vorgänger – einfach deshalb, weil er einen Sohn eigenen Bluts besaß. Von den acht Cäsaren und sieben Kaisern vor ihm hatten nur zwei dieses Glück gehabt, und von diesen war einem, Tiberius, der Sohn lange vor dem eigenen Tod entrissen worden, während der andere, Claudius, von Agrippina gezwungen worden war, seinen Nachkommen zu übergehen. Nach dem Sturz des julisch-claudischen Hauses war sich Galba der Notwendigkeit einer stetigen Erbfolge wohl bewußt gewesen, die den Soldaten so viel bedeutete; er hatte deshalb in Ermangelung eines eigenen Sohnes einen jungen Mann aus einer anderen Familie adoptiert. Hätte er einen Sohn gehabt, so wäre dieser sein erklärter

Erbe gewesen. Vitellius war Vater eines Sohnes und traf die entsprechenden Maßnahmen.

Außerdem machte er seine dynastischen Pläne öffentlich dadurch bekannt, daß er Münzen mit den Köpfen seines kleinen Sohnes und seiner Tochter prägen ließ; die Inschrift lautete „Die Kinder des Kaisers Germanicus". Wenn er sich den Namen Germanicus zulegte und auch auf seinen Sohn übertrug, so führte er damit einen neuen Brauch ein. Dieser Beiname hatte, als er erstmals Drusus dem Älteren, dem Stiefsohn des Augustus, verliehen worden war, die Bedeutung ‚der Eroberer Germaniens' gehabt. Der Senat hatte bei dieser ersten Verleihung bestimmt, daß auch die Nachkommen des Drusus den Beinamen zu Ehren der Eroberungen ihres Vorfahren tragen sollten, und Caligula, Claudius und Nero hatten ihn stolz beibehalten. Jetzt jedoch bedeutete er als Bestandteil der Namensreihe des Vitellius etwas völlig anderes, nämlich ‚der von den germanischen Legionen Vorgeschlagene'. Darin lag das verhängnisvolle und unbedachte Eingeständnis, daß er ein Protégé einer der großen Grenzgarnisonen war, nicht aber der einstimmig gewählte Kandidat des gesamten Heeres.

Othos besiegte Legionen hatten zuerst versucht, dem Statthalter von Germania superior, Lucius Verginius Rufus, auf den Thron zu verhelfen; der aber hatte sich dieser Ehre – nicht zum ersten Mal – dadurch entzogen, daß er durch die Hintertür entwich, um der drohenden Amtsübertragung aus dem Weg zu gehen. Nicht lange danach ließ Vitellius im Widerspruch zu seiner sonstigen Umgänglichkeit führende othonische Centurionen hinrichten, ein Vorgehen, das sein Ansehen bei den Donaulegionen schwer schädigte. Weiter hatte er die Demobilisierung der Prätorianergarde Othos angeordnet, die sich daraufhin zum Dienst bei seinen Gegnern drängte. Die neue Prätorianergarde des Kaisers, ein größerer Verband, wurde aus seinen germanischen Legionären und Hilfstruppen zusammengestellt.

Bei der Ankunft vor den Toren Roms legten ihm seine Berater nahe, nicht in voller Uniform in die Stadt einzureiten, sondern zu Fuß zu gehen und eine Bürgertoga zu tragen. Doch Rom war bald voll von seinen siegreichen Soldaten, die sich mit derselben unbezähmbaren Zügellosigkeit benahmen, die sie schon auf dem Marsch an den Tag gelegt hatten. Um die Aufmerksamkeit von diesem Verhalten abzulenken, prägte die kaiserliche Münze Geldstücke mit aufmunternder Propaganda. Eine Münze trägt den Begriff TUTELA AUGUSTI, die ‚Vormundschaft', die der Kaiser für sein Volk übernimmt. Dieser Auftrag hatte sich für das Kaiseramt stets von selbst verstanden, war aber nie zuvor auf einer Münze verewigt worden. Vitellius war auch der erste Herrscher, der die LIBERTAS AUGUSTI verkündete, die vom Kaiser verliehene Freiheit, die betonter und persönlicher ist als die LIBERTAS AUGUSTA des Claudius, die Freiheit, die dem kaiserlichen Regime innewohnt.

Auf die Römer, die unter der Zuchtlosigkeit des siegreichen Heeres litten, kann diese Auffassung von Freiheit kaum großen Eindruck gemacht haben. Aber die Botschaft richtete sich in erster Linie an den Senat, bei dem sich Vitellius wie die meisten Kaiser einen guten Anfang sichern wollte. Zu diesem Zweck rechnete er seine Regierung taktvoll nicht vom 2. Januar an, dem Tag, an dem er ursprünglich in Germanien als Kaiser ausgerufen worden war, sondern vom 19. April an, dem Tag der Anerkennung seiner Thronbesteigung durch den Senat. Außerdem besuchte er gewissenhaft die Sitzungen des Senats, ließ zu, daß abweichende Meinungen frei geäußert wurden und hielt es nicht für unter seiner Würde, seinen Konsul-Kandidaten persönlich beizustehen. Die Politik Othos, Freigelassene von wichtigen Sekretärsposten fernzuhalten, setzte er ebenfalls fort. Wie wünschenswert solche versöhnliche Gesten gegenüber dem Senat waren, wurde ganz deutlich, als er sich in der letzten Not gezwungen sah, die Empfindlichkeit des Senats zu ignorieren und Konsuln für zehn Jahre im voraus wählen zu lassen, um seine Parteigänger zu belohnen.

In diesen kritischen Monaten ließ Vitellius auch erkennen, daß er gewisse Bedenken hatte, die Titel Caesar und Augustus zu gebrauchen, die so eng mit den früheren Herrschern verbunden waren; noch konnte er es nicht wagen, sich mit diesen Kaisern zu messen. Obwohl er wie Otho geschickt genug war, das persönliche Andenken seines früheren Gönners Nero zu ehren, hätte er sich lieber von den charakteristischen Titeln der erloschenen Dynastie ferngehalten, da er ja eine neue, die germanicanische, gründen wollte. Indessen mußte er seine Abneigung gegen diese Titel aufgeben. Nach seinem endgültigen Sieg lehnte er es noch ab, sich Caesar nennen zu lassen, widerrief aber, als sich die Lage später verschlechterte, seine Weigerung in der abergläubischen Hoffnung, daß dieser bedeutungsschwere Titel vielleicht noch Rettung bringen könne. Auf seinen römischen Münzen allerdings erscheint er nie. Seinen Widerwillen dagegen, sich Augustus zu nennen, hatte er bereits überwunden, als er in Rom einzog – wozu Tacitus freilich spöttisch bemerkt, die Annahme des Titels sei ebensowenig wirksam gewesen wie die vorausgegangene Ablehnung. Schließlich nahm er den Titel *consul perpetuus* an. Augustus hatte fünfundsiebzig Jahre zuvor beschlossen, auf die alljährliche Übernahme des Konsulats zu verzichten, weil er vornehmen Bürgern diesen sehr begehrten Posten nicht vorenthalten wollte, und Nero hatte im Jahre 58 ein ähnliches Angebot ebenfalls abgelehnt. Aber Vitellius überlegte sich wahrscheinlich, daß er das mit dem Amt verbundene Ansehen nötig hatte, denn die Bezeichnung der Jahre erfolgte immer noch nach den Namen der Konsuln, die am Anfang eines jeden Jahres ihr Amt übernahmen, und Vitellius, der weder dem julisch-claudischen Hause noch dem alten Adel angehörte, konnte es sich nicht leisten, auf solch äußere Zeichen einer privilegierten Stellung zu verzichten. Wäre er am Leben geblieben, so wäre das immerwährende Konsulat vielleicht zu einem der maßgeblichen Kennzeichen der Reichsstruktur geworden.

Doch wenn auch bestimmte Anzeichen erkennen ließen, daß Vitellius eigene Vorstellungen von der Verfassung des Reichs hatte, so kam nichts von alledem zur Entfaltung, weil noch vor Ende des Sommers die unzufriedene Donauarmee unter der Führung von Antonius Primus, der zu Vespasian übergetreten war, die julischen Alpen überschritten hatte und auf italischem Boden stand. Vitellius hatte nämlich zu langsam reagiert. Als er zum erstenmal hörte, daß Vespasian zum Kaiser ausgerufen worden sei, hatte er sich wider alles Erwarten unbekümmert gezeigt; Tacitus schildert auch hier wieder, wie er es sich in den schattigen Gärten seiner Villa in Aricia habe wohl sein lassen, ganz wie träge Tiere, die es zufrieden seien dazuliegen und vor sich hinzudösen, solange man ihnen nur etwas zum Fressen hinstelle. Wie Otho gegenüber den Generälen des Vitellius, vergeudete auch er zu viel Zeit.

Aber ebenso wie Otho machte er sich doch wenigstens klar, daß die Po-Linie unbedingt gehalten werden mußte. Da der Angreifer aus dem Osten kam, war der strategisch wichtigste Punkt voraussichtlich Hostilia (Ostiglia), wo Primus versuchen würde, den Fluß zu überschreiten. Caecina sollte also, da Valens unglücklicherweise gerade krank war, eine starke Stellung bei dieser Stadt beziehen. Doch in dieser Lage entschloß sich Caecina zur Desertion – einfach, weil er sich ausrechnete, daß die Gegenseite mehr Aussichten hatte zu gewinnen. Seine Truppen weigerten sich ihm zu folgen und nahmen ihn fest. Da sie aber so gut wie führerlos waren, beschlossen sie, sich auf Cremona zurückzuziehen, und in der Nähe dieser Stadt kam es dann zur Zweiten Schlacht von Bedriacum.

Man kämpfte erbittert, bis nach Einbruch der Nacht der Mond aufging und den Soldaten des Vitellius gerade ins Gesicht schien, so daß sie ein gutes Ziel boten. Da gaben sie auf und flohen, und Primus lieferte Cremona einer blutigen Plünderung aus. Dann eilte er weiter südwärts, beflügelt durch die Nachricht, daß Valens, der – einigermaßen wiederhergestellt – nach Gallien geschickt worden war, um dort ein zweites Heer aufzustellen, seinen Auftrag nicht hatte ausführen können und gefangen genommen worden war. Bald darauf wurde er hingerichtet.

Nachdem Vitellius die Nachricht von der Niederlage seines Heeres erhalten hatte, schickte er den größten Teil der ihm noch verbliebenen Truppen nach Mevania (Bevagna), hundertsechzig Kilometer nördlich von Rom, wo die Straße in die Apenninen eintritt, und folgte ihnen auch selbst dorthin. Als er aber hörte, daß die Flotte in Misenum von ihm abgefallen sei, verlegte er seine Streitkräfte aus Mevania nach Narnia (Narni), das nur achtzig Kilometer von der Hauptstadt entfernt lag, und zog sich überstürzt nach Rom zurück. Dort wurden seine Verhandlungen mit Vespasians Bruder, dem Stadtpräfekten Sabinus, die auf die Übergabe seiner Kaiserwürde abzielten – eine neue Art von Verhandlung für einen römischen Kaiser – durch seine Soldaten und die Volksmenge vereitelt, die das Kapitol stürmten und Sabinus töteten, während dessen Neffe Domitian entkommen konnte. Unmittelbar nachdem Primus in Rom eingezogen war, wurde Vitellius auf bestialische Weise ermordet, worin Tacitus den passenden Höhepunkt des schrecklichen Vierkaiserjahres sah.

Vitellius war kein Ungeheuer. Seine Erhebung zum Kaiser jedoch förderte seine ohnehin allzu stark ausgeprägte Neigung zur Völlerei, und daß er sich auf dem Thron nicht halten konnte, den er gerade erst bestiegen hatte, war nicht auf Zufall oder unglückliche Umstände zurückzuführen, sondern auf seine Mittelmäßigkeit. Energielosigkeit infolge seiner Exzesse beim Essen und Trinken, militärische Unerfahrenheit und blindes Vertrauen auf zwei Berater, die einander nicht leiden konnten – das waren Mängel, die unweigerlich zum schlimmen Ende führen mußten.

Freilich sind solche Verdikte, wenn sie fast zweitausend Jahre später ausgesprochen werden, mit Vorsicht zu genießen. Alle diese kurzlebigen Kaiser, Galba, Otho und Vitellius, erscheinen in diesem Buch vom Makel der Unfähigkeit gezeichnet. Gewiß haben sie alle innerhalb weniger Monate versagt. Doch der Ausspruch Hegels, daß Gott sich nur in der Geschichte offenbart, führt bisweilen in die Irre, wenn man ihn dahingehend interpretiert, daß die Guten und Fähigen Erfolg haben, die Bösen und Unfähigen aber versagen. So werden jene späten Cäsaren, die ihren Anspruch auf den Thron nicht behaupten konnten, gewöhnlich als Usurpatoren bezeichnet, während andere, die ihren Purpur festzuhalten verstanden, ‚Kaiser' heißen; in Wirklichkeit jedoch waren jene keine schlimmeren Usurpatoren als alle anderen.

Aus dem gleichen Grunde dürfen wir uns fragen, ob Galba, Otho und Vitellius unfähiger oder mittelmäßiger waren als etwa Caligula oder Nero, die sich länger auf dem Thron hielten. Aber auch Caligula oder Nero hätten, wenn sie im Katastrophenjahr 69 auf den Thron gekommen wären, kaum schlimmere Fehler begehen können als die Kaiser dieses Jahres. Die Saat, die sie ausstreuten, mußte zur Katastrophe reifen und trug ihre Früchte in sich.

Vespasian, der siegreiche Nachfolger, machte damals nicht den Eindruck, als hätte er Besseres zu bieten. Zur allgemeinen Überraschung stellte sich aber heraus, daß er Vitellius und dessen zwei kurzlebigen Vorgängern weit überlegen war; und wir wollen nun versuchen, die Gründe dafür aufzuzeigen.

Vierter Teil

Die flavischen Kaiser

X

Vespasian

Titus Flavius Vespasianus, der Begründer der flavischen Dynastie, wurde im Jahre 9 in Reate (Rieti in Mittelitalien) geboren. Er war der Sohn eines sabinischen Ritters und Steuereinnehmers, der Bruder seiner Mutter dagegen brachte es zum Senator. Vespasian, der seine Karriere zunächst dem Freigelassenen Narcissus und dem Berater des Claudius, Lucius Vitellius (dem Vater des Kaisers), verdankte, zeichnete sich als Legionskommandeur bei der Expedition nach Britannien (43–44) aus und wurde im Jahre 51 Konsul und anschließend Statthalter in Africa (dem heutigen Tunesien). Dann folgte eine Zeit der Armut. Als er danach, im Jahre 66, Nero nach Griechenland begleitete, hätte er sich beinahe dadurch große Ungelegenheiten zugezogen, daß er einschlief, während der Kaiser als Sänger auftrat. Im Februar des darauffolgenden Jahres jedoch wurde er zum Statthalter von Judaea ernannt, mit dem Auftrag, den Ersten Jüdischen Aufstand zu unterdrücken, den die Juden als den Ersten Römischen Krieg bezeichnen. Der jüdische Geschichtschreiber Josephus schildert die hoffnungsvolle Stimmung bei den jüdischen Rebellen: „Als diese (wie gesagt bisher größte) Erhebung anfing, hatten die Römer selbst mit inneren Unruhen zu tun. Die jüdische Revolutionspartei, die an Zahl und Finanzkraft ihren Höhepunkt erreicht hatte, nützte die Gelegenheit solch stürmischer Zeiten zum Aufstand, denn infolge der weitverbreiteten Unruhen machten sich im Orient die einen Hoffnung auf Eroberungen, die anderen fürchteten Verluste. Die Juden rechneten nämlich damit, daß alle ihre Landsleute jenseits des Euphrats sich an ihrem Aufstand beteiligen würden, während die Römer ihrerseits sich mit den benachbarten Galliern befassen mußten und die Kelten in Bewegung kamen. Dazu herrschte eine allgemeine Verwirrung infolge von Neros Tod. Diese Gelegenheit verlockte viele, die Oberherrschaft anzustreben, und die Soldaten waren begierig nach Veränderungen, die ihnen etwas einbrächten."[1]

Trotzdem hatte Vespasian bis zum Juni des Jahres 68 fast das ganze Land Judaea mit Ausnahme von Jerusalem und einigen wenigen abseits gelegenen Festungen bezwungen. Als er aber von Neros Tod hörte, brach er seinen Feldzug ab; er gab sich zwar den Anschein, jeden neuen Kaiser anzuerkennen, begann aber schon bald, sich insgeheim mit Mucianus, dem Statthalter von Syrien, und Alexander, dem Präfekten von Ägypten, zu verständigen, die ihm beide ihre Unterstützung bei seinen Bemühungen um den Kaiserthron zusagten.

Im Juli riefen ihn die ägyptischen, judaeischen und syrischen Legionen zum Kaiser aus, die Donaugarnisonen folgten nach, und man entwarf Pläne für den Angriff auf Italien. Während Vespasian selbst in Ägypten blieb, um Rom die Getreidezufuhr abzuschneiden, sollte Mucianus das Hauptheer nach Westen führen.

Doch inzwischen drang Primus, der Befehlshaber einer der Donaulegionen, nach Italien vor, gewann die Zweite Schlacht von Bedriacum und zog in der Nacht vom 19. zum 20. Dezember in Rom ein. Er stellte fest, daß Vespasians Bruder Sabinus, der unter Vitellius Stadtpräfekt war, beim Brand des Kapitols umgekommen war, Vespasians jüngerer Sohn Domitian jedoch sich hatte retten können. Vitellius wurde von Primus' Truppen grausam umgebracht, und der Senat erklärte Vespasian zum Nachfolger.

Eine oder zwei Wochen danach traf Mucianus in der Hauptstadt ein, wies Primus mit seinen ehrgeizigen Bestrebungen in die Schranken, brachte die Prätorianergarde wieder auf die geringere Stärke, die sie vor Vitellius gehabt hatte, und übernahm die Verwaltung für Vespasian, bis der neue Kaiser etwa im Oktober des Jahres 70 selbst in Rom eintraf. Bald danach schlug sein General Cerialis den Bataveraufstand des Civilis nieder, und so feierten der neue Kaiser und sein älterer Sohn Titus, der inzwischen Jerusalem eingenommen hatte, im darauffolgenden Jahr einen großartigen Triumph.

Vespasian widmete sich nun mit Hilfe des Mucianus (bis zu dessen Tod zwischen 75 und 77) mit unermüdlichem Fleiß dem Wiederaufbau des Reichs nach den Bürgerkriegen. Im Jahre 73/74 erneuerte er das Censoramt, dem nunmehr nicht nur die Säuberung des Senats, *sondern auch dessen Erweiterung durch viele neue Mitglieder oblag, die teils aus den Provinzen, teils aus Italien kamen.*

Sein Kollege im Censoramt war Titus, den er auch zum Prätorianerpräfekten ernannt hatte; seine Absicht, eine neue Dynastie zu gründen, sprach er offen aus. Als erster Kaiser, der einen eigenen Sohn hatte, dessen Reife und ausgezeichnete Fähigkeiten ihn bereits für die ihm zugedachte Rolle qualifizierten, konnte Vespasian, wenn er auch als hoher Sechziger nicht mehr allzu gesund und tatkräftig war, mit Titus' Hilfe den Verfallsprozeß verschleiern, unter dem infolge von Überlastung und Furcht die meisten seiner Vorgänger zu leiden hatten. So schlug Titus beispielsweise nach einer Zeit, in der es nicht an politischer Gegnerschaft gefehlt hatte, noch im letzten Lebensjahr seines Vaters eine Verschwörung mit vollem Erfolg nieder.

Das war im Jahre 79; am 23. Juni starb Vespasian eines allem Anschein nach natürlichen Todes, nachdem er sich durch zu langes Baden in dem kalten Wasser von Aquae Cutiliae (Bagni di Paterno) in der Nähe seines Geburtsortes den Leib erkältet hatte. Titus trat die Nachfolge ohne jeden Zwischenfall an.

Wie es dazu kam, daß Vespasian den Entschluß zu einer Rebellion faßte, wird durch die subjektive Berichterstattung seiner Anhänger verschleiert, denn die siegreiche Partei stellte im Rückblick den Verlauf der Ereignisse so dar, wie sie selbst ihn sah. Die Flavier gaben also vor, der Gedanke, nach der Herrschaft zu greifen, sei dem widerstrebenden Vespasian durch die Hartnäckigkeit der Armeen aufgezwungen worden, und die Entscheidung sei erst gefallen, als Vitellius den Thron bestiegen und sich nicht bewährt habe. Tacitus jedoch lehnte diese Auslegung mit Recht ab; er war der Meinung, daß Vespasian und seine Statthalterkollegen im Osten ihren Aufstand schon viel früher geplant hätten.

Vespasian, der Statthalter von Judaea, hatte mit Gaius Licinius Mucianus, dem Statthalter von Syrien, in den letzten Jahren der Regierung Neros nicht auf gutem Fuß gestanden; während nämlich Judaea früher einem weniger angesehenen Statthalter aus der Klasse der Ritter unterstanden hatte, der in seinem Range dem Statthalter von Syrien nachgeordnet war, hatte der Judenaufstand dazu geführt, daß die Statthalterschaft von Judaea zu einem bedeutenderen militärischen Kommando unter Vespasian aufgewertet worden war, was Mucianus gar nicht gefiel. Nach dem Selbstmord Neros jedoch legten die beiden Männer ihre Streitigkeiten bei. Während sie ihre Truppen pflichtgemäß dazu anhielten, den rasch wechselnden Kaisern, die dann folgten, Treue zu schwören, beobachteten sie die Lage weiterhin mit äußerster Wachsamkeit. Galbas Regierung beunruhigte sie nicht übermäßig, da er Vespasians Bruder Sabinus zu seinem Stadtpräfekten ernannte. Othos gewaltsame Thronbesteigung dagegen veranlaßte sie wohl, eine unverzügliche Aktion ins Auge zu fassen.

Vespasian und Mucianus sicherten sich heimlich den Beistand Tiberius Julius Alexanders, des einflußreichen jüdischen Renegaten, der Präfekt von Ägypten war. Indessen hatten weder Mucianus noch Alexander selbst Absichten auf den Thron. Daß Alexander dem Ritterstand angehörte und jüdischer Abstammung war, ließ ihm keine Chancen, und auch Mucianus verzichtete auf alle Ansprüche in dieser Richtung – zum Teil deswegen, weil er keine Söhne hatte, die ihm bei der Gründung einer Dynastie beistehen konnten. So war Vespasian, der Vater zweier Söhne, der richtige Mann, dem, wie sie übereinstimmend beschlossen, der Thron gebührte.

Der Sieg des Vitellius festigte diesen Beschluß noch, obwohl dessen Vater Vespasians Gönner gewesen war und dieser ihn für den Augenblick als neuen Kaiser anerkannte. Anerkannt wurde er auch von Mucianus und Alexander sowie von dessen angeheiratetem Verwandten Agrippa II., dem jüdischen König, der gegen seine Landsleute mit den Römern zusammenarbeitete. Agrippa, der damals in Rom war, erfuhr aber unter der Hand, daß Vespasian einen Aufstand plante, und kehrte schleunigst in den Osten zurück, um ihm zur Seite zu stehen.

Am ersten Juli des Jahres 69 ließ Alexander die Truppen in Ägypten Vespasian den Treueid schwören. Einige Tage danach wurde er auch von den eigenen Truppen in Judaea zum Kaiser ausgerufen, und noch vor der Monatsmitte folgten Mucianus und sein syrisches Heer diesem Beispiel. Von den Führern war vorgesehen, daß Mucianus mit zwanzigtausend Mann zu dem langen Marsch nach Westen aufbrechen sollte, während Vespasian selbst vorläufig noch im Osten verweilen und Alexandria zu seiner Basis machen sollte. Denn Vespasian glaubte, wenn er die für Rom lebenswichtige Getreidezufuhr aus Ägypten unter Kontrolle habe, könne er vielleicht mit Hilfe seines Bruders Sabinus, des Stadtpräfekten, Vitellius zu einer kampflosen Kapitulation zwingen.

Eindrucksvolle Beistandserklärungen erhielt Vespasian auch von den Donaulegionen, die damit zum ersten Mal jene geschichtlich bedeutsame Rolle der Kaisermacher übernahmen, die für die spätere Geschichte Roms so charakteristisch werden sollte. Die Initiative ergriff bei den Legionen in Pannonien und Moesien Marcus Antonius Primus, Befehlshaber einer der pannonischen Legionen, der noch vor Mucianus nach Italien eilte und Vitellius' Truppen in der Zweiten Schlacht von Bedriacum besiegte. Dann kehrten nacheinander Primus, Mucianus, Vespasian (neun oder zehn Monate später) und Titus (der zurückgeblieben war, um Jerusalem einzunehmen) nach Rom zurück, und die neue flavische Dynastie konnte ihre Aufgabe anpacken und die Wunden des Bürgerkriegs heilen.

Vespasian war eine neue Art von Herrscher; er kam aus einer niedrigeren Gesellschaftsschicht als Otho und Vitellius. Er war auch der erste Kaiser, der auf seine Münzen das Bildnis und den Namen der Göttin Fortuna prägen ließ, und zwar mit der Beifügung AUGUSTI, „das Glück des Kaisers", was auf die erstaunliche Schicksalsfügung hinwies, die diesen Mann aus verhältnismäßig einfachen Kreisen zum Kaiser aufsteigen ließ. Man sagte, seine kaiserliche Bestimmung sei ihm von vielen Astrologen prophezeit gewesen, und auch sein jüdischer Gefangener und Berater Josephus habe sie vorhergesagt. Die Thronbesteigung eines Mannes von so verhältnismäßig niedriger Herkunft eröffnete in den folgenden Jahrhunderten einer ganz neuen Kategorie von Anwärtern Aussichten darauf, den Thron zu gewinnen. So fanden sich denn auch in den späteren Jahren des Reichs viele, die mit mehr oder weniger Erfolg das Ziel zu erreichen suchten, das er für sie in greifbare Nähe gerückt hatte.

Vespasian betonte bewußt seinen bescheidenen Rang und die ihm entsprechende Geschmacksrichtung: „Von Anfang bis Ende seiner Regierung war er schlicht und ohne Herrscherallüren, bemühte sich nie, seine frühere niedrige Stellung zu verheimlichen, sondern rühmte sich ihrer oft. So lachte er die Leute nur aus, die den Ursprung der flavischen Familie auf die Gründer von Reate und einen

Gefährten des Herkules zurückführen wollten, dessen Denkmal noch an der Via Salaria steht.

So fern lag ihm jedes Verlangen nach äußerlichen Ehrungen, daß er am Tag seines Triumphs, erschöpft von der Langsamkeit und Langeweile des Festzugs, sich nicht versagen konnte zu bemerken: ‚Es geschieht mir ganz recht – warum war ich auch in meinem Alter so albern, auf einen Triumph aus zu sein, als ob das meinen Vorfahren zustünde oder jemals zu meinen Ambitionen gehört hätte.‘‘[2]

Er sprach ein bäuerisches Latein, und die Überlieferung pflegte das Bild des Volkskaisers, den man auf der Schulter Schutt von der Stätte des Jupitertempels auf dem Kapitol wegschleppen sah, als er den Bau nach dem Brand neu errichten ließ. Da er als junger Mann keine Lust zur Ämterlaufbahn gehabt hatte, zwang ihn später die Armut, Maultierhändler zu werden und alles, was er besaß, zu verpfänden; und selbst später, als sein Schicksal sich entscheidend gewendet hatte, gab es laut Tacitus keinen Menschen, der einen allgemeinen Modetrend zur Einfachheit stärker förderte als Vespasian mit seiner altmodischen und bescheidenen Lebensweise.

Was zum Beispiel seine Trinkgewohnheiten anbelangte, so war er bekannt für seine ungewöhnliche Enthaltsamkeit, wobei freilich auch eine Anfälligkeit für Gicht Vorsicht nahelegte. Diese neuartigen, uneleganten Verhaltensweisen ließen sich auch in seinem etwas prosaischen Liebesleben erkennen. Seine Gattin Flavia Domitilla war von so niedriger Herkunft, daß nicht einmal ihr Anspruch auf das römische Bürgerrecht unangefochten blieb; sie war bereits gestorben, als er den Thron bestieg. Danach nahm Vespasian eine Mätresse aus seinen jüngeren Jahren namens Caenis zu sich, eine Frau, die mehr als dreißig Jahre zuvor Freigelassene und Sekretärin Antonias, der Mutter des Claudius, gewesen war. Vespasians jüngerer Sohn Domitian sah keinen Anlaß, Caenis achtungsvoll zu behandeln, aber sie wurde mächtig und reich, und ihrer Erfahrung als Sekretärin verdankte sie ein hervorragendes Gedächtnis. Sie lebte mit Vespasian zusammen in behaglicher Häuslichkeit, bis sie im Jahre 75 starb. Danach gewöhnte er sich an, für sein Nachmittagsschläfchen eine Konkubine zu sich zu nehmen. Mit den souveränen und eleganten Aristokratinnen der vorigen Dynastie konnten sich die Frauen der flavischen Zeit trotz ihrer berühmten Frisuren keinesfalls messen.

Vespasian war auch überaus gutmütig und umgänglich; er lockerte gern den Ernst wichtiger Angelegenheiten durch possenhafte Witze auf, die er häufig nicht eben geschmackvoll dem sexuellen oder fäkalen Bereich entnahm. Außerdem vertrug er im Gegensatz zu den meisten seiner Landsleute auch Scherze, bei denen er selbst schlecht wegkam. Vierschrötig und robust gebaut, hatte er den Gesichtsausdruck eines Menschen, der sich bemüht, seinen Darm zu entleeren, und so sehen manchmal auch seine zahlreichen großartigen Porträtbüsten aus. Seine knolligen Gesichtszüge zogen die Künstler unwiderstehlich an, und sie stellten ihn – zweifellos mit seinem Einverständnis – oft mit einem Realismus dar, der alles andere als schmeichelhaft war.

Der Kaiser und diese Künstler wußten sehr wohl, daß der ganz gewöhnliche, nüchterne und besonnene Wirklichkeitssinn, der sich aus seinem Gesicht und aus seinem Leben ablesen ließ – jene traditionelle Tüchtigkeit, die das römische Volk zu dem gemacht hatte, was es war –, sich als genau die Eigenschaft erweisen würde, die notwendig war, um nach den Greueln des Bürgerkriegs das Vertrauen wiederherzustellen.

Vespasian und sein Haupthelfer Mucianus waren zwei ganz verschieden geartete Persönlichkeiten: „Vespasian war ein schneidiger Soldat. Er konnte an der Spitze seines Heeres marschieren, die Stelle für das Lager auswählen und bei Tag und Nacht seine Geschicklichkeit oder, wenn die Situation es erforderte, seinen persönlichen Mut einsetzen, um dem Feind Widerstand zu leisten. Er aß, was sich gerade vorfand. Sein Anzug und seine äußere Erscheinung unterschieden ihn kaum vom einfachen Soldaten . . .

Mucianus dagegen wirkte durch sein prunkvolles Auftreten, seinen Reichtum und durch eine Würde, die in jeder Hinsicht über die Stellung eines Untergebenen hinausging. Redegewandter als der andere, beherrschte er von Grund auf die Durchführung und Leitung von Verwaltungsaufgaben.

Es wäre eine vortreffliche Mischung fürstlicher Eigenschaften gewesen, hätte man – nach Beseitigung der Fehler – die guten Eigenschaften beider Männer auf einen einzigen Menschen übertragen können.“[3]

Mucianus war offenbar der farbigere Charakter: „Er war ein

Mann, von dem man in guten wie in schlechten Tagen viel sprach. In seiner Jugend hatte er mit dem Blick auf seine eigene Karriere den Großen den Hof gemacht. Dann brachte er ein Vermögen durch, und seine finanzielle Lage war gefährdet; auch Claudius' Jähzorn war ihm verdächtig. In einen fernen Winkel Asiens versetzt, war er vom Status eines Verbannten nicht weiter entfernt als später von dem eines Kaisers.

In seinem Charakter mischten sich Zügellosigkeit und Energie, Höflichkeit und Arroganz, Gut und Böse. War er in müßigen Stunden ein zügelloser Mensch, so legte er bemerkenswerte Fähigkeiten an den Tag, wenn er eine Sache erst einmal in die Hand nahm. Der Welt mochten seine Unternehmungen lobenswert erscheinen, aber über sein Privatleben liefen häßliche Gerüchte um. Dennoch übte er durch mannigfache Lockmittel einen starken Einfluß auf Untergebene, Mitarbeiter und Kollegen aus, und es lag ihm mehr, einen Kaiser zu machen, als selbst einer zu sein."[4]

Mucianus verstand es, alles, was er sagte und tat, zu seinem Vorteil darzustellen. Menschen, die ihn nicht lobten, fand er ganz unerträglich, Leute, die ihm auch nur geringfügig geholfen hatten, überhäufte er mit Ehren, aber wer ihm einen solchen Beistand versagte, zog sich seinen abgründigen Haß zu. Ihn habe bei anderen nur der Inhalt der Börse interessiert, während er für Gerechtigkeit und Wahrheit wenig übrig gehabt habe, fügt Tacitus hinzu, der bei den Verrätern, die Vespasian zur Macht verhalfen, patriotische Beweggründe nicht gelten läßt; und er findet, daß in der Umgebung des neuen Kaisers nur die Menschen, nicht aber die Anschauungen gewechselt hätten. Immerhin erscheint Mucianus selbst in der unfreundlichen Schilderung des Tacitus als ein Diplomat von außergewöhnlicher Schlauheit und Geschicklichkeit.

Trotzdem wurden er und Vespasian anfangs von Marcus Antonius Primus übertrumpft, einem etwa fünfzigjährigen Gallier aus Tolosa (Toulouse), der zwar im Namen des flavischen Oberkommandos vorging, dessen Instruktionen aber nicht abwartete, sondern vorprellte und die entscheidende Schlacht auf eigene Faust gewann. Diesen Abenteurer mit dem Spitznamen Beccus (Hahnenschnabel) betrachtete Tacitus als ein ganz besonders ekelhaftes Produkt dieser Jahre der Verwirrung und Zuchtlosigkeit: „Der Mensch hatte ein

Strafregister und war unter Nero wegen einer Fälschung verurteilt worden. Es gehörte zu den unglücklichen Folgen des Bürgerkriegs, daß es ihm gelungen war, seinen Rang als Senator wiederzuerlangen. Unter Galba wurde er Kommandeur der Siebenten Legion. Dem Vernehmen nach hatte er mehr als einmal an Otho geschrieben und diesem seinen Beistand in führender Stellung angeboten. Das Angebot blieb jedoch unbeachtet, und so fand er im Kriege Othos keine Verwendung.

Nachdem der Stern des Vitellius verblaßt war, ging er zu Vespasian über und gab der flavischen Bewegung mächtigen Auftrieb. Ein Mann von Tatkraft und Beredsamkeit, ein gewandter Redner, ein Künstler darin, gegen andere Mißgunst zu säen, räuberisch und verschwenderisch, übte er einen verderblichen Einfluß im Frieden aus und war im Krieg ein Heerführer, mit dem man rechnen mußte."[5]

Unmittelbar bevor Primus seinen siegreichen Einzug in Rom hielt, war Vespasians älterer Bruder Sabinus, der Stadtpräfekt, von empörten Vitellianern auf dem Kapitol erschlagen worden, ein auf den ersten Blick für die Sache des Siegers höchst betrübliches Ereignis. Der einundsechzigjährige Sabinus, der eine lange und hervorragende Verwaltungskarriere hinter sich hatte, war ein Mann, der zuviel sprach und in seiner Tatkraft nachgelassen hatte, aber weithin als rechtschaffen galt. Sein Tod war allerdings insofern keine ausgesprochene Katastrophe, als er bewirkte, daß eine schon reichlich schwierige politische Situation nicht durch persönliche Probleme noch weiterhin kompliziert wurde. Obwohl nämlich Sabinus bei der Expedition nach Britannien unter Vespasian gedient hatte, war er nicht nur der ältere und reichere der beiden Brüder, sondern er hatte auch als Gegenleistung dafür, daß er Vespasian vor einem Bankrott bewahrte, verlangt, daß dieser ihm seinen Haus- und Grundbesitz verpfändete. Es wäre ein Wunder gewesen, wenn Vespasian das ganz hätte vergessen können. Außerdem hieß es, daß Sabinus und Mucianus notwendigerweise hätten Gegner und Rivalen werden müssen.

Mucianus traf schon kurz nach dem Tode des Sabinus in der Hauptstadt ein, und von diesem Zeitpunkt an mußte Primus feststellen, daß man ihn langsam aber bestimmt beiseiteschob. Er hatte seine Truppen nicht daran gehindert, in Cremona furchtbare Greuel zu begehen und dann noch vier Tage lang eine Plünderungsorgie in

Rom zu veranstalten. Außerdem warf man ihm jetzt vor, er habe den Bataverführer Civilis gegen die Vitellianer aufgehetzt und damit ganz allgemein dessen Aufstand gegen die römische Herrschaft beschleunigt.

Seine größte Unüberlegtheit war jedoch die Behauptung, er selbst und nicht Mucianus habe den Krieg gewonnen. Damit sagte er die Wahrheit, denn die Behauptung der Gegenseite, daß man ohne das Vorprellen des Primus einen unblutigen Sieg errungen hätte, ließ sich nicht halten. Trotzdem führten seine Prahlereien zu einem ernsten Zerwürfnis zwischen den beiden Männern, bei dem – wie Tacitus feststellt – Primus seine Gefühle kaum verheimlicht habe, während Mucianus seinen Groll listig verbarg und infolgedessen weit versöhnlicher gewesen sei. Nach seinem Einzug in die Hauptstadt machte er Primus Schwierigkeiten, wo er nur konnte, so daß dieser nach Osten aufbrach, um sich bei Vespasian zu beschweren. Der neue Kaiser nahm ihn liebenswürdig auf und zeichnete ihn mit der Würde eines Konsuls aus. Danach jedoch trat Primus ins Privatleben zurück und kehrte schließlich in seine Heimatstadt Tolosa zurück, wo er ein ruhiges Alter verlebte.

Inzwischen war Mucianus für eine Weile der verantwortliche Mann in Rom, wobei er freilich bei aller gebotenen Ehrerbietung mit einigem Mißtrauen Domitian, den achtzehnjährigen jüngeren Sohn des Kaisers im Auge behalten mußte, der sich in der Heldenglorie sonnte, aus dem brennenden Kapitol entkommen zu sein. Außerdem mußte Mucianus in seiner Eigenschaft als zeitweiliges Staatsoberhaupt mit jäh aufflammenden Freiheitsgelüsten des Senats fertigwerden, dessen Mitglieder jetzt ihre Meinungsverschiedenheiten und Fehden in haßerfüllten Debatten austragen zu können glaubten. Mucianus hielt es auch für notwendig, strenge Vorsichtsmaßnahmen zu ergreifen. Eines seiner Opfer war der schöne junge Calpurnius Galerianus, Sohn des verstorbenen Piso, der gegen Nero konspiriert hatte. Er wurde hingerichtet, weil er auf Grund seiner aristokratischen Herkunft, die in so krassem Gegensatz zu der des neuen Kaisers stand, den Leuten Anlaß gab, ihn als einen möglichen Thronanwärter zu bezeichnen. Auch der siebenjährige Sohn und Erbe des Vitellius wurde beseitigt, damit sich nicht ähnliche Bewegungen um ihn sammeln könnten.

Nachdem Vespasian im Herbst des Jahres 70 nach Rom zurückgekehrt war, bekleidete Mucianus bis zu seinem Tod, der etwa fünf bis sieben Jahre später erfolgte, eine höchst bedeutende Stellung als Berater. Dennoch hielt sich in diesen Jahren sein Einfluß auf den Kaiser in Grenzen. Obwohl er ganz bewußt und von Anfang an die höchste Gewalt für sich selbst abgelehnt hatte, war er vom Temperament her keineswegs der treue Untergebene. Kurz vor seinem Einzug in Rom hatte er dem Senat eine Eilbotschaft gesandt, in der er taktlos das Verdienst für sich beanspruchte, Vespasian auf den Thron verholfen zu haben, und auch nach der Ankunft des Kaisers erregte sein prahlerisches Verhalten gelegentlich Mißfallen.

Darüber hinaus fiel es Vespasian schwer, sich mit dem luxuriösen und verweichlichten Lebensstil des Mucianus abzufinden, der freilich als Verfasser eines Buches über ‚Merkwürdiges in verschiedenen Ländern' ein ernstzunehmender Schriftsteller war. Augustus hatte die Extravaganzen des Maecenas geduldig ertragen, aber von Vespasian heißt es, er habe in einem Gespräch mit einem Freund über die sexuellen Gewohnheiten des Mucianus die Bemerkung nicht unterdrücken können, daß er persönlich es doch recht befriedigend finde, ein Mann zu sein.

Wahrscheinlich hatte sich Mucianus einen größeren Anteil an der kaiserlichen Gewalt erhofft, als er schließlich bekam. Immerhin empfing er im Jahre 72 die außergewöhnliche Auszeichnung eines dritten Konsulats und stand bis zu seinem Tod in hohen Ehren. Auch wenn Vespasian privat Kritik übte, verschwieg er – wie Tacitus es ausdrückte – lieber die Schwächen seiner Freunde als ihre Verdienste.

Vespasian schenkte dem Reich den Frieden, und nach den Erfahrungen des Bürgerkriegs war das ein überwältigendes Geschenk. Seinen strahlenden Friedenstempel, der die Aufmerksamkeit der Welt zu Recht auf diese Leistung lenkte, reihte Plinius der Ältere unter die Weltwunder ein, und der berühmte Ausspruch des Plinius von der „grenzenlosen Majestät des Römischen Friedens" stammt ebenfalls aus der Regierungszeit Vespasians. Daß es dem Kaiser gelungen war, die lange sich hinziehenden inneren Kämpfe zu beenden, die das Reich gequält und gefährdet hatten, lenkte die Stimmung weithin entscheidend zu seinen Gunsten.

An dieses Gefühl appellierte er unentwegt durch ausgiebige Propaganda auf seinen Münzen. Trotz der im allgemeinen wohlwollenden Gesinnung, die man ihm entgegenbrachte, brauchte er nämlich alle Hilfe und Sympathie, deren er habhaft werden konnte. Die Schwierigkeiten, gegen die er anzukämpfen hatte, waren groß. Die zahlreichen Wunden der Bürgerkriege waren noch längst nicht geheilt, und wenn man bedachte, daß drei aufeinanderfolgende Cäsaren innerhalb weniger Monate gestürzt worden waren, so sah man eigentlich keinen Grund, warum ein weiterer nicht das gleiche Schicksal erleiden sollte. Außerdem war es ihnen allen nicht gelungen, eine neue Dynastie zu begründen – warum sollte gerade er, dessen Familie weniger vornehm war als die Familien aller seiner Vorgänger, erfolgreicher sein?

Die Elemente der Macht waren dieselben wie eh und je, und das ausschlaggebende war noch immer das Heer, das Vespasian mit einer gut ausgewogenen Mischung aus Gerechtigkeit und Festigkeit behandelte. Die Folge davon war, daß sich unter seiner Regierung die Aufstände der jüngsten Vergangenheit nicht wiederholten. Dadurch, daß Vespasian die Legionen neu ordnete, um Schwierigkeiten seitens unzufriedener Vitellianer vorzubeugen, gelang es ihm nicht nur, die Grenzlandheere für die Idee seiner Herrschaft zu gewinnen, sondern er brachte es auch zuwege, daß sie sich jeder Politik enthielten. Das Verdienst der inneren Stabilität, die fast das ganze folgende Jahrhundert hindurch vorhielt, ist deshalb ihm zuzuschreiben. Dennoch hielt er seine Soldaten ständig in Atem, vor allem mit der Eroberung eines beachtlichen Grenzgebietes in dem Winkel zwischen Oberrhein und oberer Donau. Auch ließ er seinen militärischen Rang bei den Truppen nicht in Vergessenheit geraten, denn er nahm nicht weniger als zwanzig Mal als ‚imperator' ihren Salut entgegen.

Vespasian rechnete seine Regierung nicht wie zuletzt auch noch Vitellius von dem Tag seiner Anerkennung durch den Senat, sondern vom 1. Juli 69 an, dem Tag, an dem er zum ersten Mal von den Truppen zum Kaiser ausgerufen worden war. Damit gab er ganz offen zu, daß er seine Stellung ihnen verdankte. Es war außerdem eine sachliche Warnung an die Senatoren, die besagen wollte, daß die alten Zeiten, in denen republikanische Ansprüche vielleicht noch etwas bedeuteten, für immer vorbei waren.

Immerhin zeigen Vespasians Münzen, wie sehr er darauf bedacht war, als ein Wahrer der Tradition zu erscheinen. Er besuchte fleißig den Senat und zog ihn sehr eingehend über alle Maßnahmen zu Rate, die er zu treffen beabsichtigte. Vergleicht man seine Beziehungen zum Senat mit denen aller früheren Kaiser, so schneidet er recht gut ab.

Trotzdem lag es nicht in seiner Absicht, dem Senat auch nur ein winziges Teilchen autonomer Macht zuzugestehen. Die Bürgerkriege hatten gezeigt, wie notwendig eine starke Monarchie war, und eine starke Monarchie sollte auch erstehen. Zunächst verkündeten Vespasians Münzen die Wiederherstellung der Freiheit (LIBERTAS RESTITUTA), jene Konzeption, der der Senat so ganz ergeben war; doch nach dem Jahre 71 verschwand diese Inschrift und tauchte niemals wieder auf. Wenn der Kaiser auch Augustus, den angeblichen Wiederhersteller der Republik, vielfach pries und rühmte, so glich er selbst doch mehr dem Claudius mit seinen Zentralisierungsbestrebungen.

Er ging in dieser Richtung sogar noch weiter als Claudius. Als Vespasian zum Beispiel im Jahre 73/74 für sich und seinen Sohn Titus das Amt des Censors wieder einführte, das von den früheren Kaisern nur Claudius innegehabt hatte, benutzte er dieses Amt unverhohlener zur Kontrolle des Senats, als Claudius es je getan hatte; und daß dies mit voller Absicht geschah, wurde ganz bewußt dadurch unterstrichen, daß der Titel CENSOR auf den Münzen erschien, während Claudius in der vorigen Generation es nicht wünschenswert gefunden hatte, seine Aufsicht über den Senat so offenkundig werden zu lassen.

Nach solchen Eingriffen befanden sich im Senat weniger aristokratische und hauptstädtische, dafür aber mehr Mitglieder aus italischen Städten und Munizipien als je zuvor. Der Aderlaß unter früheren Regierungen und während der vielen Bürgerkriegsmonate hatten diesen Prozeß erleichtert, da die großen Patriziergeschlechter der Republik fast ausgestorben waren; nur dreißig Senatorenfamilien konnten noch den Anspruch erheben, aus der Zeit der Republik zu stammen. Vespasian hatte einerseits nichts dagegen, seine Stellung durch Eheverbindungen mit noch vorhandenen alten Adelsfamilien zu festigen, und füllte andererseits die zahlreichen Lücken in den

Reihen der Senatoren mit Rittern aus, die als seine Anhänger treu gedient hatten – mit Männern, die sehr oft aus italischen Städten ähnlich seiner Heimatstadt kamen und die ihm einen Stab ausgezeichneter Mitarbeiter lieferten.

Der Senat war, wie er sich nach diesen Veränderungen darstellte, in hohem Grade Vespasians eigene Schöpfung. Denn von den 148 römischen und italischen Senatoren, deren Herkunft uns bekannt ist, wurden nicht weniger als fünfundfünfzig von ihm ernannt. Außerdem nahm auch die Zahl der Senatoren zu, die aus den Provinzen kamen; genau die Hälfte der achtundzwanzig, die wir kennen (mit Ausnahme von vieren stammten sie alle aus den westlichen Provinzen) wurden von Vespasian berufen.

Nach den Bürgerkriegen nämlich ließen sich streng republikanische Gefühle nicht mehr vernünftig rechtfertigen. Trotzdem waren sie noch vorhanden, und Vespasian wurde nicht wenig kritisiert.

Zu seinen Kritikern gehörte eine Anzahl umherreisender Moralisten, die sich Kyniker nannten; sie predigten unkonventionelles Verhalten und Anarchie und zogen sich den besonderen Unmut des Mucianus zu. Es gab aber auch kleine Gruppen von Senatoren und anderen Leuten, die unterschiedliche Ideologien vertraten und es ebenfalls ablehnten, die flavische Führung hinzunehmen.

Unter ihnen ist besonders hervorzuheben Helvidius Priscus, Praetor im Jahre 70. Priscus, Schwiegersohn des von Nero verurteilten Thrasea, hatte Vitellius öffentlich beleidigt und die Regierung seines ehemaligen Freundes Vespasian von Anfang an kritisiert; später wurden diese Angriffe immer wütender. Für Helvidius war es eine große Enttäuschung gewesen, daß das neue Regime die Spitzel Neros amnestiert hatte. Er beschäftigte sich aber auch intensiv mit Philosophie, und seine Einwände gegen die Regierung Vespasians waren teilweise philosophisch begründet. Dio Cassius meint, daß er vorhatte, das Gesellschaftssystem umzustürzen, wozu auch die völlige Beseitigung des imperialen Systems gehörte. Wenn er jedoch, wie uns überliefert wird, ein Stoiker war, so hätte er nicht die Monarchie als Einrichtung ablehnen dürfen (was die Kyniker taten), sondern nur die einzelnen Herrscher, die schlecht regierten. Uns erscheint Vespasians Herrschaft als die beste Monarchie, die Rom jemals erhoffen konnte. Doch Priscus war anderer Ansicht.

Vermutlich war er weniger ein Anhänger der Theorie der Stoa als vielmehr der Praxis älterer Stoiker, die persönlich den Autokraten ihrer Zeit Widerstand geleistet hatten – Stoiker vom Schlage eines Cato und sogar der Tyrannenmörder Brutus und Cassius, deren Geburtstage er, wie man wußte, regelmäßig feierte. Vielleicht war Priscus in erster Linie ein Gegner der offenkundigen Absicht Vespasians, Titus den Thron zu vererben und eine Dynastie zu stiften; wenn er freilich hoffte, daß der Senat etwa gar einen anderen Thronerben bestimmen werde, mußte man ihn als höchst wirklichkeitsfremd bezeichnen. Jedenfalls war er ein so leidenschaftlicher Gegner der Regierung, daß Vespasian nicht umhin konnte, ihn zu verbannen und im Jahre 75 schließlich seine Hinrichtung zu befehlen. Er tat das jedoch mit großem Bedauern und wollte noch im letzten Augenblick seinen Befehl widerrufen; doch er hatte zu lange gewartet und Priscus war schon nicht mehr am Leben.

Einem anderen Gegner, dem Demetrius, dessen heftige Angriffe Anlaß gewesen waren, daß es im Jahre 71 zur Verbannung von Philosophen kam, erklärte der Kaiser, Demetrius tue zwar sein Möglichstes, um zu erreichen, daß man ihn umbringe, er, Vespasian, aber töte keinen Hund, nur weil er belle. Doch das Gebell dieser Republikaner und Halbrepublikaner hörte nicht auf. Sie mußten freilich immer lauter bellen, da ihr Publikum zunehmend gleichgültiger wurde.

Weit gefährlicher war im Jahre 79, falls sie der Wahrheit entsprach, die Nachricht, daß zwei ältere, Vespasian angeblich wohlgesinnte Senatoren – Aulus Caecina Alienus und Titus Clodius Eprius Marcellus – ihm nach dem Leben trachteten. Sie wurden vom Senat verurteilt und begingen Selbstmord. Der Vorfall bewies, wie wenig selbst ein so milder Kaiser wie Vespasian damit rechnen konnte, daß es einmal ein Ende nehmen werde mit den Verschwörungen der Senatoren.

Die Gefahr war umso größer, weil der Kaiser, der so sehr auf schlichte Lebensführung bedacht war, die Sicherheitsvorkehrungen spürbar gelockert hatte. Er machte dem unterschiedslosen Durchsuchen seiner Gäste ein Ende. Und er verbrachte den größten Teil seiner Zeit in den Gärten des Sallust, wo jeder Zugang zu ihm hatte, der ihn sprechen wollte.

Diese joviale Zugänglichkeit wurde vom älteren Plinius, seinem Freund, sehr gerühmt, der wie die anderen Berater des Kaisers gewohnt war, sich noch vor Tagesanbruch zu ihm zu begeben. Vespasian sprach mit ihnen, während er sich ankleidete und seine Schuhe anzog. Für ihn begann der Tag noch eher, denn vor ihrer Ankunft hatte er schon seine Post durchgesehen und sämtliche eingegangenen dienstlichen Berichte gelesen. In der übrigen Zeit widmete er sich fleißig der Rechtsprechung. Diese Unermüdlichkeit zeichnete ihn in allen Dingen aus, und sie war auch der schlichte Grund für seine Erfolge. Obwohl er sich täglich eine Ausfahrt und eine Siesta gestattete, arbeitete er sonst jede verfügbare Minute höchst angestrengt und hielt sich selbst mit nie nachlassender Gewissenhaftigkeit dazu an.

Als er auf dem Sterbebett lag, wollte er unbedingt aufstehen und sagte zu seinen Freunden, ein Kaiser müsse stehend sterben. Das war bezeichnend für seine Auffassung vom Prinzipat: wer es innehatte, durfte nie seine Hände in den Schoß legen. Tiberius hatte das Kaiseramt eine elende Knechtschaft genannt. Vespasian ließ weniger Klagen hören, war aber ebenfalls davon überzeugt, daß es seine Pflicht sei, dem Gemeinwesen unablässig zu Diensten zu sein. Vitellius hatte dieser Auffassung in der Münzprägung TUTELA AUGUSTI Ausdruck gegeben – der Kaiser war hier in der Rolle des wachsamen Hüters gesehen. Vespasian wiederholte diese Einstellung und bekräftigte sie durch seine Taten.

Zudem umfaßte seine Vorstellung von dem Volk, dem er zu dienen hatte, die Bevölkerung sämtlicher Reichsgebiete. Wenn auch Italien im Senat immer noch das Übergewicht hatte, so rückten doch die Provinzen dank wohlüberlegter Bürgerrechtsverleihungen rasch auf. Vespasian, der die Provinzen gut kannte, dachte in Maßstäben des Reichs. Von seiner Regierungszeit an wird die römische Geschichte immer mehr die Geschichte nicht eines Palasts, sondern einer ausgedehnten gemeinsamen Zivilisation. Und das war in beachtlichem Ausmaß die Leistung des scheinbar phantasielosen Begründers der flavischen Dynastie. Durch seine unablässige selbstverständliche Hingabe an diese Mühen für das ganze große Reich schuf er eine dauerhafte Norm, der die besten seiner Nachfolger treu blieben. Die Herrscher, die dazu ausersehen waren, den größeren Teil des zweiten Jahrhunderts hindurch eine friedliche römische Welt zu regieren, waren keine pathetischen Exzentriker vom julisch-claudischen Typus. Sie waren fleißige Staatsdiener wie Vespasian.

Allerdings konnte sein Widerstreben gegen jederlei Prunk und Glanz leicht mißverstanden werden. So warf man ihm weithin übertriebene Sparsamkeit vor. Unzählige Witze – gute und schlechte – zielten auf seinen angeblichen Geiz, und nicht wenige stammten von ihm selber. Und wenn man ihm sagte, daß seine Prokuratoren sich bereicherten, so erklärte er, er betrachte sie als seine Schwämme: er gebe ihnen Gelegenheit, sich vollzusaugen, damit er selbst sie später wieder auspressen könne.

„Auf einer Reise stieg einst sein Maultierführer ab und fing an, die Maultiere zu beschlagen. Vespasian vermutete eine List, durch die er aufgehalten werden sollte, zumal ein Freund des Maultiertreibers auftauchte und anfing, voller Eifer einen Prozeß mit dem Kaiser zu erörtern. Vespasian ließ sich von dem Maultiertreiber sagen, wieviel er für das Beschlagen verlangen werde, und verlangte selbst einen Teil davon.

Als Titus sich dagegen wandte, daß Vespasian die öffentlichen Bedürfnisanstalten mit einer Steuer belegte, hielt er dem Sohn ein Geldstück aus der ersten Zahlung vor die Nase und fragte ihn, ob der Geruch der Münze ihm zuwider sei. Als Titus das verneinte, erklärte er: ‚Und doch kommt es vom Urin'."[6]

Dennoch kann man den Mann, der in Rom ein gigantisches Bauprogramm förderte, zu dem nicht nur der Friedenstempel, sondern auch die Anfänge des Flavischen Amphitheaters, des sogenannten Kolosseums, gehörten, nicht zu Recht als geizig bezeichnen; Vespasian war außerdem der erste Kaiser, der Lehrstühle für griechische und lateinische Rhetorik in Rom gründete.

Bei alledem hatte er ein Reich übernommen, das von den Verheerungen des Bürgerkriegs zerrüttet war, und er war schnell bei der Hand, das Volk an das finanzielle Defizit, das diese Katastrophe hinterlassen hatte, zu gemahnen – und die Steuern kräftig zu erhöhen, um diese Schäden zu beseitigen. Härten jedoch wollte er um jeden Preis vermeiden. So war er zum Beispiel sehr darauf bedacht, daß den Provinzen im Zusammenhang mit dem kaiserlichen Amt keine übermäßigen Abgaben auferlegt wurden. Aber er erwies sich auch als überaus wachsam, wenn es galt, Steuerhinterziehungen ein Ende zu machen.

Alle seine Scherze über sein vorsichtiges Finanzgebaren waren sehr weit von der traditionellen Vorstellung entfernt, daß ein Kaiser freigebig sein müsse, und das Volk liebte diese Sparmaßnahmen ganz und gar nicht. Doch diese Abneigung ging nicht so weit, daß Vespasians Stellung gefährdet gewesen wäre. Der Kaiser war viel zu klug, als daß er durch seine Sparsamkeit hätte zu Fall kommen können, wie es Galba geschehen war. Ganz wie Augustus beherrschte auch er die Kunst, fein und genau zu berechnen, was möglich war und was nicht.

Als er im Jahre 79 starb, fehlten nur fünf Monate bis zu seinem siebzigsten Geburtstag. Schon seit einiger Zeit hatten sich die schädlichen Auswirkungen seines täglichen Arbeitsprogramms spürbar gemacht. Dennoch stellt Tacitus fest, daß Vespasian der einzige Herrscher gewesen sei, der im Lauf der Zeit nicht schlechter sondern besser geworden sei.

Das war infolge eines einzigartig günstigen Umstands möglich. Im Gegensatz zu allen neun Cäsaren vor ihm konnte Vespasian einen erwachsenen Sohn zu seiner Unterstützung heranziehen, als seine Kräfte nachließen. Titus vertrat ihn im Senat und bei anderen Staatsangelegenheiten. Er war aber auch ein höchst erfahrener Soldat und Administrator, der in jeder Hinsicht als Stellvertreter und Partner seines Vaters handelte. Siebzig Jahre zuvor, als Tiberius seinen Stiefvater Augustus vertrat, waren diese beiden Männer vom Temperament her grundverschieden gewesen. Vespasian hatte mit Titus mehr Glück; der Beistand des Sohnes machte es möglich, daß dem Vater die Zügel bis zuletzt nicht aus der Hand glitten.

XI

Titus

Der nächste Kaiser Titus, im Jahre 39 geboren, hieß wie sein Vater Titus Flavius Vespasianus. Seine Mutter Domitilla war gestorben, bevor ihr Gatte den Thron bestieg. Gemeinsam mit Neros Stiefbruder Britannicus erzogen, bekleidete Titus später mehrere militärische Posten und folgte 67 seinem Vater nach Judaea, wo er als Legionskommandeur bei der Niederschlagung des Judenaufstands mitwirkte.

Nach Neros Tod im folgenden Jahr wurde er abgesandt, um Galba die Glückwünsche Vespasians zu überbringen. Als er jedoch in Korinth erfuhr, daß Galba nicht mehr am Leben war, kehrte er wieder in den Osten zurück. Dort half er, die Versöhnung zwischen Vespasian und Mucianus, dem Statthalter von Syrien, herbeizuführen, die das Bündnis beider und Vespasians erfolgreiche Empörung gegen Vitellius zur Folge hatte. Als Vespasian den Aufstand in die Wege leitete, übertrug er den Oberbefehl im Jüdischen Krieg seinem Sohn, der im September Jerusalem einnahm.

Der Vater teilte seinen Triumph mit Titus, übertrug ihm viele Staatsämter, bei denen er sein Kollege war, und ernannte ihn zum Prätorianerpräfekten. Darüber hinaus erklärte er ihn öffentlich zu seinem Stellvertreter und Nachfolger, was wahrscheinlich zu der Verschwörung der Senatoren Eprius Marcellus und Allienus Caecina führte, die Titus im Todesjahr seines Vaters gewaltsam unterdrückte.

Vorher hatte er durch sein Verhältnis mit der jüdischen Königin Julia Berenike, der Schwester Agrippas II., Kritik hervorgerufen. Um das Jahr 75 kam sie mit ihrem Bruder nach Rom und lebte offen mit Titus, aber nach einiger Zeit trennte er sich von ihr. Als er im Jahre 79 den Thron bestiegen hatte, kehrte Berenike nach Rom zurück, doch fast unmittelbar danach schickte er sie endgültig weg.

Obwohl Titus unangefochten den Thron bestieg, gab es doch, was seinen Ruf und Charakter betraf, weithin gewisse Vorbehalte; Titus gelang es jedoch, alle Zweifel zu zerstreuen. Er erreichte das zum Teil durch verschwenderische Ausgaben, vor allem für die Vollendung des Kolosseums. In den Provinzen richtete sich die Aufmerksamkeit vor allem auf Britannien, wo Agricola bis an den Tay vorstieß und die Forth-Clyde-Linie verstärkte.

Im September des Jahres 81 starb Titus zweiundvierzigjährig in dem Landhaus, in dem auch sein Vater kaum mehr als zwei Jahre zuvor seinen letzten Atemzug getan hatte.

Den jungen Titus hatte sein Militärdienst in Germanien und Britannien bekannt gemacht, und die Erfolge, die er dort errungen hatte, verherrlichten später viele Statuen. Als er dann in Judaea beurlaubt wurde, um dem neuen Kaiser Galba Vespasians Loyalitätserklärung zu überbringen, hieß es, da er in Begleitung des romfreundlichen jüdischen Königs Agrippa II. nach Westen aufbrach, er hoffe darauf, sich bei Galba einschmeicheln zu können und unter Umgehung Vespasians der vermutliche Thronerbe zu werden. Das ist unwahrscheinlich, aber wenn er mit diesem Gedanken doch gespielt haben sollte, so vermutlich mit Vespasians Einverständnis. Auf Mucianus, bei dessen Aussöhnung mit Vespasian Titus mitgewirkt hatte, machte der junge Mann Eindruck; er begründete seinen Thronverzicht damit, daß Vespasian zwei erwachsene Söhne habe, von denen der ältere zudem militärische Erfahrung besitze. Es sei nur logisch, die Herrschaft einem Mann zu überlassen, dessen Sohn er selbst sofort adoptieren würde, wenn er Kaiser wäre.

Als Vespasian im Sommer 69 von den Legionen im Osten zum Kaiser ausgerufen worden war, beauftragte er Titus damit, den Judenaufstand zu unterdrücken, der jetzt, von abgelegenen Festungen abgesehen, sich nur mehr auf das widerspenstige Jerusalem beschränkte. Im Mai des Jahres 70 begann Titus die Stadt zu belagern, und nachdem sie seinen Truppen vier Monate lang widerstanden hatte, fiel sie unter schrecklichen Begleitumständen. Mit den Worten Racines in seiner ‚Bérénice':

> Nach der Belagerung, die grausam war und währte,
> Ward er der Trotzigen Herr, der wilden, blutbefleckten,
> Gezeichnet von dem Brand, von Bruderzwist und Hunger,
> Und hinterließ ein Feld, wo einst Bastionen ragten.[1]

Vor dem Ende der Belagerung war der Tempel bis auf den Grund niedergebrannt, eine Katastrophe, deren man alljährlich am jüdischen Fastentag, am 9. Ab, gedenkt. Der jüdische Historiker Josephus, der zuerst Gefangener war und sich dann den Römern anschloß, erklärte, Titus habe sein Möglichstes getan, um dieses Unglück zu verhindern: „Ein Läufer brachte Titus die Nachricht, als er nach der Schlacht in seinem Zelt ausruhte. Er sprang auf und lief, wie er war, zu dem Tempel, um den Brand zu löschen. Alle seine Truppenführer eilten hinter ihm her, gefolgt von den durch sie alarmierten Einheiten mit all dem Geschrei und dem Lärm, die mit dem ungeordneten Ansturm eines riesigen Heeres unweigerlich verbunden sind.

Titus schrie und winkte den Kämpfenden zu, sie sollten das Feuer löschen. Aber seine Rufe blieben ungehört, da ihre Ohren von einem stärkeren Getöse betäubt waren, und seine Handzeichen blieben im Getümmel des Kampfs und infolge der zornigen Erregung der Kämpfenden unbeachtet ... Als sich die Soldaten dem Tempel näherten, taten sie so, als hörten sie auch die Befehle nicht, die Titus gab, und trieben die Männer in den vordersten Reihen an, das Feuer ins Innere zu bringen.

... Rund um den Altar wurde der Leichenhaufen höher und höher, während sich von der Treppe des Tempels herab ein Blutstrom ergoß und die Körper derer, die oben getötet worden waren, nach unten glitten. Die Soldaten waren wie besessen, es gab kein Halten mehr, und auch das Feuer ließ sich nicht bekämpfen ...

Doch die Flammen hatten sich noch nirgendwo Zugang zum Heiligtum verschafft, sondern nährten sich von den Häusern, die den Tempel rings umgaben. Titus, der erkannte, daß noch Zeit war, das Gebäude zu retten, stürzte vor und bemühte sich persönlich und nach besten Kräften darum, seine Leute zum Löschen des Feuers zu bewegen; er wies Liberalius, den Centurio seiner Speerträgerleibgarde an, die Ungehorsamen durch Schläge mit Holzknüppeln zurückdrängen zu lassen. Aber ihr Respekt vor Titus und ihre Furcht vor dem Einhalt gebietenden Centurionen versagten gegenüber ihrer Wut, ihrem Haß auf die Juden und einer ungezügelten Kampfgier.

Die meisten von ihnen wurden durch die Hoffnung auf Beute angetrieben, denn sie stellten sich vor, daß das Tempelinnere von Geld überquelle; sie sahen ja auch, daß er außen überall von Gold glänzte. Ihnen kam jedoch einer von den Leuten zuvor, die schon eingedrungen waren. Als Titus nämlich herausstürzte, um seine Soldaten zurückzuhalten, stieß dieser Mann ein brennendes Holzscheit in die Türangeln. So wurde der Tempel in Brand gesetzt, obwohl Titus es nicht wollte."[2]

Ein anderer Schriftsteller, Sulpicius Severus, behauptete dagegen, daß Titus bei der Zerstörung des Tempels eine führende Rolle gespielt habe. Sulpicius lebte zwar erst im fünften Jahrhundert, aber die Vermutung, daß diese Version der Wahrheit näher kommen könnte, wird durch zwei weitere Überlegungen bestärkt. Erstens war Josephus ein entschiedener Parteigänger des Titus, und es lag nahe, daß er ihn gegen diese furchtbare Anschuldigung seitens der Juden zu verteidigen suchte. Zweitens hat Sulpicius seine Informationen wohl aus einer nahezu zeitgenössischen Quelle bezogen, nämlich aus den Historien des Tacitus, von denen die einschlägigen Stellen freilich verloren gegangen sind.

Jedenfalls hat sich die Kunde von der Zerstörung Jerusalems durch Titus über die Jahrhunderte hin erhalten, eine Tat, für die man ihn in Rom mit seinem Triumphbogen und ehrenvollen Inschriften belohnte. Obwohl er selbst keineswegs beabsichtigte, mit der Zerstörung Jerusalems den Christen einen Gefallen zu tun, rühmte die christliche Überlieferung seine Zerstörung der Stadt als ein Vergeltungswerk an den Juden dafür, daß sie Christus umgebracht hatten. Dagegen betrachteten die Verfasser des hebräischen Talmud den frühen Tod des Titus als eine gerechte Strafe des Himmels. Denn er hatte ja nicht nur Jerusalem eingenommen, sondern sich auch den Scharen seiner jüdischen Gefangenen gegenüber äußerst grausam gezeigt: „Als er sich in Caesarea Palaestina (südlich des heutigen Haifa) aufhielt, feierte er den Geburtstag seines Bruders Domitian in großem Stil; er hatte sich ein gut Teil seiner Rache an den Juden für diese besondere Gelegenheit aufgehoben. Die Anzahl derer, die in Kämpfen mit wilden Tieren, durch Verbrennen bei lebendigem Leibe und in Zweikämpfen zugrundegingen, überstieg 2500. Das alles erschien jedoch den Römern als eine zu leichte Buße, obwohl ihre Opfer tausend verschiedene Tode starben.

Danach zog Titus weiter nach Berytus (Beirut), einer Stadt in

Phönizien, die eine römische Kolonie war. Hier nahm er länger Aufenthalt und feierte den Geburtstag seines Vaters mit noch größerem Pomp, sowohl was die Großartigkeit der Darbietungen als auch was die Originalität der sonstigen kostspieligen Unterhaltungen betraf. Die Masse der Gefangenen ging auf die gleiche Weise wie zuvor zugrunde.“[3]

Die Einnahme Jerusalems führte dazu, daß Titus im Osten mit Ehrungen überschüttet wurde. Im ägyptischen Memphis ließ er sich im Verlaufe eines traditionellen Rituals mit einem Diadem krönen. Eine kurze Zeit gaben ihm auch östliche Münzen, die in seinem Namen geprägt worden waren, den Titel ‚imperator‘, der nur dem Kaiser zustand, und es hieß, daß seine Legionäre, die ihn sehr bewunderten, anfangs unschlüssig gewesen seien, ob sie den Thron seinem Vater oder ihm selbst anbieten sollten.

Außerdem erkannte ihm der Senat nach dem Erfolg in Judaea einen selbständigen Triumph zu. Bald darauf wurde dieser jedoch in einen gemeinsamen Triumph für ihn und seinen Vater umgewandelt. Die Lage gestaltete sich nämlich allmählich schwierig. Titus war sehr stolz auf die Stellung, die er sich errungen hatte; er betrachtete sich als den entscheidenden Faktor beim Aufstieg der Dynastie zur Macht und hielt mit dieser Überzeugung keineswegs zurück.

Dennoch hatte er nicht im geringsten die Absicht, sich unloyal zu verhalten, und als er am Anfang des Jahres 71 erkannte, wie gefährlich der Klatsch über seine ehrgeizigen Bestrebungen werden konnte, eilte er nach Italien zurück: „Titus reiste unverzüglich mit einem Frachtschiff, das in Rhegium (Reggio Calabria) und Puteoli (Pozzuoli) anlegte. Er eilte nach Rom und widerlegte all die falschen Gerüchte, indem er Vespasian, der ihn nicht erwartet hatte, mit den schlichten Worten begrüßte: ‚Hier bin ich, Vater, hier bin ich‘.“[4]

Gleich von Anfang an überhäufte Vespasian Titus mit Ehrungen, stellte ihn als seinen Stellvertreter heraus, ja behandelte ihn, von äußeren Einzelheiten der Hoheitsrechte abgesehen, praktisch als seinen Kollegen. Gemeinsamer Triumph mit dem Kaiser, gemeinsames Priesteramt, gemeinsames Konsulat (seit 70), gemeinsame tribunizische Gewalt (seit 71) und gemeinsames Censoramt (73/74) – das alles wurde ihm zugebilligt.

Denn sein Vater, der die anarchisch unterbrochene Herrscherfolge der Bürgerkriege noch gut im Gedächtnis hatte, war fest entschlossen, Titus zu seinem Nachfolger zu machen. Münzen aus dem Jahre 71 machten das erstmals ganz deutlich, als sie Titus als ‚designatus imperator' bezeichneten. In diesem Zusammenhang bedeutet ‚imperator' nicht Feldherr, sondern Kaiser; es bringt unmißverständlich zum Ausdruck, daß Titus für den Thron bestimmt ist. Vespasian äußerte sich in dem Sinne, daß entweder sein Sohn oder überhaupt niemand sein Nachfolger sein solle.

Zu dieser Feststellung wurde er durch die Anmaßung des Helvidius Priscus herausgefordert, der seine Ablehnung der Politik Vespasians freilich auch mit dem Leben bezahlen mußte; ihn mochte, wie schon gezeigt, gerade diese eindeutige dynastische Zielsetzung am meisten aufgebracht haben. Für Konservative war diese Absicht durchaus hassenswert, da sie endgültig jede Hoffnung darauf zunichte machte, daß der Senat den nächsten Kaiser bestimmen könne. Es ist auch zu bezweifeln, daß Mucianus mit dieser unverhüllten Erhöhung des Titus einverstanden war, da sie dessen Stellung als maßgeblichster Mitarbeiter Vespasians beeinträchtigte. So könnte einer der Gründe, warum Titus im Jahre 71 so eilig nach Rom zurückkehrte, durchaus sein Wunsch gewesen sein, dem Einfluß des Mucianus entgegenzuwirken.

Wenn das der Fall war, so erreichte er sein Ziel, denn Mucianus nahm zwar noch immer einen hervorragenden Platz ein, konnte sich aber mit Titus schon deshalb nicht messen, weil Vespasian seinen Sohn nun zum Prätorianerpräfekten machte. Die Garde, die er damit befehligte, war eine neu aufgestellte Truppe, da Vespasian sich entschlossen hatte, sich der Prätorianer des Vitellius zu entledigen, wobei er allerdings einige von ihnen in seine neue Prätorianertruppe übernahm. Die unter dem Vorgänger verstärkte Einheit wurde verkleinert und wieder auf die ursprünglich von Augustus festgesetzte Zahl zurückgeführt. Offensichtlich hielt man jedoch das Amt des Präfekten für noch wichtiger als zuvor. Schon bei Beginn seiner Regierung hatte Vespasian es nicht, wie sonst üblich, Rittern anvertraut, sondern Senatoren, und der Mann, den Titus ablöste, war selbst ein angeheiratetes Mitglied der kaiserlichen Familie, nämlich Vespasians Schwager. Nun war der Posten an den ältesten Sohn des Kaisers übergegangen.

Außerdem legte Titus die Sicherungsaufgaben des Amtes streng oder sogar grausam aus: „Wo immer nämlich irgendwelche Leute ihm persönlich besonders verdächtig vorkamen, schickte er zuerst Beauftragte in die Theater und Militärlager, die gewissermaßen mit allgemeiner Zustimmung ihre Bestrafung fordern sollten, und ließ sie dann ohne Bedenken hinrichten.“[5] Bei der Zivilbevölkerung machte er sich dadurch unbeliebt. Aber die Prätorianer und ihre Offiziere fühlten sich durch seine Ernennung zum Präfekten geschmeichelt, da er so offensichtlich der Stellvertreter und Erbe des Kaisers war. Und auch die Legionäre müssen mit Vespasians unmißverständlich bekundeten Nachfolgeplänen sehr einverstanden gewesen sein, nicht nur aus dem üblichen Grunde, weil ihnen dadurch ihr Sold und die Prämien gewährleistet wurden, sondern auch, weil Titus selbst bei ihnen sehr beliebt war.

Die einzige Gefährdung seiner Stellung drohte ihm von seinen Liebesbeziehungen her. Er war nämlich eng verbunden mit der jüdischen Königin Julia Berenike, der Tochter König Agrippas I. von Judaea, und Schwester und Mitregentin Agrippas II., der als römischer Vasall über Gebiete Südsyriens und Nordpalästinas herrschte. Im Jahre 66 hatte Berenike zuerst auf eigene Faust und dann mit Hilfe Agrippas II. versucht, den Aufstand ihrer Glaubensgenossen zu verhindern, da sie dessen katastrophale Folgen vorhersah und beklagte. Als Titus im Jahr darauf in Judaea eintraf, kam es sehr bald zu einem Liebesverhältnis. Er stand in seinem achtundzwanzigsten Jahr, während sie achtunddreißig Jahre alt war, eine reiche, schöne, politisch begabte Frau, die drei Ehen, mindestens drei Liebesverhältnisse und, wenn man den Gerüchten glauben will, eine blutschänderische Verbindung mit ihrem Bruder, dem König, hinter sich hatte. Von einem Geschenk, das sie von Agrippa erhalten hatte, schrieb Juvenal später:

> ... und den Demantring, den berühmten, den Berenikes
> Finger im Wert noch erhöht hatte (ihr, die in Blutschande liebte,
> War er geschenkt vom Barbaren, der Schwester geschenkt von Agrippa,
> Dort wo Könige selbst barfuß den Sabbat begehen,
> Und herkömmliche Milde Schweinen das Altern gestattet).[6]

Berenike erregte nicht nur die Aufmerksamkeit des Sohnes, sondern auch die des Vaters. Ihr und ihres Bruders Unterstützung bei seinen Ansprüchen auf den Thron war sehr wertvoll und kam zur rechten Zeit. Einerseits konnte Vespasian Nutzen aus ihrem großen Reichtum ziehen, und außerdem war sie durch eine frühere Ehe verwandt mit Tiberius Julius Alexander, einem seiner führenden Parteigänger, der Präfekt von Ägypten war.

Was Titus betraf, so war er früher schon zweimal verheiratet gewesen. Seine erste Frau jedoch, die Tochter eines Prätorianerpräfekten Caligulas, war gestorben, und von der zweiten hatte er sich um 64/65 kurz nach der Geburt seines einzigen Kindes Julia scheiden lassen. Außerdem ging das Gerücht, er habe eine Vorliebe für männliche Prostituierte und Eunuchen. Jetzt allerdings war er offenbar verliebt in Berenike, und der Klatsch wollte sogar wissen, daß er zu Beginn des Jahres 69 seine Reise nach Westen weniger aus politischen Überlegungen unternommen habe, als aus dem Verlangen, wieder mit ihr zusammen zu sein.

Berenike verlor ihren Einfluß bei Hofe auch nicht, als Vespasians Regime sich in Rom durchgesetzt hatte. Abgesehen von ihrer Verbindung mit Alexander, der vielleicht eine Zeit lang neben Titus Prätorianerpräfekt war, erfreute sie sich möglicherweise der Förderung durch Vespasians Mätresse Caenis, deren Gönnerin Antonia eine gute Freundin von Berenikes Vater gewesen war.

Die jüdische Königin erwartete zweifellos, daß Titus, im Jahre 71 nach Rom zurückgekehrt, sie unverzüglich auffordern werde, zu ihm zu kommen. Er tat es jedoch nicht, und sie mußte warten. Der Grund ist wohl darin zu suchen, daß Mucianus mit ihrem Besuch nicht einverstanden war; als sie schließlich im Jahre 75 nach Rom eingeladen wurde, war er vielleicht schon gestorben. Gleichzeitig mit ihr erhielt auch ihr Bruder Agrippa II. eine Einladung, und während des Besuchs wurden die königlichen Geschwister mit vielen Ehren überhäuft, weil sie während des Judenaufstands treu zu Rom gehalten hatten. Agrippa wurde mit den Insignien eines Prätors ausgestattet, und Berenike durfte im königlichen Palast wohnen, wo sie offen mit Titus zusammen lebte. Der Geschichtschreiber Tacitus versichert uns, daß die Liebe, die Titus für sie empfunden habe, seine Aktivität niemals beeinträchtigte. Trotzdem rief das ungewöhnliche Verhältnis ziemlich viel Kritik hervor, die zu strengen Vergeltungsmaßnahmen führte. Dio Cassius berichtet darüber: „Berenike erwartete, daß Titus sie heiraten werde, und benahm sich in jeder Hinsicht, als wäre sie seine Frau.

Als er jedoch merkte, daß die Römer den Zustand mißbilligten, schickte er sie fort.

Zu all dem Gerede nämlich, das damals umging, gelang es auch noch einigen Sophisten der kynischen Schule, sich in die Stadt einzuschleichen. Zuerst drang Diogenes in das vollbesetzte Theater ein und prangerte das Paar in einer langen Schmährede an, wofür er ausgepeitscht wurde. Und nach ihm gab Heras, der mit einer ebenso milden Strafe davonzukommen hoffte, viele törichte Anwürfe in echt kynischer Manier von sich und wurde dafür geköpft.“[7]

Wann Titus Berenike bei dieser ersten Gelegenheit ‚wegschickte', können wir nicht sagen; vielleicht blieb sie mehrere Jahre lang als seine Geliebte in Rom, ehe er sich dazu entschloß. Zweifellos war aber die feindselige Stimmung, die sich infolge dieser Verbindung ausbreitete, gefährlicher als Dio andeutet. Der Geschichtschreiber erwähnt Angriffe extravaganter regierungsfeindlicher ‚Philosophen', aber diese Männer waren zu ihren Schmähreden wahrscheinlich von römischen Senatoren angestiftet, die ähnliche Ansichten hatten, denn die herrschende Klasse war durchaus nicht willens, einen Kaiser oder den Erben eines Kaisers zu dulden, der sich mit einer orientalischen Königin verband. Als Antonius mit Kleopatra zusammenlebte, hatte ihr Verhältnis ihrem Feind Oktavian die schärfste Waffe für seine Propaganda geliefert, und es fiel dem nachmaligen Augustus nicht schwer, einen Sturm der Empörung gegen sie zu entfesseln. Nun lagen die Dinge sehr ähnlich, und Theodor Mommsen konnte Berenike mit Recht eine ‚Kleopatra im Kleinen'[8] nennen.

In einem Punkte war sie sogar noch weniger annehmbar als Kleopatra, denn wenn die Römer schon die Griechen nicht mochten, so lag der jüdische Glaube ihrer Tradition noch viel ferner, und sie hatten eben erst einen furchtbaren Aufstand unter den Juden niederschlagen müssen. Allerdings hatte Berenike dabei auf römischer Seite gestanden – gegen ihre eigenen Glaubensgenossen. Aber der Aufstand hatte die Römer mit tiefem Groll gegen das gesamte jüdische Volk erfüllt. Viele ihrer führenden Männer müssen eine Verbindung zwischen Titus und Berenike befürchtet haben, und daraus erwuchsen starke Zweifel an seiner Eignung für die Thronfolge.

Der Anführer der gegen Berenike gerichteten Bewegung war vielleicht Titus Clodius Eprius Marcellus, einer der maßgebenden Berater des Kaisers. Marcellus kam aus kleinen Verhältnissen und stammte aus Capua in Kampanien. Zum Konsul aufgestiegen, wurde er zum großmäuligen und fanatischen Menschenjäger, hatte zu den Anklägern des republikanisch gesinnten Thrasea gehört und war für diesen Dienst von Nero überreich belohnt worden. Trotzdem wurde Marcellus, der von sich selbst sagte, er sei bereit, für jeden beliebigen Kaiser zu arbeiten, später ein Anhänger der Regierung Vespasians; er begann einen heftigen Streit mit deren Kritiker Helvidius Priscus, und führte zweifellos dessen Sturz mit herbei. Nachdem Marcellus im Jahre 73 zum zweiten Mal durch ein Konsulat ausgezeichnet worden war, stieg er nach dem Tod des Mucianus in eine führende Stellung unter den Freunden des Kaisers auf.

Er hatte jedoch einen schweren Zusammenstoß mit Titus, der im letzten Jahr der Regierung Vespasians seine Macht als Prätorianerpräfekt dazu benutzte, ihn zu stürzen. Mit Marcellus fiel Caecina, der General, der zehn Jahre zuvor von Vitellius abgefallen war. Vespasian hatte ihn damals gnädig aufgenommen, und mit Titus freundete er sich immerhin so weit an, daß er in der sabinischen Heimat der Flavier einst in einem freundschaftlichen Gladiatorenkampf gegen den Kaisersohn antreten konnte. Aber jetzt beseitigte ihn Titus. Bei Sueton heißt es: „Er lud Caecina zum Essen ein und ließ ihn dann erdolchen, kaum daß er den Speisesaal verlassen hatte. Anlaß hierzu war eine drohende Gefahr, denn Titus war in den Besitz des eigenhändig geschriebenen Exemplars einer Hetzrede gekommen, die Caecina vor den Soldaten hatte halten wollen.“[9]

Auch Dio Cassius glaubte, Titus habe ihn getötet, um einem Aufstand zuvorzukommen, der noch für die gleiche Nacht geplant gewesen sei, denn Caecina habe schon viele Soldaten in Bereitschaft gehalten. Außerdem wurde auch Eprius Marcellus beschuldigt, an der Verschwörung beteiligt gewesen zu sein. Er wurde vor den Senat gebracht und dort verurteilt; daraufhin schnitt er sich mit einem Rasiermesser die Kehle durch.

Es scheint sich wirklich um ein Komplott gehandelt zu haben, doch liegen die näheren Umstände im Dunkeln. Ein späterer Schriftsteller behauptete, Titus habe Caecina getötet, weil er in ihm einen Geliebten der Berenike vermutete. Sicherlich könnte der Meinungsstreit um Berenike irgendwie mit dem Komplott in Zusammenhang gestanden haben. Aber vielleicht hatte Caecina überhaupt kein Verhältnis mit Berenike, sondern war ihr Feind – und von Marcellus kann man annehmen, daß er ebenfalls ihr Gegner war. Es ist möglich, daß sie Rom noch gar nicht verlassen hatte, als die beiden Männer sterben mußten, und daß gerade dieses bedenkliche Anzeichen ihrer Unbeliebtheit Titus dazu bewog, sie in den Osten zurückzuschicken.

Doch ob nun Berenike mit im Spiele war oder nicht – das Hauptmotiv der Verschwörung war höchstwahrscheinlich ein anderes: die beiden Männer wollten sich nicht damit abfinden, daß Titus der Nachfolger des alternden Vespasian werden sollte. Wenn nämlich eine Familie von so niedriger Herkunft wie die Flavier den Thron hatte erlangen können, warum sollten dann die Familien des Marcellus oder des Caecina nicht versuchen, für sich selbst den gleichen Erfolg zu erringen?

Trotz allem blieb Titus nach dem Tod Vespasians am 23. Juni des Jahres 79 als dessen Nachfolger unangefochten. Dieser elfte der zwölf hier behandelten Cäsaren war merkwürdigerweise der erste unter ihnen, der die Nachfolge des eigenen Vaters antrat; und dieser Fall sollte sich erst mehr als hundert Jahre später wiederholen.

Der Kaiser Hadrian nahm später an, Vespasian sei von Titus, der sich schon lange zuvor unloyal verhalten habe, umgebracht worden. Derartige Gerüchte über den Tod von Herrschern blieben niemals aus. Dennoch überrascht es, daß ein Nachfolger auf demselben Kaiserthron eine so unwahrscheinliche Ansicht hegte, die noch nicht einmal sein Sekretär Sueton, der doch den Klatsch so liebte, für erwähnenswert hielt.

Der neue Kaiser wirkte ungewöhnlich anziehend: „Obwohl er nicht groß war und sein Bauch ein wenig zu weit vorstand, besaß er doch Würde und Anmut; dazu kam, daß er muskulös war und gut aussah.

Er hatte ein erstaunliches Gedächtnis und zeigte eine natürliche Begabung für die Künste des Kriegs und des Friedens; im Gebrauch der Waffen und auf dem Rücken eines Pferdes tat es ihm keiner zuvor; er konnte Ansprachen und Verse ebenso leicht in griechischer wie in lateinischer Sprache verfassen und improvisierte sie gelegentlich sogar. Auch in der Musik war er talentiert: er sang angenehm und beherrschte das Harfenspiel.

Oft machte es ihm Spaß, mit seinen Sekretären in Kurzschrift zu wetteifern – so habe ich jedenfalls erzählen hören; und er behauptete, er könne jede beliebige Handschrift nachahmen und hätte der größte Fälscher werden können."[10]

Doch trotz seiner Talente stand Titus nicht im besten Ruf, als er den Thron bestieg. Die Strenge, mit der er die Pflichten eines Prätorianerpräfekten wahrgenommen hatte, gefiel den Leuten nicht, und die Beseitigung des Eprius Marcellus und Caecinas war noch frisch im Gedächtnis und hatte einen unangenehmen Nachgeschmack hinterlassen. Außerdem hielt man Titus für verschwenderisch und geldgierig, wie man es ja von einem Manne erwarten konnte, der seine Jugend am Hofe Neros verbracht hatte. Seine Verbindung mit Berenike schließlich hatte weithin Besorgnis erregt.

Offenbar war er sich aber sehr klar darüber, daß seine Thronbesteigung es dringend erforderlich machte, in völlig anderem Licht zu erscheinen. Um die Vorstellung zu widerlegen, daß er ein Spezialist im Organisieren grausamer Unterdrückung sei, traf er Maßnahmen gegen Denunzianten, wie sie in dieser Strenge noch nicht dagewesen waren; er lehnte es auch ab, Anklagen wegen Hochverrats aufzugreifen, und als zwei Patrizier eines Anschlags auf sein Leben beschuldigt wurden, verzichtete er auf Vergeltungsmaßnahmen.

Sehr bald enttäuschte er auch Berenike, die bei seiner Thronbesteigung neue Hoffnung geschöpft hatte. Unmittelbar nachdem er Kaiser geworden war, kam sie wieder nach Rom, überzeugt, daß er sie zur Kaiserin machen werde:

> Und wenn ich glauben kann, was seine Freunde sagen,
> Und trauen seinem Schwur, den er so oft getan,
> Wird Berenike er mit Kronen überhäufen
> Und sie erheben noch zu seiner Kaiserin.
> Er selbst wird kommen, mir die Botschaft zu verkünden.[11]

Doch Racine, von dem diese Verse stammen, hatte recht, wenn er darauf hinwies, daß er seine ‚Bérénice' nahezu aus nichts geschaffen habe. Denn dieses großartige Drama ist wie Corneilles gleichzeitig entstandenes Stück ‚Titus et Bérénice' aus einem Satz Suetons abgeleitet, der nicht mehr als sieben Worte enthält: „Berenicem statim ab urbe dimisit invitus invitam". Zur Wiedergabe des prägnanten Lateins bedarf es im Deutschen der doppelten Anzahl von Worten: „Unverzüglich schickte er Berenike von Rom weg, zu ihrem wie auch zu seinem Leidwesen." Damit hatten alle die ehrgeizigen Bestrebungen Berenikes ihr Ende gefunden:

> Nichts hören will ich mehr. Auf immerdar Lebwohl!
> Auf immerdar. Vermagst du nicht zu fühlen, Titus,
> Daß für den Liebenden dies Wort ist wie ein Dolch?
> Ein Mond geht hin, ein Jahr – wie werden wir uns sehnen,
> Wenn zwischen mir und dir das weite Meer sich breitet,
> Wenn dann der Tag aufsteigt und wiederum sich endigt
> Doch nie für dich und mich ein Wiederseh'n bereithält.[12]

Indessen war es laut Sueton eine höchst schmerzliche Trennung nicht nur für Berenike, sondern auch für Titus. Aber wenn er eine Königin aus dem Osten geheiratet hätte, so wäre es um seine Aussichten auf ein harmonisches Verhältnis zu der herrschenden Klasse Roms geschehen gewesen, und er hätte wohl auch für sein Leben und seinen Thron fürchten müssen. Wie lange Berenike noch lebte, wissen wir nicht. Doch Stewart Perowne schrieb einen treffenden Nachruf: „Nur Berenike kann Anspruch auf die vierfache Tiara aus Bibel, Palatin, Salle Richelieu und Covent Garden erheben."

Ihre Ausweisung veranlaßte Tacitus zu der Bemerkung, Titus habe in seiner Jugend ein lockeres Leben geführt, sich aber, sobald er an die Regierung kam, disziplinierter gezeigt als unter seinem Vater. In einer Hinsicht jedoch übte er mit voller Absicht weniger Zurückhaltung. Er war nämlich sehr darauf bedacht, der Kritik an übertriebener Sparsamkeit, wie sie sich gegen die Herrschaft Vespasians richtete, den Boden zu entziehen. Infolgedessen pflegte er die altüberlieferten Tugenden eines Monarchen, Großmut und Freigebigkeit: „Als ihm seine Hofbeamten zu bedenken gaben, daß er mehr verspreche als er halten könne, erwiderte er: ‚Niemand sollte jemals nach einem Gespräch mit seinem Kaiser bedrückten Herzens weggehen'."

Ferner tat er, als ihm einmal beim Essen einfiel, daß er den ganzen Tag über noch niemandem eine Wohltat erwiesen habe, den denkwürdigen und zu Recht gerühmten Ausspruch: ‚Freunde, ich habe einen Tag verloren'."[13]

Indem er also persönliche Freigebigkeit mit großzügigen öffentlichen Ausgaben verband, tat er alles, was er nur konnte, um die überlebenden Opfer der zwei großen Katastrophen zu unterstützen, die seine kurze Regierungszeit belasteten, nämlich die Zerstörung von Pompeji und Herculaneum durch den Vesuvausbruch im Jahre 71 sowie eine Seuche und eine Feuersbrunst in der Hauptstadt im Jahre 80. Im Juni des gleichen Jahres wurden die Vollendung des von Vespasian begonnenen Kolosseums und der nach ihm selbst benannten Thermen durch glanzvolle Gladiatorenspiele gefeiert. Allerdings war Titus nicht maßlos verschwenderisch, denn er behielt einige wirtschaftliche Praktiken seines Vaters bei, so vor allem die Rückforderung von Land, das Siedler unrechtmäßig in Besitz genommen hatten. Angesichts der Überfülle von Maßnahmen jedoch, die er traf, um seine Beliebtheit zu fördern, fällt es schwer, der Behauptung des Dio Cassius zu glauben, Titus sei ein sparsamer Herrscher gewesen.

Dio berichtet auch, daß Titus am letzten Tage der Festlichkeiten für das Kolosseum und die Thermen einen Zusammenbruch erlitten habe und vor aller Öffentlichkeit in Tränen ausgebrochen sei. Galten seine Tränen vielleicht der Tatsache, daß er von einer unheilbaren Krankheit wußte? Das wäre eine Erklärung für die weitere Feststellung des Geschichtschreibers, daß der Kaiser zwar noch fünfzehn Monate gelebt, in dieser Zeit aber nichts Bedeutendes mehr unternommen habe.

Im Herbst 81 verschlimmerte sich sein Zustand dann entscheidend, und zwar geschah das in demselben sabinischen Badeort, in dem auch sein Vater gestorben war: „Auf der ersten Wegstation bekam er Fieber, und während man ihn in einer Sänfte wegführte, soll er die Vorhänge zurückgezogen, zum Himmel aufgeblickt und bitterlich beklagt haben, daß ihm sein Leben ganz unverdientermaßen entrissen werde, denn es gebe keine Handlung, die zu bedauern er Grund habe, außer einer einzigen."[14]

Ausonius, ein späterer Dichter, erklärte: „Wir glauben niemandem, der so von dir spricht – nicht einmal dir selber."[15] Und doch hatte Titus offenbar etwas auf dem Herzen. Man hat jede Einzelheit seiner Laufbahn durchforscht um herauszufinden, was es war. Höchstwahrscheinlich bezieht sich seine Äußerung des Bedauerns irgendwie auf die größte seiner Sorgen: auf sein schlechtes Verhältnis zu seinem jüngeren Bruder Domitian, dem er zwar die Ehrungen hatte zukommen lassen, die ihm als dem unbestrittenen Thronerben gebührten, den er aber nicht eigentlich an seiner Machtstellung hatte teilhaben lassen. Manche – unter ihnen auch Domitian – behaupteten, Titus sei von Gewissensbissen geplagt gewesen, weil er den Willen seines Vaters nicht erfüllt und nach dessen Tod den Bruder nicht zum Mitregenten gemacht habe. Dio Cassius jedoch schließt sich der Meinung derer an, die glaubten, Titus habe es bedauert, Domitian nicht umgebracht zu haben, da er dessen bevorstehende Thronbesteigung als ein Unheil ansah; und das mag die richtige Deutung sein.

Am 13. September starb Titus.

Wie üblich kamen Gerüchte auf, daß er ermordet worden sei; es hieß, Domitian habe ihm einen vergifteten Fisch vorgesetzt. Sicherlich freute sich der Bruder über den Tod des Kaisers, aber die Version, daß er ihn vergiftet habe, kann man wie viele andere gegen Domitian gerichtete Geschichten ignorieren. Laut Plutarch war die unmittelbare Todesursache ein Bad. Wenn es auch merkwürdig anmutet, daß Vater wie Sohn ein verhängnisvolles Übermaß an Vertrauen zu den Heilkräften ihres heimischen Badeortes gehabt haben sollen, so könnte dies doch die richtige Erklärung sein, gleichviel, ob Titus unheilbar krank war oder nicht.

Titus war bei seinem Tod zweiundvierzig Jahre alt; er hatte nur zwei Jahre und zwei Monate regiert. Sueton beklagte seinen Tod und nannte den Kaiser die Wonne und den Liebling des Menschengeschlechts. Überzeugender jedoch faßt Dio die Schwierigkeiten seiner Regierung zusammen: „Es wird behauptet, Augustus wäre nicht geliebt worden, wenn er weniger lange gelebt hätte, und Titus nicht, wenn er länger am Leben geblieben wäre. Augustus nämlich konnte sich, obwohl er sich am Anfang wegen der Kriege und Parteistreitigkeiten ziemlich grausam zeigte, im Laufe der Zeit durch Wohltaten und Güte einen ausgezeichneten Ruf erwerben. Titus dagegen regierte mit Milde und starb auf der Höhe seines Ruhms; hätte er lange gelebt, so hätte sich vielleicht gezeigt, daß er seinen gegenwärtigen Ruhm mehr seinem Glück als seinem Verdienst verdankt."[16]

Diese Skepsis ist durchaus begründet, denn selbst Nero hätte als hervorragender Herrscher gegolten, wenn er schon zwei Jahre nach seiner Thronbesteigung gestorben wäre. Außerdem ist das reiche Lob, das die antike Tradition Titus zollt, allzu oft auf einen viel zu sehr schematisierten diametralen Gegensatz zu dem verhaßten Domitian zurückzuführen. Und der Ausspruch, den Sueton so rühmenswert fand – „Freunde, ich habe einen Tag verloren!" –, hat er nicht doch etwas Triviales?

Vielleicht trifft Ausonius mit seinem Urteil am Anfang des oben zitierten Gedichts ins Schwarze. Denn der Dichter glaubt zwar nicht, daß Titus etwas auf dem Gewissen hatte, hielt es aber trotzdem für richtig, abschließend festzustellen, die Kürze seiner Regierung sei für den Kaiser ein Glück gewesen.

XII

Domitian

Titus Flavius Domitianus, Sohn Vespasians und jüngerer Bruder des Titus, war im Oktober 51 in Rom geboren. Am 18. Dezember 69 suchte er während des Bürgerkriegs zwischen Vitellius und den Flaviern mit seinem Onkel Sabinus Zuflucht auf dem Kapitol und konnte in ein Versteck entkommen, als die Truppen des Vitellius ihre Verteidigungsstellung durchbrachen und Sabinus umkam.

Als zwei Tage später Vitellius starb, wurde Domitian als Caesar bejubelt, aber seine vorübergehende Stellung als nominelles Oberhaupt in der Zeit, in der Mucianus im Namen Vespasians die Regierungsgeschäfte führte, fand ein plötzliches Ende, als Vespasian im Oktober des folgenden Jahres selbst in der Hauptstadt eintraf. Von da an wurde er zu keiner nützlichen Beschäftigung mehr herangezogen, obwohl sein Vater und dann Titus ihm eine Reihe von Ehrenstellen übertrugen.

Als Domitian im Jahre 81 auf den Thron kam, verfolgte er eine sehr genau zurechtgelegte Politik eines systematischen Absolutismus – im Gegensatz zu der vorgetäuschten republikanischen Staatsform der alten augusteischen Monarchie. Mit der Zeit – und ganz besonders, nachdem er den Titel Censor perpetuus (Censor auf Lebenszeit) angenommen hatte – erschreckte diese Tendenz den Senat in höchstem Grade.

Domitian erkannte, daß er sich, um einen Ausgleich zu schaffen und um seinem Ehrgeiz Genüge zu tun, beim Heer beliebt machen und militärische Erfolge erzielen mußte. Nachdem er jedoch die Grenzen des Reiches in Germanien erfolgreich vorverlegt hatte (im Jahre 83), erlitten die kaiserlichen Generäle zwei schwere Niederlagen in Dakien (Rumänien), bevor an dieser Front die Lage wiederhergestellt werden konnte.

Im Jahre 89 erhob sich Antonius Saturninus, der Statthalter von Germania superior, gegen den Kaiser, und dieser Aufstand, der mit großer Härte unterdrückt wurde, verstärkte Domitians Mißtrauen gegenüber den Senatoren beträchtlich. Zu der großen Zahl derer, die unter den wiederaufgenommenen Hochverratsverfahren zu leiden hatten, gehörten führende Persönlichkeiten, die der stoischen Philosophie zuneigten, und in dem Maße, in dem Domitians wohlbegründete Furcht vor Verschwörungen zunahm, terrorisierte er in seinen letzten drei Jahren (93–96) die Klasse der Senatoren.

Die Legionäre hielten weiterhin treu zu Domitian. Seinen Prätorianerpräfekten dagegen entfremdete er sich, so daß sie sich schließlich mit seiner Frau Domitia und Palastbeamten in der Verschwörung zusammenfanden, der am 18. September 96 der fünfundvierzigjährige Kaiser zum Opfer fiel.

Nerva, der noch am gleichen Tag zum Nachfolger ausgerufen wurde, muß in das Komplott eingeweiht gewesen sein. Die Erbitterung darüber war im Heer und vor allem bei den Prätorianern so heftig, daß er im folgenden Jahr die Hinrichtung der Mörder Domitians zulassen mußte. Unmittelbar danach adoptierte er, um sich seinen Thron zu erhalten, einen Sohn und Erben, der nicht blutsverwandt mit ihm war, nämlich den hervorragenden und beliebten Offizier Trajan, der dann – als er selbst im Jahre 98 starb – auch seine Nachfolge antrat.

Domitians Jugendjahre waren nicht glücklich gewesen. In seiner Kindheit war kein Geld für seine Erziehung oder für irgendwelchen Komfort verfügbar, während sein älterer Bruder Titus, der heranwuchs, als die Familie sich noch in besseren Verhältnissen befand, in seiner Jugend nichts zu entbehren brauchte. Irgendwann in dieser Zeit starb auch beider Mutter Domitilla.

Für Domitian muß es ein unvergeßlicher Augenblick gewesen sein, als er, achtzehnjährig und beim Brand des Kapitols mit knapper Not dem Tod entgangen, auf Betreiben des Mucianus den Prätorianern als Caesar vorgestellt und als sichtbar anwesender Vertreter seines Vaters, des eben erst anerkannten Kaisers, im Palast untergebracht wurde. Außerdem stand nicht der Name des Mucianus, sondern der des jungen Domitian auf offiziellen Erlässen und Briefen.

Nachdem er Kaiser geworden war, sorgte Domitian dafür, daß seine Taten aus jener Zeit durch Reliefs und die Hofdichtung verherrlicht wurden. Die Zügel der julischen Macht schon ganz allein in Händen haltend, habe er sie – sagt Martial – dennoch wieder abgegeben und sei in einer Welt, die schon einmal ihm gehört habe, nach Vespasian und Titus nur mehr der Dritte gewesen.

In diesen frühen Monaten der Regierung Vespasians jedoch hatte die eigentliche Macht, ehe der Kaiser selbst aus dem Osten eintraf, weitgehend in der Hand des Mucianus gelegen, und selbst wenn dieser sein berühmtes diplomatisches Geschick nach bestem Können spielen ließ, ergaben sich schon bald Anlässe zu Reibungen mit Domitian. So wollte der junge Prinz zum Beispiel Primus, den Sieger in der Zweiten Schlacht von Bedriacum, in seinen Stab aufnehmen, aber der eifersüchtige Mucianus weigerte sich, seine Zustimmung zu geben. Er enthob auch Arrius Varus, den ersten Prätorianerpräfekten der Regierung Vespasians, seiner Stelle, weil ihm Varus dem Domitian zu nahe zu stehen schien, ersetzte ihn allerdings durch einen anderen Freund des jungen Mannes. Domitian war auch entschlossen, sich an die Spitze der germanischen Legionen gegen den Rebellen Civilis zu stellen. Er brach mit Mucianus nach Norden auf, und als sie Lugdunum (Lyon) erreichten, nahm Domitian offenbar Verbindung mit dem Hauptquartier am Rhein auf und verlangte von dessen Befehlshaber Cerialis, er möge ihm sein Heer überlassen. Cerialis antwortete ausweichend, und Domitian rückte nicht weiter nach Norden vor. Doch jetzt liefen schon allerlei Gerüchte über seine möglichen Ziele um. Tacitus meint, er habe vielleicht mit dem Gedanken gespielt, sich gegen seinen Vater zu wenden, oder es sei vielleicht auch nur ein taktisches Manöver gewesen, mit dem er sich Unterstützung gegen seinen Bruder und eine vorteilhafte Position sichern wollte. Daß es Domitian in den Sinn gekommen wäre, gegen seinen Vater zu rebellieren, ist nicht anzunehmen. Auf Titus aber war er eifersüchtig, und er hätte gern dem Triumph seines Bruders in Judaea einige eigene Siege entgegenzusetzen gehabt. Häßliche Gerüchte über seine Bestrebungen hatten Vespasian im Osten erreicht, und Titus legte sich selbst ins Mittel und versicherte seinem Vater, daß an diesen Unterstellungen nichts Wahres sei.

In den restlichen Jahren der Regierung Vespasians hatte Domitian

Teil an den äußeren Vorrechten der Regierenden; so berücksichtigte man ihn zum Beispiel auffallend häufig auf den kaiserlichen Münzen, denn da Titus keinen Sohn hatte, galt es als ausgemacht, daß Domitian, auch wenn noch keine offizielle Erklärung in dieser Richtung vorlag, die Nachfolge seines Bruders antreten werde. Trotzdem war Domitian nur ein einziges Mal neben Vespasian Konsul, während Titus diese Ehre nicht weniger als sechsmal genoß. Am schlimmsten war, daß man Domitian kein Amt gab, das ihm Einfluß oder Autorität verliehen hätte, und daß sein Vater ihn nie einen Feldzug führen ließ.

So kam es, daß Domitian sich literarisch betätigte, Gedichte über die Belagerung des Kapitols und den Judenaufstand verfaßte und öffentlich vortrug. Plinius der Ältere deutet an, daß Titus zwar auch gedichtet, Domitian aber die besseren Verse gemacht habe.

Tacitus äußert sich wie überall, wo er von Domitian spricht, auch in diesem Punkte abfällig: „Er erkannte, daß die Älteren seine Jugend geringschätzten und hörte auf, auch nur die leichten offiziellen Pflichten wahrzunehmen, denen er sich früher unterzogen hatte. Unter der Maske der Anspruchslosigkeit und Bescheidenheit barg er sich in tiefe Verschlossenheit und heuchelte Eifer für die Wissenschaften sowie Liebe zur Dichtkunst. In Wirklichkeit wollte er seinen wahren Charakter verbergen und es vermeiden, mit seinem Bruder in Wettbewerb zu treten, dessen sanfteres Wesen er, da es so grundverschieden von seinem eigenen war, völlig falsch auslegte.“[1]

Zweifellos mußte Domitian versuchen, aus einer üblen Lage das Beste zu machen und durfte auch nicht den Anschein erwecken, als wolle er sich mit seinem Bruder messen. Daß man ihn aber so viele Jahre zur Untätigkeit verdammte, nachdem er 69/70 so unvermittelt nach einer freudlosen Jugend zur Selbständigkeit gelangt war, mußte seinen enttäuschten Ehrgeiz zum Sieden bringen. Unter Titus trat keine Besserung ein, und Domitian wurde, obwohl er auch weiterhin Ehrungen empfing, noch immer nicht offiziell zum Nachfolger bestimmt. Sein Verdacht, daß Vespasian vorgehabt habe, ihn neben Titus zum Mitregenten zu machen, Titus jedoch, der sich so gut auf Handschriften verstand, diese Bestimmung aus dem Testament des Vaters herausgeschnitten habe, war vermutlich unbegründet. Doch hätte Titus, der ja wußte, daß ihm sein Bruder eines Tages auf dem

Throne nachfolgen werde, und dem ihre wenig freundlichen Beziehungen Kummer machten, ihm mehr Regierungserfahrung vermitteln müssen.

Wenn man auch von Domitian – wenig überzeugend – behauptete, er habe bei Titus' Tod die Hand im Spiel gehabt – was wohl teilweise darauf zurückzuführen war, daß er Gedächtnisspiele an den Geburtstagen seines verstorbenen Bruders verbot –, so verfügte er doch ordnungsgemäß seine Erhebung unter die Götter und feierte sie auf Münzen. Es war wichtig, das Ansehen des flavischen Hauses zu erhöhen. Schließlich fehlte Domitian, da man ihm so wenig Gelegenheit gegeben hatte sich auszuzeichnen, nicht nur das Ansehen seines Vaters und seines Bruders, sondern es kam hinzu, daß auch das Ansehen dieser beiden nächsten Verwandten sich nicht mit der Verehrung vergleichen ließ, die von Augustus auf seine julisch-claudischen Nachfolger übergegangen war. Offenbar machte das dem Hofdichter Valerius Flaccus, der keck behauptete, daß die flavische Dynastie der julischen überlegen sei, heftiges Kopfzerbrechen.

Selbst der jüngere Plinius, dem das Andenken Domitians verhaßt war, mußte zugeben, daß der Kaiser ein gut aussehender Mann war. Sueton fügt wie immer merkwürdige Einzelheiten hinzu: „Er war hochgewachsen, von bescheidenem Gesichtsausdruck und rötlichem Teint. Seine Augen waren groß, aber seine Sehkraft ließ zu wünschen übrig. Er sah gut aus und besaß, vor allem als junger Mann, auch Anmut, war wohlgestaltet am ganzen Körper, mit Ausnahme der Füße, da seine Zehen etwas zu kurz waren. In späteren Jahren entstellten ihn dann noch Kahlheit, ein dicker Bauch und dünne Beine, die er allerdings erst nach einer langen Krankheit bekommen hatte."[2]

Domitian schrieb ein Buch über Haarpflege, doch offenbar verhalfen ihm seine Kenntnisse auf diesem Gebiet nicht zur Beseitigung seines Schönheitsfehlers. Er war außerdem in diesem Punkte so empfindlich, daß er es als eine persönliche Beleidigung auffaßte, wenn man sich in seiner Gegenwart über einen Kahlkopf lustig machte. Jedenfalls ist uns das überliefert, aber da Martial, der dem Kaiser schamlos schmeichelte, sich trotzdem oft scherzhaft über kahle Männer äußert, kann sich Domitian kaum derart empfindlich gezeigt haben. Die vom Biographen erwähnte rote Farbe wird bei

Tacitus als ein auffallend häufiges Erröten angegeben, das man in der Antike, vor allem bei jungen Leuten, als ein Zeichen guter Erziehung deutete.

Domitians politisch einflußreiche Frau Domitia, die Tochter des großen neronischen Generals Corbulo, wurde zur Augusta erhoben, später weggeschickt, danach aber wiedergeholt; sie mußte dann die Zuneigung des Kaisers mit dessen Nichte Julia, der Tochter des Titus, teilen, die er sehr gern hatte. Allerdings soll er durch eine Abtreibung deren Tod verursacht haben.

Domitian war von übersteigerter sexueller Aktivität; seine überaus häufigen Kopulationen bezeichnete er als „Ringkämpfe im Bett". Man sagte ihm nach, daß er gern mit Prostituierten bade, und seine zahlreichen Ehebrüche standen in schroffem Gegensatz zu der strengen Gesetzgebung, die er gegen lockere Sitten bei anderen einführte. Der gleiche Widerspruch zwischen seinem privaten Verhalten und seinen öffentlichen Bekundungen war in seiner Vorliebe für Eunuchen festzustellen, denn diese Perversion, die auch Titus teilte, hinderte ihn nicht daran, die Kastration als gesetzwidrig zu erklären. Man sagte Domitian noch weitere exzentrische Neigungen nach, so zum Beispiel, daß er seine Mätressen eigenhändig enthaart habe. Auch liebte er es sehr, sich Gladiatorenkämpfe zwischen Frauen und Zwergen anzusehen – und er genoß es, Fliegen die Flügel auszureißen und sie leiden zu sehen.

Es hieß zwar von ihm, er sei nicht übermäßig fleißig, aber er besaß einen klaren und kühlen Verstand. Eine starke Neigung zu starrem Theoretisieren und eine Vorliebe für strenge rechtliche Korrektheit traten deutlich hervor. Im Jahre 83 verurteilte er drei Vestalinnen wegen unmoralischen Verhaltens zur traditionellen Todesstrafe, und im Jahre 90 wurde nach einem anderen überlieferten Brauch Cornelia, die Vorsteherin der Vestalinnen (Vestalis Maxima), die wegen eines ähnlichen Vergehens zum Tode verurteilt worden war, in einem unterirdischen Raum lebendig eingemauert, während ihre Liebhaber mit Ruten zu Tode gepeitscht wurden. Schreckliche offizielle Grausamkeitsakte dieser Art schienen in merkwürdigem Widerspruch zu der angeblichen Abneigung Domitians gegen Blutvergießen zu stehen, die am Anfang seiner Regierung so ausgeprägt war, daß er sogar vorhatte, das Opfern von Ochsen zu verbieten.

Die Bestrafung der Vestalinnen jedoch paßte zu seiner Achtung vor der alten römischen Religion, die ihn dazu bewog, uralte Zeremonien mit großem Prachtaufwand zu begehen. Er zeigte eine tiefe und fast krankhafte Verehrung für die altitalische Göttin Minerva, eine Gottheit, die vor allem in seiner sabinischen Heimat hochgeschätzt wurde. In vier verschiedenen Formen dargestellt, bildete diese Göttin das Hauptthema der Münzen Domitians, und ihr Tempel sollte der Mittelpunkt des neuen Forums werden, das er zu bauen im Begriff war. (Das Forum Transitorium, das später als das Forum Nervas bezeichnet wurde.) Doch für Domitian war diese uritalische Göttin, die man mit Pallas Athene identifizierte, auch die Schutzherrin seiner tiefen Verehrung für die griechische Kultur; so lud er ganze Scharen von Gästen in seine Villa in Alba Longa (Castel Gandolfo) ein, wo sie sich nicht nur römische Schaustellungen wilder Tiere, sondern auch Theaterstücke und Wettkämpfe von Rednern und Dichtern im griechischen Stil ansehen und anhören mußten. Diese und andere hellenisierende Unterhaltungen, die in den Provinzen wiederholt wurden, galten den Konservativen genau so wie die Spiele, die früher Nero veranstaltet hatte, als verderbliche Einflüsse. Daß Domitian Griechenbegeisterung und Verehrung der römischen Tradition miteinander vereinen konnte, weist vielleicht auf einen weiteren und tiefersitzenden Widerspruch in seiner Persönlichkeit hin. Diese Kulturbeflissenheit zeigte ein Mann, dessen Erziehung bruchstückhaft bleiben mußte, weil sie in den Händen eines Vaters gelegen hatte, der ebenso arm wie unkultiviert gewesen war. Als Domitian Kaiser wurde, war dies eine weitere Frustration, die er zu überwinden hatte.

Im Gegensatz zu Nero ließ er sich seine literarischen und künstlerischen Ambitionen nie zu Kopf steigen. Domitian war, wie es bei Mommsen heißt, einer der besten Administratoren, die je das Reich beherrscht hatten – entschlossen, vorausschauend und sehr genau. „Er achtete sorgfältig darauf, die städtischen Beamten und die Provinzstatthalter zu überwachen, so daß es niemals zurückhaltendere oder gerechtere gegeben hat“[3], berichtet Sueton. Der Kaiser stützte sich weitgehend auf seinen Rat, in dem Senatoren und Ritter gleichmäßig vertreten waren. Zuerst gab es wenig Wechsel unter seinen maßgeblichen Beratern; es waren dieselben Leute, die auch Titus und Vespasian gedient hatten. Unter ihnen ragte Quintus Vibius Crispus hervor, der in den letzten Jahren der Herrschaft Vespasians ein Rivale des Eprius Marcellus gewesen war, im Gegensatz zu diesem aber das zum Überleben unerläßliche Fingerspitzengefühl besaß.

> Crispus, der freundliche Alte, kam dann; den milden Charakter
> zeigte sein Leben sowie seine Rede: der beste Gefährte
> wär er dem Fürsten der Meere und Völker gewesen, wenn einer
> damals, in jener Epoche des Scheusals mit all seinem Terror,
> Grausamkeit hätte verdammen gedurft und zur Menschlichkeit raten.
> Aber wer kann das Ohr des Tyrannen schon vorher berechnen!
> Wollte mit dem ein Freund über Regen nur plaudern und Sonne,
> über die Wolken des Frühlings: es könnte das Leben ihn kosten.
> Der also streckte die Arme dem Wildbach niemals entgegen,
> er war auch nicht der Mann, der freien Gemüts, wie ein Bürger,
> sprach was er dachte, bereit, sein Leben der Wahrheit zu weihen.
> So hat er zahlreiche Winter und achtzig Mittsommerzeiten
> angesehn, den seine Art auch am Hof des Tyrannen beschirmte.[4]

Später stützte sich Domitian überhaupt nicht allzu oft auf Berater, was ja auch zu einem Mann paßte, von dem es hieß, er empfinde für niemanden echte Zuneigung, von ein paar Frauen abgesehen.

Er entwickelte ein weitgespanntes Programm für Bauten und andere öffentliche Arbeiten, zu denen nicht nur die Inangriffnahme seines neuen Forums gehörte, sondern auch der Abschluß der Wiederherstellungsarbeiten am Jupitertempel auf dem Kapitol. Neben den älteren kaiserlichen Wohnsitzen errichtete er auch einen prachtvollen Palast auf dem Palatin, der seinen überspannten Vorstellungen von der Bedeutung eines Kaisers entsprach. Er veranstaltete außergewöhnlich verschwenderische öffentliche Darbietungen und verteilte reichlich bemessene Geschenke an die Stadtbevölkerung.

Diese großzügigen Vorhaben trieben die Staatsausgaben sehr in die Höhe. Domitian mußte infolgedessen beim Erheben der Staatseinnahmen sehr wachsam sein, und man erzählte sich so manche Geschichte über seine Erpressungen: „Selbst die geringfügigste Anklage, jemand habe etwas für die Majestät des Kaisers Nachteiliges gesagt oder getan, konnte zur Einziehung des Vermögens führen, auch wenn der Betreffende bereits tot war. Eine unbestätigte Behauptung, jemand habe vor seinem Tode den Kaiser als seinen Erben genannt, galt als ausreichender Vorwand für die Übernahme des Besitzes, auch wenn der Verstorbene bei Hof unbekannt war.

Besonders unbarmherzig zogen die Procuratoren Domitians die Steuer bei den Juden ein; man besteuerte nicht nur Personen, die als Juden lebten, ohne sich zum Judentum zu bekennen, sondern auch Juden, die ihre Herkunft verheimlichten, um der jenem Volke auferlegten Besteuerung zu entgehen. Ich erinnere mich, als Junge in einer überfüllten Gerichtshalle erlebt zu haben, wie ein Beamter bei einem neunzigjährigen Mann feststellen ließ, ob er beschnitten war."[5]

Manche von diesen Berichten sind nicht glaubhaft; so mag Domitian bei der Einziehung der Judensteuer, des fiscus Judaicus, nicht strenger vorgegangen sein als Vespasian, der sie nach dem Judenaufstand eingeführt hatte. Da jedoch Vespasian nach seinem Tod einen weit vorteilhafteren Ruf genoß als Domitian, kristallisierten sich solche unfreundliche Geschichten viel eher um die Person des letzteren.

Rasch erzürnt, dabei tückisch und verschlossen, entfaltete Domitian eine finstere Wachsamkeit, die Schrecken einflößte, und zwar vor allem hochgebildeten Leuten, denen er grollte, weil es ihm selbst an gründlicher Bildung fehlte. Seine gesellschaftlichen Manieren waren wenig geeignet, diese Furcht zu vertreiben. Der jüngere Plinius beschreibt ihn als starken Esser, der schon vor Mittag allein speiste und dann gesättigt zwischen seinen Tischgästen saß und nur zuschaute, während jenen die Gerichte gleichgültig hingeschoben wurden.

Unter seinem wenig angenehmen Humor hatten sie ebenfalls zu leiden: „Einst bewirtete er die vornehmsten der Senatoren und Ritter auf folgende Weise: Er bereitete ein Zimmer vor, das überall – an Decke, Wänden und Fußboden – pechschwarz war, und ließ kissenlose Ruhebetten von derselben Farbe auf den unbedeckten Boden stellen. Dann lud er seine Gäste für den späten Abend allein, also ohne Begleitung, ein.

Zuerst ließ er neben jedem Gast einen Grabstein aufstellen; er trug den Namen des Gastes und ein Lämpchen, wie man sie bei Gräbern aufhängt. Dann kamen gespenstergleich schöne nackte Knaben herein, die ebenfalls schwarz geschminkt waren, und stellten sich, nachdem sie die Gäste in einem schauerlichen Tanz umkreist hatten, zu deren Füßen auf. Hierauf wurden all die Dinge, die man üblicherweise abgeschiedenen Geistern zum Opfer darbringt, vor die Gäste hingestellt – alle schwarz und in Schüsseln von der gleichen Farbe."[6]

Währenddessen unterhielt Domitian seine schweigsamen Gäste mit Ausführungen über Tod und Blutvergießen. Doch als sie, ganz starr vor Schrecken, in ihre Wohnungen zurückgekehrt waren, stellte sich sehr bald ein Bote des Kaisers ein, der nicht etwa den Befehl zum Selbstmord brachte, wie sie erwartet hatten, sondern kostbare Geschenke, zu denen auch der Knabe gehörte, der sie bedient hatte, jetzt aber gewaschen und geschmückt war.

Indessen verbrachte Domitian seine Zeit nicht nur mit makabren Scherzen. Er wollte vor allem ein Soldatenkaiser mit Triumphen sein. Seine Frau war die Tochter des bedeutendsten Generals seiner Zeit, und seinem eigenen Ansehen konnte nichts dienlicher sein als der Erfolg im Krieg, den sein Vater und sein Bruder ihm einmütig vorenthalten hatten. Da er so gut wie jeder andere wußte, daß ein Kaiser vom Heer abhängig war, verhielt er sich entsprechend und verbrachte mehr Zeit bei den Truppen als jemals ein Kaiser vor ihm. Er erhöhte auch den Sold der Soldaten. Seit Augustus war das ihre erste Solderhöhung, und sie bedeutete eine weitere schwere Belastung für die Staatskasse.

Die Operationen, die er im Jahre 83 in Germanien persönlich leitete, vervollständigten Vespasians Eroberung der Agri Decumates, des von dem mächtigen Stamm der Chatten bewohnten Gebiets zwischen der oberen Donau und dem Oberrhein. Die überschwengliche Freude, die kriecherische Dichter zum Ausdruck brachten, war nicht ganz so ungerechtfertigt, wie spätere Geschichtschreiber es hinstellten:

Groß war der Name, den Kreta, noch größer, den Afrika liefert,
wie Metellus ihn einst, Scipio trug nach dem Sieg,
edler noch, den nach Bezwingung des Rheins Germanien schenkte,
und diesen Namen hast du, Caesar, als Knabe verdient.
Den Triumph von Idume (Judäa) errang mit dem Vater dein Bruder;
dein ist der Lorbeer allein, der von dem Chattenland kommt.[7]

Inzwischen setzte Gnaeus Julius Agricola, der seit dem letzten Regierungsjahr Vespasians Statthalter in Britannien war, seine Vorstöße nach Kaledonien (Schottland) mehrere Jahre hindurch bis 84 fort. Agricolas Tochter war mit Tacitus verheiratet, der in der rühmenden Biographie seines Schwiegervaters dessen Partei ergriff und behauptete, Domitian habe Agricola ohne gerechte Würdigung seiner Leistungen vorzeitig zurückgerufen, weil er neidisch auf ihn gewesen sei: „Die Nachricht von diesen Ereignissen nahm Domitian, obwohl Agricola seine Meldungen ohne Übertreibung formuliert hatte, mit jenem Lächeln auf, das bei ihm so oft eine geheime Unruhe verbarg. Er war sich des Spotts bewußt, den vor kurzem sein unechter Triumph über Germanien hervorgerufen hatte, damals, als er Sklaven kaufte, um sie in Anzug und Haartracht so herzurichten, daß sie Kriegsgefangenen glichen. Doch jetzt kam ein echter Sieg, ein großartiger Erfolg. Die Verluste des Feindes gingen in die Tausende. Die Begeisterung der Menge war ungeheuer.

Nichts hatte Domitian mehr zu fürchten, als daß der Name eines Untergebenen den des Herrschers in den Schatten stellte. Es war dann nämlich nutzlos gewesen, rhetorische Leistungen auf dem Forum und eine ausgezeichnete nichtmilitärische Tätigkeit in den Hintergrund zu rücken, wenn ihm ein anderer den Kriegsruhm wegnahm. Talente auf anderen Gebieten ließen sich im Notfall ignorieren, aber ein guter General zu sein – das sollte allein dem Kaiser vorbehalten bleiben. Das waren die Sorgen, die ihn quälten und die er – bei ihm ein Anzeichen für böse Absichten – bei sich zu behalten vermochte. Schließlich entschloß er sich, seinen Haß vorläufig zurückzustellen und abzuwarten, bis der erste Ausbruch des Beifalls der Bevölkerung und die Begeisterung des Heeres sich gelegt hatten. Immerhin war ja Agricola noch im Besitz Britanniens."[8]

Agricola wurde aber offenbar von Domitian, der ihn länger in seinem britischen Kommando beließ, als es im Durchschnitt üblich war, nicht ungerecht behandelt. Er hatte zwar einen Sieg an dem nicht identifizierten ‚mons Graupius' (vielleicht nicht weit von Inverness) errungen, aber seine Anstrengungen hatten nicht zur gesicherten Annexion von Gebieten jenseits der Forth-Clyde-Linie des Titus geführt und ließen eine solche auch in Zukunft kaum erwarten.

Domitians nächstes Ziel, Dakien, das sich ostwärts der transsylvanischen Hochebene erstreckte, war ein schwierigeres Unterfangen. Die unter ihrem König Decebalus vereinten Krieger dieses bedeutenden Staats fügten zwei römischen Heeren schwerste Niederlagen zu (85–87), bis einer der Generäle Domitians durch einen Sieg bei Tapae in der Nähe des Eisernen Tores (88) die Lage stabilisierte. Trotzdem gelang den Römern der beabsichtigte Vernichtungsschlag nicht, da sie in diesem Stadium ihre Aufmerksamkeit einer schweren Bedrohung durch die Germanen weiter westlich, jenseits der mittleren Donau, zuwenden mußten.

Inzwischen kehrte der Kaiser, nachdem er Geldgeschenke an seine Truppen verteilt hatte, in die Hauptstadt zurück. Sehr bald jedoch erhielt er Nachrichten, wie sie nacheinander Caligula und Claudius so große Furcht eingejagt und dann zum Sturz von Nero und Otho geführt hatten – nämlich den Bericht über einen Aufruhr in einer Legionärsgarnison. Es war geschehen, was man im Jahre 39 befürchtet hatte und wozu es dann 69 mit verheerenden Folgen gekommen war: einer der Befehlshaber der großen germanischen Heere hatte die Fahne der Empörung gehißt.

Lucius Antonius Saturninus, der Statthalter von Germania superior, handelte aus Beweggründen, die zum Teil persönlicher Art waren; er war homosexuell und fürchtete die Mißbilligung des puritanischen Kaisers. Er stand aber auch ganz gewiß in Verbindung mit anderen unzufriedenen Statthaltern und Senatoren.

Dadurch, daß Saturninus sich der Legionskassen der beiden Legionen von Moguntiacum (Mainz) bemächtigte, zwang er seine Legionäre praktisch dazu, ihn zum Kaiser auszurufen. Doch Domitian entschloß sich blitzschnell zum Handeln. Nachdem er die eine spanische Legion, die unter dem Kommando des späteren Kaisers Trajan stand, ins Rheinland abgesandt hatte, brach er unverzüglich aus Rom auf und eilte auf den Schauplatz des Aufstands. Saturninus hatte sich am 1. Januar 89 zum Kaiser erklärt. Am 12. Januar war Domitian schon unterwegs, um den Aufstand niederzuschlagen. Und bereits am 25. des gleichen Monats feierten die Fratres Arvales in Rom den Zusammenbruch der Revolte.

Die Pläne des Saturninus waren fehlgeschlagen. Germanen, die den zugefrorenen Rhein überschreiten und ihm Verstärkung bringen wollten, mußten ihr Vorhaben aufgeben, weil plötzlich Tauwetter einsetzte, und Lappius Maximus Norbanus, der Statthalter von Germania inferior, hatte mit seinen Legionen die Rebellen angegriffen, anstatt sie zu unterstützen. Saturninus wurde geschlagen und kam um.

Als Domitian eintraf, bestrafte er die treulosen Offiziere unnachsichtig. Er versuchte auch, die Archive des Hauptquartiers der Rebellen sicherzustellen, um zu erfahren, wer von den führenden Männern am Komplott beteiligt gewesen war. Doch Lappius Maximus hatte absichtlich alle diese Dokumente vernichtet. Das war gegenüber einem Mann vom Temperament Domitians ein gewagtes Unterfangen, aber Lappius rechnete wahrscheinlich zu Recht damit, daß er nach seinem großartigen Sieg von Strafmaßnahmen verschont bleiben werde. Die Vernichtung der Akten jedoch bedeutete für den Kaiser eine starke Beunruhigung, da sie den Verdacht in ihm wachhielt, daß wichtige Männer an dem Aufstand beteiligt gewesen waren.

Es war ja der herrschenden Klasse Roms schon schmerzlich klar geworden, daß Domitian weniger als alle seine Vorgänger daran interessiert war, in irgendwelche wichtigen Gespräche mit den Senatoren einzutreten, sofern sie ihm nicht als treu ergebene Offiziere im Heere dienten. Schon sein Vater Vespasian hatte absolutistische Neigungen erkennen lassen, aber Domitian ging noch einen Schritt weiter und hielt es nicht für nötig, den Senat auch nur scheinbar an seinen Entscheidungen zu beteiligen. Allerdings hatte er sich sehr darum bemüht, der Senatorenklasse ihren hohen Rang zu wahren; das gehörte zu seiner wohlüberlegten Politik, den Status der verschiedenen traditionellen Klassen des hierarchischen römischen Staatswesens zu erhalten. Doch seine Bereitschaft, Verwaltungsfragen mit seinem Rat zu erörtern, fand ihr Gegengewicht in seiner Weigerung, den Senat um Rat anzugehen, an den er sich nur ganz routinemäßig wandte und den er gewöhnlich zwang, sich bei Abstimmungen seinen Wünschen anzuschließen. Er machte dabei nicht einmal den Versuch, seine Absicht einer totalen Machtausübung zu verbergen.

Dieses Ziel wurde noch deutlicher, als er im Jahre 85 den bisher noch nie dagewesenen Titel Censor perpetuus (immerwährender Censor) annahm, der von da an auf seinen Münzen Vorrang hatte. Auch früher schon hatten Kaiser gelegentlich die censorische Gewalt ausgeübt, um neue Senatoren einzuführen und alte auszuschalten; Claudius und Vespasian hatten für begrenzte Zeit das Censoramt ausgeübt. Damit jedoch, daß er es auf unbeschränkte Dauer beanspruchte, gab Domitian unmißverständlich zu verstehen, daß er den Senat und dessen Zusammensetzung zeit seines Lebens unter Kontrolle halten wollte, und er zeigte sehr bald, daß es ihm damit Ernst war.

Seine Politik beruhte auf kühlen und logischen Überlegungen. Letztlich hatten auch alle früheren Kaiser ausschließlich durch Gewalt regiert. Domitian aber fand, daß die Zeit gekommen sei, auf deren mehr oder weniger fadenscheinige Versicherungen des Gegenteils zu verzichten; er trat ganz bewußt als der Autokrat auf, der zu sein er entschlossen war. Bis zu einem gewissen Grade hatte Caligula sich ebenso verhalten, doch war er ein Exzentriker, der sich in der Verfolgung seiner Ziele als nicht sehr ausdauernd erwies, so sehr er auch der Alleinherrschaft orientalischer Prägung zuneigte. Domitian dagegen wollte weit systematischer vorgehen. Außerdem beabsichtigte er, trotz seines großen Interesses an der griechischen Kultur und einer neuen Bereitschaft, seine Göttlichkeit auf Erden nach dem Vorbild der hellenistischen Könige ganz offen verkünden zu lassen, diese monarchische Gewalt in rein römischer Form auszuüben.

Diese Hinwendung zum Absolutismus wurde durch den Aufstand des Saturninus noch verstärkt, der seiner natürlichen Neigung zur Härte neuen Auftrieb gab. Die erste Folge der Revolte war, daß die Praxis der Hochverratsprozesse wieder aufgenommen wurde. Offenbar war es kein Zufall, daß die Erinnerungen des Tiberius eine Lieblingslektüre Domitians bildeten. Beide Kaiser waren ja durch die Gegnerschaft des Senats zu Hochverratsprozessen getrieben worden. Allerdings unter ganz verschiedenen Umständen, denn im Gegensatz zu Tiberius hatte Domitian diese Feindseligkeit durch seinen berechneten Übergang zur autokratischen Regierung bewußt herausgefordert.

Das Wiederaufleben der Hochverratsprozesse bedeutete, daß es wieder Denunzianten gab. Der Kaiser hatte freilich nicht vor, ihnen das Leben leichter zu machen als anderen Mitgliedern der Oberklasse: „Er verhielt sich selbst denen gegenüber, die ihm einen Gefallen getan oder ihn bei seinen widerwärtigsten Verbrechen unterstützt hatten, so unloyal, daß er unweigerlich jeden umbrachte, der ihm große Geldsummen zukommen ließ oder gegen einen weiten Personenkreis falsche Anschuldigungen vorbrachte, besonders Sklaven, die ihre Herren denunziert hatten.

Infolgedessen genossen solche Menschen, auch wenn sie Geld und Ehrungen und sogar Posten erhielten, durch die sie seine Amtskollegen im Konsulat wurden, weder ein größeres Ansehen noch mehr Sicherheit als andere. Vielmehr dienten gerade jene Vergehen, zu denen sie von Domitian gedrängt worden waren, gewöhnlich als Vorwand für ihre Vernichtung, wobei er das Ziel verfolgte, sie allein als Urheber der Übeltaten erscheinen zu lassen.

Zu dem gleichen Zweck erließ er einmal eine öffentliche Bekanntmachung, in der es hieß, daß ein Kaiser, der Denunzianten nicht bestrafe, selbst zu verantworten habe, daß sie Denunzianten seien."[9]

Diese Strenge jedoch war für die vornehmen Gegner dieser Leute nur ein kleiner oder überhaupt kein Trost, da sie selbst immer härter angepackt wurden. Stürzte ein Senator, so wurde sein Vermögen prompt eingezogen; allerdings war der Beweggrund für die Verfolgungen weniger in der Geldgier des Kaisers zu suchen, wie das Volk annahm, als vielmehr in seinem Mißtrauen.

Schon im Jahre 89 kam es zu einer Aktion gegen möglicherweise umstürzlerische freigeistige Philosophen. Vornehmlich aber in den letzten drei Jahren der Regierung wurden alle nur möglichen Sicherheitsvorkehrungen getroffen, während gleichzeitig der Senat durch eine Behandlung, die strenger war, als er sie je von einem der früheren Kaiser erfahren hatte, in höchstem Maße in Schrecken geriet. Während Domitian sich in seinem stark befestigten Palast in Alba Longa verbarrikadierte, nahmen die Hinrichtungen prominenter Persönlichkeiten in der Hauptstadt einen bis dahin nie gekannten Umfang an. Unter den Opfern befand sich Helvidius Priscus der Jüngere, der Sohn des gleichnamigen Opfers Vespasians. Sein Verbrechen bestand darin, daß er eine Satire über das Eheleben des Kaisers gedichtet haben sollte. Allerdings ist nicht ausgeschlossen, daß er wirklich in eine Verschwörung verwickelt war, da Domitian nie ganz willkürlich zuschlug.

Seine Kinderlosigkeit steigerte die Furcht des Kaisers, daß jemand versuchen könne, ihn zu verdrängen. Im Jahre 95 wurden die Säuberungsmaßnahmen noch verstärkt. Dabei kam sein eigener Vetter Clemens ums Leben, dessen kleine Söhne bis dahin als Erben Domitians vorgesehen waren; seitdem war von ihnen nicht mehr die Rede. Der folgenschwerste Fehler des Kaisers – der gleiche, der auch Caligula und Nero zu Fall gebracht hatte – war jedoch, daß er sich die Sympathie seiner beiden Prätorianerpräfekten verscherzte; er ließ sie gerichtlich belangen und umbringen. Die Nachfolger, Petronius Secundus und Norbanus, konnten sich leicht ausrechnen, daß auch ihre Stellung alles andere als sicher war. Infolgedessen warben sie unter stillschweigender Duldung der Kaiserin und eines kaiserlichen Kammerherrn und Sekretärs Stephanus, einen Freigelassenen an, dem es gelang, Domitian mit dem Dolch in der Leistengegend zu verwunden, während er ihm ein Dokument überreichte. Darauf soll der Kaiser mit seinem Angreifer gerungen und ihn zu Boden gezwungen haben, wo sie lange miteinander kämpften und Domitian versuchte, Stephanus den Dolch zu entwinden oder ihm mit seinen zerfleischten Fingern die Augen auszukratzen. Als dann noch ein

Mitverschworener hereinstürzte, wurde Domitian schließlich überwältigt und getötet. Stephanus freilich blieb auch nicht am Leben, da Diener, die dem Ermordeten zu spät zu Hilfe kommen wollten, sich gemeinsam auf ihn warfen und ihn erdolchten.

Tacitus und Plinius, Senatoren, die Domitians letzte Jahre miterlebt hatten, machten ihren angestauten Gefühlen nachträglich Luft, indem sie das Andenken des Kaisers schmähten. Sie griffen es gerade deshalb besonders heftig an, weil sie selbst unter Domitians Regierung hohe Ämter innegehabt hatten; wegen ihrer Mitschuld an seinen grausamen Unterdrückungen hatten sie nun ein schlechtes Gewissen. Und Tacitus sah genau, in welch schwieriger Lage er sich befand. Obwohl ihm nämlich die Tyrannei des Kaisers verhaßt war und er wohl wußte, wie mutig sich Märtyrer vom Schlage eines Helvidius Priscus verhalten hatten, hielt er dennoch diese Art von unnachgiebigem Widerstand nicht für richtig. Er rühmte vielmehr Männer wie seinen Schwiegervater Agricola, die auch unter dem tyrannischen Domitian gehorsam fortfuhren, ihre Pflicht zu erfüllen. Schließlich war das genau dasselbe, was auch er getan hatte – und auch Trajan hatte sich so verhalten, der Kaiser, unter dessen Regierung er seine Schriften verfaßte.

Durch diese Autoren erfahren wir nicht, daß Domitian beim Heer stets sehr beliebt war. Außerdem funktionierte die Verwaltung seines Reichs als eines Ganzen immer noch ausgezeichnet – Geschichten von Freigelassenen und Günstlingen, die Amok liefen, dürften reine Erfindung sein.

Dennoch war Domitian ein Musterbeispiel für eine der Haupttheorien des Tacitus, nämlich für die Behauptung, daß Kaiser gewöhnlich entarteten. Denn trotz all seiner Verdienste um die Verwaltung nahmen Domitians Beziehungen zum Senat und der herrschenden Klasse im Laufe der Zeit mehrfach eine Wendung zum Schlechteren. Die entscheidenden Daten waren das Jahr 89, als der Aufstand des Antonius Saturninus dem Kaiser die Augen darüber öffnete, wie verhaßt er den Senatoren war, und das Jahr 93, in dem seine Maßnahmen gegen sie sich beispiellos verschärften. Doch seine Grundeinstellung, die ihren Haß hervorgerufen hatte, die Absicht nämlich, an der Spitze einer unverhüllt absoluten Monarchie zu stehen, hatte offenbar schon gleich zu Beginn seiner Regierung bestanden; seit damals war er unablässig bemüht gewesen, sie Schritt für Schritt zu verwirklichen.

Domitians bedeutender Intellekt erwies sich merkwürdigerweise insofern als unzulänglich, als er glaubte, so handeln und sich dennoch durchsetzen zu können. Er erkannte nicht, daß seine Politik gegenüber dem Senat eine offene Herausforderung, eine Einladung zu Verschwörungen war, die einen Teufelskreis von Komplotten, Hinrichtungen und neuerlichen Komplotten auslöste, und daß er nicht hoffen konnte, immer wieder heil davonzukommen.

Mit seiner Vorstellung vom Prinzipat eilte er seiner Zeit voraus. Die unmittelbare Zukunft lag bei der vorsichtigeren und weniger harten Konzeption seines Vaters Vespasian, die freilich auch autokratisch war. Erst hundert Jahre nach ihrer beider Tod begann sich Domitians Idee von kaiserlicher Macht durchzusetzen. Seit der Militärmonarchie des Septimius Severus waren die Kaiser ebenso unverhohlen absolute Herrscher wie Domitian: die Vorspiegelungen, die Domitian so verachtet hatte, waren nun ein für allemal zum alten Eisen geworfen worden. Aber selbst in dieser Phase kann die Konzeption kaum als wirksam bezeichnet werden. Denn wenn auch Severus selbst drei Jahre länger regierte als Domitian, so herrschten doch nur sehr wenige seiner autokratischen Nachfolger auch nur halb so lange, und viele konnten sich überhaupt nicht auf dem Thron halten. Ihr Sturz war ebenso gewaltsam wie der Domitians, und er ging auf die gleiche Ursache zurück: unverhüllte Alleinherrschaft fordert Vergeltungsmaßnahmen und Rivalen heraus.

Zusammenfassung

Erfolg und Versagen der Cäsaren

Fast jeder der zwölf Cäsaren hat seine erkennbare, persönliche Spur in jener Kultur hinterlassen, von der sich die unsere weitgehend herleitet. *Julius Caesar* beendete eine ganze Epoche der Weltgeschichte und bereitete die Bühne für eine neue vor, ohne allerdings die schwer faßbare Formel für ihre Begründung zu finden. *Augustus* entdeckte sie; er entwarf, durch Caesars Schicksal gewarnt, eine Autokratie, die geschickter verschleiert war, und führte sie gleichzeitig mit einer der umwälzendsten Neugestaltungen ein, die jemals ein bedeutendes Staatswesen erfuhr.

Doch *Tiberius* zeigte bei all seiner Tüchtigkeit, wie unmöglich es war, den Präzedenzfall Augustus zu wiederholen, und *Caligula* büßte dann dafür, daß er vorzeitig versucht hatte, die augusteische Verschleierung zu beseitigen. *Claudius* benützte seine bedeutenden, aber exzentrischen Geistesgaben zur Ausbildung einer bürokratisch leistungsfähigen Monarchie, und *Nero* ließ erkennen, daß ein Herrscher, der die Künste dem Regieren vorzog, nicht hoffen konnte, am Leben zu bleiben.

Als das Reich im Bürgerkrieg versank, zeigte *Galbas* Thronbesteigung, daß ein Provinzheer zum Kaisermacher werden konnte. *Otho* war der erste von vielen Herrschern, die den Tod ihrer Vorgänger herbeiführten, und er war auch der erste, der seine Stellung der Prätorianergarde verdankte. Die Inthronisation des *Vitellius* machte deutlich, daß auch die großen Grenzgarnisonen in der Lage waren, Kaiser aufzustellen.

Vespasian gelang es nach diesem chaotischen Jahr, eine neue Dynastie zu gründen; er verhalf der römischen Welt wieder zur Standfestigkeit. Er war das Urbild des aufgeklärten, schwer arbeitenden Autokraten des zweiten Jahrhunderts n. Chr., wie nach dem mehrdeutigen Zwischenspiel seines älteren Sohnes *Titus* dessen Bruder *Domitian* ein Vorläufer der militärischen Autokraten des dritten Jahrhunderts war.

Die zwölf Cäsaren hatten der Geschichte dadurch ihren unverwischbaren Stempel aufgeprägt, daß sie enorme Arbeitsleistungen vollbrachten oder ernste Warnungen hinterließen.

Doch jeder von ihnen hatte auch auf die eine oder andere Weise feststellen müssen, daß das Riesenausmaß seiner Amtspflichten seine Kräfte überstieg. Jede ihrer Regierungen – oder doch jene, die nicht schon gleich nach Beginn ihr Ende fanden – lief auf persönlichen Verfall hinaus. Manche Herrscher ließen einfach deshalb nach, weil sie alt wurden. Andere jedoch begannen ihren Abstieg schon lange vor dem Alter, in dem man ein Nachlassen erwarten kann.

Lord Acton schrieb im Anhang zu seinen ‚Historischen Aufsätzen und Untersuchungen': „Macht hat die Tendenz zu korrumpieren, und absolute Macht korrumpiert absolut. Große Männer sind immer schlechte Menschen."

Im zweiten Teil dieser Feststellung liegt sehr viel Wahrheit. Eine wichtige politische Stellung zu erlangen oder zu behalten ist ohne böswilliges oder zumindest eigennütziges Handeln so gut wie unmöglich. Peregrine Worsthouse schreibt selbst über unsere heutigen doch relativ ausgeglichenen Verhältnisse: „Es gibt immer einen dunklen Punkt, immer Ereignisse, bei denen selbst der hervorragendste und heldenhafteste Mensch sich nicht vollkommen ehrenhaft oder wahrhaftig verhalten hat." In bezug auf die von Skrupeln weniger geplagten Zeiten des römischen Reiches wäre das eine sehr milde Beschreibung der Schritte, die man damals für notwendig hielt, um sich durchzusetzen und am Leben zu bleiben.

Actons andere Behauptung jedoch, daß absolute Macht absolut korrumpiere, enthält nicht die volle Wahrheit über die zwölf Cäsaren.

Es ist richtig, daß diese außergewöhnliche und fast unbegrenzte Macht eine ausschlaggebende Rolle spielte – aber aus einem anderen Grund. Der springende Punkt war nicht, daß sie korrumpierte, nachdem man sie erlangt hatte – sie hatte vielmehr schon vorher die meisten Herrscher zu dem Versuch verführt, sich die Kaiserwürde zu verschaffen. Angesichts der erschreckenden Gefahren, die damit verbunden waren, mag es schwerfallen zu verstehen, warum ein Mensch alles daran setzen sollte, Herrscher des römischen Reiches zu werden. Doch Zeichen eines Zögerns sind kaum festzustellen. Selbst im dritten Jahrhundert, als ein potentieller Usurpator kein Statistiker zu sein brauchte, um zu erkennen, daß die Regierung im Durchschnitt rasch und gewaltsam endete, herrschte allenthalben Überfluß an Thronanwärtern – und es war keinesweg so, daß alle von ihnen sich nur dem Willen ihrer Soldaten beugten.

Was die zwölf Cäsaren betrifft, so wünschten sich die meisten von ihnen das Amt von ganzem Herzen. Mangelnde Bereitschaft zeigte nur Tiberius, der die Pflichten eines Kaisers auf Grund der durchaus berechtigten Überzeugung übernahm, daß außer ihm niemand fähig sei, sie zu erfüllen. Auch in einer Reihe von anderen Fällen spielte dieses Pflichtgefühl eine Rolle und wurde für die Kaiser zur treibenden Kraft. Weit häufiger aber war das Motiv nackte Gier nach der unermeßlichen Macht und ihren atemberaubenden Möglichkeiten.

Keineswegs alle Cäsaren wurden durch den Besitz dieser Macht verdorben. Julius Caesar, Vitellius und Domitian allerdings ließen, jeder auf seine Weise, Anzeichen einer solchen Korruption erkennen. Doch wenn wir die anderen betrachten, so läßt sich dieses Urteil höchstens für zwei von ihnen aufrechterhalten – Caligula und Nero. Denn diese jungen Männer entdeckten beide, nachdem sie eine besonders unsichere und gefährliche Kindheit durchlebt hatten, daß absolute Macht ihnen unbegrenzte Möglichkeiten hemmungslosen Genusses schenkte. Sie griffen nach dieser Gelegenheit und wurden auf diese Weise von der Arbeit abgelenkt, die sie hätten leisten müssen und die zur Sicherung ihres persönlichen und politischen Überlebens notwendig war.

Die Mühen nämlich, die ein erfolgreicher Kaiser auf sich nehmen mußte, brachten nicht nur ein hohes Maß an Verantwortung mit sich – sie waren auch unendlich umfangreich und hörten niemals auf. Im Grunde war die Bürde unerträglich, vor allem, wenn ein Herrscher nicht kerngesund war – das war der Fall bei Julius Caesar, Augustus und Claudius – oder ein hohes Alter erreichte, wie Augustus, Tiberius, Claudius, Galba und Vespasian.

Und diese Arbeitsbürde war zu tragen in einer Atmosphäre fast nie nachlassender Furcht und ständigen Mißtrauens. Von sehr wenigen Herrschern abgesehen, die sich besser einzurichten verstanden, durchlebte ein Kaiser nach dem anderen immer wieder die gleichen Phasen: zunächst versuchte er sich mit den bis dahin herrschenden Klassen zu verständigen, dann merkte er, daß diese Versuche erfolglos blieben und trat in eine – wahrscheinlich seine letzte – Phase der feindlichen und von Furcht beherrschten Beziehungen zu den Gruppen ein, die er nicht für sich hatte gewinnen können. Hätte Shakespeares Heinrich IV. mit seinen Worten „Unruhig liegt das Haupt, das eine Krone trägt", die römischen Kaiser gemeint, so wäre dieser Ausspruch ein klassisches Understatement gewesen.

Übermäßige Arbeitslast und quälende Furcht waren also viel eher als absolute Macht die Hauptgründe dafür, daß die zwölf Cäsaren einer nach dem anderen charakterlich entarteten. Auf Julius Caesar allerdings trifft das nicht ganz zu, denn er litt wohl unter schwerer Überarbeitung, nicht aber unter Furcht; freilich trat bei ihm eine schlechte körperliche Verfassung als zermürbender Faktor hinzu. Auch Augustus war ein chronisch kranker Mann, und er mußte die überschwere Arbeitslast viele Jahre länger als Julius Caesar tragen. Dazu kam ein unablässiges Mißtrauen, das Julius Caesar nicht beschwerte. Der unausweichliche moralische Verfall des Augustus wurde unter diesen Umständen nur dadurch kaschiert, daß er einen zuverlässigen Helfer und künftigen Erben hatte, der seine nachlassenden Kräfte ergänzte und auf diese Weise bewirkte, daß es nicht zur Katastrophe kam. Als jedoch dieser Stellvertreter, Tiberius, selbst auf den Thron kam, bot er ein noch eindringlicheres Beispiel für eben diese schädliche Mischung aus Überarbeitung und argwöhnischer Furcht, und seine Regierung nahm ein schreckliches Ende, weil er es versäumt hatte, diesen Risiken im Alter dadurch entgegenzuwirken, daß er sich einen vertrauenswürdigen Mitarbeiter sicherte.

Caligulas Verhältnis zu Senat und Prätorianergarde nahm rasch eine unheilvolle Entwicklung und wurde so zur Ursache seines Untergangs. Claudius lebte wie Tiberius in ständiger Angst und mutete sich eine Arbeitsleistung zu, die weit über seine Kräfte ging, zumal er auch noch durch seine schlechte körperliche Verfassung behindert war. Als diese Belastungen seine Leistungsfähigkeit zu beeinträchtigen begannen, brauchte auch er jemanden, der ihm bei der Regierung des Reiches helfen oder ihm nach und nach die Hauptarbeit abnehmen konnte. Er stützte sich deshalb auf seine Frau Agrippina die Jüngere, die damals Rom einen unerwünschten Vorgeschmack davon gab, was das Regiment einer Frau bedeutete.

Nero entzog sich dieser Arbeitslast, doch schadete sein verhältnismäßig geringes Interesse an den ernsthaften Regierungsaufgaben dem Reich so lange nicht, wie Seneca und Burrus das Heft in der Hand hatten. Nach ihrem Abgang allerdings führte seine Abneigung gegen die Regierungspflichten schließlich dazu, daß er die Übersicht über die Lage verlor. Die daraus folgende Verschlechterung seiner Beziehungen zum Senat verstärkte in hohem Maße seine angeborene Neigung zu panischen Reaktionen und brachte ihn schließlich zu Fall.

Daß Galba, Otho und Vitellius rasch nacheinander untergingen war kein Zufall, sondern eine Folge schwerer persönlicher Schwächen. Und es war wiederum kein Zufall, daß Vespasian sich halten konnte, da er ihre Fehler vermied und sich als weit leistungsfähigerer Herrscher erwies. Er hatte nicht unter den mißtrauischen Befürchtungen so vieler seiner Vorgänger zu leiden und arbeitete angestrengter als sie alle; aber auch er hätte nicht bis zu seinem siebzigsten Jahr durchhalten können, wenn er sich nicht auf die Dienste eines durch und durch zuverlässigen Stellvertreters hätte stützen können. Wie Augustus setzte er seinen auserwählten Erben dazu ein, hatte aber eines vor Augustus voraus: es war sein eigener Sohn, der ihm in seinen letzten Jahren zur Seite stand.

Dieser Sohn Titus starb, nachdem er an die Regierung gekommen war, zu früh, als daß er sich deutlich genug für sein Amt hätte qualifizieren können. Sein Bruder und Nachfolger Domitian zeigte die traditionelle kaiserliche Eigenschaft des furchtsamen Mißtrauens in voller Ausprägung, und die damit verbundenen Ängste, die sein Verhältnis zur Senatorenklasse vergifteten, führten zwangsläufig seinen Sturz herbei.

Die zwölf Cäsaren legten eine bemerkenswerte Vielfalt individueller Charakterzüge an den Tag. Doch glichen sie einander, soweit sie lange genug regierten, um ein einigermaßen deutliches Bild zu bieten, ganz gewiß darin, daß sie die Bürde ihres Amtes als kaum erträglich empfanden. Und wenn auch kein Zweifel daran besteht, daß absolute Macht sich manchmal als korrumpierender Einfluß erwiesen hat, so hätte Lord Acton seine Behauptung sinnvoll, wenn auch weniger elegant, so formulieren können: „Überarbeitung in Verbindung mit Furcht hat die Tendenz zu korrumpieren, unaufhörliche Überarbeitung und Furcht korrumpieren absolut, und das umso schneller, wenn hohes Alter oder schwache Gesundheit hinzukommen."

Die Cäsaren waren nur Menschen – wenn auch ihre Untertanen sie zu etwas anderem machen wollten –, Menschen, die unter zermürbenden Belastungen litten, und die trotzdem die fast übermenschliche Leistung vollbrachten, in einem riesigen Bereich viele Millionen Männer und Frauen zu regieren; und mit Hilfe eines leistungsfähigen Systems regierten sie im großen und ganzen gut. Trotz der politischen Erschütterungen, die die kleine hauptstädtische Oberklasse Roms verwirrten und dezimierten, waren die ausgedehnten Gebiete des Römischen Reichs von der Zeit des Augustus an ein hervorragend verwalteter, gut funktionierender Betrieb. Außerdem herrschte trotz aller Unzulänglichkeiten und Ungleichheiten der antiken Gesellschaftsstruktur zumindest unter freien Menschen ein hohes Maß an Gerechtigkeit, so weit die Befehlsgewalt des Kaisers reichte.

Das war das Werk der Cäsaren. Freilich dürfen wir ihnen nicht ausnahmslos alles zuschreiben, was sich ereignete, denn das wäre eine Fortsetzung des Personenkults, den die antiken Schriftsteller bis zum Übermaß trieben; auch lief die Verwaltung des Reichs bis zu einem beachtlichen Grade unabhängig vom Charakter des jeweiligen Kaisers weiter. Dennoch war der Erfolg dieses Reichsapparats sehr weitgehend eine Leistung der Cäsaren, die ihn lenkten. Die fähigsten unter ihnen veränderten – ungeachtet all ihrer persönlichen Eigenheiten – den Lauf der Geschichte zum Besseren; ihnen gebührt unsere uneingeschränkte Achtung und Bewunderung.

Anmerkungen

Einleitung

Die Bedeutung und die Besonderheit der Cäsaren

1. Plinius der Jüngere, Briefe, I, 24
2. Virginia Woolf, The Art of Biography, Atlantic Monthly, CLXIII, 1939, S. 506ff.
3. G. B. Townend, Latin Biography (ed. T. A. Dorey), London, 1967, S. 97
4. Sueton, Augustus, 6
5. Vergil, Georgica I, 466ff. (Übers. W. Buchwald)
6. J. W. Duff, A Literary History of Rome in the Silver Age, Benn, 1927, S. 637
7. G. W. Mooney, C. Suetonii Tranquilli De Vita Caesarum, Libri VII–VIII, Harlow, Essex, 1930, S. 24
8. J. W. Mackail, Latin Literature, London, 1895, S. 230
9. Virginia Woolf, a. a. O.
10. R. Holmes in: The Times v. 30. 5. 1974
11. W. R. Thayer, The Art of Biography, New York, 1920
12. A. Marvell, Horatian Ode upon Cromwell's Return from Ireland
13. J. W. v. Goethe, Vorwort zu Dichtung und Wahrheit. Kommentierte Hamburger Goethe-Ausgabe IX, S. 9, München 1974[7]
14. Vgl. R. Syme, Classical Review, 53, 1939, S. 79; F. G. B. Mullar, Journal of Roman Studies, 56, 1966, S. 243ff.
15. Dio Cassius, LIII, 19
16. Petronius, Satyrica, Fragment 28 (Übers. W. Ehlers)
17. R. Ranke-Graves, Ich, Claudius, Kaiser und Gott, München 1976, S. 5
18. Dio Cassius, LIV, 15,2
19. S. Smiles, Self-Help, 1859, Kap. 1
20. R. E. Neustadt, Presidential Power, New York, 1960, S. 233, Anm. 4
21. J. Carcopino, So lebten die Römer während der Kaiserzeit (Übers. W. Niemeyer), Stuttgart, 1959, S. 235
22. J. Carcopino, a. a. O., S. 217, 219

Erster Teil: Von der Republik zum Kaiserreich

I. Julius Caesar

1. Sueton, Caesar, 45
2. Sueton, Caesar, 57
3. Plinius der Ältere, Naturalis historia, VII, 91
4. Caesar, De bello civili, III, 73,5
5. Cicero, Philippica, II, 116
6. Lukan, Pharsalia, II, 657; I, 144ff. (Übers. W. Buchwald)
7. Caesar, De bello civili I, 9,2
8. Lukan, Pharsalia, VII, 501–503 (Übers. W. Buchwald)
9. G. M. Trevelyan, The Life and Letters of Macauley, Kap. 16
10. Sueton, Caesar, 80

II. Augustus

1. Plinius der Ältere, Naturalis historia, II, 94 (Übers. W. Buchwald)
2. Cicero, Briefe an Atticus, 8,1 (Übers. W. Buchwald)
3. Vergil, Aeneis, VIII, 680ff. (Übers. W. Buchwald)
4. Vergil, Aeneis, VI, 847ff. (Übers. U. v. Wilamowitz-Moellendorff)
5. Sibyllinische Orakel, VIII, 93ff., 123ff. (Übers. W. Buchwald)
6. Vergil, Georgica, II, 167–174 (Übers. U. v. Wilamowitz-Moellendorff)
7. Sueton, Augustus, 40
8. Vergil, Georgica, I, 498ff. (Übers. W. Buchwald)
9. Horaz, Oden, III, 14, 14ff.; IV, 15, 17ff.; IV, 5, 17ff. (Übers. R. A. Schröder)
10. Dittenberger, Orientis Graecae Inscriptiones Selectae, 458, 32–43 (Übers. W. Buchwald)
11. Strabon, Geographika, VI, 4, 2, 288 (Übers. W. Buchwald)
12. Philon, Legatio ad Gaium (Caligula), XXI, 145ff. (Übers. W. Buchwald)
13. Sueton, Augustus, 53,2f. (Übers. W. Buchwald)
14. Sueton, Augustus, 89,2 (Übers. W. Buchwald)
15. Sueton, Augustus, 71,3 (Übers. W. Buchwald)
16. Sueton, Augustus, 83 (Übers. W. Buchwald)
17. Sueton, Augustus, 69,2 (Übers. W. Buchwald)
18. Sueton, Augustus, 79,1ff. (Übers. W. Buchwald)
19. Sueton, Augustus, 81,1; 80; 81,2 (Übers. W. Buchwald)
20. Sueton, Augustus, 82,2.1 (Übers. W. Buchwald)
21. Th. Mommsen, Römisches Staatsrecht, II/III[3]

22. Supplementum Epigraphicum Graecum, IX, Nr. 8 (Edikt von Kyrene 5) (Übers. W. Buchwald). ‚Bundesgenossen des Römischen Volks' war eine euphemistische Bezeichnung jener unterworfenen Gemeinwesen, die sich einer begrenzten Autonomie erfreuten. Der Empfänger der Botschaft war der Statthalter von Kreta und Kyrenaika, einer ‚senatorischen' Provinz.
23. Sueton, Augustus, 35,1,2 (Übers. W. Buchwald)
24. D. Earle, The Age of Augustus, 1968, S. 85
25. Horaz, Oden, III, 6, 29ff. (Übers. W. Buchwald)
26. Velleius Paterculus, II, 110, 6–111,1 (Übers. W. Buchwald)
27. Velleius Paterculus, II, 119,2f. (Übers. W. Buchwald)
28. Sueton, Augustus, 23,2 (Übers. W. Buchwald)

Zweiter Teil: Die julisch-claudischen Kaiser

III. Tiberius

1. Horaz, Oden, IV, 14,14ff. (Übers. A. Burger). Mit ‚Nero' ist hier Tiberius gemeint (Tiberius Claudius Nero).
2. Sueton, Tiberius, 21,4
3. Sueton, Tiberius, 11,2
4. Tacitus, Annales, I, 13,7
5. Dio Cassius, LVII, 1,2
6. Sueton, Tiberius, 68,1ff.
7. Sueton, Tiberius, 29, 30,1
8. Tacitus, Annalen, I, 74,5
9. Seneca, De beneficiis, 3, 26,1
10. Juvenal, Saturae, X, 58ff. (Übers. U. Knoche)
11. Juvenal, Saturae, X, 69ff. (Übers. U. Knoche)
12. Tacitus, Annales, VI, 51,5
13. Sueton, Tiberius, 57,1; Gaius (Caligula), 6,2; Tiberius, 42,1
14. Dio Cassius, LVII, 13,6
15. Tacitus, Annales, VI, 48
16. Tacitus, Annales, VI, 6,1

IV. Caligula

1. Sueton, Gaius (Caligula), 10,2
2. Sueton, Gaius (Caligula), 50,1
3. Josephus, Antiquitates Judaicae, XIX, 208–210
4. Philon, Legatio ad Gaium (Caligula), XLV, 359 u. 361

5. Philon, Legatio ad Gaium (Caligula), III, 15ff.
6. Sueton, Gaius (Caligula), 53,2
7. Philon, Lagatio ad Gaium (Caligula), VII, 42
8. Sueton, Gaius (Caligula), 54,2
9. Philon, Legatio ad Gaium (Caligula), XXVII, 175
10. Josephus, Antiquitates Judaicae, XIX, 127ff.
11. Philon, Legatio ad Gaium (Caligula), II, 14

V. Claudius

1. Seneca, Apocolocyntosis, 12,3 (Übers. O. Weinreich)
2. Sueton, Claudius, 30
3. Sueton, Claudius, 4,1
4. Sueton, Claudius, 42,2
5. V. M. Scramuzza, The Emperor Claudius, Massachusetts, 1940
6. Sueton, Claudius, 33,1. Die Salier waren Priester des Mars.
7. Berliner Griechische Urkunden Nr. 611, mit neuen Lesungen, Erläuterungen und Übersetzung ed. von J. Stroux in den Sitz.-Ber. Bayer. Ak. d. Wiss., 1929, Heft 8
8. Dessau, Inscriptiones Latinae Selectae, 2, 1–9
9. Seneca, Apocolocyntosis, 3
10. Seneca, Apocolocyntosis, 12 (Übers. O. Weinreich)
11. Sueton, Claudius, 15,3
12. Plinius der Jüngere, Epistulae, VIII, 6,6 u. 8
13. Juvenal, Saturae, VI, 115ff. (Übers. O. Weinreich)
14. Tacitus, Annales, XI, 31,4
15. Tacitus, Annales, XII, 7, 3,2

VI. Nero

1. Sueton, Nero, 51
2. Tacitus, Annales, XIII, 5,2ff.
3. Seneca, De clementia, I, 1,2
4. Seneca, De beneficiis, VII, 20
5. Seneca, De beneficiis, V, 6,7
6. Sueton, Nero, 15,1
7. Sueton, Nero, 20,1
8. Dio Cassius, LXIII, 13,2
9. Petronius, Satyrica, 123 (Übers. W. Ehlers)
10. Tacitus, Annales, XIV, 14,1f.
11. Sueton, Nero, 24,1
12. Seneca, De beneficiis, VII, 20,3

13. Dittenberger, Sylloge Inscriptionum Graecarum, 814
14. Sueton, Nero, 40,4. Zu Galbas Aufstand s. nächstes Kapitel
15. Sueton, Nero, 49. Vgl. R. Syme, Tacitus, Oxford, 1958, S. 41. Anthony Powell schlägt vor: „Wie werde ich dem Nationaltheater fehlen!“

Dritter Teil: Die Bürgerkriege

VII. Galba

1. Tacitus, Historiae, I,49
2. Tacitus, Historiae, I,7
3. Tacitus, Historiae, I,12
4. Tacitus, Historiae, I,16

VIII. Otho

1. Tacitus, Historiae, I,43
2. Sueton, Otho, 3,2 (Übers. W. Buchwald)
3. Sueton, Otho, 12,1
4. Juvenal, Saturae, II,99 ff. (Übers. U. Knoche)
5. Plutarch, Otho, 3,4 ff. Ein Silberdenar hatte 4 Sesterzen.
6. Martial, VI, 32 (Übers. W. Buchwald)
7. Tacitus, Historiae, II,50

IX. Vitellius

1. Sueton, Vitellius, 13,2
2. Tacitus, Historiae, III, 86
3. Dio Cassius, LXIV, 6,1 ff.
4. Tacitus, Historiae, III, 56
5. Sueton, Vitellius, 7

Vierter Teil: Die flavischen Kaiser

X. Vespasian

1. Josephus, Bellum Judaicum, I,4 f.
2. Sueton, Vespasian, 12
3. Tacitus, Historiae, II,5

4. Tacitus, Historiae, I,10
5. Tacitus, Historiae, II,86
6. Sueton, Vespasian, 23

XI. Titus

1. Racine, Bérénice, I,4
2. Josephus, Bellum Judaicum, VI,254ff.
3. Josephus, Bellum Judaicum VII,37ff.
4. Sueton, Titus, 5
5. Sueton, Titus, 6
6. Juvenal, Saturae, VI, 155ff. (Übers. O. Weinreich)
7. Dio Cassius, LXV, 15,3ff.
8. Th. Mommsen, Römische Geschichte, V[5], S. 540
9. Sueton, Titus, 6
10. Sueton, Titus, 3
11. Racine, Bérénice IV,5
12. Racine, Bérénice IV,5
13. Sueton, Titus, 8
14. Sueton, Titus, 10
15. Ausonius, Caesares, Nr. 11
16. Dio Cassius, LXVI, 18,4

XII. Domitian

1. Tacitus, Historiae, IV,86
2. Sueton, Domitian, 18
3. Sueton, Domitian, 8
4. Juvenal, Saturae, IV, 81ff. (Übers. U. Knoche)
5. Sueton, Domitian, 12. Die Judensteuer war an die Stelle der Steuer getreten, die die Juden früher im ganzen Reichsgebiet zugunsten des nunmehr zerstörten Tempels in Jerusalem gezahlt hatten.
6. Dio Cassius, LXVII, 9,1ff.
7. Martial, II,2 (Übers. R. Helm)
8. Tacitus, Agricola, 39
9. Dio Cassius, LXVII, 1,3ff.

Regierungszeiten der ersten zwölf Cäsaren

Das julisch-claudische Haus

49–44 v. Chr.	Julius Caesar, Diktator
31 v. Chr.	
– 14 n. Chr.	Augustus, erster Kaiser
14–37	Tiberius
37–41	Caligula (Gaius)
41–54	Claudius
54–68	Nero

Die Bürgerkriege

68–69	Galba
69	Otho
69	Vitellius

Die flavischen Kaiser

69–79	Vespasian
79–81	Titus
81–96	Domitian

Regierungszeiten späterer Kaiser

Adoptivkaiser und antoninische Kaiser

96–98	Nerva
98–117	Trajan
117–138	Hadrian
138–161	Antoninus Pius
{161–180	Mark Aurel
{161–169	Lucius Verus
180–192	Commodus
193–211	Septimius Severus
253–260	Valerian
253–268	Gallienus
270–275	Aurelian
284–305	Diokletian
306–337	Konstantin I. der Große
361–363	Julian Apostata
475–476	Romulus Augustulus (letzter weströmischer Kaiser)
527–565	Justinian I.
1449–1453	Konstantin XI. (letzter oströmischer Kaiser)

Stammtafeln

Julisch-claudisches Haus

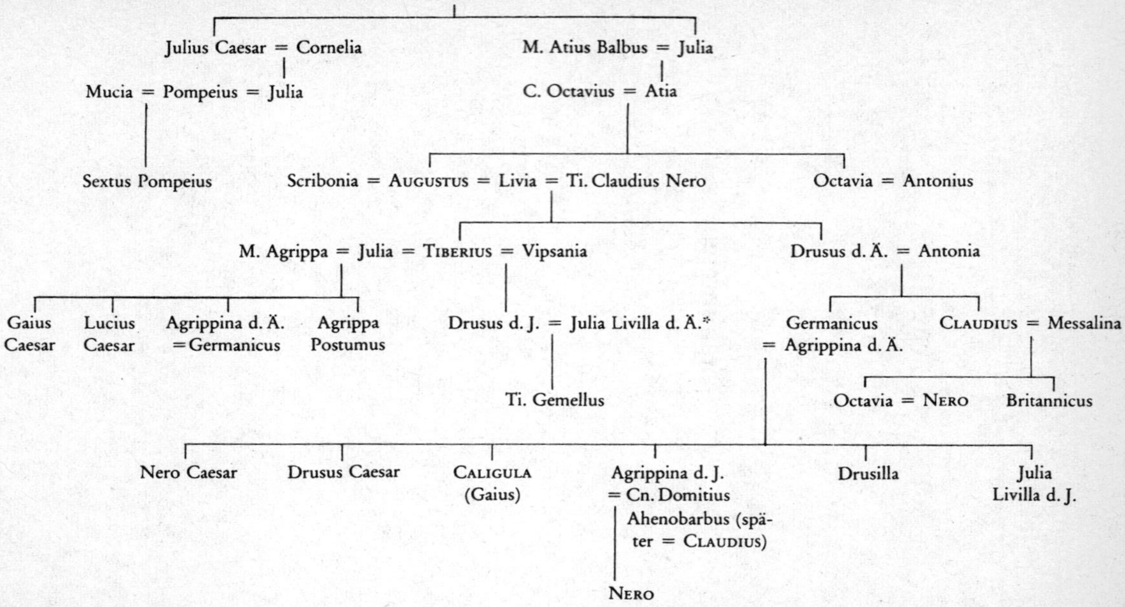

* Julia Livilla d. Ä.: später verlobt mit dem Prätorianerpräfekten Ti. Aelius Seianus

Flavisches Haus

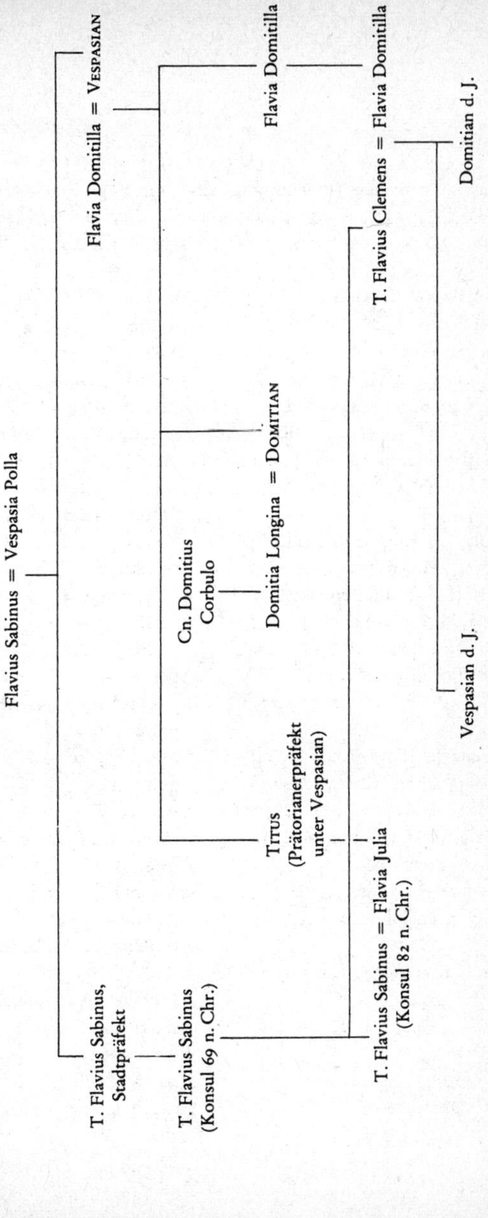

Register

Römische Vornamen (Praenomina) sind wie folgt abgekürzt: A.: Aulus; C.: Gaius; Cn.: Cnaeus; Dec.: Decimus; L.: Lucius; M.: Marcus; P.: Publius; Q.: Quintus; Ser.: Servius; Sex.: Sextus; T.: Titus; Ti.: Tiberius.

BÜCHER VON MICHAEL GRANT

Klassiker der antiken Geschichtsschreibung

Aus dem Englischen von Lotte Stylow. 1973. 414 Seiten. Leinen (Beck'sche Sonderausgaben)

Michael Grant stellt die Klassiker der antiken Geschichtsschreibung höchst lebendig in ihrer zeitgeschichtlichen Bedingtheit dar. Er zeigt ihre persönlichen Schicksale und ihre literarischen Zielsetzungen auf und läßt sie in zahlreichen Zitaten aus ihren Werken selbst zu Wort kommen. Der Autor geht über die ‚klassische' Epoche weit hinaus bis zu jener Grenzlinie, wo die Antike endet und das Mittelalter beginnt. Er zeigt das Nachleben der antiken Geschichtsschreiber in späteren Jahrhunderten und läßt deutlich werden, wie entscheidend die moderne Geschichtsschreibung und Literatur von diesen klassischen Vorbildern inspiriert und geprägt worden ist.

Mittelmeerkulturen in der Antike

Aus dem Englischen von Karl-Eberhardt und Grete Felten. 1974. XII, 354 Seiten. Leinen (Beck'sche Sonderausgaben)

Mit diesem Buch greift Michael Grant ein Problem auf, das für die Kulturgeschichte von entscheidender Bedeutung ist: Welche Rolle spielte der Mittelmeerraum als Schmelztiegel der Völker und Kulturen in der Antike? Grants Darstellung zeigt die enge Verflechtung zwischen Mittelmeerraum und Orient. Auf diese Weise gewinnt der Leser ein farbiges, lebensvolles Bild der Länder rund um das Mittelmeer während der Antike und ihrer bewegten Geschichte.

VERLAG C.H. BECK MÜNCHEN